Report on the Development of West Coast Economic Zone of Taiwan Strait 2016

海峡西岸经济区发展报告

基于"一带一路"和自贸区的战略背景

2016

洪永淼 主编
刘晔 蔡伟毅 郑若娟 郑鸣 副主编

图书在版编目(CIP)数据

海峡西岸经济区发展报告:基于"一带一路"和自贸区的战略背景.2016/洪永淼主编.—北京:北京大学出版社,2016.12
 (教育部哲学社会科学系列发展报告·培育项目)
 ISBN 978-7-301-27798-0

Ⅰ.①海… Ⅱ.①洪… Ⅲ.①区域经济发展—研究报告—福建—2016 Ⅳ.①F127.57

中国版本图书馆 CIP 数据核字(2016)第 285432 号

书　　　名	海峡西岸经济区发展报告2016 ——基于"一带一路"和自贸区的战略背景 HAIXIA XI'AN JINGJIQU FAZHAN BAOGAO 2016
著作责任者	洪永淼　主编　刘　晔　蔡伟毅　郑若娟　郑　鸣　副主编
责任编辑	贾米娜
标准书号	ISBN 978-7-301-27798-0
出版发行	北京大学出版社
地　　　址	北京市海淀区成府路 205 号　100871
网　　　址	http://www.pup.cn
电子信箱	em@pup.cn　QQ:552063295
新浪微博	@北京大学出版社　@北京大学出版社经管图书
电　　　话	邮购部 62752015　发行部 62750672　编辑部 62752926
印　刷　者	北京大学印刷厂
经　销　者	新华书店
	850 毫米×1168 毫米　16 开本　22.5 印张　392 千字 2016 年 12 月第 1 版　2016 年 12 月第 1 次印刷
定　　　价	68.00 元

未经许可,不得以任何方式复制或抄袭本书之部分或全部内容。
版权所有,侵权必究
举报电话:010-62752024　电子信箱:fd@pup.pku.edu.cn
图书如有印装质量问题,请与出版部联系,电话:010-62756370

前　言

　　经过一年来的选题策划、分工撰写和编辑修改,在本课题组全体成员的团结协作下,《海峡西岸经济区发展报告2016——基于"一带一路"和自贸区的战略背景》终于和读者们见面了。读者们可能会发现,本年度报告继续承继《海峡西岸经济区发展报告2015——基于"一带一路"和自贸区的战略背景》的风格和体例,研究范围主要集中于"一带一路"和福建自贸区方面,从而与《海峡西岸经济区发展报告2012》《海峡西岸经济区发展报告2013》《海峡西岸经济区发展报告2014》相比有较大的变化。这些变化的背景,则源于近两年来"一带一路"国家战略的快速推进和中国(福建)自由贸易试验区的设立运作,由此赋予了海西经济区发展以新的时代内容。"文章合为时而著",本年度报告在选题和体例上的变化正是对海西经济区发展所面临的新时代要求的呼应。

　　我们知道,2016年是中国"一带一路"("丝绸之路经济带"和"21世纪海上丝绸之路")战略进入实质操作阶段的一年。2016年1月15日,国务院副总理张高丽在推进"一带一路"建设工作会议上强调,2016年是"十三五"开局之年,也是"一带一路"建设全面推进之年。李克强总理在2016年3月5日的《政府工作报告》中指出,"一带一路"是2016年和"十三五"规划期间的重点工作之一,他要求扎实推进"一带一路"建设,坚持共商共建共享,使"一带一路"成为和平友谊纽带、共同繁荣之路。而早在2015年3月28日,经国务院授权,国家发改委、外交部、商务部联合发布了《推动共建丝绸之路经济带和21世纪海上丝绸之路的愿景与行动》,文中就将福建省定位为"21世纪海上丝绸之路核心区"。2016年以来,福建加快了"21世纪海上丝绸之路"核心区建设,通过推进互联互通、海洋合作、人文交流等各项工作,积极对接"21世纪海上丝绸之路"沿线国家和地区的需求,扩大经贸合作。数据统计显示,2016年上半年,福建省对"21世纪海上丝绸之路"沿线国家和地区出口贸易额达1 398亿元人民币,同比增长8.1%;投资14.9亿美元,同比增长4.2%。

我们还知道,这一年还是中国自由贸易试验区快速扩容和全面推进的一年。2016年1月6日,恒丰银行福建自贸试验区福州片区支行在福州马尾正式开业,这是2016年在福建自贸区设立的首家金融机构。自2015年4月21日挂牌以来,福州自贸片区已引进金融及类金融机构超过200家。作为"21世纪海上丝绸之路核心区",福建正借助自贸区迎来新一轮金融业发展热潮。2016年2月,对台工作会议指出,要支持福建加快经济社会发展和自贸区建设,支持平潭、昆山等扩大对台开放。2016年5月11日,福建省人大常委会召开《中国(福建)自由贸易试验区条例》新闻通气会,理顺体制、制度创新、地方特色、便民惠企成为这部条例的四大亮点。2016年8月,中国首部自贸区蓝皮书《自贸区蓝皮书:中国自贸区发展报告(2016)》在北京发布,该书指出,面对更高标准的国际贸易新规则,中国应加快自贸区建设,以迎接新一轮高水平的对外开放。

乘天时东风,展地利宏图。受益于"21世纪海上丝绸之路核心区"和福建自贸区的政策、体制和机制优势,海西经济区发展和两岸交流合作正处在一个新的历史起点上。为积极服务"一带一路"和福建自贸区建设这一重大国家战略及地方需求,厦门大学经济学科发挥学科和人才优势,主动贴近、主动融入、主动服务。2015年开始,厦门大学经济学院、王亚南经济研究院协同厦门大学其他相关院系,联合省内外、境内外高校、科研机构与相关政府部门、金融机构和企业共同成立了"中国(福建)自由贸易试验区研究院",着手研究"一带一路"和自贸区战略背景下海西经济区发展的新战略、新机遇和新问题。本年度报告也是这方面的新尝试和新成果之一。

基于上述原因和背景,我们为本年度研究报告加了个副标题,正式定名为《海峡西岸经济区发展报告2016——基于"一带一路"和自贸区的战略背景》,同时选题上也侧重于探讨"一带一路"和自贸区背景下的海西经济区发展问题。由于本年度选题上的多样化,因此本研究报告在体例上拟不再沿用历年以板块加专题的形式,而是全部采取了专题形式,一共收录了21个专题。本年度报告各专题内容简述如下:

专题一"台湾花卉产业集群研究"分析我国台湾地区的花卉产业发展问题。

自 20 世纪 70 年代末以来,我国台湾地区通过大力发展具有比较优势的花卉产业,建立了一个在世界上颇具竞争力的花卉产业集群。该专题概括了我国台湾地区花卉产业集群发展的特点,重点阐述了其发展的经验,最后得出一些结论和启示。

专题二"厦门小微文化企业发展的若干思考"分析当前厦门小微文化企业在经营、投融资渠道、专业人才和知识产权保护四个方面所存在的问题,提出应改善厦门小微文化企业经营环境、创新投融资形式、创新人才培养、摆脱知识产权困境等建议。

专题三"'一带一路'下福建自贸区跨境电商供应链的发展探析"分析福建自贸区跨境电商发展问题。该专题结合供应链发展的一般过程,主要从物流链、资金链两个方面对福建省各个自贸片区供应链的发展进行分析。另外,通过平衡计分法、因子分析法,建立供应链绩效分析模型,从企业方面找到供应链管理中的时间、信息、客服、成本、物流五个主要影响因子。同时,结合福建自贸区供应链发展的现状,在如何结合福建省区域特征,走一条独具福建特色的发展之路方面尝试性地对跨境电商发展提出了几点建议。

专题四"厦门服务贸易发展现状与政策举措的研究"首先从厦门服务贸易的发展现状出发,结合统计数据及竞争力分析模型,研究了厦门服务贸易的发展情况、对厦门经济的贡献情况、厦门服务贸易各个子行业的发展情况以及竞争力情况,由此探索当前厦门服务贸易发展所面临的问题;其次,着重挑选了上海、深圳、北京、天津、杭州等服务贸易发展得较好的城市,对其在总量、结构以及竞争力等方面的各项指标进行对比分析;最后,针对厦门服务贸易的发展现状及存在的问题,借鉴其他城市的成功经验,提出应以计算机及软件服务业、会展及旅游业、交通运输业、金融业作为厦门服务贸易的发展重点,以服务外包和跨境电商作为厦门服务贸易的发展亮点,并分别提出了详细的发展定位及政策举措建议。

专题五"产业集聚对劳动生产率的影响——基于海西经济区的动态面板数据分析"研究了劳动生产率问题。该专题利用 2003—2014 年海西经济区内 20 个地级市的面板数据进行实证检验。同时采用动态面板广义矩估计法,以期克服产业集聚和生产率之间的内生性问题。实证研究发现,工业、服务业和非农产业的集聚水平每提升 1 个单位,相应产业的劳动生产率将分别提升约 2.24、1.58 和 3.36 个单位。这启示我们,在海西经济区产业规划和城镇化进程中,政府要着力挖掘工业和服务业的集聚潜力。各地级市政府可通过增加人力资本和固定资本投入,加强基础设施建设,来吸引人口集聚、资源集聚和技术集聚,从而形成非农产业集聚中心,最终提高海西经济区的非农产业劳动生产率。

专题六"海西自贸区之基础设施:现状、问题及对策"分析海西经济区的基础设施建设问题。该专题选取交通运输、邮电通信、能源作为"基础设施"的代表,通过详尽的资料收集与实地调研,以经济学的研究视角,着重探讨海西自贸区基础设施的现状及存在的问题,并最终给出应对之策。在"十三五"开端之年,福建省各级政府务必贯彻中央和福建省人民政府关于交通运输、能源、邮电通信、科教文卫等事业的各项规划,为实现海西自贸区发展新目标迈出更大的步伐。

专题七"福建省城市规模研究"运用城市最优规模理论,利用规模经济效益和城市成本理论对福建省9个地级市的市辖区人口最优规模进行实证研究。其中通过集聚经济理论对城市经济效益进行测度,利用政府公共支出对城市公共服务成本进行衡量,进而构建城市收益-成本模型。根据城市效益最大化和成本最小化原则,推导得到福建省各城市的合理规模范围为500万—560万人口。结果表明,福建省各城市市区常住人口数量远低于理论的最优规模解,这些城市仍处在规模收益递增的阶段。因而应加强城市的综合实力以吸纳更多的人才,发挥城市集聚效应,并提出福建省各城市发展应增强中心城市的吸引力,扩大人口规模,以都市圈为主要形态带动整个省域经济发展的相关建议。

专题八"福建省对外直接投资现状及发展趋势研究"分析福建省对外直接投资现状及所存在的问题,认为福建省对外直接投资当前处于加速增长阶段。但是,当前福建省对外直接投资存在总体投资规模偏小、中小民营企业活力不足、政府缺乏统一规划和有效引导、企业对外直接投资能力不足、资金成本大以及汇率风险高等问题。该专题指出未来福建省应该加快高新技术产业和第三产业的对外直接投资;巩固和扩大对发展中国家的投资并加快对发达国家的投资;在巩固大型企业对外直接投资优势的同时,要积极发挥中小民营企业的作用;利用对台优势,加大对台直接投资的力度,进一步拓展对外开放的广度和深度。

专题九"'一带一路'战略下福建省的对外投资选择"研究福建省对外投资问题。该专题首先从福建省在"一带一路"战略下的独特优势入手,分析中国整体以及福建省的对外投资现状,然后针对现状分析指出面临的问题和挑战,最后提出相应的政策建议。

专题十"福建自贸区金融改革的现状、比较与未来"研究福建省金融改革问题。改革开放近四十年以来,金融领域的创新被摆到首要位置,我国逐步在上海、天津、广东和福建设立了自贸区,针对各地区的特色制定了改革战略。上海自贸区力求制度层面的创新,天津滨海自贸区重在产业金融创新,深圳前海自贸区突出跨境金融业务创新,而福建自贸区则以推动两岸金融合作先行先试为核心。该专题通过对比福建自贸区与其他三大自贸区的差异,尤其是与上海自贸区的横向对比,为福建自贸区的进一步发展提供了相关的政策建议,推动了厦门片区两岸区域性金融服务中心、福州片区两岸服务贸易与金融创新合作示范区和台湾离岸人民币中心的合作对接,实现了福建自贸区和我国"一带一路"战略的联动。

专题十一"基于 Metafrontier-SFA 模型的股票市场效率比较研究:来自海峡两岸股市数据的实证分析"运用 Metafrontier-SFA 模型分别计算了大陆和台湾股票市场在 2009—2013 年的资本配置效率及股权融资效率,并进一步对比分析了二者在共同边界下的效率值(TE)和技术缺口(TGR)。实证结果表明,大陆的资本配置效率略高于台湾且基本保持不变,而台湾则呈现上升态势;但大陆的股权融资效率明显低于台湾,呈现下滑态势,而两者的差距在不断缩小。同时在资本配置效率、股权融资效率两种效率下,大陆的平均 TGR 均高于台湾,即前者的潜在产出更贴近"共同边界"。

专题十二"厦门自贸片区境外股权投资及离岸金融业务税收政策研究"从厦门自贸片区境外股权投资、离岸金融业务现状分析入手,通过借鉴国外自贸区境外股权投资、离岸金融业务税制建设经验,根据我国具体的税收征管实践提出了厦门自贸片区境外股权投资和离岸金融业务相应税制的建议,以期形成与国际通行做法相一致且具有较强竞争优势的税收制度体系。

专题十三"福建省工业园区发展研究"首先分析了福建省工业园区建设的现状,然后提出了园区建设存在土地资源利用水平不平衡、园区内企业间配套带动作用不足、缺乏庞大的学术与研究支援团体、管理机构和工业服务中心尚需进一步完善等问题,最后针对如何提高工业园区建设水平提出了统筹利用各市工业园区土地资源、完善工业园区融资体系、构建更完整的产业支持体系、建立人才优惠政策体系吸引学术与研究优秀团体、进一步完善管理机构、进一步改善各工业园区综合生活服务系统等对策措施。

专题十四"闽台合作黄金市场的模式研究"在"自由贸易账户"最终无法在上海以外的自贸区落地,金融领域的发展在福建显得捉襟见肘的背景之下,首先对黄金市场做了一个概要的说明,接着对大陆与台湾黄金市场进行了进一步的分析,并陈述两岸在厦门黄金交易所可以采取的合作模式,以期在黄金产业规划的思路外,提出两岸合作黄金市场的可行模式,增进闽台金融领域的交流与发展。

专题十五"自贸区和'一带一路'背景下两岸金融服务贸易自由化问题研究"认为,随着全球化的进一步加深,服务贸易在一国经济中的重要性逐渐提高,金融服务贸易作为服务贸易的重要组成部分也越来越受瞩目。中国(福建)自贸试验区的成立和"一带一路"战略的实施为海峡两岸金融服务贸易自由化的发展提供了新的机遇。该专题通过和其他国家(地区)的对比及相关数据分析,阐明了当前在两岸金融服务贸易自由化问题上面临的发展程度欠匹配、货币流通和融资限制等方面的障碍和挑战。对此,可以把健全两岸金融服务市场、缩小两岸金融服务贸易发展差距、加强监管和法律规范以及战略部署优惠政策与人才和技术引进等几个方面作为突破口,把握机遇、迎接挑战、化解壁垒,促进两岸金融服务贸易自由化的长足发展,反向促进自贸试验区以及"一带一路"战略的建设和发展。

专题十六"自贸区背景下厦门离岸金融模式选择及对策建议"认为,作为当代最重要的金融创新,离岸金融在我国的起步较晚。我国至今尚未形成真正意义上的离岸金融市场。该专题基于中国(福建)自由贸易试验区厦门片区的建设背景,重点阐述厦门在离岸金融市场的形成和发展两个阶段的模式选择,以及在当前时期相应的对策建议。

专题十七"新政对福建省跨境电商的影响及政策建议"在2016年4月8日财政部、发改委等11个部门制定的跨境电商零售进口政策正式实施的背景下,认为该项新政会对跨境电商零售进口带来比较大的冲击。基于此,该专题分析福建自贸区跨境电商零售进口的现状以及受到新政影响的程度,并提出相应的政策建议。

专题十八"海西区旅游产业集群研究"采用旅游产业区位熵和空间计量方法对海西区旅游区域集聚程度和空间自相关进行分析,认为海西区旅游业存在正的空间自相关性,但是扩散效应和集聚效应并不明显。通过对比分析发现,长三角地区旅游产业集聚效应十分显著,已经形成旅游产业集群,并且扩散效应十分明显。相较长三角地区而言,海西区、珠三角以及环渤海地区旅游集聚效应均较弱,产业集群均未形成。同时通过 Moran's I 指数得出旅游经济发达地区相对于旅游经济落后地区会产生更大的辐射力和吸引力的结论。并利用2000—2014年的数据,对海西区旅游业进行面板数据的空间计量分析,结果显示旅游产业溢出效应显著,当地旅游业的发展对周边城市的发展具有显著的正向促进作用。当地经济水平对旅游业发展的促进作用最大,当地经济发展水平对周边城市的促进作用同样非常显著,城市内部旅游业集聚对旅游业的促进作用也非常显著。虽然海西区旅游业存在空间自相关性,但是仍然表现出旅游产品的相互竞争性。最后获得如下政策启示：海西区要立足于发展当地经济，充分利用周边城市的溢出效应，以合作求发展，同时要化竞争为协作，增加自身旅游产品的特色。

专题十九"福建港口如何应对航运及港口联盟潮"认为，近年来，长三角、珠三角地区新一轮港口大联盟悄然兴起，针对这一现状，福建港口要有自己的战略考量。除了练好"内功"、加快港口的升级换代和推进三大港口群整合外，福建港口应构建多层次、宽区域的港口大联盟，共同打造海上经济大通道和商贸物流大通道，这是提升整体竞争力的战略选择。

专题二十"'一带一路'背景下海西区对外文化贸易的现状与问题"认为，近年来，伴随我国"一带一路"战略的提出，东西方经济文化之间的交流掀起新浪潮，使得国际文化贸易愈发受到重视。海西经济区（以福建为主）与珠三角、长三角两个经济区衔接，是进一步带动全国经济走向世界的具有独特优势的区域经济综合体，在其外向经济往来中，文化贸易的意义和作用日益凸显。因此，分析其对外文化贸易过程中存在的问题，有利于充分发挥对外开放前沿优势，促进整体经济发展。

专题二十一"'一带一路'战略下海西区综合发展指数与策略研究"首先选用第一主成分的综合评价模型对海西区 20 个城市进行综合评价；其次在进行海西区经济社会综合发展分析时，计算了 10 个主成分年的综合评价结果，并将其用于参照；最后通过权重结构差异探讨各地区在不同方面的优势和不足之处，为海西区的建设提供更为全面的建议。

目 录
Contents

专题一　台湾花卉产业集群研究	1
一、台湾花卉产业集群的特点	1
二、台湾花卉产业集群发展的经验	4
三、结论和启示	10
专题二　厦门小微文化企业发展的若干思考	12
一、厦门小微文化企业现状	12
二、厦门小微文化企业现存的问题	13
三、相关政策建议	15
专题三　"一带一路"下福建自贸区跨境电商供应链的发展探析	19
一、供应链的发展过程	20
二、"一带一路"战略下福建自贸区供应链的发展	21
三、供应链绩效分析模型下的对策和建议	24
专题四　厦门服务贸易发展现状与政策举措的研究	33
一、厦门服务贸易发展现状分析	33

二、其他城市服务贸易发展对比分析　　50
　　三、厦门服务贸易的发展定位及政策举措　　53

专题五　产业集聚对劳动生产率的影响
　　　　　　——基于海西经济区的动态面板数据分析　　71
　　一、引言　　71
　　二、文献综述　　73
　　三、实证模型设定与变量选择　　78
　　四、结论　　84

专题六　海西自贸区之基础设施：现状、问题及对策　　85
　　一、交通运输　　85
　　二、能源　　97
　　三、邮电通信　　105
　　四、结论　　110

专题七　福建省城市规模研究　　111
　　一、城市最优规模文献综述　　111
　　二、福建省城市规模研究　　114
　　三、结论与建议　　120

专题八　福建省对外直接投资现状及发展趋势研究　　123
　　一、福建省经济发展水平与对外直接投资　　123
　　二、福建省对外直接投资历程　　126
　　三、福建省对外直接投资存在的问题　　128
　　四、福建省对外直接投资的策略选择　　130

专题九 "一带一路"战略下福建省的对外投资选择　133

一、福建省在"一带一路"战略中的特殊优势　133

二、我国和福建省对外投资现状　136

三、"一带一路"战略给福建省带来的机遇和挑战　139

四、"一带一路"战略下福建省对外投资的建议　143

专题十 福建自贸区金融改革的现状、比较与未来　145

一、四大自贸区金融改革的方向　145

二、福建和上海自贸区金融创新的比较　146

三、福建自贸区金融改革的未来方向　151

专题十一 基于 Metafrontier-SFA 模型的股票市场效率比较研究：来自海峡两岸股市数据的实证分析　155

一、引言　155

二、文献综述　156

三、模型设定、变量说明与数据来源　159

四、实证结果　167

五、提高股票市场效率的可能途径　177

专题十二 厦门自贸片区境外股权投资及离岸金融业务税收政策研究　180

一、引言　180

二、厦门自贸片区境外股权投资、离岸金融业务现状及其税收政策分析　182

三、境外自贸区境外股权投资、离岸金融业务现状比较分析　185

四、我国对境外股权投资和离岸金融业务的税收经济分析　189

五、政策建议　　196

专题十三　福建省工业园区发展研究　　200

　　一、福建省工业园区发展现状分析　　200
　　二、福建省工业园区建设中存在的主要问题　　204
　　三、对策与建议　　208

专题十四　闽台合作黄金市场的模式研究　　212

　　一、背景　　212
　　二、黄金市场需求、供给与交易市场　　213
　　三、两岸黄金市场现状　　215
　　四、两岸黄金市场的合作模式　　217
　　五、结论　　219

专题十五　自贸区和"一带一路"背景下两岸金融服务贸易自由化问题研究　　220

　　一、两岸经贸金融合作交流现状　　220
　　二、自贸区和"一带一路"为两岸金融服务贸易自由化带来的机会　　222
　　三、自由化的挑战和壁垒　　223
　　四、对策研究　　228
　　五、结论　　231

专题十六　自贸区背景下厦门离岸金融模式选择及对策建议　　233

　　一、离岸金融模式概述　　233
　　二、自贸区背景下厦门离岸金融的形成模式选择　　235
　　三、厦门离岸金融发展模式选择及其路径　　240
　　四、厦门内外分离型离岸金融的框架及对策建议　　243

五、结论　248

专题十七　新政对福建省跨境电商的影响及政策建议　249

一、福建省跨境电商发展现状　250
二、跨境电商新政及其影响　255
三、福建省跨境电商发展存在的问题　257
四、对策与建议　259

专题十八　海西区旅游产业集群研究　263

一、海西区旅游产业集群的空间特征及分析　264
二、海西区旅游产业集群的空间溢出效应研究　274
三、结论与政策启示　284

专题十九　福建港口如何应对航运及港口联盟潮　287

一、航运超级联盟的产生　288
二、航运超级联盟给港口带来的影响　290
三、国内外港口掀起联盟潮　291
四、福建港口应对航运及港口联盟潮的策略　293

专题二十　"一带一路"背景下海西区对外文化贸易的现状与问题　297

一、引言　297
二、"一带一路"范围内的文化贸易　298
三、有关海西区对外文化贸易的描述性统计分析　299
四、海西区文化产业的学术研究与现状分析　304
五、当前海西区对外文化贸易的现存问题　309
六、对促进海西区对外文化贸易发展的政策建议　311

专题二十一 "一带一路"战略下海西区综合发展指数与策略研究 　　313

　　一、"一带一路"战略下海西区经济社会综合发展指数　　313
　　二、实证结果及分析　　316
　　三、自贸区下的海西区各地区经济社会综合发展分析　　321
　　四、"一带一路"战略下海西区各城市综合发展策略研究　　324

参考文献　　327

后记　　344

专题一

台湾花卉产业集群研究

20世纪70年代末80年代初,我国台湾地区在基本实现农业现代化之后,为促进农业产业结构升级,提高农民收入,提升台湾农业在国际上的竞争力,化比较优势为竞争优势,建立了集"产、官、学、研"于一体的为花卉产业服务的体系,从而建成了一个在世界上颇具竞争力的花卉产业集群。本专题概述了台湾花卉产业发展的特点,着重分析了台湾花卉产业集群发展的经验,最后提出一些结论和启示。

一、台湾花卉产业集群的特点

1. 台湾花卉栽培历史悠久

台湾最负盛名的彰化田尾公路花园可追溯到1868年,村民巫修齐从唐山带回一些花卉,在自家院子里培养种植,后逐渐形成规模;1895年以后日本殖民政府在台北设立苗圃,从事各种植物的引进、试验及育种;20世纪最初10年的经济发展,带动了花卉产业的初步发展,到1937年栽培面积约66.4公顷;第二次世界大战造成花卉产业发展的停滞,到1954年栽培面积仅为39公顷,其生产面积未恢复到战前规模;直到60年代末期花卉产业开始拓展外销,生产面积也持续扩大。

2. 发展迅速

20 世纪 70 年代中叶,由于世界能源危机,日本国内花卉种植的成本大大提高,开始到我国台湾地区大量采购菊花。1984 年台湾当局实施"稻田转作计划"和"绿化年——奖励绿化"政策,使得花卉种植面积大幅扩张。此后,台湾地区的花卉种植面积、产值和进出口贸易高速发展。具体表现为:

(1) 花卉种植面积和产值大幅度增长。种植面积从 1978 年的 1 242 公顷增长到 2009 年的 13 172 公顷,增长了 10.6 倍。而产值从 1978 年的 16.52 亿元[①]增加到 2009 年的 122.41 亿元,增长了 7.41 倍(具体见图 1)。而花卉产业的产值占整个种植业的比重也从 1978 年的 0.56% 上升到 2007 年的 7.34%,后因受国际金融危机的影响,下降到 2009 年的 6.85%。

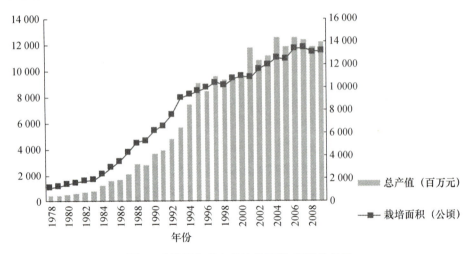

图 1　台湾历年花卉栽培总面积、产值增长图

资料来源:台湾"农产统计要览"(http://stat.coa.gov.tw/),查阅时间为 2010-10-30。

(2) 花卉进出口贸易快速增长,且外贸市场比较集中。台湾由于人口较少,地区收入虽然增长很快,但花卉消费市场仍较小。因此,外销是其主要出路。1989 年,台湾鲜花出口 1 363.4 万美元,进口 587.9 万美元,顺差 775.5 万美元,到 2009 年,出口 11 069.9 万美元,进口 1 708.4 万美元,顺差 9 361.5 万美元,分别增长了 8.12 倍、2.91 倍和 12.07 倍(见图 2)。

(3) 花卉进出口种类和市场集中。2008 年花卉及其种苗出口量为 34 873

---

① 本专题以下未特殊注明的货币单位都是新台币元,不再逐一标出。

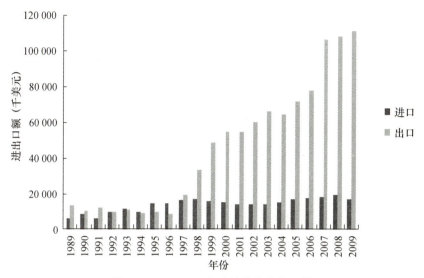

图2 1989—2009年台湾花卉进出口额

资料来源:台湾"农产统计要览"(http://stat.coa.gov.tw/),查阅时间为2010-10-30。

吨,出口额为1.07亿美元(约合新台币33.9亿余元)。主要出口种类为蝴蝶兰(出口额为5 223.9万美元,占出口总值的48%)、"国兰"(960.9万美元,占9%)、文心兰(734.8万美元,占7%)、马拉巴栗(672.8万美元,占6%)、火鹤花、洋桔梗、金钱树、万年青等,主要出口到日本(3 345.8万美元,占出口总值的31%)、美国(2 316.7万美元,占21%)、韩国(1 802.3万美元,占17%)、荷兰(1 171.7万美元,占1%)、大陆(333.1万美元,占3%)。花卉年进口量为10 427吨,进口额约1 931.6万美元,主要以进口种苗(球)及栽培介质(水草)为主,主要进口国为荷兰(占进口总值的37%)、智利(占23%)及泰国(占21%)。

3. 花卉生产地和品种都比较集中

(1) 目前全台湾都在生产花卉,但主要生产区域集中于中南部地区。如2009年全台湾花卉种植面积为13 172公顷,其中彰化县为4 855.71公顷,占全部种植面积的36.9%,主要产品为菊花和观赏苗木;屏东县为1 195.74公顷,占9.1%,以蝴蝶兰和"国兰"为主;嘉义县为1 173.62公顷,占8.9%,以热带性观叶植物为主;南投县为1 163.29公顷,占8.8%,以玫瑰、非洲菊等高级切花为主;台中县为920.78公顷,占7.0%,以唐菖蒲、百合及"国兰"为主。

(2) 根据台湾农业统计年报分类,台湾的花卉包括切花、盆花、苗圃类、兰花、球根类和种子六大类。2009年,苗圃类为最大宗,种植面积为7 924公顷,占花卉总种植面积的60.16%;切花类为3 862公顷,占29.32%;盆花类为772

公顷,占 5.84%;兰花为 608 公顷,占 4.62%;球根类为 4 公顷,占 0.0003%;种子类为 3 公顷,占 0.0002%(见图 3)。

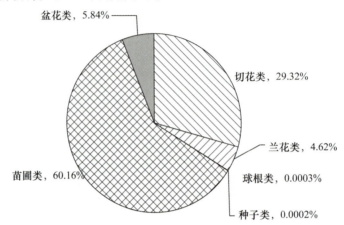

图 3　2009 年台湾各类花卉及种植面积分布图
资料来源:台湾"农产统计要览"(http://stat.coa.gov.tw/),查阅时间为 2010-10-30。

1995—2009 年间,台湾生产的花卉主要有菊花、唐菖蒲、夜来香、大理花、玫瑰、洋桔梗、康乃馨、百合、火鹤花、非洲菊和兰花,其中原来产量最大的菊花从 1995 年的 41 887 千打下降到 2009 年的 17 855 千打,而兰花从 2001 年的 51 822 千打上升到 2009 年的 62 027 千打。

4. 花卉产业具有很高的市场价值

台湾 2009 年耕地面积 815 236.11 公顷,产值 17 881 724.9 万元,其中花卉种植面积 13 173 公顷,产值 1 224 119.2 万元。台湾花卉产业在占台湾耕地总面积 1.6% 的情况下提供了 6.85% 的产值,每公顷的产值高达 92.93 万元。

二、台湾花卉产业集群发展的经验

台湾充分利用其优越的地理环境和资源,建立了花卉的研发服务体系、产销支持体系,从而形成了具有国际竞争力的花卉产业集群。

具体经验有:

(一) 化比较优势为竞争优势

1. 较好的自然资源

农业自然资源禀赋包括自然条件和资源因素,是花卉产业集群形成的物质基础。其生长的特性,包括水文、地质、气候等在内的自然条件,将直接影响花卉的品质、类型,从而影响花卉产业的成本,进而影响其国际竞争力。台湾地处亚热带,整个台湾岛气候温暖,雨量充沛,年降雨量为1594—2340毫米,南北年均气温为21.7—23.8℃,十分适合各种花卉的经济栽培,不仅可以节省更多的加温费用,还可以缩短栽培时间,从而降低了生产成本。多样化的气候条件,导致台湾特有的原生种源丰富,如百合、一叶兰和各种兰花品种。这些都为台湾花卉产业的发展奠定了良好的基础。

2. 优越的地理位置

由于花卉产品的同质性和大量的供给者(接近于完全竞争市场),近年来全世界花卉产业的生产增长率超过市场的增长率,致使花价普遍降低。因此,必须具备低生产成本、高品质及低运费三大要件才能具有竞争力。波特(1998)认为本地需求环境是产业集群形成的重要条件。我国台湾地区花卉产业集群形成有三个原因:一是台湾地区地处亚太交通枢纽,临近全球第三大花卉消费市场——日本,其对我国台湾地区花卉有强劲的需求;二是20世纪80年代以来韩国和我国香港地区对我国台湾地区的花卉有较高的需求;三是90年代至今大量台商(花农)到大陆投资,既带动了台湾地区花卉产业(种苗)的出口,又极大地降低了花卉生产的成本,非常有利于带动台湾花卉的出口。因此,周边国家或地区对台湾花卉的需求,保证了台湾花卉产业集群的可持续发展。

3. 较好的社会资源

台湾当局在20世纪50年代实施"耕者有其田"的土改政策,导致绝大多数农户成为自耕农,如1981年在847 997户农户中,有自耕农688 718户、半自耕农70 163户(自耕地占50%以上),二者合计占89.49%。农户成为土地的主人后,他们选择种植比较收益较高的花卉,并且把土地抵押给"农委会"下的金融局以获得资金信贷支持。

台湾农民的文化素质较高。2009年台湾有农村人口2 574 253人,其中大专及以上文化程度的有554 684人,占21.55%;高中(职)709 425人,占27.56%;初中399 348人,占15.51%;小学727 273人,占28.25%;文盲183 523人,占7.13%,即高中(职)及以上文化程度的农业人口占49.11%。

(二) 健全的社会化服务体系

台湾花卉产业集群具有完善的社会化服务体系,如完善的科研和技术服务体系,以及健全的产销体系。

1. 完善的科研、技术服务体系

台湾当局为促进花卉产业的发展,建立了"官、产、学、研"密切结合的花卉研发和技术支持体系。

（1）产学结合的如台湾高校与民间资本合资成立的兰花生物技术公司，产官结合的如台湾当局支持兰花发展的各项金融措施即专项贷款。

（2）官方机构有：①"农委会"和"农委会"下属的研究与试验机构（包括农业试验所及遍布全台的33个研究与试验机构），隶属于"农委会"的各地农业改良场，以及台北市政府公务局公园路灯工程管理处花卉试验中心。②台糖研究所。1988年台糖研究所成立园艺系，组成蝴蝶兰研究团队，从事育种、栽培、病虫害、温室设施、采收后处理等相关的研究。为花卉服务的"农委会""农粮署"向全台花农及组织提供各种花卉信息、花卉知识产权的保护。设立花卉新品种示范推广区及建立盆花规格标准。引进菊花、洋桔梗及火鹤花等30项新品种栽培并进行示范推广，举办花卉竞赛及建立60种盆栽植物品质与规格标准。

（3）学界包括28个高校设立的园艺系。如台湾大学、文化大学、嘉义大学、屏东科技大学、中兴大学等各大院校设立的园艺系、农场管理系、植物保护系、景观造园系等，以及园艺系建立后成立的花卉研究所，每个大学针对不同的植物进行专门研究。目前台湾大学主攻的是一般盆花植物，中兴大学主攻切花植物，嘉义大学主攻兰科植物，屏东科技大学主攻景观植物、果树的育种。这为台湾花卉业的快速发展打下了一个很好的基础（见图4）。

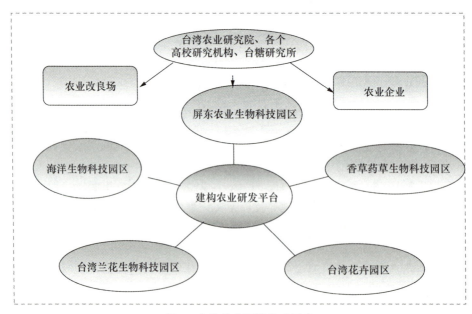

图4　台湾花卉研发体系示意

最为著名的就是经过官、产、学、研合作,开发出蝴蝶兰、文心兰海运贮运技术,降低了运销成本,文心兰的运费由空运 5.5—6.0 元/支,降为海运约 2.0 元/支;蝴蝶兰的花株经处理后在常温(23—28℃)下可储存 1 个月。产学研合作强化了台湾花卉新品种的研发,产生了 41 个蝴蝶兰、2 个朱槿、6 个夜来香新品种,并使这些花卉新品种投入商业化使用中。

2. 健全的产销体系

(1) 为产销服务的社会组织完善。台湾花卉产销系统中,各级农会、产销班、合作社、农场构成了地方花卉产业发展的服务主体,农会、产销班、合作社、农场是当局与地方农业沟通的渠道,农会与产销班依赖学术研究成果与相关部门的决策辅助,合作社与合作农场则是在地方政府与农民之间的互动平台。其中比较著名的服务组织有:财团法人台湾区花卉发展协会(成立于 1972 年,是台湾第一个非营利性花卉组织机构,为花农提供技术、信息等服务,以促进农业发展为宗旨);台湾区花卉输出同业公会(成立于 1981 年 4 月,其主要通过 B2B 企业交易与交流平台为台湾花卉企业或农户提供各种信息服务)[①];保证责任台湾区花卉运销合作社(成立于 1993 年 1 月,为花卉的产、供、销等提供管理、技术和信息服务,并于 1994 年 8 月 18 日成立了台中花卉批发市场)。另外还有台北花卉产销股份有限公司、台北花木批发市场、彰化县花卉生产合作社、台南市综合农产品批发市场、高雄国际花卉股份有限公司、农产品交易行情站以及台湾各级农会等。

(2) 完善的销售体系。目前台湾花卉大部分的销售是由产地花农通过农会、产销班(每年有 10—20 个)、合作社/场(如保证责任台湾区花卉运销合作社)、台湾区花卉输出同业公会等单位或自行向六大花卉批发市场申请供应代号,供货到花卉批发市场进行拍卖,然后由承销商竞价拍卖后购得货品,零售商(花店等)再向承销人购买,最后到达消费者手中。而承销商也可由花卉批发市场通过订货交易直接与供应人交易。另外,也有经由产地贩运商或出口商直接与产地花农接洽购买者。目前台湾地区正在建立产地的花卉物流中心(例如埔里花卉物流中心),也许会略微改变现在的运作模式(具体见图 5)。

---

① 台湾的花卉批发市场扮演了一个重要的角色,目前台湾共有 5 家花卉批发市场:台北花卉产销股份有限公司(台北花市)、台湾区花卉运销合作社(台中花市)、彰化县花卉批发市场(彰化花市)、台南市综合农产品批发市场(台南花市)及高雄国际花卉股份有限公司(高雄花市)。此处还有台北南区花木批发市场。

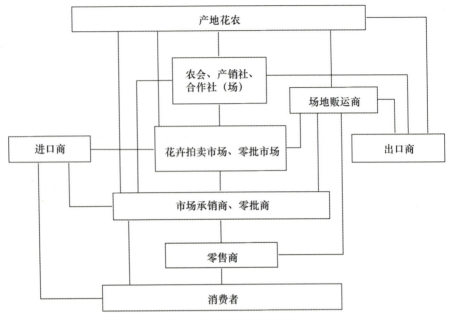

图 5 台湾花卉产销体系

(三) 较为完善的台湾当局支持体系

台湾当局的支持是台湾地区花卉产业集群形成和发展壮大的关键因素。花卉产销过程中面临着自然风险和市场风险,因此必须由官方提供财税金融支持和公共产品支持,以减少花卉产销的外部成本,降低自然风险和市场风险。在台湾花卉产业集群形成和发展过程中,台湾当局对花卉产业的支持具体表现为:

1. 政策支持

(1) 土地政策支持。台湾当局在20世纪50年代通过"耕者有其田"的政策,使89.49%的农户在1981年拥有自己的耕地,这样农户可以选择种植花卉,耕地可以抵押获得资金支持。并且随着台湾地区农业的发展和现实的需要,2000年1月,台湾当局修订完成农业发展条例及"土地法"等配套法案,松绑了农地法规,确立了"放宽农地农有,落实农地农用"的政策。这十分有利于花农通过购买、租赁农地来扩大花卉的种植规模。

(2) 产业政策支持。20世纪80年代初,台湾面临着严重的稻米生产过剩,促使台湾当局在1984年执行稻田转作计划,选择了花卉作为产业发展导向;1995年台湾"行政院"颁布"加强生物技术推动方案",把花卉产业列入"'行政院'五项生物技术有限发展产业"之一。2001年的"迈进21世纪农业新方案"与2006年的"新农业运动"都提出发展具有竞争优势的种苗花卉产业的政策。

(3) 法律服务和认证支持。① 1988年台湾颁布了"植物种苗法",实施植物种苗管理,保护新品种的权利,以及促进品种改良,其主要内容为新品种命名及权利登记、种苗业登记管理与种苗输出管理等。② 推动花卉的国际品种认证(ISO9001)和推动花卉知识产权的保护。③ 蝴蝶兰业者输销附带栽培介质的辅导及认证。2004年,我国台湾地区的兰花通过相关认证,可以直接出口到美国,是目前全球唯一可输出附带栽培介质蝴蝶兰到美国的地区,已认证合格的有73家业者、131个温室,并持续辅导生产者符合美方检疫规定。④ 推动知识产权登记制度(台湾称为智慧财产权)。协助业者申请地区外品种权,欧盟、日本、美国、澳大利亚已同意与我国台湾地区相互受理品种权申请。

(4) 辅导生产调整。每年"农委会"辅导台湾主要花卉产区10—20个产销班进行生产种类调整及采后设施栽培。

2. 公共设施支持

(1) 基础设施建设。1973年,田尾地区被正式核定规划为"公路花园园艺特定区",将原来用花卉运输的小路规划成线状的公路,并利用沿路居民的花卉来美化公路,供来访游客观赏。目前台湾已经修建成四通八达的公路、铁路和机场以及港口,促进了台湾花卉的生产和销售。

(2) 举办国际兰展。如从2005年起每年3月举办"台湾国际兰展",其已成为国际花卉界的年度盛事,并列为三大国际兰展,对提升台湾兰花的曝光度及知名度、创造营销机会等意义非凡。

(3) 推动五大科技园区建设,其中涉及花卉的有:① 屏东县农业生物科技园区,主要涉及植物种苗的研发和生产。② 台南县"台湾兰花生物科技园区"(成立于1994年12月21日),全区规划面积175公顷,2008年已完成开发59公顷,28家业者进驻,19家营运生产,2007年营业额3.79亿元,已呈现产业集聚效应。③ 台湾"农委会"确立彰化县为台湾地区花卉园区,主要承办花卉博览会(2016年在台北举办)、建设花卉和景观苗木生产专区及花卉展销贸易中心。

(4) 辅导设置外销花卉生产专区,加强主要花卉产区设施升级。设置文心兰、火鹤花、洋桔梗、"国兰"及非洲菊等5项外销切花生产专区12处、面积151公顷,改善生产及采后处理设施,对与贸易商的合作进行辅导。2008年外销量1665万支、金额2.6亿元,农民外销获得价格比本地高出89%以上。

3. 财税金融支持

(1) 财税支持体系。① 积极为从事花卉的研发、人才培训与辅导花农改进生产技术的工作提供经费。如1997—2000年间,台湾当局对实现花卉电子交易、制定切花订货交易制度、建立花卉标准化瓶插试验室、制定花卉正确采收流程以及订立花卉的包装标准都提供了大量的财政经费支持。② 对花卉采取市场价格支持政策,即保价收购与统一调配出口,前者是以进口市价收购花农所生产的花卉,后者则是整合全台湾所生产的花卉后外销。③ 提供灾害补贴。如2009年的莫拉克台风,由"农粮署"针对灾情严重地区(农地遭埋没、流失及淹水严重者)补助花卉灾损的设施及周边设施更新或修缮,并补助复耕所需种苗费用。④ 每年的国际兰展,"农委会"也提供大部分补助。⑤ 由农试所、各区农业改良场及学校等研究单位组成技术服务团亲访灾区,协助灾后园区清园、消毒,对灾后病虫害管理等予以技术辅导及咨询服务,以促成技术服务团指导复建技术,这些也由"农委会"提供经费。⑥ 大量的科研投入和技术服务。2005—2008年,台湾当局每年投入7亿元以上,聚焦于以花卉与保健植物为重点的"生物技术在植物产业之创新研发"。

(2) 金融支持体系。台湾当局到2009年为止共投资20.6亿元于五大生物科技园区,园区内的厂商可以向农业金库贷款。如台南县"台湾兰花生物科技园区"规定:① 进驻业者最高贷款额度为4 000万元、贷款本息偿还期限为10年。超过4 000万元的部分,依贷款经办机构的优惠贷款方式办理。生产所需资材周转金每坪5 000元,最高500万元整。② 贷款利率为年息2%,并随"农委会"调整利率而调整。为了缓解花农在莫拉克台风灾后的还款压力,原有的贷款本金偿还期可宽缓2年。由"农委会"农业金融局辅导花农申请农业天然灾害低利贷款,每公顷最高贷款额度为120万元,贷款期限为7年,本金宽缓期限为2年;农业设施部分,每坪最高贷款额度为2 000元,贷款期限为10年,本金宽缓期限为2年。莫拉克台风农业天然灾害低利贷款新增兰花(含种苗、相关设施及设备)项目,每坪最高贷款额度为1万元,贷款期限为7年,本金宽缓期限为2年。③ 花农用农地可向"农委会"金融局申请抵押优惠贷款。

三、结论和启示

花卉产业被认为是21世纪最有发展潜力的产业之一,被称为"黄金产业"或"朝阳产业"。而台湾地区发挥了比较优势,促进了本地区农业产业结构的升级,提高了农民的收入,但在目前也面临如下缺陷:市场小、公司规模小、土地和劳动力成本高;缺乏国际营销、谈判人才;除少数作物外,少有自己的品种;对国际花卉市场反应慢;等等。而目前大陆已经成为全球第二大经济体,拥有台湾发展花卉产业所急需的市场、土地、人才,以及众多独特的花卉种苗资源。因此,海峡两岸可以发挥各自的比较优势,成为亚洲甚至全球的花卉中心。对大陆的主要启示有:

第一,大陆正处于农业产业结构的升级转型中。根据学者的研究,未来花卉世界新的生产次序为:非洲为欧洲生产,南美洲为北美洲生产,大陆为亚洲生产。因为花卉生产将实现大型化、专业化,生产基地将转移到能够生产更好的品质、具有更低的成本,具有足够的光源、能量与劳动力的国家,因此,大陆应该化地理环境和资源优势为竞争优势,通过国家的规划,在闽、粤、琼、桂、滇等地规划建立一批花卉产业基地,建立起大陆自己的花卉出口特区、花卉生产区。按照"官、产、学、研"相结合的模式,政府有关方面应该建立对花卉生产业者(花农或者企业)给予一定时期的免税和长期的低息优惠信贷、花卉保险补偿等的财税金融支持体系。同时,利用大陆气候的多样性,在中国农科院、中国科学院以及国内的农林大学内进行各自有特色的花卉种苗、运输、贮藏技术的研究,建立大陆的花卉研发和技术支持服务体系。建立大陆的花卉种苗研究基金,鼓励民间资本进入花卉的生产、研究、销售领域。

第二,十七届三中全会提出要赋予农民长久的土地产权。纵观小农经济现代化下的东亚模式(日本、韩国和我国台湾地区),都是在实现了农民的土地产权后,不仅解放小农,减少农民的数量,使得农民在比较收益下种植高附加值的农产品,而且其农地可以抵押获得信贷资金。大陆目前在确保农民对农地的长久使用权后,逐步实现农地的流转和抵押,这对建立城乡统一的土地市场、建立健全农村资本市场、促进农业产业结构的转型升级都有很强的正外部性。

第三,建立适合大陆的农产品产销服务体系。台湾以合作社、合作农场、台湾区花卉输出同业公会等市场中介服务组织,实现了花卉的产销,大幅度降低了花农和市场之间的交易费用,提高了农民的收入,实现了小农经济的现代化和产业高级化。大陆正处于小农经济向现代农业经济转轨和过渡时期,保护农民的利益、降低个体农民和市场之间的交易成本,其关键就是建立一个服务于农民的合作组织体系。

专题二

厦门小微文化企业发展的若干思考

一、厦门小微文化企业现状

小微企业,即小型企业、微型企业、家庭作坊式企业、个体工商户的统称。小微企业是当前国民经济的生力军,在稳定经济、扩大就业、促进创新、繁荣市场和满足人民各种需求等方面,发挥着极其重要的作用。据统计,2015年,我国新登记的企业中,96%属于小微企业。文化产业作为中国当前经济重要的增长点,其本身的特征决定了很多文化企业的起点就是小微企业,即小微文化企业是文化企业的重要活力源。2014年,我国小微文化企业的数量占文化企业总数的80%以上,从业人员约占文化产业从业人员总数的77%,实现增加值约占文化产业增加值的60%以上,这还不包括200多万个体文化从业者的贡献。2014年8月19日,文化部、财政部、工信部三部委联合发布了《关于大力支持小微文化企业发展的实施意见》,旨在支持小微文化企业创业和发展。

厦门市一直非常重视小微文化企业的发展,并从政策上不断进行推动,这些政策主要体现在三个方面:

第一个方面即为对小微企业的支持。如2015年4月,厦门市人民政府办公厅发布《关于进一步扶持小微企业加快发展八条措施的通知》,规定了一些相关部门牵头负责的发展小微企业的措施。厦门市经济与信息化委员会和财政局设立厦门市小微企业创业示范基地,从财政上支持这些基地推动小微企业的发展。厦门市政府还会同相关银行为小微企业提供融资方面的支持,如2012年9月,市经发局、市财政局和厦门农商银行联合启动厦门农商银行小微企业绿荫计划,即单户融资总额在300万元以内,免抵押、免担保。2015年3月,厦门光大银行创新推出了以税定贷的小微融资产品"税贷易"及针对小微企业主的信用卡产品"税信通",使小微企业的无形信用资产变成了有形的信用资金。

第二个方面体现为通过文创平台提供支持。如每年举办的海峡两岸(厦门)文化产业博览交易会、厦门国际动漫节等重大文化产业经贸活动,为小微文化企业搭建平台,拓展贸易渠道。以海峡两岸(厦门)文化产业博览交易会为例,2015年该展会的签约项目达90个,总签约额为414.9亿元。

第三个方面则体现为直接的政策支持。如《厦门市文化产业发展专项资金管理办法》规定,对于为厦门市文化企业进行担保的市重点融资性担保机构,每年根据其为厦门市中小文化企业提供的融资性担保的年日均担保额的1%给予补助,对单家担保机构的最高补贴金额不超过该担保机构实收资本的10%,最高可补助200万元。2015年,厦门市思明区正式实施《鼓励扶持龙山文化创意产业园发展若干规定》,明确为入驻的小微文化企业免费提供场所或租金补贴。

二、厦门小微文化企业现存的问题

尽管厦门市政府为发展小微文化企业提供了一定的政策支持,但是,当前厦门小微文化企业发展仍然面临不少问题,具体体现为四个方面:

1. 经营困难,风险大

厦门小微文化企业经营上的问题首先体现在整个厦门文化产业层面上。2015年,全市共有138家规模以上文化企业出现亏损,占规模以上文化企业的35.9%,企业亏损面比全省平均水平高24.1个百分点。各类企业亏损面均超过三成,规模以上文化制造业亏损面最大,为42.9%,比上年提高3.9个百分点;其次是限额以上文化批零业,为37.9%,比上年降低5.2个百分点;规模以上文化服务业亏损面相对较小,为32.1%,比上年降低3.7个百分点。[①] 这样的

---

① 厦门市统计局网站,http://www.stats-xm.gov.cn/tjzl/tjfx/201607/t20160726_28512.htm。

行业大环境下,小微文化企业很难有经营上的利好消息。

其次,小微文化企业在经营上天然地欠缺。由于其规模小,小微文化企业在经营上对市场定位往往具有一定的盲目性,未能充分把握市场信息,这将很可能造成生产经营决策失误,尤其在经营环境比较复杂时,这方面的风险将更加加剧。此外,遇到外在的经营冲击时,本身的小规模特点决定了小微文化企业很难抵抗风险。

最后,文化企业本身的特征在当前环境下加剧了小微文化企业经营上的困难。文化企业要获得良性发展,需要对文化资源进行充分的把握,并在此基础上对文化资源进行有效的开发。对于小微文化企业来说,这两个条件其中之一有时都很难实现,而当前的文化中介市场非常薄弱,无法对小微文化企业这方面的缺陷进行有效补充。这种形势下,小微文化企业的困难也就可想而知了。

2. 投融资渠道不顺畅

厦门的小微文化企业投融资基本没有特殊待遇,都体现在整个小微企业方面。银行对小微企业发放贷款设置的门槛比较高,这使得符合贷款条件的小微企业数量非常有限。以2012年为例,厦门现有的小微企业有6.2万家,而符合贷款条件的只有3万家左右。这使得资金的供给方只能是民间借贷,而民间借贷的成本往往非常高,很多小微企业无法承受。进一步而言,小微文化企业在融资方面更为捉襟见肘,其不动产部分非常少[①];而企业价值评估方面,若按照传统的企业评估程序和规则进行,小微文化企业的企业价值相对较低。这些不利条件造成了厦门很多小微企业很难从外部取得资金。尽管当前厦门市政府通过一些政策推动银行对小微文化企业进行融资,但其资金量仍然相当有限,不能满足其对资金的巨大需求。

3. 专业人才较为缺乏

面对激烈的市场竞争压力,小微文化企业往往只看重短期的经济效益,缺乏对企业长期规划进行设计人才培养。人才培训方式一般较为初级,大多局限于师徒之间的传帮带,培训内容主要以企业的应急需求为主。而文化产业人才市场的流动性,更是对小微文化企业培养专业人才具有较大的打击力度,因为有可能自己辛辛苦苦培养的文化产业人才,一下子就被大型文化企业挖走了。毕竟小微文化企业的工作待遇相对较低,能够支持文化产业人才到企业工作的

---

① 大多数银行等金融机构偏好于抵押贷款,而对小微企业的抵押物则注重于不动产抵押。

动力就是该企业良好的发展前景。因此,目前厦门的小微文化企业人才仅仅局限于若干具有共同创业志向的发起股东,很难从外界途径挖掘具有较高潜力的文化人才。小微文化企业人才的另一途径只能依赖企业自己培养,但是又面临人才的流动性风险。

4. 知识产权困境

厦门小微文化企业在知识产权上面临两个方面的难题。一方面,在当前知识产权保护较为薄弱的情况下,小微文化企业开发自主知识产权的主动性下降,因为一个好不容易开发出来的文化产品,由于知识产权保护环境薄弱,很容易被模仿、盗版,产品价格在这种环境下无法充分体现自主开发的文化产品价值,前期的开发成本无法收回。作为博弈的结果,大家都不愿意生产创意产品,文化产业缺乏创意之源,将无法蓬勃发展。当前的各种工艺品生产和软件开发就面临这方面的问题。

另一方面,如果知识产权保护过于严格,在没有相应配套措施的情况下,小微文化企业也很难发展。因为它们的规模太小,可能无法充分把握现有的市场开发状态,一个辛辛苦苦开发出来的文化创意产品,可能是别人之前已经开发过的,此时,这种开发没有任何价值。此外,小微企业由于自身实力较弱,在知识产权保护严格的环境下,很难靠自身的资金实力去购买有知识产权的文化产品的生产权利,这样一来,小微文化企业也将无法生存。

三、相关政策建议

1. 改善小微文化企业的经营状况

首先,应提升整个厦门文化产业的竞争力。充分利用厦门的地理优势,进一步引进台湾优势文化企业入驻厦门文化产业园区,并形成较为完整的文化产业链,提高整个厦门的文化实力。台湾文化企业的发展较好,但面临进一步的转型。厦门近年来一直注重两岸的经济文化交流,文化企业的合作交流较为活跃,不少台湾文化企业在厦门安家落户,对厦门文化企业的发展起到很好的促进作用。但是,当前在厦门落户或投资合作的台湾龙头文化企业相对较少,因此要把厦门文化企业提升到一个新的高度,创造更好的文化企业环境。

其次,提供便利的文化产业中介服务。在目前的厦门文化产业园区,设立较为成熟的文化产业中介服务机构,为小微文化企业提供创业上的指导,向它们提供市场信息,并利用本身的专业优势,对小微文化企业的文化产品生产提供一定的技术指导,提高文化产品的市场竞争力。对于这种文化产业中介服务机构的设立,建议采用政府引导方式,直接引进具有竞争力的国内外文化产业中介机构。这样一来,这些机构的直接服务作用发挥得较快。

最后,推动厦门小微文化企业对台交流,吸收台湾文化企业经验。台湾的文化产业发展较为成熟,厦门与台湾具有"五缘"优势,台湾文化产业中对文化资源的把握、文化市场的开发,都能够很好地为厦门文化企业所借鉴与吸收。因此,厦门市政府应主动推动这方面的工作,尽量促成厦门小微文化企业对台交流。如通过中小企业服务机构牵桥搭线,联系优秀的台湾小微文化企业或其管理机构,到厦门介绍经验。组织厦门小微文化企业到台湾参观访问,对厦门小微文化企业与台湾文化企业的经营合作提供进一步的资金扶持。

2. 创新投融资形式

首先,从政策上进一步支持银行对小微文化企业发放贷款。2012年4月,厦门市对小微企业发放的专项资金达1亿元。此外,通过经发局与其他机构开展洽谈活动,洽谈中小企业融资问题。这些做法在某种程度上减轻了小微企业融资难问题。针对目前小微文化企业发展的迫切需要,建议政府专门设立小微文化企业专项资金,并专门召开小微文化企业融资问题专项洽谈会,为金融机构与小微文化企业融资建立连接的桥梁。

其次,发展中介机构,正确评估小微文化企业的价值。小微文化企业无法从金融机构取得资金的一个重要原因在于传统的企业价值评估方式无法反映其真正的价值,建议厦门市政府设立一些专门的文化产业价值评估机构,通过专业人员正确评估价值,便于小微文化企业取得足够的资金。在文化产业价值评估机构设立方面,建议银行部门先期进行一定程度的参与,这样才能使得这些价值评估结果能够较好地为银行部门所接受,小微文化企业才能较为顺利地从银行方面融得资金。

最后,创新银行融资。如借鉴深圳经验,采用"文创贷"的方式,根据企业的核心价值,即创业价值、创意价值、员工价值、社会价值四个维度确定授信尺度,向小微文化企业发放贷款。推广小微文化企业众筹模式,通过互联网众筹平台连接融资方和投资方,帮助小微文化企业和初创文化企业解决融资难题。

3. 创新人才培养方式

首先,应强化小微文化企业的人才培养。从政府层面上,政府相关部门,尤其是劳动力部门,应该对文化产业分门别类,有针对性地调研每类企业动态的人才需求,然后系统地进行相关人才培训,提高各类文化企业人才的整体素质。这样一来,既可以减轻小微文化企业的培训负担,又可以为它们提供企业发展急需的高素质文化人才。

其次,提供宽松的员工成长环境。从短期的经济效益而言,小微文化企业很难与大企业竞争,吸引人才。很多人才到小微企业工作,看重的主要是小微企业的成长环境,包括文化环境、人际关系、舆论环境等软环境和工作环境、娱乐环境、硬件设施等硬环境。因此,小微企业应发挥企业小但灵活的特性,营造好员工相互沟通、相互尊重的良好的成长环境,吸引优秀人才加盟。

最后,强化员工股权激励。小微企业的成长性带来的收益是吸引文化人才的重要筹码。厦门小微文化企业应该充分认识到自身的发展优势,描绘出企业美好的蓝图,并通过给优秀的文化产业人才一定的股权激励,吸引他们到企业中来工作。对于在企业发展中不断成长起来的人才,更要注重对其进行激励,不要过分偏向"外来的和尚好念经",应根据其能力,必要时可以股权进行激励。这些内部培养起来的人才对企业知根知底,因此给予他们合适的激励,留住他们,是当前这些小微文化企业在人才方面更为务实的做法。

4. 摆脱知识产权困境

首先,应强化知识产权保护。只有知识产权的保护加强了,才能体现知识产权的价值,才能保证创意之源,营造知识产权良好的创造环境。当前,由于知识产权保护力度不够,引进的一些台资文化企业生产的产品尽管在厦门有市场,但始终未能实现在厦门销售,而仅仅是出口。2010年,《海峡两岸知识产权保护合作协议》签署,两岸知识产权研讨会定期举办。2011年,大陆专利代理人资格考试向台湾民众开放以来,报名踊跃,每年报名人数在200名至300名左右。2013年,国家知识产权局在福建启动试点,逐步开放台湾代理人在大陆从业。闽台法院在知识产权保护上的合作也有实质性进展。2015年,福建法院协助台湾智慧财产法院,对其审理的吴孟龙与蔡动玮等侵害著作财产权案进行了调查取证,在共同打击知识产权犯罪方面,取得了良好的治理效果。通过司法实务研讨的形式,调研两地法院在知识产权保护方面的协作问题,并推动两地法院形成常态化、机制化的交流合作模式。这些都是知识产权保护强化的一个很好的起点,可以在此基础上,加强具体案例判罚结果的宣传,如在网络、电视等媒体上曝光,强化消费者和生产者对知识产权的保护意识。

其次,构建知识产权公共服务平台。为小微文化企业提供有关知识产权方面的法规和政策规定信息,并以信息资源建设为基础,促进资源整合、信息共享为目的的知识产权管理系统的建立,提供专利、商标、版权等知识产权的数据集成、信息检索、分析预警、评估与实施、维权保护的知识产权服务体系。

最后,以此公共服务平台为基础,设立知识产权交易市场。在合理的交易市场中,小微文化企业通过引导,可以用各种方式实现对已有知识产权的合法使用,并真正提高文化产品的价值。如采用合股形式购买知识产权,或者知识产权贴牌授权生产等。

专题三

"一带一路"下福建自贸区跨境电商供应链的发展探析

2015年1月1日,有40多年历史的美国物流管理协会(CLM)正式更名为美国供应链管理专业协会(CSCMP)。这一变化从某种意义上揭示了21世纪世界物流发展的主流趋势——供应链管理。实际上,在当今经济全球化的大背景下,产业与产业之间、企业与企业之间的合作不断加强;社会的分工,使得每个组织都处于供应链的环节下,运用供应链上业已存在的关系,在供应链上发现价值,尤其是用新的知识体系指导和管理供应链上企业的协同,是实现价值与总成本最优的最佳路径。例如,建立于1962年的沃尔玛凭借出色的供应链管理,建立起了"世界商店",逐渐成为零售业的巨头。此外,苹果、麦当劳、丰田、壳牌、戴尔、利丰、ZARA、海尔、华为等在国际商业上领先的企业也无不采取供应链生产和供应的管理与组织模式。伴随着供应链生产模式的兴起,供应链竞争已逐渐成为市场竞争的重要方式。跨境电商是当前世界商品零售业中发展最快的领域,其信息化、产业化和便利化特征正深刻影响着全球经济"再工业化"的进程,同时也给我国特别是沿海出口地区带来了新的机遇与挑战。虽然跨境电商整体面临着通关、支付、物流等方面的难题,但是随着电子信息技术和经济全球化的深入发展,电商在对外贸易中的地位和作用日益重要,跨境电商正在整体不利的传统外贸环境中实现逆势增长,不仅成为企业开拓国际市场的新渠道,也成为福建加快转变外贸发展方式的新手段。在"一带一路"政策推动下,在"互联网＋"趋势中,福建应结合本地区的区位优势,利用中央赋予海峡西岸经济区的优惠政策,从整合供应链、价值链、资源链的角度出发,推陈出新,努力创造条件,在大力推动跨境电商发展的同时,促进福建自贸区的科学、跨越式发展。

一、供应链的发展过程

20世纪90年代以来,由于科学技术的不断进步和经济的不断发展、全球星系网络和全球市场的形成,围绕新产品的市场竞争日趋激烈。这促使许多企业开始着手实施精益生产方案,提高生产效率和产品质量,减少制造误差,降低售后服务成本。在此需求下,企业开始意识到供应链管理的重要性。据有关资料统计,供应链管理的实施可以使企业总成本下降10%,企业按时交货率提高15%以上,订货—生产的周期缩短25%—35%。供应链管理利用其他企业的资源,取得了产品在低成本、高质量、早上市等方面的竞争优势。总的来说,供应链的发展分为以下四个阶段:

第一阶段,物流管理阶段。早期的观点认为,供应链是指将采购的原材料和收到的零部件,通过生产转换和销售等活动传递给用户的一个过程。因此,供应链仅仅被视为企业内部的一个物流过程,它所涉及的主要是物料采购、库存、生产和分销诸部门的职能协调问题,最终目的是优化企业内部的业务流程、降低物流成本,从而提高经营效率。

第二阶段,价值增值阶段。进入20世纪90年代,人们对供应链的理解发生了新的变化:由于需求环境的变化,原来被排斥在供应链之外的最终用户、消费者的地位得到了前所未有的重视,从而被纳入供应链的范围。这样,供应链就不再只是一条生产链了,而是一个涵盖了整个产品运动过程的增值链。

第三阶段,网链阶段。随着信息技术的发展和产业不确定性的增加,今天的企业间关系正在呈现日益明显的网络化趋势。与此同时,人们对供应链的认识也正在从线性的单链转向非线性的网链,供应链的概念更加注重围绕核心企业的网链关系,即核心企业与供应商、供应商的供应商的一切向前的关系,与用户、用户的用户及一切向后的关系。供应链的概念已经不同于传统的销售链,它跨越了企业界限,从扩展企业的新思维出发,并从全局和整体的角度考虑产品经营的竞争力,使供应链从一种运作工具上升为一种管理方法体系、一种运营管理思维和模式。

第四阶段，现状。世界权威的《财富》(Fortune)杂志早在2001年就已将供应链管理列为本世纪最重要的四大战略资源之一。供应链管理是世界500强企业保持强势竞争不可或缺的手段，无论是制造行业、商品分销还是流通行业，掌握供应链管理都将帮助企业掌控其所在领域的制高点。

二、"一带一路"战略下福建自贸区供应链的发展

2015年9月7日，第十四届世界商业领袖圆桌会议在厦门召开。会议以"海上丝绸之路沿线国家跨境电商合作与发展新机遇"为主题。来自中国、美国、英国、德国、澳大利亚、印度等15个国家与地区的知名电商企业代表围坐一堂，就"一带一路"沿线国家与地区跨境电商合作进行交流。此次会议的顺利进行标志着福建自贸区发展的良好势头。同时，目前福建省各企业在自贸区的发展还未成熟，属于行业的发展期，应该因势利导，利用和创造有利条件，促进跨境电商供应链的发展，大力推进自贸区建设。

(一) 当前福建自贸区发展新形势

1. 建立无缝综合交通体系，集中展现交通优势

福建在"两岸三通"中的区位优势明显。自2008年12月15日两岸实现"大三通"后，闽台成为两岸海空运输航线最多、航班最密、往来人次最多、往来最频繁和最便捷的海空主要通道。福建海关数据显示，2015年福建省机场累计完成旅客运输吞吐量3 382.10万人次，已成为继广东之后，第二个同时拥有2 000万和1 000万级以上年旅客运输吞吐量机场的省份。

2. 政策助力投资优势，为企业带来全新发展

福建自贸区着重于"一多三低"的优惠政策，即投资机会更多、经营成本更低、融资费用更低、创业门槛更低，特别是在申报流程方面，通过网络平台，使企业注册实现"一表申报""一口受理""并联审批""一证三码"以及全流程网上办理，办结时限也缩短至3个工作日。其中，厦门片区将政策简化为"一口受理、一表申报、一照三号"(见图1)。

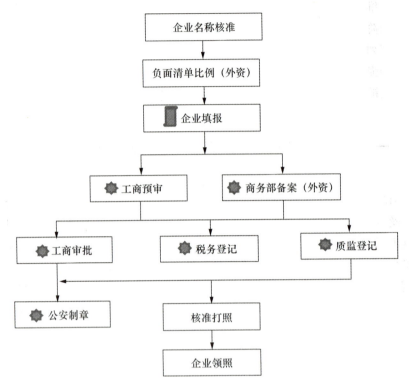

图1 厦门"一口受理、一表申报、一照三号"流程图

(二)福建自贸区跨境电商供应链发展状况

本节主要从物流链、资金链两个方面进行叙述,表1为福建自贸区各个片区物流链及资金链的对比。

表1 福建自贸区各个片区现状对比

地区	物流链	资金链
福州片区	"三位一体"国际自由贸易产业链	外汇资金集中运营管理
厦门片区	"因台而设,因台而兴",形成与两岸新兴产业和现代服务业合作的典范	跨境双向人民币资金池运作
平潭片区	努力打造国际化、现代化、智能化的大型物流基地,建设两岸的现代化物流集散中心	"快车道"助力"产业奖"

1. 物流业的转型与创新,打造有特色的贸易区

福建自贸区发展中物流发展是薄弱环节,因此,省委省政府高度重视物流

业发展,出台了不少支持物流业发展的条例法规和实施意见,比如,《福建省促进现代物流业发展条例》《"十二五"现代物流业发展专项规划》《关于进一步促进福建物流企业发展的若干措施》等。

(1) 福州片区

致力于打造国内领先、国际一流的综合保税仓储物流基地——利嘉国际物流园。功能区分为:保税商品展示区、保税仓储区、跨境电商监管中心、配套商务办公区"三位一体"的国际自由贸易产业链,在福建自贸区内建设连接两岸、辐射国内外、具有国际竞争力的综合保税物流产业基地。

(2) 厦门片区

在新的时代背景下,厦门经济特区"因台而设,因台而兴"。目前,厦门片区的重点是建设两岸新兴产业和现代服务业合作示范区、东南国际航运中心等。厦门港正在打造以国际集装箱枢纽港、国际邮轮母港、绿色环保智慧港为主要内容的特色"三港",对推动对外开放、服务区域产业经济的壮大、建设国际营商环境具有重要作用。

(3) 平潭片区

平潭主要以便捷的现代立体交通网和周边大型商贸城为依托,以海峡两岸经贸合作实验区政策便利为基础,全力推进海峡西岸物流产业升级,打造国际化、现代化、智能化的大型物流基地;建设服务海西、辐射两岸的现代化物流集散中心;以保税物流中心为平台,全力打造海西最具规模的现代商贸物流新城。

2. 金融业助力贸易区发展,资金问题得到极大改善

在金融服务领域,福建自贸区一直处于劣势。在借鉴上海自贸区经验的基础上,吸收福建省近期金融改革成果,结合金融改革发展的战略方向,提出了扩大人民币跨境使用、深化外汇管理改革、拓展金融服务、深化两岸金融合作以及完善金融监管等方面的措施。

(1) 福州外汇资金集中运营管理

2016年7月7日,兴业银行福建自贸区福州片区分行与高龙集团签署外汇资金集中运营管理银企合作协议。签约后,总部位于香港的高龙集团将利用这一新业务,把境内外19家公司年均近1亿美元的外汇资金归集到福州自贸片区进行统筹管理。跨国公司外汇资金集中运营管理业务的破冰,意味着福州自贸片区银行业的资金池服务方案体系更加完善,将为自贸区内总部经济的发展提供有力支撑。

(2) 厦门跨境双向人民币资金池运作

2016年4月14日,厦门开始正式启用双向资金操作业务,该业务降低了企业准入门槛并放大了归集额度,实现了集团内企业人民币的双向调剂和归集,有效加强了集团对境内外子公司的人民币资金监控。

(3) 平潭"快车道"助力"产业奖"

2016年3月1日,平潭审批局正式实施"快车道"审批办法,实行"一表申请、一口受理、并联审核、一章审批、一周办结",简化了企业办理手续,缩短了办理时限,平均办结时限缩短到3—4个工作日,提高了整体效率。同时,审批局针对总部经济奖补、金融业奖补、海运业奖补、旅游业奖补、鼓励扶持产业奖补、台湾居民个税补贴和发明专利奖补等设立专门的产业奖补窗口,牵头受理平潭税收优惠、扶持资金、资金补助等促进产业发展的相关行政给付、行政确认等事项的办理。

三、供应链绩效分析模型下的对策和建议

供应链管理的目的在于追求整个供应链的整体效率和整个系统费用的有效性,使系统总成本降至最低。因此,把握供应链的影响因素是供应链管理的首要工作。下面基于平衡计分法的供应链管理绩效评价指标体系中,运用因子分析法,研究供应链的影响因素。

(一) 供应链管理绩效分析模型

1. 供应链管理绩效评价指标体系

平衡计分法是平衡财务指标和非财务指标的企业绩效管理体系。在企业不同运营角度下,从财务价值、未来发展、业务流程、客户服务四个方面建立评价指标体系(如图2所示)。

2. 建立基于因子分析的供应链管理绩效模型

(1) 数据的预处理

本专题根据上海某动力企业供应链绩效指标下的数据,运用SPSS进行因子分析。在平衡计分法下使用14个评价指标,样本数据中各个指标既有定量指标也有定性指标,见表2。

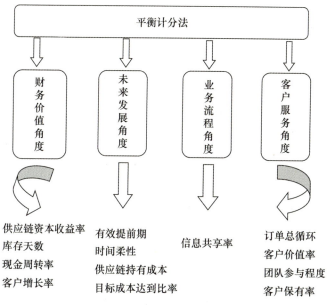

图 2 基于平衡计分法的供应链绩效评价指标体系

表 2 指标量化方法

评价指标	指标量化方法
供应链资本收益率（＋）	定量计算
现金周转率（＋）	定量计算
客户销售增长率（＋）	定量计算
库存天数（－）	定量计算
时间柔性（＋）	定量计算
供应链持有成本（－）	定量计算
信息共享率（＋）	定量计算
客户认同度（＋）	定性指标
订单总循环（＋）	定量计算
客户价值率（＋）	定量计算
团队参与程度（＋）	定性指标
客户保有率（＋）	定量计算
有效提前期（－）	定量计算
目标成本达到比率（＋）	定量计算

表中（＋）表示正向指标，即越大越好；（－）表示负向指标，即越小越好。为了使指标之间具有可比性，我们采用相应的定量归一化处理，使系数处于 0—1 之间，然后再进行模型分析。根据供应链绩效评价指标的特征，采用如下公式进行归一化处理，结果见表 3。

表 3 原始数据量化表

供应链资本收益率	库存天数	现金周转率	客户销售增长率	有效提前期	时间柔性	目标成本达到比率	供应链持有成本	信息共享率	客户认同度	客户保有率	订单总循环	客户价值率	团队参与程度
0.000	0.853	0.067	0.000	0.625	1.000	0.500	0.535	0.511	1.000	1.000	0.969	1.000	0.609
0.960	1.000	0.071	0.849	0.000	0.259	0.500	0.359	0.561	0.140	0.990	0.700	0.990	0.700
0.940	0.853	0.000	0.689	0.250	0.331	0.890	0.529	0.538	0.093	1.000	0.735	1.000	0.689
0.967	0.603	0.000	0.501	0.750	0.389	0.500	1.000	0.533	0.083	1.000	0.780	1.000	0.803
0.925	0.873	0.175	0.613	0.250	0.350	0.980	0.410	0.475	0.096	0.830	0.703	0.830	0.683
0.846	0.631	0.180	0.709	0.500	0.901	0.500	0.771	1.000	0.205	1.000	0.430	1.000	1.000
0.654	0.539	0.065	0.891	0.375	0.528	0.500	0.320	0.527	0.070	1.000	1.000	1.000	0.413
0.991	0.561	0.481	0.981	0.375	0.711	0.500	0.309	0.611	0.021	0.990	0.325	0.990	0.221
0.983	0.763	0.105	0.815	0.375	0.115	0.000	0.051	0.244	0.005	0.943	0.261	0.940	0.223
0.990	0.735	0.932	0.970	0.000	0.093	0.500	0.048	0.000	0.000	0.896	0.329	0.900	0.500
0.981	0.907	0.413	1.000	0.250	0.000	0.500	0.191	0.248	0.021	1.000	0.485	1.000	0.223
0.968	0.781	0.071	0.963	0.191	0.151	0.000	0.191	0.239	0.003	0.800	0.080	0.800	0.227
0.991	0.093	0.093	0.963	0.311	0.000	0.500	0.000	0.211	0.002	1.000	0.095	1.000	0.225
0.919	0.939	0.410	0.813	0.880	0.061	0.000	1.000	0.000	0.003	0.938	0.271	0.940	0.420
0.995	0.410	0.000	0.961	0.961	0.109	0.500	0.020	0.247	0.003	0.990	0.327	0.990	0.301
0.997	0.000	0.997	0.971	0.250	0.217	0.000	0.221	0.250	0.003	1.000	0.327	1.000	0.225
0.990	0.411	0.993	0.957	0.250	0.061	0.001	1.000	0.100	0.005	0.926	0.325	0.930	0.220
1.000	0.339	1.000	0.948	0.269	0.070	0.000	1.000	0.000	0.004	1.000	0.331	1.000	0.221

正向指标归一化处理公式：
$$x_{ij} = (y_{ij} - (y_{ij})_{\min})/((y_{ij})_{\max} - (y_{ij})_{\min})$$
负向指标归一化处理公式：
$$x_{ij} = ((y_{ij})_{\max} - (y_{ij}))/((y_{ij})_{\max} - (y_{ij})_{\min})$$

（2）数据因子分析检验

由 SPSS 运行结果可知（见表4），KMO＝0.503，具有线性关系，能够提出公共因子，适合进行因子分析。Bartlett 统计量的观测值为 264.003，相应的概率 P 值接近 0，结合 KMO 检验，可知原变量适合使用因子分析法。

表 4　KMO 检验和 Bartlett 检验

取足够度的 Kaiser-Meyer-Olkin 度量		0.503
Bartlett 的球形度检验	近似卡方	264.003
	df	91
	Sig.	0.000

（3）因子提取

表 5 为在提取 5 个因子下变量的共同度数据。由第二列的数据可知，此时所有变量的共同度较高，各个变量的信息丢失较少，因此，本次因子提取的总体效果比较理想。

表 5　因子分析初始解

	初始值	提取值
供应链资本收益率	1.000	0.969
现金周转率	1.000	0.896
客户销售增长率	1.000	0.912
库存天数	1.000	0.621
时间柔性	1.000	0.761
供应链持有成本	1.000	0.948
信息共享率	1.000	0.833
客户认同度	1.000	0.961
订单总循环	1.000	0.709
客户价值率	1.000	0.936
团队参与程度	1.000	0.842
客户保有率	1.000	0.937
有效提前期	1.000	0.909
目标成本达到比率	1.000	0.822

表 6　解释的总方差

成分	初始特征值			抽取平方和载入			旋转平方和载入		
	合计	方差的百分比（%）	累计（%）	合计	方差的百分比（%）	累计（%）	合计	方差的百分比（%）	累计（%）
1	5.611	40.079	40.079	5.611	40.079	40.079	3.528	25.203	25.203
2	2.573	18.377	58.456	2.573	18.377	58.456	3.441	24.581	49.783
3	1.555	11.109	69.565	1.555	11.109	69.565	2.414	17.245	67.028
4	1.219	8.709	78.274	1.219	8.709	78.274	1.361	9.721	76.749
5	1.097	7.836	86.110	1.097	7.836	86.110	1.310	9.360	86.110
6	0.744	5.311	91.421						
7	0.405	2.895	94.316						
8	0.318	2.272	96.587						
9	0.247	1.765	98.352						
10	0.125	0.896	99.248						
11	0.072	0.513	99.761						
12	0.027	0.192	99.953						
13	0.006	0.046	99.999						
14	9.728E-5	0.001	100.000						

注：提取方法为主成分分析。

（4）结果分析

对财务价值、未来发展、业务流程、客户服务四个方面的指标进行分析,通过因子分析之后,得到了经过旋转后的成分矩阵（见表7）。从表中可知,在第一个因子下,时间柔性、客户认同度、订单总循环具有较高的载荷,第一个因子主要解释这几个变量;在第二个因子下,库存天数、目标成本达到比率、信息共享率、团队参与程度载荷较高,第二个因子主要解释这几个变量。以此类推,最终形成了时间、信息、客户、成本、物流五个因子。

表 7　经过旋转后的成分矩阵

	成分				
	1	2	3	4	5
供应链资本收益率	−0.973	−0.088	−0.053	0.036	−0.097
库存天数	0.205	0.499	−0.556	0.088	0.116
现金周转率	−0.156	−0.587	0.077	0.382	−0.612
客户销售增长率	−0.829	−0.330	0.065	−0.215	−0.254
有效提前期	0.164	−0.066	0.188	0.207	0.894

（续表）

	成分				
	1	2	3	4	5
时间柔性	0.645	0.537	0.229	0.067	0.004
目标成本达到比率	0.125	0.826	−0.296	−0.183	−0.049
供应链持有成本	0.103	0.041	0.058	0.960	0.102
信息共享率	0.214	0.838	0.286	−0.046	0.040
客户认同度	0.963	0.161	0.049	0.016	0.070
客户保有率	0.123	0.074	0.950	0.056	0.110
订单总循环	0.550	0.601	0.159	0.133	−0.036
客户价值率	0.122	0.068	0.950	0.067	0.102
团队参与程度	0.226	0.809	−0.010	0.360	0.081

注：提取方法为主成分分析。
a. 已提取 5 个成分。

从这五个因子的重要程度来看，首先，加强客户方面的服务，增强客户对企业的认同度；其次，应该提高信息共享率，使供应链过程透明化，增强各方的信任感；再次，应该尽早解决物流瓶颈，在节约成本的同时也可在时间上给予客户认同感；最后，要寻找最有效可行的捷径，把握供应链的整个成本。

（二）从供应链角度对跨境电商发展提出的建议

目前，福建已在厦门建设运营近 10 万平方米的跨境电商产业园，打造形成东南国际快件及跨境电商货物集散转运中心；成立跨境电商协会；依托象屿集团与厦门海关数据中心合作建设厦门跨境电商服务平台，注册成立了中兴海丝路科技有限公司等专业跨境电商企业。福州、厦门、泉州正积极申请跨境电商试点城市。2014 年 11 月 5 日，福建首例跨境电商出口试点工作在平潭启动。福建还成为 5 个电商与物流快递协同发展试点省份之一。在全省跨境电商迎来快速发展的有利时机之际，如何改善和提高供应链管理，促进跨境电商快速、健康地成长是福建自贸区发展建设的一个关注点。以下分别从政府和企业两方面提出建议以供探讨。

政府方面

1. 出台专项政策

政府应在现有扶持政策基础上，进一步出台以促进跨境电商便利化为重点的专项政策，减少跨境电商企业不必要的制度成本。

虽然目前政府为顺应消费升级趋势，对跨境电商逐步出台了监管与税收政策（见表8），但在一些方面，如制定跨境电商小额贸易标准、提高跨境电商进出口通关效率、完善出口退税制度、规范跨境电商平台服务质量评价体系、增强在线支付安全性、与各国签订跨境电商合作协议等方面仍可以有所作为。

表8　2014—2016年国家在跨境电商方面实施的政策

时间	政策
2014年2月	海关监管方式代码增列"9610"，全称为"跨境贸易电子商务"
2014年3月	购买金额及数量限定；以实际销售价格为完税价格，按行邮税税率征税
2014年8月	海关监管方式代码增列"1210"，全称为"保税跨境贸易电子商务"
2015年6月	降低部分日用消费品进口关税税率，平均降幅超过50%
2016年4月	调整个人交易限值；取消免征税额，调整行邮税税率，调整关税、消费税、增值税税率

2. 走特色发展之路

福建应在国家跨境电商的大发展形势下，结合本区域特征走一条独具福建特色的发展之路。

（1）利用与台湾的"五缘关系"，加强闽台跨境电商合作

近年来，在中央的支持下，福建充分发挥与台湾的"五缘"优势，着力先行先试，从促进两岸关系和平发展的战略高度出发，探索灵活、开放、包容的对台政策。比如，建设闽台跨境电商合作示范基地，推动闽台跨境电商深度合作；积极引进台湾跨境电商行业龙头和知名企业进驻，打造独特的闽台电商信息平台、物流中心和数据中心；以信息共享、互设海外仓等方式，为两岸中小微企业协同合作提供金融、信息、交易物流平台和渠道等。笔者认为，在此基础上，还可以重点推进以下三方面的工作：

一是推动放宽闽台航班额度限制和启用闽台空中直线航路，提升厦门—金门航线服务品牌，拓展海上客运、货运直航。

二是重点建设两岸冷链物流中心。实施快速通关模式，以台湾农产品、海产品和食品类为主的专业冷链物流为重点，开展加工、包装、储存、检测、运输和配送物流业务，构建集进口、国内定点采购、储存、交易、展示、配送于一体的冷链物流产业链。

三是建设两岸跨境电商货物中转中心。探索实施"在线监管、实时验放"通关模式，加快发展对台生产物流，推进工业企业物流服务外包，大力发展以电商为依托、与腹地制造业发展相配套的供应链物流服务，实现闽台制造业与物流

业联动发展。

(2) 强化片区特色，加强区外"四地"联动发展

为避免福建自贸区内三大片区之间的同质化竞争，积极应对日益严峻的区域竞争形势，福建自贸区在发展跨境电商上要从两方面入手：强化平潭、厦门、福州三个片区的特色，差异、协调、错位发展，实现有序分工、优势互补和品牌效应，形成福建自贸区跨境电商的整体合力；加快自贸区两岸电商物流园区布局，发挥平潭、厦门、福州两岸邮政、快递业先行优势，区块间功能互补，做大做强国际航运物流、金融服务、两岸贸易和高端制造等优势产业。要根据国家"十三五规划"强调"加强和完善跨区域合作机制，消除市场壁垒，促进要素流动，引导产业有序转移"的要求，与上海、广东、天津等地跨境电商积极形成"四地联动"的发展态势，加强区内、区外合理分工和联动，通过产业链条延伸和服务功能增强，更大范围地发挥自贸区的辐射带动作用。

企业方面

企业方面找到供应链管理中的价值所在，实现利益与顾客价值双赢。

(1) 企业应积极构建第四方物流(4PL)联盟

第四方物流实质上是超越第三方物流(3PL)发展起来的跨行业、跨区域联盟型或合作式供应链新体系，其成员不仅包括专门从事跨境物流的第三方物流企业，更包括一些知识技术密集型的中介服务商，如法律、保险、金融、财税、信息技术服务商等。其中，成立于1997年的厦门嘉晟集团，整合了系统管理、信息共享、方案解决、快速响应、最低成本、最大盈利六大价值，迅速确立了行业领头的位置。

第四方物流的优势在于，其掌握着上下游物流链的信息，充当中小电商与第三方物流公司之间联系的桥梁，利用行业信息优势有效整合中小电商企业的物流需求，根据当前的物流状况为其配置最为有效的物流方案，通过化零为整最大限度地降低小包快递的物流成本；另外，也可帮助国内中小电商企业聚合形成一定的买方市场势力，在与国际物流商谈判时拥有更强的运费议价能力。

(2) 为顾客提供定制化跨境物流服务将成为跨境电商企业核心竞争力的重要来源

顾客的消费特征不同，对跨境物流服务的偏好不同，如价格敏感型顾客对物流的时间没有急迫的需求，跨境电商企业可为之重点提供小包快递业务；而价值敏感型顾客更青睐于当地化的产品体验和物流即时性，企业应更多地为之

提供海外仓物流服务,并适当加价销售以增加利润。无论是小包快递还是海外仓模式,跨境电商企业除考虑交易成本外,还要充分利用云计算信息平台及时洞悉顾客对交易成本节省的偏好,将两者有机结合起来,实现企业长期利益的最大化与顾客服务价值的最大化。

专题四

厦门服务贸易发展现状与
政策举措的研究

一、厦门服务贸易发展现状分析

在工业化初期,我国抓住全球货物贸易需求扩张和发达国家制造业转移的历史机遇,推动制造业的开放与制造业的全球直接融合,成为全球第二大经济体和第一大货物贸易国,同时也为全球经济和贸易增长做出了巨大贡献。

服务贸易发展滞后成为我国供给侧的"短板"。尽管我国早已成为世界货物贸易的第一大国,但服务贸易比重过低。2015年,我国服务贸易占对外贸易总额(货物和服务进出口之和)的比重达15.3%,其中服务出口占总出口(货物和服务出口之和)的比重为11.2%,服务进口占总进口(货物和服务进口之和)的比重为20.2%。2015年,三大传统行业(旅游、运输服务和建筑服务)服务进出口合计3703.5亿美元,占服务贸易总额的51.9%;三大传统行业服务出口合计1534.5亿美元,占服务出口总额的53.2%。其中,旅游出口占比增长7.8%,占服务出口总额的比重为34.2%,仍居各类服务出口之首;运输服务出口占比降至13.4%,位居第二;建筑服务出口占比降至5.7%,位居第六。境外游持续升温,旅游进口同比大增44.5%;建筑服务进口同比增长14.1%,运输服务进口则同比下降9.3%。这就需要把加快提升服务贸易水平作为优化贸易结构、扩大有效供给的重点。

可见,我国应以服务贸易为重点加快二次开放。与以工业市场开放为重点,推动我国制造业全球化的"一次开放"相比,"二次开放"的历史使命是以服务贸易为重点,全面实施自由贸易战略,有序推进服务业市场的双向开放,在开放中推进全球自由贸易进程,在开放中发挥我国在新一轮全球自由贸易中的重要作用。

(一)厦门服务贸易的发展成效

1. 服务贸易发展情况

(1)总量规模波动增长

"十二五"期间,厦门市服务贸易进出口总额由2011年的68.8亿美元扩大到2015年的101.2亿美元,其中出口由37.7亿美元扩大到56.7亿美元,进口由31.1亿美元扩大到44.5亿美元,分别比2011年增长1.4倍、1.5倍和1.4倍,年平均增长率分别为8.02%、8.50%和7.43%,见图1。

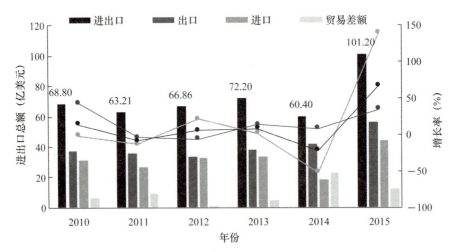

图1　2011—2015年厦门市服务贸易发展规模

从增长速度来看,厦门市进出口总额增长速度低于福建省进出口总额增长速度,其中在2011年和2014年出现负增长情况,2015年情况好转,同比增长67.5%。就出口情况来看,厦门市出口增长速度除2011年明显高于福建省出口增长速度外,2011年至2015年均略低于福建省出口增长速度。就进口情况来看,厦门市进口增长速度与福建省进口增长速度趋同,均由负增长逐步转变为高速增长,其中 2014 年厦门市出口增速出现严重下滑,增长率仅为-51.8%,但 2015 年进口情况有所好转,增长率超过 100%,为 140.2%,见图 2。

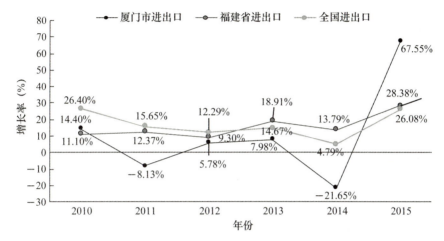

图 2　厦门市、福建省与全国服务贸易进出口增长率

从所占比重来看,2011 年厦门市服务贸易总额占福建省全部贸易总额的比重高达 67%,其中出口占 73%,进口占 60%,此后呈现逐年下降趋势,至 2015 年,厦门市服务贸易总额占福建省全部贸易总额的比重仅为 38%,其中出口占 47%,进口占 31%,见表 1。厦门市服务贸易增长速度并未超过全国水平或福建省水平,服务贸易有待发展,见图 3。

表 1　厦门市、福建省与全国服务贸易进出口情况表

年份	地区	进出口				出口				进口				贸易差额(亿美元)
		金额(亿美元)	同比(%)	占比福建(%)	占比全国(%)	金额(亿美元)	同比(%)	占比福建(%)	占比全国(%)	金额(亿美元)	同比(%)	占比福建(%)	占比全国(%)	
2010	全国	3 624	26.40			1 702	32.35			1 922	21.56			-220
	福建	103	11.1			52	28.9			52	-3.8			0.1
	厦门	69	14.4	66.7	1.90	38	43.8	73	2.22	31	-0.9	60	1.62	6.6
2011	全国	4 191	15.65			1 821	7.0			2 370	23.3			-549
	福建	116	12.4			66	28.1			50	-3.4			16.4
	厦门	63	-8.1	54.5	1.51	36	-3.8	55	1.99	27	-13.4	54	1.14	9.2

（续表）

年份	地区	进出口				出口				进口				贸易差额（亿美元）
		金额（亿美元）	同比（%）	占比福建（%）	占比全国（%）	金额（亿美元）	同比（%）	占比福建（%）	占比全国（%）	金额（亿美元）	同比（%）	占比福建（%）	占比全国（%）	
2012	全国	4 706	12.3			1 904	4.6			2 801	18.2			−897
	福建	127	9.3			66	0.1			61	21.6			5.7
	厦门	67	5.8	52.8	1.42	34	−6.3	51	1.78	33	21.9	54	1.17	1.0
2013	全国	5 396	14.7			2 106	10.6			3 291	17.5			−1 185
	福建	151	18.9			75	13.1			76	25.3			−1.0
	厦门	72	8.0	47.9	1.34	39	13.5	52	1.83	34	2.3	44	1.02	4.9
2014	全国	5 655	4.8			1 842	−12.5			3 813	15.9			−1 971
	福建	207	13.8			83	12.5			124	14.7			−41.3
	厦门	60	−21.6	29.2	1.07	42	8.3	51	2.27	19	−51.8	15	0.49	23.3
2015	全国	7 130	26.1			2 882	56.5			4 248	11.4			−1 366
	福建	266	28.4			120	44.8			146	17.4			−25.9
	厦门	101	67.5	38.1	1.42	57	35.4	47	1.97	45	140.2	31	1.05	12.1

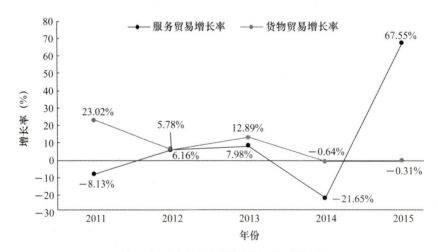

图3　厦门市货物贸易与服务贸易增长率

（2）传统服务贸易为主体，贸易结构有待优化

厦门市服务贸易主要集中在旅游和运输这两项传统服务贸易上。2011年旅游和运输占全市服务贸易总额的58.58%，其中旅游占26.29%，运输占32.29%，而占全球服务贸易比重较大的金融、保险、通信、咨询等技术密集和知识密集行业所占份额偏小。

从出口来看，2011年旅游服务出口12.99亿美元，运输服务出口9.37亿美元，至2015年，旅游服务出口32.21亿美元，运输服务出口15.01亿美元，分别比2011年增长148%和60.12%，两项占服务贸易出口的比重为83.35%。

从进口来看，2011年旅游服务进口3.63亿美元，运输服务进口11.03亿美元，至2015年，旅游服务进口18.92亿美元，运输服务进口15.46亿美元，分别比2011年增长421.16%和40.17%，两项占服务贸易进口的比重为77.21%。

从发展趋势上看，旅游服务贸易是厦门市服务贸易的主体，所占比重由2011年的35.87%增长至2015年的56.85%，但2014年旅游进出口锐减，比重仅占当年的1.09%和2.55%。但从总体上看，旅游贸易仍呈现逐步增长趋势。运输服务所占比重除2014年外，均保持在26%左右，2015年占比为26.49%，较2011年的25.89%略有上升。

通信服务、建筑服务、保险服务、金融服务、计算机和信息服务等服务贸易进出口所占比重较小，总体规模稳中有降。其中通信服务、保险服务、金融服务有所下降，专有权利使用费和特许费、咨询、广告和宣传、其他商业服务下降较多，2015年分别较2011年下降1.6亿美元、3.8亿美元、1.4亿美元和2.1亿美元。

（3）服务贸易总体为顺差，新兴产业呈现逆差格局，收支平衡能力不强

厦门市顺差规模总体表现为"W"形走势，2011年全市服务贸易顺差为9.23亿美元，2012年缩小为1.05亿美元，2013年扩大至4.88亿美元，2014年变为逆差0.81亿美元，2015年恢复为顺差12.14亿美元。厦门市服务贸易逆差的项目主要集中于运输、通信服务、保险服务、金融服务、专有权利使用费和特许费、咨询、广告和宣传、电影和音像，顺差项目集中于旅游、建筑服务和其他商业服务，其中旅游是厦门市最大的顺差来源，见表2。

表2 2011—2015年厦门市服务贸易差额 （单位：万美元）

项目	2011	2012	2013	2014	2015
运输	−16 559.88	−34 266.02	−25 557.52	48 650.99	−4 507.57
旅游	93 603.15	114 908.03	104 637.11	−3 945.63	132 976.84
通信服务	−124.44	−83.83	−34.99	−93.96	−56.81
建筑服务	3 254.66	3 411.26	3 740.87	4 302.92	4 380.09
保险服务	−2 457.88	−2 705.50	−31 592.70	−303.94	−1 874.48
金融服务	64.34	−895.88	−103.97	−143.75	−1 090.60
计算机和信息服务	4 632.75	8 070.21	2 826.31	−49 484.69	−24 250.00

(续表)

项目	2011	2012	2013	2014	2015
专有权利使用费和特许费	−28 890.09	−38 898.18	−40 987.90	−22 811.66	−12 178.64
咨询	−39 273.93	−8 193.81	−12 675.90	−34 191.73	−10 930.92
广告、宣传	17 795.28	9 089.81	1 709.78	−931.43	−2 614.74
电影、音像	−196.12	−206.59	−175.34	−557.07	−520.19
其他商业服务	60 441.98	−39 770.69	47 044.41	51 414.14	42 102.97
总计	92 289.83	10 458.81	48 830.15	−8 095.79	121 354.13

2. 服务贸易对厦门经济的贡献情况

厦门市服务贸易对国内生产总值（GDP）的贡献也呈现"W"形走势,2011年与2015年对GDP贡献最多,占GDP的比重分别为2.35％和2.22％,但是2012年至2014年服务贸易净出口所有下降,尤其是2014年出现贸易逆差,导致其对GDP的贡献减小甚至出现负数。从项目来看,对GDP贡献最大的为旅游,并且2014年出现贸易逆差的原因在于旅游出口出现严重下降,导致旅游项目出现逆差,见表3。与厦门市服务贸易对GDP的贡献走势类似,厦门市服务贸易对第三产业的贡献同样呈现"W"形走势,见表4。

表3 2011—2015年厦门市服务贸易净出口占厦门市GDP比重 （单位:％）

项目	2011	2012	2013	2014	2015
运输	−0.42	−0.77	−0.52	0.91	−0.08
旅游	2.38	2.57	2.15	−0.07	2.39
通信服务	0.00	0.00	0.00	0.00	0.00
建筑服务	0.08	0.08	0.08	0.08	0.08
保险服务	−0.06	−0.06	−0.65	−0.01	−0.03
金融服务	0.00	−0.02	0.00	0.00	−0.02
计算机和信息服务	0.12	0.18	0.06	−0.93	−0.44
专有权利使用费和特许费	−0.74	−0.87	−0.84	−0.43	−0.22
咨询	−1.00	−0.18	−0.26	−0.64	−0.20
广告、宣传	0.45	0.20	0.04	−0.02	−0.05
电影、音像	0.00	0.00	0.00	−0.01	−0.01
其他商业服务	1.54	−0.89	0.97	0.96	0.76
总计	2.35	0.23	1.00	−0.15	2.18

表 4　2011—2015 年厦门市服务贸易净出口占厦门市第三产业比重（单位：%）

项目	2011	2012	2013	2014	2015
运输	−0.89	−1.53	−1.02	1.71	−0.15
旅游	5.01	5.12	4.16	−0.14	4.28
通信服务	−0.01	0.00	0.00	0.00	0.00
建筑服务	0.17	0.15	0.15	0.15	0.14
保险服务	−0.13	−0.12	−1.26	−0.01	−0.06
金融服务	0.00	−0.04	0.00	−0.01	−0.04
计算机和信息服务	0.25	0.36	0.11	−1.74	−0.78
专有权利使用费和特许费	−1.55	−1.73	−1.63	−0.80	−0.39
咨询	−2.10	−0.36	−0.50	−1.20	−0.35
广告、宣传	0.95	0.40	0.07	−0.03	−0.08
电影、音像	−0.01	−0.01	−0.01	−0.02	−0.02
其他商业服务	3.23	−1.77	1.87	1.80	1.36
总计	4.94	0.47	1.94	−0.28	3.91

从表 5 可以看出，厦门市服务贸易依存度呈"先下降后上升"的趋势。无论是出口、进口还是进出口总额，其服务贸易依存度均在 2015 年达到近五年来的最大值，表明厦门市经济增长对服务贸易增长的依赖程度虽在前几年有所下降，但在 2015 年情况明显好转，经济增长对服务贸易的依赖程度达到近几年来的最大值，这也表明服务贸易对厦门市经济的贡献程度在 2015 年达到最大。

表 5　2011—2015 年厦门市服务贸易依存度

年份	服务贸易依存度	服务贸易出口依存度	服务贸易进口依存度
2011	16.08	9.21	6.87
2012	14.99	7.61	7.38
2013	14.82	7.91	6.91
2014	11.33	7.86	3.48
2015	18.19	10.19	8.00

如表 6 所示，服务贸易对厦门市经济的拉动作用并不稳定，表现为 2011 年、2014 年对经济的拉动作用为负，且影响较大；2012 年、2013 年对经济有一定的正向拉动作用；2015 年对经济的拉动作用非常显著，但当年拉动作用中更大程度上来源于 6.48% 的服务贸易进口的拉动，其出口拉动作用虽较前几年有明显的提升，但相对进口而言，厦门市服务贸易的竞争力有待进一步提高。

表6 2011—2015年厦门市服务贸易对经济的拉动作用　　　　（单位：%）

年份	服务贸易贡献率[①]			服务贸易拉动作用[②]		
	总额	出口	进口	总额	出口	进口
2011	-6.29	-1.67	-4.63	-1.46	-0.39	-1.08
2012	6.92	-4.29	11.21	0.75	-0.47	1.22
2013	12.90	11.09	1.81	0.93	0.80	0.13
2014	-25.89	7.31	-33.20	-2.19	0.62	-2.81
2015	173.09	62.90	110.18	10.17	3.70	6.48

3. 服务贸易子行业发展情况

（1）运输服务

2011—2015年，厦门市运输服务贸易进出口额增速明显。其中，出口总额增加5.63亿美元，增长60.11%；进口总额增加4.43亿美元，增长40.16%；进出口总额增加10.07亿美元，增长49.33%，如表7所示。

表7 2011—2015年厦门市运输服务贸易进出口额　　　　（单位：万美元）

年份	出口	进口	进出口	差额
2011	93 756.3	110 316.2	204 072.5	-16 559.9
2012	97 250.0	131 516.0	228 766.0	-34 266.0
2013	110 924.5	136 482.0	247 406.5	-25 557.5
2014	145 014.6	96 363.6	241 378.3	48 651.0
2015	150 121.0	154 628.5	304 749.5	-4 507.6

（2）旅游服务

从表8可以看出，除2014年出现较小额度的逆差，厦门市旅游服务一直处于显著的顺差状态，且顺差额也呈总体上升的态势，由此可见厦门市旅游服务贸易发展态势良好，具有一定的竞争力。

[①] 服务贸易贡献率，是指服务贸易进口和出口的增量占国民生产总值增量的比例，它主要反映了服务贸易进出口作为影响经济增长的因素对一个国家或地区的贡献情况和直接作用。

[②] 服务贸易拉动作用，是指在生产总值增长率中有多少个百分点是由服务贸易进出口所引致的，间接探讨了服务贸易进出口的变化对GDP的贡献度和影响作用。

表 8 2011—2015 年厦门市旅游服务贸易进出口额　　（单位：万美元）

旅游	出口	进口	进出口	差额
2011	129 901.0	36 297.9	166 198.9	93 603.1
2012	157 727.9	42 819.9	200 547.8	114 908.0
2013	164 700.0	60 062.9	224 762.9	104 637.1
2014	2 811.3	6 757.0	9 568.3	−3 945.6
2015	322 148.2	189 171.3	511 319.5	132 976.8

(3) 通信服务

2011—2015 年,厦门市通信服务贸易进出口额大幅减少。其中,出口总额减少了 110.1 万美元,进口总额减少了 177.7 万美元,进出口总额减少了 287.9 万美元,如表 9 所示。

表 9 2011—2015 年厦门市通信服务贸易进出口额　　（单位：万美元）

年份	出口	进口	进出口	差额
2011	117.2	241.6	358.8	−124.4
2012	90.9	174.7	265.6	−83.8
2013	126.6	161.6	288.2	−35.0
2014	5.6	99.6	105.2	−94.0
2015	7.1	63.9	70.9	−56.8

(4) 建筑服务

2011—2015 年,厦门市建筑服务贸易进出口额增速明显。其中,出口总额增加了 1 389.04 万美元,增长 40.81%;进口总额增加了 263.7 万美元,增长 177.08%;进出口总额增加了 1 652.75 万美元,增长 46.52%,如表 10 所示。

表 10 2011—2015 年厦门市建筑服务贸易进出口额　　（单位：万美元）

年份	出口	进口	进出口	差额
2011	3 403.56	148.90	3 552.45	3 254.66
2012	3 554.8	143.5	3 698.3	3 411.3
2013	4 246.0	505.2	4 751.2	3 740.9
2014	4 463.5	160.6	4 624.2	4 302.9
2015	4 792.6	412.6	5 205.2	4 380.1

(5) 保险服务

2011—2015 年,厦门市保险服务贸易出口额增长较快,进口额略有减少。其中,出口总额增加 49.83 万美元,增长 32.90%;进口总额减少 533.54 万美元,下降 20.45%;进出口总额减少 483.75 万美元,下降 17.52%,如表 11 所示。

表 11 2011—2015 年厦门市保险服务贸易进出口额   (单位:万美元)

年份	出口	进口	进出口	差额
2011	151.47	2 609.34	2 760.81	−2 457.88
2012	154.5	2 860.0	3 014.6	−2 705.5
2013	147.3	31 740.0	31 887.3	−31 592.7
2014	305.3	609.2	914.4	−303.9
2015	201.3	2 075.8	2 277.1	−1 874.5

(6)金融服务

2011—2015 年,厦门市金融服务贸易出口额大幅度减少;进口额大幅度增加。其中,出口总额减少 623.43 万美元,下降 99.33%;进口总额增加 531.51 万美元,增长 94.36%;进出口总额减少 91.91 万美元,增长 7.72%,如表 12 所示。

表 12 2011—2015 年厦门市金融服务贸易进出口额   (单位:万美元)

年份	出口	进口	进出口	差额
2011	627.63	563.29	1 190.91	64.34
2012	391.1	1 287.0	1 678.1	−895.9
2013	18.9	122.9	141.8	−104.0
2014	31.1	174.8	205.9	−143.7
2015	4.2	1 094.8	1 099.0	−1 090.6

(7)计算机和信息服务业

2011 年以来,厦门市计算机和信息服务贸易出口额有所下降,但进口额增长较快,因此导致 2011—2013 年的贸易顺差在 2014 年和 2015 年变为贸易逆差,如表 13 所示。

表 13 2011—2015 年厦门市计算机和信息服务贸易进出口额

(单位:万美元)

年份	出口	进口	进出口	差额
2011	14 244.0	9 611.2	23 855.2	4 632.7
2012	14 614.3	6 544.1	21 158.4	8 070.2
2013	14 481.3	11 655.0	26 136.2	2 826.3
2014	9 826.6	59 311.3	69 137.9	−49 484.7
2015	11 213.7	35 463.7	46 677.3	−24 250.0

(8) 专有权利使用费和特许费

2011—2015 年,厦门市专有权利使用费和特许费服务贸易出口额略有增长,进口额大幅减少。其中,出口总额增加 41.28 万美元,增长 8.21%;进口总额减少 16 670.11 万美元,下降 56.72%;进出口总额减少 16 628.82 万美元,下降 55.62%,如表 14 所示。

表 14 厦门市专有权利使用费和特许费服务贸易进出口额 (单位:万美元)

年份	出口	进口	进出口	差额
2011	502.52	29 392.61	29 895.12	−28 890.09
2012	631.2	39 529.4	40 160.6	−38 898.2
2013	336.8	41 324.7	41 661.5	−40 987.9
2014	437.0	23 248.7	23 685.7	−22 811.7
2015	543.8	12 722.5	13 266.3	−12 178.6

(9) 咨询

2011—2015 年,厦门市咨询服务贸易进出口额均大幅度减少。其中,出口总额减少 5 109.47 万美元,下降 54.72%;进口总额减少 33 452.5 万美元,下降 68.82%;进出口总额减少 38 562.07 万美元,下降 66.55%,如表 15 所示。

表 15 2011—2015 年厦门市咨询服务贸易进出口额 (单位:万美元)

年份	出口	进口	进出口	差额
2011	9 336.87	48 610.80	57 947.67	−39 273.93
2012	12 656.3	20 850.2	33 506.5	−8 193.8
2013	16 060.4	28 736.3	44 796.8	−12 675.9
2014	11 680.8	45 872.5	57 553.2	−34 191.7
2015	4 227.4	15 158.3	19 385.6	−10 930.9

(10) 广告和宣传服务

2011—2015 年,厦门市广告、宣传服务贸易出口总额大幅下降,进口总额大幅上升。其中,出口总额减少 17 474.3 万美元,下降 79.48%;进口总额增加 2 935.72 万美元,增长 70.06%;进出口总额减少 14 538.58 万美元,下降 55.54%,如表 16 所示。

表 16 2011—2015 年厦门市广告、宣传服务贸易进出口额 （单位：万美元）

年份	出口	进口	进出口	差额
2011	21 985.34	4 190.06	26 175.40	17 795.28
2012	13 231.42	4 141.60	17 373.02	9 089.81
2013	6 460.30	4 750.52	11 210.82	1 709.78
2014	5 381.06	6 312.49	11 693.55	−931.43
2015	4 511.04	7 125.78	11 636.82	−2 614.74

（11）电影和音像

2011—2015 年，厦门市电影和音像服务贸易进出口额均呈现较大幅度的增长。其中，出口总额增加 344.6 万美元，进口总额增加 668.7 万美元，增长 341.00%；进出口总额增加 1 013.2 万美元，增长 516.68%，如表 17 所示。

表 17 2011—2015 年厦门市电影和音像服务贸易进出口额（单位：万美元）

年份	出口	进口	进出口	差额
2011	0.0	196.1	196.1	−196.1
2012	0.0	206.6	206.6	−206.6
2013	9.8	185.1	194.9	−175.3
2014	17.2	574.3	591.6	−557.1
2015	344.6	864.8	1 209.3	−520.2

（12）其他商业服务

2011—2015 年，厦门市其他商业服务贸易进出口额略有减少。其中，出口总额减少 19 767.71 万美元，下降 22.42%；进口总额减少 1 428.72 万美元，下降 5.15%；进出口总额减少 21 196.43 万美元，下降 18.29%，如表 18 所示。

表 18 2011—2015 年厦门市其他商业服务贸易进出口额 （单位：万美元）

年份	出口	进口	进出口	差额
2011	88 167.41	27 725.42	115 892.83	60 441.98
2012	39 250.2	79 020.9	118 271.1	−39 770.7
2013	67 898.5	20 854.1	88 752.6	47 044.4
2014	77 381.1	25 967.0	103 348.1	51 414.1
2015	68 399.7	26 296.7	94 696.4	42 103.0

4. 子行业竞争力分析①

(1) 出口市场占有率指数②

如表 19 所示,总体上厦门市出口占有率相比福建省或者全国均有下降,表明厦门市整体服务贸易竞争力略有下降。从子行业来看,与全国数据相比,厦门市服务贸易子行业出口市场占有率提高的有:运输服务,旅游服务,通信服务,建筑服务,咨询,电影、音像;出口市场占有率下降的有:保险服务,金融服务,计算机和信息服务,专有权利使用费和特许费,广告、宣传,其他商业服务。与福建省数据相比,厦门市服务贸易子行业出口市场占有率提高的有:通信服务,建筑服务,保险服务,计算机和信息服务,专有权利使用费和特许费,咨询,电影、音像;出口市场占有率下降的有:运输服务,旅游服务,金融服务,广告、宣传,其他商业服务。以运输服务为例,厦门市运输贸易占全国的份额逐年增长,但是占福建省的份额在 2013 年有明显的下降,数据表明厦门市运输贸易竞争力不断提高,同时福建省运输业竞争力也在不断提高。

表 19 厦门市出口市场占有率指数　　　　　　(单位:%)

子行业	所比地区	2011 年	2012 年	2013 年
运输服务	福建	82.73	80.82	50.50
	全国	2.64	2.50	2.95
旅游服务	福建	35.74	37.33	17.82
	全国	2.68	3.15	3.19
通信服务	福建	46.05	57.19	83.64
	全国	0.07	0.05	0.08
建筑服务	福建	19.70	25.39	39.70
	全国	0.23	0.29	0.40
保险服务	福建	11.11	19.51	53.43
	全国	0.05	0.05	0.04
金融服务	福建	49.81	97.10	15.23
	全国	0.74	0.21	0.01
计算机和信息服务	福建	93.66	95.20	94.11
	全国	1.17	1.01	0.94

---

① 厦门市商务局给出的福建省具体分项数据只到 2013 年,并且 2014 年和 2015 年的统计口径发生了变化,故本专题只采用 2011—2013 年的数据。

② 出口市场占有率指数,是指一国出口总额占世界出口总额的比例,反映一个国家出口方面的整体竞争力。该指标用于某一特定产业,则可以反映该国这一特定产业的国际竞争力。本专题将这一指标用于衡量厦门市服务贸易出口相对于福建省及全国的竞争力。一般来说,该指标越高,该项服务的市场竞争力越强。

(续表)

子行业	所比地区	2011年	2012年	2013年
专有权利使用费和特许费	福建	66.97	82.91	84.87
	全国	0.68	0.61	0.38
咨询	福建	58.34	64.32	66.07
	全国	0.33	0.38	0.40
广告、宣传	福建	96.15	90.90	51.72
	全国	5.47	2.79	1.32
电影、音像	福建	0.00	0.00	26.63
	全国	0.00	0.00	0.07
其他商业服务	福建	80.51	73.97	73.72
	全国	2.73	1.38	1.69
总额	福建	54.77	51.32	51.52
	全国	1.99	1.78	1.83

(2) 贸易竞争优势指数(TC)[①]

贸易竞争优势指数显示，厦门市服务贸易子行业具有较强竞争力的有：旅游服务、建筑服务、计算机和信息服务、广告和宣传，其中竞争力最强的为建筑服务，其次为旅游服务，广告和宣传服务的竞争力有所下降，如表20所示。

表20 厦门市、福建省、全国服务贸易竞争优势指数

子行业	地区	2011年	2012年	2013年
运输服务	厦门	−0.08	−0.15	−0.10
	福建	−0.14	−0.18	−0.33
	全国	−0.39	−0.38	−0.43
旅游服务	厦门	0.56	0.57	0.47
	福建	0.37	0.33	0.15
	全国	−0.20	−0.34	−0.43

---

① 贸易竞争优势指数，是指一国进出口贸易差额占进出口总额的比重。该指标是分析某一行业国际竞争力的有力工具，综合考虑了进口与出口两个因素，能够反映一国生产的某种产品相对于世界市场上供应的他国同种产品来说是否具有竞争优势。该指标通常的取值范围为[−1,1]。当指数接近0时，说明竞争优势接近平均水平，进出口基本平衡；当指数大于0时，说明具有竞争优势，而且越接近1，说明竞争优势越大，行业竞争力越强，反之，则说明竞争优势弱。

(续表)

子行业	地区	2011年	2012年	2013年
通信服务	厦门	−0.35	−0.32	−0.12
	福建	−0.05	−0.16	0.07
	全国	0.18	0.04	0.01
建筑服务	厦门	0.92	0.92	0.79
	福建	0.96	0.94	0.81
	全国	0.60	0.54	0.47
保险服务	厦门	−0.89	−0.90	−0.99
	福建	−0.57	−0.86	−0.97
	全国	−0.73	−0.72	−0.69
金融服务	厦门	0.05	−0.53	−0.73
	福建	−0.30	−0.72	−0.95
	全国	0.06	−0.01	−0.08
计算机和信息服务	厦门	0.19	0.38	0.11
	福建	0.19	0.35	0.12
	全国	0.52	0.58	0.44
专有权利使用费和特许费	厦门	−0.97	−0.97	−0.98
	福建	−0.96	−0.97	−0.97
	全国	−0.90	−0.89	−0.92
咨询	厦门	−0.68	−0.24	−0.28
	福建	−0.60	−0.34	−0.32
	全国	0.21	0.25	0.26
广告、宣传	厦门	0.68	0.52	0.15
	福建	0.47	0.30	−0.09
	全国	0.18	0.26	0.22
电影、音像	厦门	−1.00	−1.00	−0.90
	福建	−0.99	−0.99	−0.97
	全国	−0.53	−0.62	−0.68
其他商业服务	厦门	0.52	−0.34	0.53
	福建	0.34	−0.32	0.54
	全国	0.28	0.18	0.32
总额	厦门	0.15	0.02	0.07
	福建	0.14	0.04	−0.01
	全国	−0.13	−0.19	−0.22

(3) 显性比较优势指数(RCA)①

显性比较优势指数显示,相比福建省,厦门市运输服务、金融服务、计算机和信息服务、专有权利使用费和特许费、广告和宣传、咨询、其他商业服务具有比较优势;相比全国,厦门市旅游服务、广告和宣传具有比较优势,如表21所示。

表21 厦门市服务贸易子行业显性比较优势指数

子行业	所比地区	2011年	2012年	2013年
运输服务	福建	1.51	1.57	1.58
	全国	0.20	0.20	0.18
旅游服务	福建	0.65	0.73	0.70
	全国	1.35	1.77	1.74
通信服务	福建	0.84	1.11	1.11
	全国	0.03	0.03	0.04
建筑服务	福建	0.36	0.49	0.69
	全国	0.12	0.16	0.22
保险服务	福建	0.20	0.38	0.35
	全国	0.03	0.03	0.02
金融服务	福建	0.91	1.89	1.84
	全国	0.37	0.12	0.00
计算机和信息服务	福建	1.71	1.86	1.78
	全国	0.59	0.57	0.51
专有权利使用费和特许费	福建	1.22	1.62	0.96
	全国	0.34	0.34	0.21
咨询	福建	1.07	1.25	1.38
	全国	0.17	0.21	0.22
广告、宣传	福建	1.76	1.77	1.62
	全国	2.75	1.56	0.72
电影、音像	福建	0.00	0.00	1.94
	全国	0.00	0.00	0.04
其他商业服务	福建	1.47	1.44	1.39
	全国	1.37	0.77	0.92

---

① 显性比较优势指数(RCA),是指一国某产业在该国出口中所占的份额与世界贸易中该产业占总贸易额的份额之比。本专题将这一指标用于衡量厦门市服务贸易相对于福建省或全国而言的显性比较优势。国际上一般认为若RCA<1,则说明该产业处于比较劣势;若RCA>1,则说明该产业处于比较优势,取值越大比较优势越大。

(4) 结论

综合以上分析,整理出厦门市服务贸易子行业竞争力的综合指标列表,见表 22。不难发现,厦门市服务贸易具有竞争力的行业为:运输服务、旅游服务、建筑服务、计算机和信息服务、专有权利使用费和特许费、咨询、广告和宣传。

表 22　厦门市服务贸易子行业竞争力指标

子行业	市场占有率	TC 指数	RCA 指数
运输服务	Y		Y
旅游服务		Y	Y
通信服务	Y		
建筑服务	Y	Y	
保险服务	Y		
金融服务			Y
计算机和信息服务		Y	Y
专有权利使用费和特许费	Y		Y
咨询	Y		Y
广告、宣传		Y	Y
电影、音像	Y		
其他商业服务			

注:Y 表示该行业相对竞争力较强。

(二) 厦门市服务贸易存在的问题

厦门市服务贸易发展迅速,但在整体水平、贸易结构、人才等方面仍存在一定的不足。

第一,服务贸易整体水平偏低。服务贸易发展水平远落后于货物贸易发展水平,服务贸易额占厦门市贸易总额的比重较低,2015 年厦门市服务贸易出口额远低于货物贸易出口额。

第二,服务贸易结构不合理。单从厦门市服务贸易产品出口来看,主要集中在运输、旅游等传统部门,而金融、保险等新兴服务部门发展较慢、规模较小。

第三,人才制约发展。厦门市的收入和消费水平不成比例,购房成本高,"引智留人"难度加大、成本提高。由于厦门市帮助从业人员安居乐业、在厦规划职业生涯的社会红利和服务较少,随着交通的便利、迁移成本的降低,将会导致人才流失加剧。

第四,产业发展环境有待进一步优化。各级各部门协同、持续推进产业发展的合力尚未形成。对于产业发展规律、发展趋势、发展政策前瞻性的研究不够,抢抓机遇、抢先布局的意识不强,顶层设计、强力推进的举措不够到位。

二、其他城市服务贸易发展对比分析

(一) 上海市服务贸易发展对比分析

1. 总量分析

2014年上海市服务贸易继续保持平稳增长的势头,服务进出口总额1753.9亿美元,比上年增长9.7%;服务进出口总额占全市对外贸易的比重约为27.3%。其中,服务出口494.3亿美元,比上年增长5.7%;服务进口1259.6亿美元,比上年增长11.3%。

2. 结构分析

(1) 传统服务贸易依然占据较大比重

2014年上海市传统服务贸易(旅游服务和运输服务)进出口占总额的比重为69.7%。其中,旅游服务进出口937.8亿美元,以53.5%的占比继续成为全市服务贸易第一大类别,实现贸易逆差910.0亿美元,也是全市服务贸易的主要逆差来源;运输服务进出口284.7亿美元,比上年继续呈下降走势。

(2) 高附加值服务进出口增长较快

2014年除通信服务外,上海市其他类别的服务进出口均实现增长,其中专有权利使用费和特许费增速最快,达到14.7%。出口方面,增长较快的类别为建筑服务112.9%、通信服务15.2%;进口方面,增长较快的类别为广告宣传、电影和音像等,增长均超过20%。

(3) 内资企业继续成为服务贸易主力

2014年,上海市服务贸易进出口总额中,内资企业的比重最高,达到61.8%;其次为外资企业26.7%、港澳台投资企业11.4%。出口方面,占比从高到低依次为外资企业52.6%、港澳台投资企业27.1%和内资企业20%;进口方面,占比从高到低依次为内资企业78.1%、外资企业16.5%、港澳台投资企业5.3%。

2014年,上海市最大的贸易伙伴是香港特区,双边贸易额为479.7亿美元,占全部服务贸易额的比重为27.4%;其次是美国和澳门特区。从出口数据看,居上海服务出口市场前六位的国家和地区是：美国、中国香港、日本、新加坡、德国和英国,合计出口占比 74.7%;从进口数据看,居上海市服务进口市场前六位的国家和地区是：中国香港、中国澳门、美国、韩国、日本和中国台湾,合计进口占比 70.9%。

(二) 深圳市服务贸易发展对比分析

1. 总量分析

2014 年深圳市服务贸易进出口总额为 1 006.1 亿美元,其中服务贸易出口额为 436.8 亿美元,服务贸易进口额为 569.3 亿美元。

深圳市服务贸易在我国加入 WTO 后呈现快速增长的势头,2001—2014 年服务贸易额年均增速达 35.29%,出口年均增长率为 33.67%,进口年均增长率为 36.74%。

服务贸易占全市对外贸易总额的比重也从 2001 年的 2.80% 提高到 2014 年的 20.62%,呈现不断上升的趋势。

2. 结构分析

2010—2012 年深圳市运输和旅游等传统服务贸易进出口占服务贸易的比重不断下降。其中,运输业出口比重由 17.98% 降至 8.74%,进口比重由 16.69% 降至 10.08%。

其他商业服务贸易进出口比重不断上升,2012 年占深圳市服务贸易出口的 85.78%,占服务贸易进口的 77.18%。其他商业服务主要包括法律、会计、管理咨询和公共关系、广告、展览、市场调研等,它们贡献了深圳市最主要的服务出口收入和最大的服务顺差。

(三) 北京市服务贸易发展对比分析

1. 总量分析

北京市服务贸易发展有两个鲜明的特点：

一是总量大。北京市以第三产业结构为主,第三产业占全市 GDP 总值的 80% 以上,其中,服务贸易占服务业的比重超过 1/3。2014 年,北京市服务贸易总额约 7 000 亿元,占全市 GDP 总值(21 330.8 亿元)的 30% 左右。

二是增长快。从 2003 年到 2014 年,北京市服务贸易年均增长率超过 20%。近十年的发展中,除 2009 年受金融危机影响出现小幅下降外,其余年份均呈现快速增长态势,见表 23。

表 23 2003—2014 年北京市服务贸易情况

年份	2003	2004	2005	2006	2007	2008	2009	2010	2011	2012	2013	2014
服务贸易总额	162.24	235.70	300.74	393.23	503.06	691.92	644.1	789.29	895.4	1000.2	1023.3	1106.1
运输	42.73	66.79	80.06	107.29	110.96	144.38	140.5	177.11	196.3	223.21	215.4	223.6
旅游	30.87	48.60	54.93	68.22	94.13	88.66	92.9	108.68	136.1	155.48	195.9	327.1
通信服务	8.71	7.41	8.55	11.49	18.39	24.28	17.2	17.62	21.5	26.15	24.2	31.0
建筑服务	10.66	11.90	19.56	23.69	46.28	79.56	74.3	87.16	92.4	85.23	59.8	116.3
保险服务	8.91	11.90	14.91	19.85	23.54	72.85	58.6	92.22	133.1	132.14	152.9	70.4
金融服务	0.53	0.47	0.53	0.53	1.79	1.93	4.7	8.09	11.7	22.16	1.6	12.2
计算机和信息服务	9.00	9.76	11.60	18.32	24.74	29.25	28.8	39.83	52.0	60.19	74.2	89.4
专利权利使用费和特许费	5.27	7.38	9.40	14.39	16.80	20.38	16.4	21.11	22.6	28.40	35.7	30.8
咨询	12.22	18.94	28.33	43.28	57.91	84.38	81.1	89.47	99.1	116.36	142.3	144.3
广告,宣传	3.19	5.16	6.26	7.40	10.02	12.90	10.8	13.19	17.8	19.61	20.3	15.4
电影,音像	0.74	1.33	1.95	1.82	3.85	5.51	2.7	3.56	3.4	4.91	5.9	10.8
其他商业服务	29.41	46.06	64.66	76.95	94.65	127.82	116.0	140.27	109.5	126.36	95.1	34.8

2. 结构分析

按照生产要素的密集属性,运输和旅游属于劳动、资源型的传统服务,其他商业服务则属于资本、技术型的新兴服务。

2003年迄今,运输和旅游在北京市服务贸易总额中的占比一直维持在40%至50%之间,其他商业服务始终保持在50%以上,服务贸易结构总体偏于资本、技术密集型。

其他商业服务部门的8个行业中,建筑、计算机和信息服务与咨询占比最为突出,发展也最为迅速。

3. 竞争力分析

整体来看,北京市服务贸易竞争力虽高于全国平均水平,但仍相对薄弱,且有逐年下滑的态势。与全国其他城市相比,运输和旅游两大服务类别的竞争力指数显著低于其他主要省(市);但在其他商业服务上,竞争力的比较优势十分明显,见表24。

三、厦门服务贸易的发展定位及政策举措

(一)厦门市服务贸易的发展重点及相关政策举措

1. 计算机及软件服务业

发展定位

2014年,全国首个大数据基地落户厦门,国家北斗产业化应用示范基地、国家数字应用示范产业基地相继获批,厦门市在已有的软件产业基础上,依靠国家政策支持,已形成发展软件服务业的良好环境。从2005年到2015年,厦门市软件业产值从45.5亿元攀升到921亿元,软件和信息技术服务业已是厦门市政府正在打造的十大千亿元产业链之一。

厦门市依托平台建设,着力发展软件服务产业。厦门软件园是厦门市发展软件服务业的重要载体。经过十多年的发展,厦门软件园已形成一期、二期、三期有机联动,岛内、岛外一体发展的良好格局。其中,软件园一期主打"科技金融+创业孵化",二期作为企业总部和研发中心集聚区,三期打造产业发展要素齐全的完整产业集群。截至目前,厦门软件园入驻企业2 225家,吸引各类人才8万名左右,汇聚6家上市企业、27家新三板挂牌企业,涵盖产业资本运营、中

表 24　2013 年全国主要省（市）服务贸易 RCA 指数比较

省（市）	运输	旅游	通信服务	建筑服务	保险服务	金融服务	计算机和信息	专利权利使用量和特许量	咨询	广告、宣传	电影、音像	其他商业服务
北京	0.593	0.306	5.151	4.291	1.412	0.597	3.374	0.226	2.275	2.223	0.886	1.598
天津	0.860	0.771	0.018	2.106	0.053	0.755	0.597	0.044	1.211	1.597	0.767	0.576
河北	1.021	0.749	0.194	1.639	0.046	1.372	0.068	0.003	0.407	0.213	0.239	0.483
上海	1.025	0.225	0.671	0.208	0.216	0.301	2.350	0.034	2.586	2.758	0.428	1.458
江苏	0.858	0.529	0.133	1.261	0.048	0.126	0.840	0.050	1.365	1.354	0.482	0.854
浙江	0.324	0.464	0.110	0.104	0.012	0.085	0.234	0.013	0.151	0.510	0.185	1.769
广东	0.694	0.997	0.769	1.371	0.181	0.128	1.116	0.128	1.347	0.627	0.081	1.396

介服务、培训机构、众创空间等产业要素。

厦门市重点扶持软件和信息服务业的发展,先后颁布实施了《关于进一步加快软件和信息服务业发展的若干意见》《关于促进服务外包加快发展的若干意见》《关于推动厦门市动漫产业发展实施意见》等一系列鼓励动漫游戏、软件研发、服务外包、集成电路(IC)设计等软件和信息服务业发展的政策措施,鼓励国内外软件和信息技术服务业企业来厦门投资兴业。

当前,海西经济区建设、厦门综合配套改革方案实施以及两化融合、三网融合、云计算、物联网、移动互联网等为厦门软件和信息技术服务业带来了创新发展的机遇。厦门将发挥与台交流合作的优势,先行先试,重点发展应用软件研发、数字内容、IC 设计及嵌入式软件、云计算应用、物联网等领域。

对未来软件和信息服务业的发展,厦门市政府有着清醒的认识和明确的发展目标。根据厦门市政府十三五规划关于"战略性新兴产业预期发展目标和规划布局",十三五期间,厦门市要在软件和信息服务产业上实现总收入 2 500 亿元,建成中国软件名城,重点布局软件园、海沧信息消费产业园。

因而,基于十三五规划的政策目标,我们对厦门市计算机和软件和信息服务业的发展定位是:在未来 5—10 年内,将厦门市建成中国软件名城;使软件和信息服务业成为厦门市的支柱产业之一;除运输和旅游外,将软件和信息服务业打造成第三大产业链,年生产总值达到 2 500 亿元。

政策举措

(1) 加大政府支持力度,营造软件服务业发展的优良环境

借鉴印度发展软件服务业的经验,对发展计算机和软件技术的企业,减免营业所得税;对发展软件服务进出口的企业,减免进出口关税。同时,组织一批领先企业引进国外先进技术,提高软件服务质量。

在财政上,支持计算机和软件服务业的基础研制工作,鼓励高校和企业联合研发,鼓励私营部门投资计算机硬件和软件企业。针对软件服务业融资不畅的问题,打开资金通道,引进国有企业、金融机构和高校科研力量共同投资开发。

此外,定期组织人力加强对软件服务业发展现状、产业政策的跟踪调研和研究,及时调整、制定有利于软件业发展的相关政策,加大宣传力度,让全市各部门对发展软件产业形成统一认识,协调解决企业遇到的各种政策难题,保持软件服务业发展的良好环境。

(2) 促进企业间的优化整合,架建产业与资本市场的桥梁

厦门市软件服务的发展需要有大型软件企业的带动和示范作用。以动漫游戏产业为例,从 2008 年到 2015 年,厦门市动漫产业销售收入从 5.2 亿元增长到近百亿元,7 年增长了近 20 倍。正是由于中国移动手机动漫基地和中国电信动漫运营中心先后落户厦门,带动一批配套数字内容供应企业纷至沓来,如咪咕动漫、四三九九、趣游、翔通动漫、飞鱼科技、天翼爱动漫等优秀企业得以迅猛发展。

由于软件企业具有轻资产的特点,因此其成长又需要大量资金供应。银行出于风险规避的目的,大多不愿将资金贷给软件企业。对此,政府一方面可以对优质创新企业给予担保,另一方面可以加强对信息技术的产权保护。须知,软件企业的壮大需要充分利用企业并购、上市等手段,杭州软件产业的飞速发展就是得益于企业的资本市场运作。

此外,还要充分发挥厦门风险投资机构的作用,吸引民间资金,帮助企业发展壮大。

(3) 加强与台湾软件服务业的合作与联合,承接部分台湾软件产业转移

厦门与台湾隔海相望,拥有大量的台资和外资企业,具有服务台湾市场的突出地域优势。作为海西区的中心城市,厦门市通过海西区与台资科技企业合作,可以有效运用台商的资金、技术、管理及市场营销经验,发展科技产业,大大提高科技产业的国际竞争力。而海西区背靠大陆,拥有广大的市场、廉价的生产要素以及丰富的科研资源、软件技术和基础研究,也有利于台湾软件企业扩大市场、提升竞争力、突破发展局限。

目前,海西区与台湾地区由于科技产业特别是高技术产业合作规模小、层次低,科技资源和产业整合的深度不够,导致产业合作的"集聚效应"与技术的"扩散效应"远未能得到充分的发挥和释放。未来,厦门市与台湾地区计算机和软件服务业的合作可向纵深方向发展,充分发挥两地经济互补优势,进一步提高两地软件服务业的国际竞争力。

(4) 加强人才培养引进,提高技术创新能力

重视软件人才职业教育。加强软件人才的职业教育,可以大大降低人才的培养和使用成本,缩短培养周期。

建立产学研一体化的发展模式。厦门市的软件服务业应着力于外向型发展,积极开拓软件服务的国内国际市场,争取更多的软件服务外包,扩大软件出口份额,政府要鼓励软件企业和高校科研力量结合,提高技术创新能力。

在海外归国人员回国创业方面,政府需要给予多种优惠待遇,比如减免个

人所得税、简化办理手续、优化生活环境、创造发展机会等,吸引并留住高端人才。

(5) 将区内优势与国际市场开发相结合,提高国际化程度

在软件服务业的发展过程中,各国或地区都兼具不同的优势。美国充分利用了其大型跨国公司在技术和创新方面的优势,将自身业务拓展到了全球。日本凭借高水平的人才队伍、与欧美较为相通的文化,发展主要面向美国和欧洲的产业结构,得以快速发展。而印度主要得益于较低的人力成本和语言优势,在政府和国外跨国公司的推动下,迅速打开国际市场,形成以服务外包为主要类型的产业发展模式。

厦门市软件服务业的发展,需要摸索出一套基于自身优势与国际市场相结合的发展模式。厦门市可学习其他城市的先进经验和发展模式,基于较低的人力成本和广阔的经济腹地,依靠政府支持和跨国公司的联合带动,形成以服务外包为主的产业发展模式。

2. 会展及旅游业

发展定位

会展产业是服务贸易的重要组成部分,具有乘数效应,能带动相关产业的发展,对一个城市的经济具有巨大的推动作用。发展会展产业是促进城市经济、提高城市知名度进而走向世界的捷径,是城市营销的发展方向。

厦门地处东南沿海,濒临台湾海峡,是我国传统的通商口岸、著名的侨乡和台胞祖籍地,与台湾在经贸、文化、会展等方面的交流、合作有着独特的区位优势,同时又对海西经济区的其他城市有着较强的辐射带动作用;厦门旅游资源丰富,是现代化国际性港口风景旅游城市,拥有"东方夏威夷"之称的5A级景区——鼓浪屿,每年吸引大量海内外游客观光旅游;厦门翔安国际机场的建设、"厦蓉欧专列"的开通、厦门国际航运中心的建立将厦门打造为国际级的航运物流中心,为厦门发展会展产业提供了巨大的优势。

将会展业与旅游业快速融合,已经成为厦门构建美丽中国典范城市的重要抓手,在促进产业转型、城市转型和社会转型方面发挥了重要作用。

因此,我们要围绕打造旅游会展千亿元产业链的目标,整合资源,强化融合,形成"以会展带旅游、以旅游促会展"的模式,重点发展大型会展旅游综合体、会展旅游龙头企业,鼓励酒店积极承办大中型会议,奖励旅游活动,吸引高端国际会展活动落户厦门。

根据《厦门市人民政府办公厅关于印发大力推动会展业改革创新发展实施意见的通知》(厦府办〔2016〕21号)的要求,厦门市会展行业的发展目标是到

2018年,全市实现展馆多元化、市场规范化、服务国际化、人才专业化,会展业以较快的速度发展,培育并举办一批在行业内居于领先地位和具有较高知名度的会展项目,年展览总面积达270万平方米,年外来参加会议人数达214万元,会展业总体效益达470亿元;到2020年,全市形成统筹协调高效、资源配置合理、产业耦合度高、市场竞争有序的会展业发展态势,培育并举办一大批全球领先、国内外知名的会展项目,年展览面积达310万平方米,年外来参加会议人数达270万元,会展业总体效益达600亿元,旅游会展产业链达1700亿元。

在此我们对厦门市会展行业的定位为:形成"大会展、大旅游、大商贸、大物流"融合发展格局,将厦门打造成"中国旅游会展名城""中国会展典范城市"和"国际会展名城"。

政策举措

(1) 优化环境

以《美丽厦门战略规划》为引领,进一步优化厦门的自然环境和人文环境,把阳光、海水、沙滩、温泉和民族风情有机地结合在一起,打造无与伦比的环境,特别注意与"一带一路"的有机结合;努力改善景区的旅游环境,如治理白城沙滩的海水污染、规范鼓浪屿等景区的商家的不端行为等,为参加会展的境内外游客提供良好的外部环境。

(2) 优化基础设施建设

引进喜来登、丽思-卡尔顿、瑞吉、洲际、美高梅、文华东方、康莱德、希尔顿、凯宾斯基、万豪、万丽等国际性顶级酒店品牌,使这些酒店与知名景区有机结合,形成流畅的推广销售渠道;同时,酒店建设考虑大型会议设施的配套,否则再好的酒店也只是旅店;解决厦门岛内的交通拥堵问题,建立大型停车场等配套设施;尽快明确岛外各区在会展发展中的定位,加强岛外的基础设施建设,缓解岛内的会展压力。

(3) 注重会展品牌营销

充分利用媒体资源积极宣传厦门形象,如寻找形象好的明星作为厦门的旅游代言人及城市代言人,举办世界小姐大赛、国际电影节等有吸睛效果的展会;积极参加世界各地的展会,给世界留下独特的"厦门印象";寻求城市联合办展,与其他会展城市形成"会展联盟"。

(4) 坚持国际化提升、产业化导向、专业化发展、市场化运营和品牌化战略

提高自主品牌展会国际化营运水平,招揽国际知名会展项目和机构落户厦门,建立面向全球的会展营销网络,向世界传播"美丽厦门"的城市形象;策划培育专业展会,建设会展产业综合体,推动产业转型升级;提升展会专业化运营

水平,扶持培育大型专业会展集团和一批专业会展服务主体;规范会展行业标准,培育多元化市场主体,激发市场活力;推行城市整合营销理念,大力培育自主品牌展会,杜绝抄袭,保护展会知识产权,探索建立厦门会展业品牌评价体系。

(5) 提供会展资金保障

考虑采取以奖代补、奖扶结合的方式,加大对符合厦门产业发展方向的展会的扶持力度;推动设立会展基金,将金融服务业与会展产业相融合;鼓励民间资本进入会展产业,进一步释放市场活力。

(6) 培养高端会展人才

尽快推出"引进高端会展人才的专项资金管理办法";通过与厦门大学等高校的合作,积极开展会展人员的专业培训,推动会展策划等高端会展人才培训工作,定期组织会展从业人员出国交流考察。

(7) 引入"互联网+"思维

建立专门的信息服务平台,为参展企业提供一站式服务,简化参展企业参展审批流程;完善会展业公共信息服务平台和会展业官网功能,如:推出手机App,实现手机在线租赁并且支持移动支付,拓展官方微信的功能,专门针对优质企业和品牌展品设置品牌橱窗,推出展商动态资讯服务,同国际知名的商旅网服务,围绕Facebook升级宣传平台,利用现代科技开展全球远程视频招商,开设现场的智慧服务区,利用大数据加强对客户网上行为的分析和搜集,利用场馆的Wi-Fi采集客户的行为数据(如客户的证件号、上网的位置和时间等),为精准营销做好准备。

3. 交通运输业

发展定位

根据已经出台的《中国沿海港口布局规划》,厦门港属于东南沿海地区港口群。东南沿海地区港口群以厦门、福州港为主,由泉州、莆田、漳州等港口组成,服务于福建和江西等内陆省份部分地区的经济社会发展和对台"三通"的需要。

福建沿海地区港口群煤炭专业化接卸设施布局以沿海大型电厂建设为主;进口石油、天然气接卸储运系统以泉州港为主;集装箱运输系统布局以厦门港为干线港,相应布局福州、泉州、莆田、漳州等支线港;粮食中转储运设施布局由福州、厦门和莆田等港口组成;陆岛滚装运输系统布局由宁德、福州、厦门、泉州、莆田、漳州等港口组成;以厦门港为主布局国内外旅客中转运输设施。根据民航局的规划,厦门机场属于国家门户枢纽机场。

厦门市交通运输局资料显示,厦门市交通运输业发展目标为:到2021年,交通运输发展的质量和效率显著提高,运输服务和管理显著改善,资源节约、环境保护意识显著增强,公交优先发展进一步凸显,物流产业作为厦门市社会经济支柱产业的地位进一步确立;基本建成综合交通枢纽城市、绿色交通示范城市和东南物流中心城市,有效支撑"美丽厦门"的经济社会发展。到2049年,全面建成以铁路(高铁、城际轨道、城市轨道)、高速公路、城市快速路为主骨架,公、铁、水、航、管道多种运输方式协调发展的现代化综合交通运输体系,为厦门成为展示中国梦的样板城市提供强有力的保障。

厦门市将其物流业规划为:以建立与国际接轨、能适应厦门和周边腹地及区域经济协作发展要求,具有强大物流服务能力和辐射力的现代物流系统为基础,以拓展口岸物流服务功能、提升制造业物流服务能级、提高城市配送物流服务水平、发展区域联动物流及对台物流合作为重点,深化政府产业扶持政策的引导和落实,完善优化物流设施平台资源配置,大力拓展市场腹地空间,积极扶持物流企业向第三方物流、第四方物流和提供供应链管理服务的现代物流企业转型,全面做大做强厦门的物流产业。

根据厦门市运输业的现状以及发展规划,本专题认为厦门市应建成一个面向东南亚地区、面向台湾地区以及面向周边地区的国际航运中心,成为立足海西、服务两岸、面向国际、具有全球航运资源配置能力的外台地区重要的集装箱枢纽港;应进一步扩大口岸开放,创新两岸航运物流合作机制,完善区域物流合作发展机制,拓展海空航运服务功能;应利用自贸试验区发展条件,建立运转高效的城市物流管理体制机制,结合"一带一路"战略、自贸试验区、欧亚物流大通道、厦台物流合作等,全力推动厦门市运输服务业的发展。

政策举措

(1) 开拓业务市场

依托厦门市电子制造业、旅游业和会展业,打造一条完整的物流链;根据全球高科技产品的产业链格局,全面优化机场服务设施,利用自贸区优势,打造航空物流产业集群。

(2) 提升服务品质,完善服务体验

厦门机场可借鉴樟宜机场与仁川机场成功的经验,打造出一个具有闽南风格的机场,完善机场内的购物和娱乐设施,丰富机场内的景观建筑;可采用电子化自主服务系统,提高服务效率和客户体验的满意度。

(3) 创新商业模式,与合作方结成"利益共同体"

学习国外的先进技术和管理经验,例如可以学习樟宜机场将机场租户缴纳的租金分为两部分(一部分是店面基本租金,另一部分是与店铺销售挂钩的租金)的做法,适当让利于商户,使其获得更快的发展。

(4) 加强人才培养

通过教育平台,组织各个层次的专修班、研修班,培养高级管理人员和技术骨干。依托合资公司的培训中心,培养初、中级管理人员和各类操作人员,并与高校联手开设相关课程,通过新设课程培养新人。

(5) 打造物流园区,尝试与合作方结成"利益共同体"

用高标准的服务和良好的基础设施吸引国际快递巨头开展业务,集中国际知名第三方物流企业,直接进入航空货运中心。

(6) 为特定人群提供专有服务

针对商务旅客,提供带锁的免费手机充电站、免费高速上网、商务中心、新闻资讯服务;在功能分区上设计动静分离的休息室,内含舒适的软椅、充足的电源插座。针对家庭旅客,提供家庭区(包括换尿布室和婴儿护理室)服务;针对儿童,配备儿童游乐场;针对年轻人,建造从LAN游戏和音乐室到MTV视听室和各种游戏机的体验区。

(7) 利用自贸区优势,将融资租赁与运输业相结合

厦门自贸片区将融资租赁业确定为重点扶持发展产业,出台了一系列的政策扶持办法,支持租赁企业开展商业保理、贸易,鼓励租赁企业拓展飞机、汽车、船舶等运输工具的专业融资租赁服务以及跨境租赁业务。

(8) 以航空维修为重点,带动高端制造业

把厦门打造成"全球一站式航空维修基地",打造完善的航空维修产业链,发展航空零部件制造、航材交易配送、航空金融、人才培训、航空服务、临空物流、商务会展等核心功能,形成国际性航空服务中心,建成临空产业聚集区。在高崎机场周边建设航空维修服务外包产业示范园区,在翔安新机场周边规划建设航空维修及配套产业园区,增开国际国内航线,打造国际性区域航空枢纽城市。同时,推进太古飞机等搬迁项目的前期工作。

4. 金融业

发展定位

金融业作为厦门市现代服务业的支柱,为了更好地服务于厦门市服务贸易的发展,应抓住福建自贸区以及"一带一路"战略的政策优势,充分发挥金融服务业资源配置的作用,进一步强化厦门"两岸区域性金融服务中心"功能,确认金融服务业在服务贸易中的"辅助+BPO"的定位。

政策举措

为了更好地服务于厦门服务贸易的发展,以及发展金融服务外包,我们提

出以下建议。

(1) 吸引境内外各类金融机构在厦门集聚

在厦门市新注册设立或新迁入的金融机构、金融配套服务机构给予一次性奖励:注册资本在1亿元以上(含1亿元)的法人机构给予100万元的奖励。其中,注册资本超过1亿元的部分,每增加1亿元增加100万元的奖励;注册资本在10亿元以上(不含10亿元)的,超过部分每增加1亿元增加200万元的奖励,奖励最高限额3000万元。区域性分支机构、金融配套服务机构、境外银行代表处分别一次性奖励200万元、150万元、30万元。金融机构开业满5年或迁入满5年后,对金融机构在厦门纳税情况、经营业绩、市场占有率、行业地位、资产质量、吸纳就业、本地贷款增量(增幅)、中小微企业贷款增量(增幅)以及市级投融资项目贷款发放总额等各项指标进行综合考核,成绩突出的再给予相应的一次性扶持资金奖励,最高奖励金额500万元。

(2) 加大高层次金融人才引进培养力度

统筹兼顾引进高层次金融人才与本土高层次金融人才双向激励。经评定的引进高层次金融人才按照厦门市"海纳百川"人才计划相关规定享受优惠政策,经评定的本土高层次金融人才可享受最高不超过30万元的人才补贴。对于成绩特别突出的高层次金融人才,可提高经费支持标准。

(3) 鼓励推动两岸区域性金融服务中心建设

厦门市人民政府对驻厦门金融监管部门在厦门市经济社会发展和金融中心建设中做出突出贡献的,给予奖励;对争取到对厦门市经济社会发展有重要意义的金融政策或创新试点的单位或个人,给予重奖;全方位扩大跨海峡人民币结算代理清算群规模,支持金融机构拓展人民币代理清算、新台币委托清算、人民币与新台币直接兑换、两岸人民币/新台币现钞调运等两岸货币合作业务,将金融机构参与两岸货币合作业务的贡献度纳入市财政资金存放考评办法中进行奖励;探索以政府主导和市场化运营相结合的方式办好海峡金融论坛,加强宣传推广,树立厦门两岸区域性金融服务中心的品牌形象,吸引更多台湾金融资源集聚。积极鼓励各相关单位在海峡金融论坛期间举办两岸金融交流活动。

(4) 以金融服务外包推动金融服务贸易的发展

厦门需要金融服务外包来支撑金融服务贸易自由化的发展。厦门发展金融服务外包主要是交易过程中的数据处理和信用保险类的服务外包,主要为厦门金融市场提供服务,同时也为制造业和服务业提供服务。主要的金融服务外包业务见表25。

表25　金融服务外包业务

交易过程	会计业务	客户服务	代理业务	信用保险
开户	应付、应收款	呼入应答	代办业务	信用决策
数据输入系统	报销	呼出业务	代为呼叫	合规性
状态生产	流水账	电信营销	代接呼入	准备文件
账户管理	成本核算			
数据库维持	账户合并			
支票和发票				
支付过程				

(5) 创新金融业务，促进金融服务业的繁荣

自贸区将促进厦门进一步加快国际航运中心的建设，航运金融成为厦门金融市场一项重要的金融业务；区域内物流仓储行业将向大型化、高端化、金融化方向发展，银行在供应链金融领域将面临新的挑战。厦门需要通过金融业务的创新，如"贸易金融创新""物流金融创新""租赁金融创新""仓储金融创新""航运金融创新"等，为各大产业链条做好金融服务，以获得更多的合作和共赢的机会。

(6) 推进跨境人民币业务发展，为境内企业"走出去"提供便利

在海外代付、保理、福费廷等传统贸易融资产品的基础上，积极创新各种跨境人民币贸易融资产品。厦门应该重点研究跨境人民币贸易融资与再融资的发展模式和跨境代理结算模式，为境外离岸人民币清算提供在岸支持的可行性，促进贸易便利化。以供应链为基础，大力推动跨境人民币结算沿着产业链向上下游环节拓展，开展对境外直接投资、对外承包工程等各类境外投资和合作项目的人民币结算业务，降低企业在实体投资中的汇兑成本以及"货币错配"的风险。

(7) 建立厦门金融服务贸易自由化服务中心和研究机构

厦门可以建立接受企业进行金融服务贸易自由化咨询的统一平台，如由政府机构、行业组织和有影响力的企业代表共同成立金融服务贸易自由化服务中心，并建立政府与企业定期会晤制度，以及时了解金融服务贸易自由化对企业的影响，更切合实际地向企业提供政策咨询等各项服务，帮助企业逐步开拓海外市场，增强企业参与国际市场的竞争力。另外，可以建立金融服务贸易自由化研究机构，随着自贸区金融服务贸易环境的改变，金融贸易自由化的政策、措施需要日益完善和优化，政府管理结构和工作方法也需要与时俱进，因此必须重视金融服务贸易自由化的研究工作，探索建立厦门在实施金融服务贸易自由

化各个环节上的有效途径以及与之相关的法律体系。

（二）厦门市服务贸易的发展亮点及相关政策举措

1. 服务外包[①]

发展定位

在行业优势方面，目前厦门在航运、国际结算、金融等行业的软件开发方面已初步形成核心产品和服务特色，越来越多的互联网企业对外提供信息和后台数据的处理服务，"接包"基础较好。在区位优势方面，厦门具有承接台湾产业转移的优势，由于"两岸三通"开启之后，往来沟通便利，没有语言上的障碍，降低了营运的成本，因此许多台湾的外包企业纷纷落户厦门，同时由于台湾服务外包业发展得相对比较成熟，通过"台湾接单，厦门服务"的合作模式，不仅可以带来大量的财政收入，同时也可以借鉴其成熟的经验，有利于厦门服务外包业的发展，在国际社会中形成强有力的竞争。在载体优势方面，厦门经过多年的发展，软件园一期、二期已经投入使用，三期工程也将如期完成。作为厦门市政府发展服务外包的示范区，软件园拥有完善的硬件设施和相应的配套设施，交通便捷，商务成本低。政策优势方面，厦门作为"一带一路"的起点有着承接东南亚的使命，同时也将大大地提升厦门在服务外包中的地位，形成与印度相竞争的局势。而福建自贸区的设立、相配套的政策优惠以及负面清单的设定都为厦门发展服务外包扫清了障碍。

然而，厦门在发展服务外包方面也存在一些不足。在产业方面，厦门发展服务外包的企业规模相对较小，市场的认知度不够高，且比较单一，缺乏大的品牌，推广的力度还不够大，软件园的建设不够快，等等，导致厦门服务外包的集聚效应比较难以形成。在人才方面，厦门缺少服务贸易方面的人才，特别是服务外包的人才，以及中高端的人才，对于人才的保护机制也不是很完善。

综合优劣势分析，厦门应致力于成为"服务外包示范城市""中国软件名城"，在"一带一路"国家战略体系以及福建自贸区设立的背景下，使服务外包业面向我国台湾，面向东南亚，承接东南亚国家或地区的服务外包，与印度形成竞争，大力发展高端的服务外包，后来居上承接欧美以及日本的产业转移和服务外包业务。

[①] 服务外包，是指作为生产经营者的业主将价值链中基础性的、非核心性的业务流程剥离出来，以商业形式外包给本企业以外的专业服务提供商来完成的经济活动。其产生的本质是企业以价值链管理为基础，将企业非核心的业务通过一定的方式外包给本企业之外的服务提供商，从而实现生产要素和资源配置效率的提高。

政策举措

(1) "包"的选择

服务外包主要包括两部分：信息技术外包(ITO)和业务流程外包(BPO)。ITO 的业务范围主要有 IT 系统操作服务、IT 系统应用管理服务和 IT 技术支持管理服务等，软件外包是 ITO 的主要形式。BPO 的业务范围主要有需求管理、企业内部管理、业务运作管理、供应链管理等，其业务形式主要有金融与财务分析服务、呼叫中心、客户服务、采运服务、市场调查与分析等。基于厦门的载体优势，我们有条件发展 ITO，因为印度虽然作为国际外包接包市场上最大的赢家，但是其 ITO 所接到的包技术含量低，处于软件行业链的下方，因此厦门如果要形成有力的竞争，就必须大力发展高端的 ITO。在信息技术外包方面，应面向 IC 设计、物流、金融等行业提供软件设计与开发，还可兼顾商业电子、工业控制、汽车配件、数控机床等领域的嵌入式软件服务；在业务流程外包方面，则应重点拓展国际金融、后台数据支持、呼叫中心、机械制造设计等领域的流程外包业务。其目标市场主要以我国台湾地区为中心，进而拓展欧美和日本市场。

(2) 服务外包人才的培养

在人才培养方面可以借鉴杭州市的做法。杭州作为全国服务外包示范城市成功地举办了多届中国大学生软件服务外包大赛，作为涉及全国高校的国家级竞赛，为杭州乃至全国软件服务外包产业输送了具有创新能力和实践能力的高端人才，有力地促进了大学生在全国软件服务外包企业中的就业，在推动行业发展和人才培养的同时提升了外包行业整体的国际竞争力。因此，厦门可借鉴于此，举办相应的软件服务外包大赛，并在厦门市的大专院校设立服务贸易专业和服务外包专业，鼓励学校和企业合作，有针对性地培养服务外包的实用性人才，设立职业资格证书的考核制度以及设定相应的标准体系，使服务外包成为一门专业的学科，成为一个体面的职业。2016 年 1 月 22 日，厦门市设立"厦门服务贸易与外包研究中心"。该中心是厦门市创建"服务外包示范城市""中国软件名城"的专业决策咨询机构，专注服务于厦门市服务外包、软件信息服务业、服务贸易产业，在"一带一路"沿线重点国家(地区)的服务外包对策研究等领域开展了深入而卓有成效的工作。

(3) 政府政策

政策往往会对一个产业链的发展产生巨大的影响。目前，厦门由于企业规模小，缺少龙头企业，很难形成品牌自信心和集聚效应，从而很难将服务外包做大做强。因此，在基础设施建设的同时，还需要配套以政策支持，培育大的企业，引入软件龙头企业落户厦门。在政策上，对从事服务外包的企业加大减免税收、基础服务以及人才服务等优惠手段的力度，加大对外贸易政策的支持力度。完善服务贸易出口补贴、信用保险和出口信贷政策。设立专项扶持基金，专项基金的设立既可以以市政府出资的形式，也可以以产业基金的形式，由在厦门的软件企业形成联盟共同出资设立产业基金，用于产业的并购和拓展。拓宽融资渠道，降低融资成本，鼓励企业上市，为企业挂牌新三板创立条件。搭建对接平台，充分利用厦门的会展业务，搭建厦门服务外包交易会，并将其打造成专业化的品牌，吸引国内外著名的发包商和接包商参展，为在厦门的企业创造商机。同时，加强知识产权保护，一是加快服务企业自主知识产权申报认证体系建设，并对认证企业给予重点支持和保护；二是建立外包企业诚信备案制度和行业诚信数据库，规范从业人员的职业行为，保守客户的商业机密；三是逐步建立完备的知识产权法律体系，依法严惩知识产权侵权行为和违法行为。

2. 跨境电商

发展定位

在"一带一路"国家战略以及福建自贸区的政策下，厦门市应该大力发展跨境电商。在互联网快速发展的时代下融合大数据处理分析的优势，面对台湾的服务贸易以及国际服务贸易，厦门市有条件、有优势发展跨境电商，将厦门建成一个完整的电商生态圈，成为"21世纪海上丝绸之路"的一个桥头堡。厦门跨境电商产业园的创立，是两岸海运快件及跨境电商货物监管中心、海关国检等联检单位进驻办公的跨境电商公共服务平台。象屿保税区将充分发挥"保税"的政策功能优势和"海陆空邮"四位一体的独特区位优势，把厦门跨境电商产业园打造成跨境电商产业全链条运营基地、两岸跨境贸易电商基地，形成具备完善的跨境电商生态体系的"四大服务平台"——通关服务平台、电商物流仓储平台、商务服务平台、研发创新平台，全面吸引各类要素资源的集聚，支撑厦门成为全国跨境电商的供应链枢纽节点城市，加快推进厦门国家电子商务示范城市建设。

政策举措

根据厦门市发展电商的定位以及厦门市现状，我们提出了设立电商扶持资金、构建"六体系、两平台"、培养跨境电商人才、物流建设以及其他相关政策。

（1）设立电商扶持资金

主要用于跨境电商人才培养，对于符合条件的从事网络零售业务的企业给予奖励，对于符合条件的电商服务企业给予补助，对于带动效应强具有公共影响的商协会开展电商公共性活动给予奖励支持，对于具有带动性和示范性的电商平台给予适当奖励，对于符合规模的电商基地给予相应的补助，对于跨境电商数据传输服务和消费者身份证信息查询服务费用给予补助，对于入驻厦门电商产业园的物流企业给予相应的补助，特别是对于那些能够将总部设置在厦门的物流企业给予额外的扶持，以及对重大项目进行扶持，比如：支持重大电商发展，鼓励引进国内外知名的电商企业及相应的专业服务、物流配送企业，积极引进国内外知名电商企业来厦门发展区域总部。对创新模式好、带动性强、贡献突出、发展前景广阔的重大电商项目，在评定后给予相应的补助。

（2）构建"六体系、两平台"

借鉴杭州构建信息共享、金融服务、智能物流、电商信用、统计监测和风险防控等六个体系，以及线上"单一窗口"和线下"综合园区"等两个平台的经验做法，完善厦门电商产业园的核心架构，促进贸易便利化。

一是建立信息共享体系。统一信息标准规范、信息备案认证、信息管理服务，建立多位一体的跨境电商信息合作机制和共享平台，打通"关""税""汇""检""商""物""融"之间的信息壁垒，实现监管部门、地方政府、金融机构、电商企业、物流企业之间的信息互联互通，为跨境电商信息流、资金流、货物流"三流合一"提供数据技术支撑。

二是建立金融服务体系。鼓励金融机构、第三方支付机构、第三方电商平台、外贸综合服务企业之间规范开展合作，利用跨境电商信息可查寻、可追溯的特点，为具有真实交易背景的跨境电商交易提供在线支付结算、在线融资、在线保险等完备便捷、风险可控的"一站式"金融服务。

三是建立智能物流体系。运用云计算、物联网、大数据等技术，充分利用现有的物流公共信息平台，构建互联互通的物流智能信息系统、衔接顺畅的物流仓储网络系统、优质高效的物流运营服务系统等，实现物流供应链全程可验、可测、可控，探索建立高品质、标准化、规范化的跨境电商物流运作流程，形成布局合理、层次分明、衔接顺畅、功能齐全的跨境物流分拨配送和运营服务体系。

四是建立电商信用体系。综合多方信用基础数据，建立跨境电商信用数据库和信用评价系统、信用监管系统、信用负面清单系统等"一库三系统"，记录和积累跨境电商企业、平台企业、物流企业及其他综合服务企业基础数据，重点建立监管部门的信用认证体系和信用服务企业的信用评价体系，实现对电商信用的"分类监管、部门共享、有序公开"。

五是建立统计监测体系。利用大数据、云计算技术，对各类平台商品交易、物流通关、金融支付等海量数据进行分析、处理和运用，建立跨境电商大数据中心，实现跨境电商数据的交换汇聚；发布跨境电商指数，建立健全跨境电商统计监测体系,完善跨境电商统计方法,为政府监管和企业经营提供决策咨询服务。

六是建立风险防控体系。建立风险信息采集机制、风险评估分析机制、风险预警处置机制、风险复查完善机制,以流程节点风险防控为重点,开展跨境电商全流程的专业风险分析,有效防控综合试验区非真实贸易洗钱的经济风险,数据存储、支付交易、网络安全的技术风险,以及产品安全、贸易摩擦、主体信用的交易风险,为政府监管提供有效的技术支撑、决策辅助和服务保障。

七是建立线上"单一窗口"平台。"单一窗口"平台坚持"一点接入"原则,建立数据标准和认证体系,与海关、检验检疫、税务、外汇管理、商务、工商、邮政等政府管理部门进行数据交换和互联互通,实现政府管理部门之间的"信息互换、监管互认、执法互助",实现通关全程无纸化,提高通关效率,降低通关成本。同时,通过链接金融、物流、电商平台、外贸综合服务企业等,为跨境电商企业和个人提供物流、金融等供应链商务服务。

八是建立线下"综合园区"平台。采取"一区多园"的布局方式,建设综合试验区线下"综合园区"平台,通过集聚电商平台企业、外贸综合服务企业、电商专业人才、电商专业服务等,提供通关、物流、金融、人才等"一站式"综合服务,有效承接线上"单一窗口"平台功能,优化配套服务,促进跨境电商线上平台和线下园区的联动发展,打造跨境电商完整的产业链和生态链。

(3) 培养跨境电商人才

根据跨境电商的组成环节,我们归纳了跨境电商需要的人才结构。跨境电商人才除了需要具备一定的外语和外贸知识,还要掌握电子商务、国际营销、国际货代与通关等专业知识,具有网页制作与维护、产品拍照和图片处理、网络营销与推广、交易风险控制(汇率风险以及违约风险)、交易纠纷处理、国际物流、海外仓储等业务技能。目前,跨境电商从业人员以初级人才为主,大多从事客服工作和基本业务操作,缺少能够胜任跨境电商营销、商业大数据分析、用户体验分析、国际金融结算和供应链物流管理的中高端、复合型人才,更加缺乏熟悉电子商务前沿理论、洞悉跨境电商发展规律、引领跨境电商产业发展的战略性人才和领军人物,因此我们提出以下相关建议:

一是充分发挥政府的引导作用。政府应引导和推动有条件的高校开设跨境电商专业,鼓励现有国际贸易、国际商务、商务英语、市场营销等专业根据市场需求向跨境电商方向转型发展,增设培养跨境电商人才的小语种专业。充分发挥电商行业协会在政府、企业、学校间的沟通桥梁作用,制定跨境电商人才培养标准,建立跨境电商人才资源库,及时了解跨境电商企业的发展动态和人才需求情况,搭建跨境电商"政、校、行、企"合作发展平台。

二是建立校企合作跨境电商人才培养长效机制。为了更有针对性地进行人才培养以及更好地促进学生就业、创业,应建立校企联合培养人才的长效机制。校企双方共同制订人才培养方案,提高专业与产业、专业与就业的契合度。高校可以通过"引企入校",将阿里巴巴、敦煌网等跨境电商企业引入学校,实行现代学徒制人才培养模式,实现学生职业技能培养与企业人才需求的无缝对接。根据跨境电商企业的发展需要,改革教材体系、教学方法和教学内容,开设跨境电商前沿理论和实践课程,建立"理论教学＋技能实训＋项目任务＋企业实习＋自主就业创业"的跨境电商人才培养方式。

三是建立跨境电商人才社会化培训体系。厦门市政府应该重视跨境电商人才的培训工作。建立或者鼓励行业协会创建培训中心,形成较为完善的社会化培训课程体系,主要面向三个层次的人员开展培训,即针对高校、示范县的培训者培训,针对政府官员、企业经理的管理者培训,针对电商企业具体操作人员的实操者培训。充分发挥商务部门、行业协会的作用,加大对企业开展跨境电商培训的支持力度,将跨境电商知识与企业需求相融合。

(4) 物流建设

一是提高跨境物流信息化水平。利用云计算、物联网、大数据等技术,依托第三方物流、"单一窗口"平台等物流综合信息服务平台,向电商企业、物流仓储企业、供应链服务商等各类企业和电商用户提供实时、准确、完整的物流状态查询和跟踪服务,实现数据共用、资源共享、信息互通。支持商贸物流企业提供供应商库存管理、准时配送等高端智能化服务,提升第三方物流服务水平。

二是提高跨境物流专业化水平。支持传统仓储企业转型升级,向配送运营中心和专业化、规模化第三方物流发展。鼓励仓储、配送一体化,引导仓储企业规范开展担保存货第三方管理。支持有条件的企业向提供一体化解决方案和供应链集成服务的第四方物流发展。提高跨境物流国际化水平,鼓励有条件的商贸物流企业"走出去"开展全球业务,通过广泛的战略联盟、协作等方式,建立跨境物流分拨配送和营销服务体系。大力发展共同配送、统一配送、集中配送等先进模式,建立国内保税公共仓储、海外重点国家物流专线、海外公共仓储等相结合的便利化物流体系,实现跨境货物的集货运输、集中分送,降低物流成本。

(5) 其他相关政策

一是建立负面清单监管制度。根据国家对进出境商品的有关管制措施,建立"网上交易管理"负面清单。设立各监管部门互评互认的"企业信用评价系统"和"个人信用系统",对开展跨境电商业务的经营企业、支付机构实行信用评级,对相关监管场所经营人及个人进行信用评估,形成"公共信用管理"负面清单。

  二是探索税收管理规范化、便利化模式。对某些产品执行免征增值税的政策。探索便利化退税管理模式,推行出口退税"无纸化管理",简化流程,便利办税。发挥保税区功能,鼓励采取保税备货方式,降低运营成本。

专题五

产业集聚对劳动生产率的影响
——基于海西经济区的动态面板数据分析

一、引言

2009年5月14日,国务院印发《关于支持福建省加快建设海峡西岸经济区的若干意见》(国发〔2009〕24号),其中第十三条意见指出:"加快培育特色优势产业,着力培育产业集群,形成具有较强竞争力的现代产业体系";第十四条意见指出:"加快发展现代服务业,积极承接台湾现代服务业转移,依托中心城市、产业集聚区、货物集散地、交通枢纽和港口资源,建设福州、厦门、泉州等物流节点和一批现代物流中心。"[①]2011年4月8日,国家发改委全文发布《海峡西岸经济区发展规划》,提出加快建设海峡西岸经济区的八项重要任务,其中第三项是"加快推进产业集聚和优化升级,提高自主创新能力,构建现代产业体系"[②]。2014年12月2日,《福建省人民政府关于福州市设立海西现代金融中心区的批

---

① 资料来源:http://www.gov.cn/zwgk/2009-05/14/content_1314194.htm。
② 资料来源:http://www.ndrc.gov.cn/fzgggz/dqjj/qygh/201104/P020150723526291196512.pdf。

复》对外公布,指出"中心区要依托省会中心城市独特优势,构建辐射全省、功能齐全、水平较高的现代金融集聚区"①。2015年4月20日,国务院印发《中国(福建)自由贸易试验区总体方案》(国发〔2015〕20号),其中"主要任务和措施"的第七条指出"推动台湾先进制造业、战略性新兴产业、现代服务业等产业在自贸试验区内集聚发展,重点承接台湾地区产业转移"②。

从上述四份政府文件中不难发现,推动制造业、服务业或金融业在海西经济区的"集聚"是国务院或福建省政府关注的一项重要任务。为什么政府要推动集聚?显然,各级政府认为产业集聚能够对地区经济产生积极影响。地区经济的发展表面上表现为经济(GDP)增长,而本质上却是劳动生产率的提高。然而,纵观既有的研究,对于产业集聚对经济增长或劳动生产率的影响,不同学者得出的结论存在差异,并且由此引发的争论一直存在。此外,在既有的关于产业集聚对劳动生产率的影响的实证研究中,学者们一般以全国、城市群或某个省份的地级市为样本,迄今为止还没有人使用海西经济区③内的地级市作为实证的样本。

海西经济区既然作为一个区域性的概念上升为国家经济发展战略的一部分,我们就必须着眼于整个区域层面。上述四份政府文件中对"产业集聚"概念的理解与集聚效应的预期显然是置于整个区域层面,而不仅仅是某个地级市层面。但是目前关于某个地级市内产业集聚对劳动生产率的影响的研究尚未得出一个明确的答案,这让我们不得不把注意力首先放在分析某个地级市的产业集聚效应上。

因此,本专题的主要任务是以2003—2014年海西经济区内的20个地级市的面板数据实证分析产业集聚对劳动生产率的影响。

---

① 资料来源:http://www.fujian.gov.cn/zc/zwgk/zxwj/szfwj/201412/t20141203_898543.htm。
② 资料来源:http://www.gov.cn/zhengce/content/2015-04/20/content_9633.htm。
③ 此处需要强调的是,"海西城市群"与"海西经济区内的地级市"不是同一个概念。海西城市群的地理范围只包括福建省的福州、厦门、漳州、泉州、莆田、宁德等6个地级市,而海西经济区覆盖的地级市显然更多,包括:福建省的9个地级市(福州、厦门、龙岩、泉州、漳州、宁德、三明、南平、莆田)、浙江省的3个地级市(温州、衢州、丽水)、江西省的4个地级市(上饶、赣州、鹰潭、抚州)和广东省的4个地级市(汕头、揭阳、潮州、梅州)。

二、文献综述

(一) 产业集聚之理论基础

关于产业集聚理论基础的探讨,大致可以分为两个时期,即传统的经济地理学(包括古典区位理论、新古典区位理论、马歇尔"外部性"等)和新经济地理学。下面分别对其进行阐述:

古典区位理论要追溯到 19 世纪,Von Thunen(1826)在其《孤立国同农业和国民经济之关系》一书中首先提出了农业区位论的思想,设计了一个孤立国六层农作物圈层结构以探讨地租和运费对农业布局的影响。而在德国后工业革命时代,Alfred Weber(1909)在其《工业区位论》一书中则提出了工业区位论思想。他从经济区位的角度,探索资本和人口向大城市移动(即集聚)现象背后的空间机制。德国新古典区位理论的代表人物 Walter Christaller 于 1933 年出版的《德国南部的中心地区》一书中提出"中心地理论"(Central-Place Theory),首创了以城市聚落为中心进行市场面与网络分析的理论。另一位德国新古典区位理论的代表人物 August Losch 于 1938 年出版了《区位经济学》一书以讨论空间与经济的关系。他将一般均衡理论应用于空间分析,假设人口和原材料是均等分布的。他认为工业布局问题是一个经济单位互动的过程,如果考虑各种影响因素,找出各经济单位布局的相互关系,就要寻求整个区位系统的平衡。为此,Losch 提出了区位一般方程,由五组平衡方程表示,分别反映五组均衡条件,作为抽象描述一切区位相互依存的一般均衡模型。并且 Losch 在该书中解释了城市规模差异的原因,他认为市场力决定了城市规模的差异和城市等级的出现。在市场力的作用下,由于不同行业相对于人均需求的规模经济不同,规模经济大的行业倾向于只在大城市出现;而小城市由那些规模经济小、只满足小部分人的需求就可以达到规模经济的低等级行业组成。Walter Isard(1956)在他的著作《区位与经济空间》中,对 Thunen、Weber 和 Christaller 等人的理论进行整合,建立了传统经济地理学的统一框架,其基本思想为:厂商可以被看作在运输成本和生产成本之间进行权衡取舍,最后得出一个最小化成本或者最大化利润的决策。Isard 开创的区域科学,可以被看作承接传统经济地理学和新经济地理学的过渡。他将 20 世纪中期的经济学研究状态比喻成"没有空间维度的仙境",这个略带讽刺的比喻也清晰地指出传统经济地理学的缺点:虽然传统经济地理学看似发展得很完美,但是却没有将经济活动的空间维度这个重要的影响因素纳入经济学研究的理论框架之中,毕竟从现实生活中可以明显看出空间或地理位置的不同会对经济效益有很大的影响。这一缺失直到空间计量经济学工具出现后才被填补。

空间计量经济方法的出现和发展使研究者对集聚经济外部性的考察有了更准确的结果。以Anselin(2004)为代表的空间计量经济学家们认为,"几乎所有的空间数据都具有空间依赖或空间自相关的特征,在空间截面或板块分析中必须考虑空间依赖性以减少分析误差"。因此,在对经济集聚进行实证研究时,我们必须要考虑内生性,一般我们会选择工具变量来解决内生性问题。近年来,空间计量经济学更是已经发展成计量经济学的一个重要分支,为新经济地理学奠定了技术基础。

除了上述古典与新古典的区位理论,Marshall的"外部性"是新古典时期研究经济集聚问题的另一个分支。Marshall于1890年最早提出"外部性"的概念,并首次使用"外部规模经济"解释空间集中和厂商相互接近带来的优势,特别强调"产业氛围"对区域内的集聚经济发展有着重要作用。他认为这种优势有三种内涵:劳动力池效应(共享)、中间投入品的多样性(匹配)和知识外溢(学习)。在整个传统经济地理学的时代,大多数学者都是沿着Marshall的理论方向前行,即立足于Marshall的外部经济性,他们只是在Marshall的基础上进行补充和发展。其中一部分学者是针对Marshall的集聚理论进行深化和扩展,比如Duranton和Puga(2004)顺着Marshall的思路对集聚的三个微观基础进行了深入的研究,对城市经济集聚的三个微观机制分别进行了模型化;另一部分学者则着重于使用各国数据对集聚经济进行实证研究,其目的在于检验集聚经济是否存在,以及集聚对经济发展的作用有多大。

自新经济地理学开创以来,其在经济学领域的地位日益提高,新经济地理学的思想也被广泛接受。Krugman(1991)、Fujita和Thisse(1996)等立足于传统主流经济学基础,从不同的角度对影响经济集聚的因素展开了研究。其中新经济地理学的领军人物Krugman认为主流经济学缺失空间维度的关键原因是,长期以来一直都缺乏处理规模经济导致的收益递增和不完全竞争的建模技术工具,他认为主流经济学不是没有发现空间维度的缺失,而是主流经济学家们有意无意地在回避不完全竞争模型。Fujita更是指出,传统经济地理学其实早就意识到区域和城市的发展是取决于规模收益递增,不过由于在没有正确的技术工具的情况下,规模报酬递增常常会导致完全竞争市场理论框架崩溃,所以在经济学技术工具没有发展成熟之前,经济学家们只能尽量在工具可以实施的范围内进行研究。新经济地理学理论认为影响经济集聚的决定因素其实是收益递增、垄断竞争、交易成本、劳动力蓄水池共享和产业的前后向链接效应。Glaeser(1998)等研究了知识的传递成本在经济集聚中所起到的作用,这个角度的研究向经济集聚的区位选择提供了基础。他们认为在信息和通信科技高速发展的时代,虚拟通信还是不能完全替代面对面的交流,反而刺激了这一需求,是即时信息量的加大和技术的迅速变化加大了近距离交流的需求;并且提出,面对面交流和即时信息传递在地域上的局限性决定了只有空间上集聚的厂商才能获得知识外溢的效益,这成为解释信息时代经济继续集聚的重要原因。

新经济地理学诞生迄今仅有20多年的时间,但是如今已是研究产业集聚问题的主要理论框架。尤其是Fujita、Krugman和Venables(1999)提出的中心-外围模型(Core-Periphery Model,简称CP模型)更是为后来经济学家们对经济活动进行空间分析提供了基础工具。CP模型问世后,以CP模型为基础的其他类似的模型也纷纷建立起来,比如:自由资本模型(Footloose Capital Model,简称FC模型);自由企业家模型(Footloose Entrepreneur Model,简称FE模型);资本创造模型(Constructed Capital Model,简称CC模型);全域溢出模型(Global Spillovers Model,简称GS模型);局部溢出模型(Local Spillovers Model,简称LS模型);核心-边缘垂直联系模型(Core-Periphery Vertical-Linkage Model,简称CPVL模型);自由资本垂直联系模型(Footloose Capital Vertical-Linkage Model,简称FCVL模型);自由企业家垂直联系模型(Footloose-Entrepreneur Vertical-Linkage Model,简称FEVL模型)。

(二) 产业集聚对劳动生产率的影响

国内外学界关于产业集聚对劳动生产率的影响,大致可以分为三类观点:

第一类观点认为产业集聚可以促进集聚地区劳动生产率的提高,这也是迄今为止国内外学界的主流观点。Ciccone和Hall(1996)使用就业密度代表产业集聚,借助于美国各州的数据进行实证分析,指出:由于存在地理外部性和服务多样性,经济密度提高会导致集聚收益递增,地区的就业密度提高1倍将导致劳动生产率同方向变动6%。Ciccone于2002年又研究了法国、德国、西班牙、意大利和英国的产业集聚效应。他利用县级层面的数据进行实证研究,发现这些国家的产业集聚效应小于美国的产业集聚效应,就业密度提高1倍将导致劳动生产率同方向变动4.5%。Marius和Nicole(2008)利用20个欧洲国家的面板数据进行分析,指出:产业集聚对劳动生产率产生正向影响,这种影响在1980—2003年一直在增长。持这类观点的国外学者还有Sveikauskas(1975)、

Brulhart 和 Mathys(2008)、Beaudry 和 Schiffauerova(2008)等。

　　国内学界也有不少学者持这类观点。范剑勇(2006)利用我国 2004 年地级市数据分析产业集聚、劳动生产率与地区差距之间的关系,认为非农产业规模报酬递增是产业集聚的源泉,而产业集聚推动了集聚地区劳动生产率的提高,并因此导致集聚中心地与周边地区收入差距的扩大。陈良文、杨开忠(2007)利用 1996 年、2000 年和 2004 年我国全部地级市的数据实证分析发现,产业集聚对劳动生产率的影响显著为正,地区的产业集聚增强 1 倍将导致劳动生产率同方向变动 1%—1.9%。刘修岩(2009)利用我国 2003—2006 年全部地级市的面板数据实证分析发现,一个城市的产业集聚和相对专业化水平会显著影响其非农劳动生产率。童馨乐等(2009)从劳动生产率的视角研究了中国服务业集聚,使用区位熵、集中系数以及服务业 GDP 占比三种指标作为表示服务业集聚程度的指标,通过计量分析发现:服务业的集聚对于服务业的劳动生产率有着正向影响。王良举、陈甬军(2013)采用中国制造业企业微观面板数据,通过估计企业的生产函数,实证检验了产业集聚的生产率效应,发现就业规模更大的城市中的企业具有更高的生产率,在集聚地区存在能够促进企业生产率提高的学习效应。范剑勇等(2014)实证研究了产业集聚与企业全要素生产率之间的关系,发现:导致全要素生产率增长的主要因素是技术效率的改善,其次才是前沿技术的进步;经济集聚对于全要素生产率的提升是通过技术改善来完成的。杨丽、冯晓玮(2015)利用 2004—2013 年江苏省动态面板数据分析城市经济集聚对于江苏省城市的非农产业劳动生产率的影响,发现在江苏省各城市资源环境不同的情况下,城市的经济集聚对于城市内部的非农产业劳动生产率产生正向影响。黄斯婕、张萃(2016)在进行服务业集聚对于城市生产率的研究时还考虑了行业的异质性,但是行业的异质性并没有改变分析结果。她们基于 2003—2013 年我国 283 个地级及以上城市的数据进行的实证分析,指出虽然服务业内部进行细分的六个行业对于生产率的影响程度各有不同,但是六个行业的集聚对于劳动生产率的影响都是正向的。

　　第二类观点认为产业集聚对劳动生产率的影响是动态变化的,即这种影响是因时间而异、因行业而异或因地方而异的。Henderson(2003)利用美国机械设备制造业和高技术产业企业的数据进行研究,发现高技术产业内其他企业数量(反映地方化信息溢出的来源)越多,生产率越高,但在机械设备制造业企业中并没有发现这种现象。孙浦阳等(2013)使用全国 287 个地级及以上城市 2000—2008 年的面板数据检验产业集聚对劳动生产率的动态影响,发现:产业集聚带来的集聚效应和拥塞效应在不同时期可能处于不同的均衡状态,在集聚初期拥塞效应占据主导地位,导致产业集聚不利于劳动生产率的发展;但从长期来看,集聚效应将占据主导地位,从而有助于劳动生产率的提高。而且,这种动态影响在工业部门显著存在,但是在服务业部门不显著存在。孙晓华、郭玉娇(2013)在城市规模的视角下通过门限回归分析,认为经济集聚对于不同规模的城市具有不同的效果,虽然在中小型城市或者城市集聚发展的初期,经济集聚对于劳动生产率的提高具有正向影响,但是对于大型城市或城市集聚发展的后期,却转变为负向影响。李慧敏(2014)利用我国东部 11 个省 20 个制造业行业的面板数据实证研究地区产业集聚对全要素生产率的影响,发现:在东部样本范围内,集聚与全要素生产率之间存在一种非线性关系,当集聚水平低于某一临界值时,集聚水平的提高会促进全要素生产率的提高,而当高于这一临界值时又会阻碍全要素生产率的提高。程中华、张立柱(2015)利用 2003—2012 年全国 285 个地级及以上城市的统计数据,运用空间计量模型实证研究了产业集聚对城市全要素生产率影响的空间溢出效应,发现:我国城市全要素生产率的空间相关性呈逐年增强的趋势,其溢出效应在 0—950 千米的范围内呈现出先升后降的"倒 U 形"曲线过程,波峰出现在 500 千米左右;制造业集聚对城市全要素生产率的影响显著为负,而生产性服务业集聚和市场潜能却有利于城市全要素生产率的提高。

第三类观点认为产业集聚与劳动生产率之间是互为因果的关系,这类观点主要来自新经济地理学。柯善咨、姚德龙(2008)的分析范围相比其他学者而言较小,他们只集中研究了工业集聚和城市劳动生产率的关系,文章中的计量模型使用的是三阶段最小二乘法来研究第二产业的集聚和城市的劳动生产率之间是否存在因果关系,最后通过 2005 年的截面数据得出结论,即现阶段我国第二产业的集聚和城市的劳动生产率之间确实存在着互相强化、互为因果的关系。金春雨、程浩(2015)构建了联立方程组模型来研究产业集聚与劳动生产率之间的内生关系,他们分别使用静态面板数据和动态面板数据进行分析,发现:在静态面板数据分析中,制造业的集聚和劳动生产率之间具有互为因果的关系,即具有强内生性;而在动态面板数据分析中,制造业的集聚与劳动生产率依然具有较强的相互强化的关系。

以上研究大都是基于全国或者长三角、珠三角地区的数据来进行的,而随着海西经济区经济的发展,也有越来越多的学者关注海西经济区经济集聚的研究。例如,陈燕武、楼燕妮(2011)在关于海西经济区产业结构和经济增长关系的研究中,运用海西区 20 个城市 2001—2008 年的面板数据进行分析,结果显示第一产业的比重变化对于劳动生产率有着显著的负影响,而第一产业比重变化对于资本生产率和经济规模有着正向的影响,至于第三产业比重的变化对资本要素效率的影响却是不明显的,对劳动要素生产率和经济规模具有正向的影响。陈燕武、周军和许丽忆(2014)基于空间计量经济学的角度,从海西经济区的全地区、沿海地区和非沿海地区三个角度出发进行研究,得出结论:实证表明,海西经济区城市化的空间效应显著存在,但是空间效应在不同城市的城市化过程中所起到的作用却是不同的。胡埔赛(2014)以固有产业分类为基础,首先对海西经济区产业结构的现状进行分析,发现海西经济区的产业结构一直保持"二、三、一"的格局,然后分析了海西经济区人均GDP(可以看成是劳动效率的近似变量)在空间分布上的差异,最后针对各个产业分析产生差异的原因。结果发现:第一产业产生差异的原因主要是固定资产投入转出和人均固定资产投资;第二产业和第三产业则是固定资产投入转出和产业就业人员比重。

三、实证模型设定与变量选择

(一) 实证模型设定

由于空间要素之间存在的自相关性,内生性问题无疑是本专题实证研究者面临的最为棘手的问题。一方面,遗漏变量问题是一个普遍存在的问题,可能存在若干地区固有的影响生产率的因素与经济集聚效应一同发挥作用的情况,因此将集聚因素从诸多相互交织的影响因素中分离出来是一件很困难的事情。若干不随时间变化的经济因素会使OLS估计方法得出的集聚对生产率的回归系数偏大,因为系数中混杂着非时变地区固有因素对生产率的影响。另一方面,经济集聚与劳动生产率之间可能存在互为因果的关系。在新经济地理学框架中,"累积循环律"(或称之为"正反馈")是形成经济集聚的一个基础思想。某个地区可能因为一个微小的偶然事件引起了一个积累过程,在这个过程中,中心地区大量的厂商和工人的存在会激励更多的厂商和工人向中心集聚;大量的生产厂商在中心地区的集聚借助于外部性推动了中心地区劳动生产率的提高;中心地区劳动生产率的提高又会进一步吸引更多的生产厂商和工人进入该地区,进而形成一种循环累积因果。"新"新经济地理学在将企业异质性引入后也指出,企业异质性的存在会强化企业的自我选择效应,导致生产率较高的企业自动集聚到大城市或者较为发达的中心地区,而生产率较低的企业会逐渐扩散到外围地区。因此,高生产率的企业在中心地区的集聚自然导致了该地区总体生产率水平的提高(Baldwin 和 Okubo,2006)。虽然可以用工具变量解决内生性问题,但是一个好的工具变量是不容易找到的。既有的文献中,Ciccone(2002)、范剑勇(2006)和刘修岩(2009、2010)等使用行政区域面积作为工具变量。但是本专题认为行政区域面积与经济集聚程度之间并不存在显著的相关性,因此使用行政区域面积作为经济集聚的工具变量的做法是不可靠的。

鉴于此,本专题使用面板数据(Panel Data),而且采用 Arellano 和 Bover(1995)提出的动态面板广义矩估计方法(广义 GMM[①])来克服经济集聚和生产率之间的内生性问题。该方法使用内生解释变量的滞后值作为工具变量,可以有效分离出非时变地区固有因素的影响。

动态面板模型的基本形式为:

$$y_{it} = \alpha + \rho y_{i,t-1} + \beta x_{it} + u_i + \varepsilon_{it} \quad (t=2,\cdots,T) \tag{1}$$

根据本专题实证分析的任务,需要在式(1)中加入若干控制变量,得到如下实证模型:

$$\begin{aligned}LP_{it} =& \alpha + \rho LP_{i,t-1} + \beta_1 Aggl_{it} + \beta_2 HC_{it} + \beta_3 PCFI_{it} + \\ & \beta_4 POFE_{it} + \beta_5 POFDI_{it} + u_i + \varepsilon_{it}\end{aligned} \tag{2}$$

其中,扰动项由城市固定效应 u_i 和随机扰动项 ε_{it} 构成。鉴于三次产业分类,同时为了分析不同产业的集聚水平对劳动生产率的不同影响,本专题实际将进行三项回归。

$$\begin{aligned}SecLP_{it} =& \alpha + \rho SecLP_{i,t-1} + \beta_1 SecAggl_{it} + \beta_2 HC_{it} + \beta_3 PCFI_{it} + \\ & \beta_4 POFE_{it} + \beta_5 POFDI_{it} + u_i + \varepsilon_{it}\end{aligned} \tag{3}$$

$$\begin{aligned}TerLP_{it} =& \alpha + \rho TerLP_{i,t-1} + \beta_1 TerAggl_{it} + \beta_2 HC_{it} + \beta_3 PCFI_{it} + \\ & \beta_4 POFE_{it} + \beta_5 POFDI_{it} + u_i + \varepsilon_{it}\end{aligned} \tag{4}$$

$$\begin{aligned}NonagriLP_{it} =& \alpha + \rho NonagriLP_{i,t-1} + \beta_1 NonagriAggl_{it} + \beta_2 HC_{it} + \\ & \beta_3 PCFI_{it} + \beta_4 POFE_{it} + \beta_5 POFDI_{it} + u_i + \varepsilon_{it}\end{aligned} \tag{5}$$

其中,各个变量的内涵与度量将在下面进行阐释。

(二) 数据与变量

考虑到 GMM 仅适用于"短动态面板"(即 n 较大,T 较小),而且为了尽可

[①] Blundell 和 Bond(1998)将差分 GMM 与水平 GMM 结合在一起,将差分方程和水平方程作为一个方程系统地进行 GMM 估计,称之为"广义 GMM 或系统 GMM"。与差分 GMM 相比,广义 GMM 的优点是可以提高估计的效率,并且可以估计不随时间变化的变量的系数(因为广义 GMM 包含对水平方程的估计)。

能地增大样本量以提高估计精度,本专题使用的面板数据包括海西经济区地理范围内的20个地级市2003—2014年的数据。数据来源包括:《中国城市统计年鉴》(2004—2015)以及《福建统计年鉴》《广东统计年鉴》《江西统计年鉴》《浙江统计年鉴》。本专题使用的计量软件是Stata12.0。

本专题的被解释变量是劳动生产率(LP)。考虑到三次产业分类,同时为了分析不同产业的集聚水平对劳动生产率的不同影响,本专题分别使用三种不同的衡量劳动生产率的指标:非农产业(即第二与第三产业的加总)劳动生产率、工业(即第二产业)劳动生产率、服务业(即第三产业)劳动生产率。三种指标的计算方法为:将非农产业、工业和服务业的GDP对应地除以非农产业、工业和服务业的就业量。① 既有文献中,范剑勇(2006)、刘修岩(2009)、孙浦阳等(2013)、杨丽等(2015)也采用此方法衡量劳动生产率。

本专题的解释变量是经济集聚(Aggl),度量方法是使用某个地级市某个产业的就业量除以该地级市的行政区域土地面积。本专题之所以采用这种度量方法,有两方面的原因:第一,数据来源稳定可靠、方便易得;第二,从既有的研究文献来看,这种度量方法在产业集聚研究中使用广泛而且统计结果较为稳定。如Ciccone和Hall(1996)、Ciccone(2002)、范剑勇(2006)、刘修岩(2009、2010)、孙浦阳等(2013)、杨丽等(2015)均采用此方法。

本专题的控制变量包括:劳均人力资本(PCHC),等于每年普通高校在校学生数除以年末单位从业人员数;劳均固定资产投资(PCFI),等于年固定资产投资总额除以年末单位从业人员数;财政支出比重(POFE),等于每年公共财政支出除以该地级市当年的地区生产总值;外商直接投资占比(POFDI),等于每年实际外商投资额②/(固定资产投资额+实际外商直接投资额)。

---

① 此处需要强调的是,在《中国城市统计年鉴》中,关于就业量的统计是"单位从业人员数",这一指标是指在各级国家机关、政党、社会团体及企业、事业单位中工作,并且取得工资或其他形式劳动报酬的全部人员,并不包括非正式就业的统计。特别是在存在大量非正式就业的服务业行业中这一数据可能带来回归结果的一定偏误。但是本专题认为虽然非正式就业在许多经济发达地区所占比例越来越高,但是从中国的实际国情来看,单位从业人员依然占据全部就业的主要地位,特别是工业部门。即使是在各服务业部门的分类中,非正式就业也仅仅在住宿餐饮、批发零售等传统服务业部门中占较高比例。因此,本专题认为《中国城市统计年鉴》的就业数据虽然不能反映全部的城市就业状况,但是可以体现各主要行业的大部分就业情况,以此计算的经济集聚数据也可以基本反映各个行业的集聚状况。

② 各统计年鉴中给出的是以美元为单位的数值,本专题按照国家统计局公布的历年美元兑人民币的平均汇率将其换算成以人民币计价的数值。

(三) 实证分析

1. 变量描述性统计

对解释变量、被解释变量和控制变量的描述性统计如表 1 所示。可以发现:无论是从标准差还是变异系数[①]来看,各个变量在海西经济区内的不同地级市存在显著的差异。尤其是本专题所关注的工业集聚、服务业经济和非农产业集聚程度在 20 个地级市内以及不同年份的差异极大,变异系数均大于 1。

表 1 变量描述性统计结果

变量	样本数	均值	标准差	变异系数	最小值	最大值
SecLP(万元/万人)	240	334 264.3	200 860.6	0.600903	90 446.05	1 136 128
SecAggl(万元/平方公里)	240	911.0659	1 465.314	1.608352	28.61768	9 283.807
TerLP(万元/万人)	240	222 552	110 745.8	0.497618	38 716.37	614 764.8
TerAggl(万元/平方公里)	240	729.9502	1 451.681	1.988739	26.68676	11 377.4
NonagriLP(万元/万人)	240	251 286.3	109 138.1	0.434318	63 804.56	582 481.7
NonagriAggl(万元/平方公里)	240	1 641.016	2 898.809	1.766472	62.06339	20 661.2
PCFI(万元/万人)	240	164 667.4	119 049.2	0.722967	25 492.83	678 410.1
POFE(%)	240	0.123411	0.053373	0.432486	0.043759	0.304818
PCHC(人/万人)	240	899.8581	588.572	0.654072	173.1747	2 714.919
POFDI(%)	240	0.055557	0.057381	1.032833	0.003753	0.30596

2. 实证检验

本专题的实证分析包括三项任务,即分别检验工业集聚、服务业集聚和非农产业集聚对工业劳动生产率、服务业劳动生产率和非农产业劳动生产率的影响,分别对回归方程式(3)、(4)和(5)。大致分为如下三个步骤:

(1) 扰动项自相关检验

使用广义 GMM 有两个前提条件:一是扰动项 $\{\varepsilon_{it}\}$ 不存在自相关,二是 $\{\Delta y_{i,t-1}, \Delta y_{i,t-2}, \cdots\}$ 与个体效应 u_i 不相关。第一个条件可以进行严格的检验,然而第二个条件目前尚无法进行严格有效的统计检验,只能根据经济常识判断经济变量是否在稳态附近。因此,本专题使用 Arellano-Bond Test 对广义 GMM 扰动项的自相关性进行检验,表 2 是检验的结果。

---

① 即标准差与算术平均数之比,描述观察值的差异相对于其平均水平的大小,是一种相对的离散趋势。

表 2　广义 GMM 扰动项自相关性检验①

回归方程	式(3)	式(4)	式(5)
z (Second-order CA)	0.69172	−0.35114	−0.41068
Prob$>z$②	0.4891	0.7255	0.6813
判断	接受 H_0	接受 H_0	接受 H_0

从表 2 可知,回归方程式(3)、(4)和(5)均通过了扰动项自相关性检验,所以广义 GMM 对回归方程式(3)、(4)和(5)是适用的。

(2) 过度识别检验

广义 GMM 使用内生解释变量的滞后值作为工具变量,可以有效分离出非时变地区固有因素的影响。但是,这种方法下是否所有的工具变量都有效? 为此,必须对回归方程式(3)、(4)和(5)进行过度识别检验,表 3 是检验的结果。

表 3　过度识别检验③

回归方程	式(3)	式(4)	式(5)
chi2(64)	94.20074	73.99871	89.46308
Prob$>$chi2④	0.1900	0.1743	0.1385
判断	接受 H_0	接受 H_0	接受 H_0

从表 3 可知,回归方程式(3)、(4)和(5)是恰当的设定,可以进行广义 GMM 估计。

(3) 回归估计

在确定了广义 GMM 的适用性之后,依据回归方程式(3)、(4)和(5)对各个系数进行估计,表 4 是估计结果的汇总。

表 4　各行业经济集聚对劳动生产率的影响

变量	式(3)	式(4)	式(5)
_con	28 641.33***	−9 239.995***	−2 227.253***
	(14.9861)	(34.0984)	(10.9903)
SecLP ($t-1$)	0.5861		
	(0.0537)		

---

① 原假设 H_0:扰动项$\{\varepsilon_{it}\}$无自相关。
② 在 1%、5% 或 10% 的显著性水平下。
③ 原假设 H_0:所有的工具变量均有效。
④ 在 1%、5% 或 10% 的显著性水平下。

(续表)

变量	式(3)	式(4)	式(5)
SecAggl	2.2353*** (9.3579)		
TerLP($t-1$)		0.9506** (3.0412)	
TerAggl		1.579841** (3.1081)	
NonagriLP($t-1$)			0.6945 (0.0456)
NonagriAggl			3.3555*** (3.9432)
PCFI	0.4399 (0.0605)	0.047294 (0.0246)	0.2265 (0.0364)
POFE	−636 376.1*** (13.7093)	−38 289.25*** (10.2072)	−103 980.9** (2.9092)
PCHC	157.9365*** (5.5916)	43.5356*** (14.3085)	80.1021*** (19.8180)
POFDI	−153 924.2* (2.4755)	−18 140.74** (7.3111)	−94 235.31*** (9.5093)
样本容量	240	240	240
Wald chi2(6)	73 808.60	24 338.79	2 064.15
R^2	0.78994	0.69778	0.80672
F值	41.94325	23.64436	34.43053

注：*、**、*** 分别表示在10%、5%和1%的水平下显著。

3. 结果分析

根据表4,式(3)的估计结果显示,工业集聚对工业的劳动生产率会产生显著的正向影响;每当工业集聚度提升1个单位,工业劳动生产率会同步提升大约2.24个单位,这基本符合既有研究中的劳动生产率变动幅度。但工业劳动生产率的一期滞后值对本期劳动生产率的影响不显著为正。

式(4)的估计结果显示,服务业集聚对服务业的劳动生产率会产生显著的正向影响;每当服务业集聚度提升1个单位,服务业劳动生产率会同步提升大约1.58个单位。而且服务业劳动生产率的一期滞后值对本期劳动生产率的影响显著为正。从式(3)和式(4)的对比可知,不同行业的产业集聚对劳动生产率的影响是不同的,但就本专题的研究而言,工业和服务业的集聚对这两个部门的劳动生产率都会产生显著的正向影响,虽然工业部门集聚产生的劳动生产率效应要高于服务业部门。

式(5)的估计结果显示,非农产业集聚对非农产业的劳动生产率会产生显著的正向影响:每当非农产业集聚度提升1个单位,非农劳动生产率会同步提升大约3.36个单位。但非农产业劳动生产率的一期滞后值对本期劳动生产率的影响不显著为正。

总的来看,本专题的实证研究结果符合前面所描述的产业集聚对劳动生产率影响三类观点中的第二类观点。

四、结论

本专题利用海西经济区20个地市2003—2014年的相关数据构建面板数据模型,从以上经济变量的实证分析结果可以看出,在海西经济区城镇化的过程中,工业的集聚潜力还未挖掘殆尽,工业集聚度的提高还将会带来工业劳动生产率的提高。相较而言,服务业在发展过程中需要投入大量的资本和劳动力,计量结果显示服务业集聚与其劳动生产率有正向关系,这表明服务业还有集聚空间,所以在海西经济区建设决策时可以加大对海西经济区服务业的投资和劳动力的培训,这有利于加大中间品的共享力度和劳动力的蓄水池效应。最后,对于非农经济集聚对劳动生产率影响的研究显示,非农经济集聚对于非农劳动生产率的提高具有显著的正向影响,政府可以通过增加人力资本投入、固定资产投入,同时加强海西经济区内部的基础设施建设来吸引人口集聚、资源集聚、技术集聚、产业集聚,最后提高海西经济区的非农产业劳动生产率。

专题六

海西自贸区之基础设施：
现状、问题及对策

  基础设施是指为社会生产和居民生活提供公共服务的物质工程设施，是用于保证国家或地区社会经济活动正常进行的公共服务系统。它是社会赖以生存和发展的一般物质条件。基础设施是国民经济各项事业发展的先决条件，建设完善的现代化的基础设施支撑体系是海西自贸区[①]建立、发展以及正常运作的重要保证。本专题依据"基础设施"概念在学术文献或国家政策法规文件中被最频繁使用的内涵，选取交通运输、邮电通信、能源作为"基础设施"的代表，分析福建省在这三个方面发展的现状，进而发现其中存在的问题，最终提出应对之策。

一、交通运输

  海西地区背靠大陆，东扼台湾海峡这一亚太地区极其重要的海上交通要

---

  ① "海西自贸区"与"海西经济区"覆盖的地理范围是不同的。"海西自贸区"仅限于福建省，而"海西经济区"覆盖了福建全省、粤东（汕头、潮州、梅州、揭阳）、赣东南（赣州、抚州、鹰潭、上饶）和浙南（温州、丽水、衢州）。因此，本专题对"海西自贸区"基础设施的分析本质上聚焦于福建省。

道。由于山地、丘陵约占福建省总面积的 90%，加之海西地区位于国防前线，因此长期以来交通运输建设滞后。但是，随着对外贸易逐渐发展、国家实行"两岸三通"、中央和福建地方政府加大对基础设施建设的投入，海西地区的交通运输事业取得了长足的进展，基本实现了从严重滞后向基本完善阶段的转变，初步建立起由公路、水路、铁路和民航等多种运输方式共同构成的综合交通体系。交通运输业是国民经济和社会发展的基础性产业，加快构建适度超前、功能配套、高效便捷的现代化综合交通运输网络，建设服务中西部发展的新的对外开放综合通道，是海西自贸区建设进程中不可贻误的一项重要任务。

（一）海西自贸区交通运输之现状

1. 公路

公路作为经济发展的血脉，是现代化综合交通运输网络中最基本而普遍的组成部分，具有灵活机动的特征，在国民经济发展中起到重要的作用。海西自贸区内公路的建设深受福建省自然地理环境的制约，当然，一旦公路建设先行一步，当地经济也会受益匪浅。

"十二五"期间，福建省高速公路通车里程实现了从 2 000 公里到 5 000 公里的跨越，成为全国第四个实现"县县通高速公路"的省份，高速公路密度居全国第二位；同时，"三纵六横"主骨架网基本形成，新增进出省通道 9 个。

截至 2015 年年末，全省公路总里程 104 585.27 公里，比上年年末增加 3 395.66 公里。公路密度 86.15 公里/百平方公里，提高了 2.8 公里/百平方公里。全省等级公路里程 87 493.58 公里，比上年年末增加 4 586.49 公里。等级公路占公路总里程的 83.7%，提高了 0.6 个百分点。其中，二级及以上公路里程 15 108.07 公里，增加 1 087.61 公里，占总公路里程的 14.4%，提高了 0.59 个百分点；海西高速公路网里程 5 001.59 公里，比上年增加 759.84 公里。

各行政等级公路里程分别为：国道 5 615.76 公里，省道 7 354.86 公里，县道 16 976.62 公里，乡道 41 167.18 公里，专用公路 121.65 公里。全省高速公路里程 4 053.02 公里，比上年年末分别增加 451.93 公里、356.64 公里、2.69 公里、181.32 公里和持平。

全省农村公路里程 91 493.00 公里，比上年年末增加 2 587.09 公里。全省公路桥梁 26 145 座、全长 193.98 万米，分别比上年年末增加 2 355 座、28.51 万米。①

---

① 参阅：《2015 年福建省交通运输行业发展统计公报》，福建省交通运输厅，2016 年 5 月 25 日。

图1和图2分别反映的是近五年来福建省公路发展情况和2015年福建全省各级行政等级公路里程构成情况。

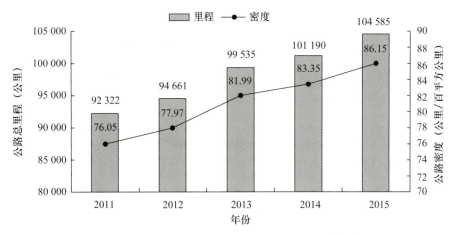

图1　2011—2015年福建省公路总里程及公路密度

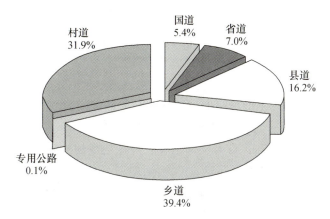

图2　2015年福建全省各级行政等级公路里程构成

此外,2015年福建省通过公交便民工程、农村"村村通客车"工程累计新增、更新公交车1 249辆(其中清洁能源、新能源公交车910辆),新增公交线路71条,延长、优化公交线路136条,建设公交站场19个,累计新增、更新农村客车520辆,通村公路符合安全通客车条件的建制村全部开通农村客车。

全省运输站场及公共运输配套设施完成投资6.53亿元。开工福建运杰物流园区、福州东南公路港物流园、泉州北站综合客运枢纽站、漳浦县汽车中心站、建瓯汽车东站、南平荣华山物流园、福清宏路汽车站、漳州东海岸保税物流园区货运枢纽中心等8个项目,竣工安溪汽车总站、沙县汽车站、南平汽车客运中心站等3个项目,续建23个项目。①

2. 铁路

由于历史原因,福建基础设施尤其是铁路建设相对落后,"十一五"以前全省铁路运营里程只有1624公里,全部为单线铁路,线路标准低、路网质量差、行车速度慢。近几年福建铁路建设年均投资力度很大,短短几年,温福、福厦、龙厦、向莆、厦深等5条快速铁路相继建成通车,进出省通道由4个增至7个。铁路运营里程近3300公里,其中快速铁路近1570公里,在建里程528公里。

目前,福建已基本形成"两纵五横"的铁路网框架,"两纵"即沿海铁路(含温福、福厦、厦深铁路)和南平至龙岩铁路扩能工程,"五横"即衢宁铁路、合福铁路、峰福铁路、向莆铁路和赣龙厦通道。疏港铁路支线建成2条、在建3条,海铁联运格局初步形成。

合福高铁的开通,使得福建一下子跃进到"高铁时代"。全长806公里的合福高铁,是福建省内目前最高等级的高速铁路,也是中国第四条设计时速350公里的双线电气化高速铁路。作为京沪高铁的延伸线,合福高铁将海峡西岸经济区与内陆腹地直接联通,形成海峡西岸经济区与华中、华北、东北地区最便捷的铁路运输通道,实现了以北京为中心的环渤海城市群和以福厦为中心的海峡西岸城市群的快速对接。

铁路在福建省综合交通体系中的作用将越来越重要,随着中国(福建)自由贸易试验区、福建省"21世纪海上丝绸之路核心区"建设的推进,铁路建设对福建省扩大开放、发展外向型经济的贡献将更加凸显。

根据《福建省"十三五"综合交通运输发展专项规划》,到2020年,福建将基本建成"三纵六横"铁路网主框架,进出省通道增至10个以上,全省铁路运营里程突破5000公里,其中快速铁路突破3000公里,快速铁路覆盖80%以上的县市。②

此外,《福建省海峡西岸城际铁路建设规划(2015~2020年)》获得国家发改委批复,包括6个项目,总长度583公里,项目投资为1071亿元。其中:

(1)福蒲宁大都市区。建设福州—马尾—长乐机场城际铁路、莆田—福州长乐机场城际铁路、宁德—福州长乐机场城际铁路,线路总长252公里。

(2)厦漳泉大都市区。建设泉州—厦门—漳州城际铁路、漳州—港尾—厦门城际铁路(部分利用港尾铁路改建),线路总长263公里。

---

① 参阅:《2015年度全省新增更新公交1249辆》,福建省交通运输厅,2015年11月20日。
② 参阅:《福建省"十三五"综合交通运输发展专项规划》,福建省交通运输厅,2016年5月。

(3) 南平市武夷新区。建设武夷山—建阳城际铁路,线路长 68 公里。①

3. 水路

内河航道:福建内河航道繁多。截至 2014 年年末,全省内河航道通航里程 3 245.28 公里。其中,等级航道 1 268.65 公里,占总里程的 39.1%。各等级内河航道通航里程分别为:一级航道 107.84 公里,二级航道 20.25 公里,三级航道 52.05 公里,四级航道 263.66 公里,五级航道 204.57 公里,六级航道 46.18 公里,七级航道 574.1 公里。各水系内河航道通航里程分别为:闽江水系 1 972.8 公里,九龙江水系 454.43 公里。

港口:临海的地理区是福建省乃至整个海西区最大的资源优势。福建沿海可用建港岸线全长 468.8 公里,其中深水岸线长 210.9 公里,自北向南有沙埕港、三都澳港、可门港、马尾港、江阴港、湄州港、泉州港、厦门港、漳州港 9 处可大规模开发建设 5 万吨级以上泊位的深水港湾,可建设 20 万至 30 万吨的超大型深水码头岸线,港口和海岸资源堪称全国之最。经过整合,福建港口形成了福州港、湄洲湾港(泉州—莆田)、厦门港三大港口格局。福州港覆盖三都澳、罗源湾、福清湾、兴化湾北岸等;湄洲湾(泉州—莆田)覆盖湄洲湾、兴化湾南岸、泉州湾等;新的厦门港覆盖厦门湾、东山湾等。在港口功能定位上,福州港发展成为以干线集装箱和大宗散货运输为主的国际航运枢纽港;湄洲湾港发展成为大宗能源、化工、散货和集装箱内外贸运输并具有"水水中转"功能的主枢纽港;厦门港发展成为以远洋集装箱运输为主、大宗散货为辅的国际航运枢纽港。目前,福建积极推进"大港口"战略,加大对港口基础设施的建设力度。独特的资源优势和区位优势,是海西自贸区扩大对外开放、全面参与经济全球化的重要战略资源。

截至 2015 年年末,全省港口拥有生产用码头泊位 558 个,比上年年末增加 8 个(新增 14 个,报废 6 个)。其中,沿海港口生产用码头泊位 480 个,比上年年末增加 8 个;内河港口生产用码头泊位 86 个,与上年持平。全省港口拥有万吨级及以上泊位 162 个,比上年年末增加 8 个。全省万吨级及以上泊位中,专业化泊位 87 个,通用散货泊位 34 个,通用件杂货泊位 17 个,比上年年末分别增加 4 个、3 个、1 个。② 全年沿海港口新增货物通过能力 2 563 万吨;沿海港口完成货物吞吐量 5.03 亿吨,比上年增长 2.3%。其中,外贸货物吞吐量 2.02 亿

---

① 参阅:《国家发展改革委关于福建省海峡西岸城际铁路建设规划(2015~2020 年)的批复》,发改基础〔2015〕2123 号。

② 参阅:《2015 年福建省交通运输行业发展统计公报》,福建省交通运输厅,2016 年 5 月 25 日。

吨,比上年增长3.9%;集装箱吞吐量1363.69万标箱,比上年增长7.3%。①

4. 民航

福建省现有6座正在运营的机场,其中包括:厦门高崎机场(4E级)、福州长乐机场(4E级)、三明沙县机场(4C级)等3座纯民用机场以及泉州晋江机场(4D级)、南平武夷山机场(4C级)、龙岩冠豸山机场(4C级)等3座军民合用机场。根据海西经济区合理布局支线机场的要求,按4C飞行区等级拟建设莆田机场、宁德机场。此外,《福建省"十三五"综合交通运输发展专项规划》将厦门翔安机场、福州长乐机场二期、武夷山新机场3个项目列入,构建通用航空服务体系。截止到目前,福建航空港总共开辟国内航线超过125条,国际及港澳航线超过25条。

2015年,福建省民用机场旅客吞吐量完成3694.47万人次,同比增长9.2%;货邮吞吐量完成47.15万吨,同比增长0.1%。其中,福州机场完成旅客吞吐量1088.73万人次,同比增长16.4%;完成货邮吞吐量11.65万吨,同比下降4.0%。厦门机场完成旅客吞吐量2181.42万人次,同比增长4.6%;完成货邮吞吐量31.06万吨,同比增长1.4%。②

表1和表2显示的是2015年福建省铁路、公路、水路、民航等四种交通方式的客运量与货运量。③ 2015年,福建省公路、水路交通固定资产投资867041亿元,比上年增长3.8%。其中,高速公路完成投资351.91亿元,同比下降2.6%;普通公路完成投资371.65亿元,同比增长10.8%;水运工程完成投资103.52亿元,同比增长1.6%;运输场站建设完成投资16.62亿元,同比增长24.0%;公共运输配套设施完成投资20.61亿元,同比增长0.8%;交通支持系统完成投资3.09亿元,同比下降3.3%。总之,全省公路、水路交通投资稳步增长。④

表1 2015年各种运输方式完成货物运输量情况

指标	单位	绝对数	比上年增长(%)
货运量	万吨	126445.31	13.1
铁路	万吨	2820.40	−17.1
公路	万吨	94232.18	14.1

---

① 参阅:《2015年福建省国民经济和社会发展统计公报》,福建省统计局,2016年2月22日。
② 参阅:《2015年福建省交通运输行业发展统计公报》,福建省交通运输厅,2016年5月25日。
③ 参阅:《2015年福建省国民经济和社会发展统计公报》,福建省统计局,2016年2月22日。
④ 参阅:《2015年全省交通运输生产和投资累计情况》,福建省交通运输厅,2016年2月3日。

(续表)

指标	单位	绝对数	比上年增长（%）
水运	万吨	29 370.64	13.9
民航	万吨	22.09	5.3
货物周转量	亿吨公里	5 566.52	16.4
铁路	亿吨公里	128.71	−14.1
公路	亿吨公里	1 126.29	15.5
水运	亿吨公里	4 308.03	17.8
民航	亿吨公里	3.48	10.0

表 2　2015 年各种运输方式完成旅客运输量情况

指标	单位	绝对数	比上年增长（%）
旅客发送量	万人	62 686.20	3.5
铁路	万人	9 255.93	13.3
公路	万人	49 049.40	1.0
水运	万人	1 995.86	11.2
民航	万人	2 385.01	16.6
旅客周转量	亿人公里	983.10	10.1
铁路	亿人公里	305.34	10.9
公路	亿人公里	335.17	0.1
水运	亿人公里	2.84	−1.0
民航	亿人公里	339.74	21.5

（二）海西自贸区交通运输事业存在的问题

海西自贸区的交通运输事业在进入 21 世纪后发展迅猛。特别是，"十二五""十三五"规划期是海西地区基础设施建设的重要战略机遇期。然而，我们也应该清楚地认识到，由于地理环境较劣、发展基础较差、技术人才缺乏等原因，海西综合交通体系仍存在若干尚待解决的问题。

1. 高速公路建设方面存在的问题

（1）规模仍有提升空间

2015 年福建省高速公路实现"县县通、通车 5 000 公里"的目标，路网密度达百万平方公里 4.1 公里，居全国各省中的第二位，以此指标衡量已达先进国家水平。但是继"海峡西岸经济区发展规划"之后，"21 世纪海上丝绸之路核心区""中国（福建）自由贸易试验区"等规划方案对于交通提出了更高的要求，鉴于此，2015年福建省启动全省高速公路网规划修编工作。规划显示，从加快构建现代综合交通运输体系和推进交通运输现代化出发，进一步优化完善路网布局，修编后的福建省高速公路网格局为"三纵十横三环三十四联"，总规模约7 037公里，其中，国家高速公路4 167公里，省级高速公路2 870公里。由此可见，福建省高速公路的现有规模与规划相比仍有很大的提升空间，覆盖范围仍需要继续扩大。

（2）港口与内陆腹地区域间快速通道少

中西部的对外发展需要有通往沿海地区的通道，海西区是我国中西部对外开放的一个窗口，拓展福建腹地建设、加强海西区与腹地地区间的合作有利于推进中西部的对外开放。而目前福州、厦门等港口城市通往中西部地区的高速公路技术等级偏低，通过能力低，主要铁路干线运输能力处于饱和状态，省内东西向还没有形成较大的综合运输通道。随着货源、客源的增加，这将严重制约港口的发展（周雅珍等，2012）。

（3）未能与新的经济增长点、产业聚集区等有效衔接

按照促进海西地区发展和"21世纪海上丝绸之路核心区""中国（福建）自由贸易试验区"的规划要求，全省港口、机场、铁路等综合交通体系建设将发生变化，一些重要的机场港口和旅游地区尚无高速公路连接，制约了物流和客流的畅通。特别是在港口布局方面，福建省将形成与闽江口、厦门湾、湄洲湾等产业集中区域相衔接，对应海西区北部、中部、南部的福州港、湄洲湾、厦门港等三大主要港口。临港重化工业的快速发展，要求加快港口集疏运通道的建设，以提高港口的集聚和辐射能力，而现有高速公路联络线远不能适应港口集疏运的需要。

2. 港口建设方面存在的问题

（1）港口布局分散，岸线资源利用效率不高

新建成码头数量不少，但形成的规模化港区却不多，现有的480个码头分布在3 753公里海岸线上的70个作业区，不少港口甚至只有1—2个泊位。分散建设港口加大了港口集疏运、拖轮、口岸查验等配套设施的建设成本，也降低了港口生产率、利用率和服务质量。在福建省6个沿海港口中，只有厦门港成为亿吨港。2015年厦门港吞吐918.28万个标准集装箱（TEU），名列全国十大港口中的第8位（见表3）；而吞吐量只有2.1亿吨，在全国二十大沿海与内河港口中排名第17位，这与福建省社会经济发展在全国的地位不相称。其原因不外乎：福建省港口的辐射范围小、功能单一，这严重制约着港口的集中化、规模化发展。

表3 2015年国内十大港口集装箱吞吐量情况

名次	港名	集装箱吞吐量（万TEU）	增速（%）
1	上海港	3 653.70	3.55
2	深圳港	2 421.00	0.72
3	宁波—舟山港	2 062.90	6.36
4	青岛港	1 743.56	5.16
5	广州港	1 739.66	6.22
6	天津港	1 411.13	0.36
7	大连港	944.86	−6.74
8	厦门港	918.28	7.12
9	营口港	592.25	5.54
10	连云港港	500.92	0.08

资料来源：各省市2015年统计年鉴。

(2) 临港产业布局与港口发展不协调

从福建省情和港口腹地条件看，发展港口必须有大进大出的临港工业支撑，近几年福建临港产业快速发展，有力促进了港口发展，但临港产业和港口之间仍存在一些不协调的问题：一是部分地区由于缺乏产业规划引导或规划执行不严，产业布局分散，聚集度低，如宁德4个镍合金项目分散在4个地方建设，福州罗源湾、闽江口、福清湾3处都布局建设冶金项目，漳州境内厦门湾南北岸也均有冶金项目；二是部分临港产业园区功能定位不清晰，对落地产业项目缺乏选择，布局混杂，导致相应的码头既装卸煤炭、矿石，又装卸粮食（陈诚，2014）。

(3) 港口公共配套设施较为薄弱

港口的建设需要完善的配套基础设施，特别是对于福建一些刚刚起步的港口来说，要进行基础建设势必要投入大量资金。"十二五"期间，福建全省共投入513亿元用于港口建设，而天津港同期投入1 100亿元，可以看出，外省市一个港口的资金投入就相当于甚至超过福建全省用于港口建设的投入总额，因此海峡西岸港口群的设施设备水平明显落后于长三角港口群和珠三角港口群，继而导致船舶装卸效率和港口服务水平也低于周边港口群，甚至导致部分货源和客户的流失，港口的吞吐量自然下降。

此外，福建港口整体服务水平还不够高，港口服务环境尚需优化，港口运营服务体系亟待完善。港口是服务业，只有确保货物完好率、提高作业效率，才能吸引客户。与国内外发达港口相比，福建港口的装卸、仓储、物流服务还有较大的差距，航运金融、保险、租赁等仍处于起步阶段，海事仲裁、运价交易、航运咨询、航交所等国际航运专业服务机构的规模和影响力不大;口岸部门之间的协调难度大,通关业务审批周期长,各部门根据各自的抽查比例和重点对同一批货物多次、多头查验的情况仍然不少;口岸信息化程度较低,近年来福建一直在推进电子口岸大通关平台建设,但是部门内的信息化水平提高了,关、港、贸不同单位之间的信息交换并没有跟上,信息共享程度低。这些都给货主和港口带来不便,降低了通关效率(陈诚,2014)。

3. 民航建设方面存在的问题

如前所述,目前福建省投入运营的机场仅有6座,并且其中有3座机场还是军民合用的。如福建省民航局副局长张志南所言:"海西地区在民航基础设施建设方面存在严重的短板。"① 海西区涵盖4个省份,但实际投入运营的机场仅为10座,且大多为设施不够完善、运输能力有限的中小型机场。只有厦门高崎机场、福州长乐机场的客货运输能力排在全国前30位。2015年,厦门高崎机场以2 181.42万人的旅客吞吐量位居全国机场旅客运量的第11位,以31.06万吨的货物吞吐量位居全国机场货物运量的第10位。但厦门高崎机场2015年的客运量仅为排名第一的北京首都机场客运量的24%左右,货运量更是仅为排名第一的上海浦东机场货运量的9.5%。② 由此可见,海西地区的机场不仅数量偏少,更缺乏具备超大吞吐能力的全国性航空枢纽港,在日益激烈的航空运输竞争中处于不利地位。

(三) 应对之策

既然海西地区的交通基础设施存在以上问题,我们就要实事求是地解决问题。海西交通的发展布局要按照"大通道、大网络、大枢纽"的基本思路,建设"以港口发展为龙头,以高速公路、快速铁路为骨架,以福州、厦门两大国家级综合交通枢纽为核心,以区域内重要城市为中心,沟通沿海和内地,连接周边省区相应运输方式的综合交通网络系统"③。发挥各种运输方式的比较优势,加强与相关省份的沟通协调,加快构建互联互通的综合运输大通道。

1. 着力推进海西高速铁路建设

高速铁路建设是近年来国家支持力度最大,也是发展成效最为显著的交通运输方式,相信在不久的将来,高速铁路将成为社会经济发展中最主要的交通

---

① 参阅:"全力推进福建省机场建设",《中国民航报》,2014年3月5日。
② 参阅:《2015年全国机场生产统计公报》,中国民用航空局,2013年3月31日。
③ 参阅:《福建省"十三五"综合交通运输发展专项规划》,福建省交通运输厅,2016年5月。

运输系统。2008年,铁道部和福建省政府明确了"构筑高速铁路,加强出海通道,贯通区域线路,完善海西路网"的海西高速铁路发展思路,确定了海西高速铁路建设重大项目规划布局,争取2012年至2020年福建省内新增铁路里程1900公里以上。

海西区地处长三角与珠三角两大经济带的联结处,海西高速铁路网的建成,将形成一条以福州省会城市,厦门经济特区,泉州、莆田、漳州、龙岩、三明、南平、宁德等次中心城市为核心的海西经济带。这将缓解海西交通运输的紧张局面,改善沿线的投资和人居环境,促进沿线土地升值,加速经济增长,加快沿线地区的城市化进程,提前实现城市化(郭光照、孙章,2010)。

海西高速铁路网的建设,将珠三角经济带和长三角经济带紧密连接起来,有利于东部地区周边省份发挥各自的资源优势,优化生产力布局,增强对浙南、赣东南、粤西北及湘、鄂等周边地区、中西部地区乃至全国的经济辐射与带动效应。因此,海西高速铁路网的建设,对促进海峡西岸与长三角、珠三角、中西部地区更紧密高效的交流合作,以及对推动"两岸三通"都具有重要的战略意义。

2. 推进综合交通网络建设

重点扩充"三纵六横"综合运输通道能力,提高区域运输网密度,密切加强交通网络与全国综合运输大通道的联系,通过优化布局,合理配置通道资源,有效联系主要经济中心、城市密集带和资源富集地,提高交通网的通达度,构建由海西区国家级综合交通骨干网、省级综合交通网和县市级综合交通网组成的功能明确、层次清晰的海西区综合交通运输网络(陈金富、罗锋华,2008)。

公路方面:加快推进以厦门、福州、湄洲湾(南、北岸)、宁德等港口为龙头,向内地省份纵深推进的四条通道建设,拓宽海峡西岸港口群经济腹地;着力推进县城连接高速公路、十大品牌旅游区和红色旅游景区连接干线公路、国道与省道路面改造等工程;稳步改善新农村建设中的交通基础设施条件,形成高速公路、国道、省道、农村公路、枢纽站场配套完善的公路网络体系(周雅珍等,2012)。

铁路方面:大力推进铁路网建设,强化与国家干线铁路的联系,使福建从国家铁路网络的末梢变为重要通道和交通枢纽。加快建设由温厦、福厦、厦深和漳潮汕铁路构成,连接长三角、珠三角的沿海快速铁路通道;加快建设连接中西部地区的龙厦快速铁路通道和连接中北部地区的向莆快速铁路通道;加快提升鹰厦、外福、漳龙和漳泉等现有铁路的等级。尽快实现全面覆盖、沟通内外的综合铁路网建设(林学斌等,2007)。

水路方面:加快海西区港口群发展,将海西港口群作为一个整体,提升港口集群整体的竞争力,在与长三角、珠三角的合作与抗衡中求发展。在港口发展定位上,必须实施"差异化发展战略",众多海港的定位必须有所区别,避免内耗。加强集疏运体系建设,拓展腹地辐射范围;加强港口的信息化建设,提高通关效率;加快临港工业区建设,提升港口功能;加强一体化管理体制建设,协调港口发展。同时,借助"21世纪海上丝绸之路核心区"建设的契机,借助独特的区位优势,瞄准东盟市场,吸引东南亚港航、物流、商贸企业投资,建设"21世纪海上丝绸之路贸易区"或东盟产业园,大力开辟东南亚新航线,逐步建立对接东盟的产业与港航物流体系,推进福建"中国—东盟海产品产业合作暨交易平台"建设。

民航方面:加大民航发展资金投入,做大做强福州、厦门两个"21世纪海上丝绸之路"门户枢纽机场和武夷山区域干线机场,构筑以厦门高崎机场和福州长乐机场为核心的对外快速交通通道,积极拓展航空网络和民航市场,开拓国内国际航班航线,加快构筑区域内城市与长三角、珠三角及台湾地区中心城市的空中巴士与国内及东南亚地区主要城市的空中快线。增开国内外新航线,扩大服务区域;合理布局支线机场,推进三明机场建设,开展宁德、莆田、漳州等新建、迁建机场的相关工作,形成以福州、厦门国际机场为主的干支线机场相结合的空港布局。[①] 争取国家支持,新增对台旅游直航点,成为对台"三通"的空中桥头堡,逐步提升海西航空运输的综合竞争力。

3. 建设综合交通枢纽

以福州、厦门两个国家级综合交通枢纽建设为重点,同时积极推进泉州、莆田、宁德、漳州、三明、南平和龙岩等区域性综合交通枢纽建设,整合资源,完善管理,努力实现"客运零换乘"和"货运无缝衔接",从而提高整个综合运输交通网络的运行效率和总体服务水平。

(1) 强化国家级综合交通枢纽建设

重点建设和完善福州南客站、厦门西客站综合交通枢纽,努力协调好各种运输方式接入枢纽的形式。优化枢纽内铁路、公路、港口等各种基础设施布局,注重区域综合交通与城市干道、城区和城际轨道交通等城市交通系统的紧密衔接,提高枢纽的运行效率。

(2) 突出区域性综合交通运输枢纽建设

海西区区域性综合交通枢纽,包括泉州、莆田、三明、宁德、漳州、南平和龙岩等7个城市,"十三五"规划期间,应重点配合中心城市建设,协调运输枢纽设

---

① 参阅:《海峡西岸经济区发展规划》,国家发展和改革委员会,2011年3月。

施的布局,并与城市交通系统紧密衔接,加快区域性综合交通枢纽的建设。

随着海峡西岸交通基础设施发展布局的加快实施,海峡西岸交通运输将会实现新的跨越式发展,基本形成以港口发展为龙头,以高速公路、快速铁路为主体,以航空运输为补充,以厦门、福州两大国家级综合交通枢纽为核心,以区域内重要城市为中心,各种运输方式合理分工、协调发展的综合交通基础设施网络。

二、能源

所谓能源,一般包括常规能源(如煤炭、石油、天然气等)和新能源(如太阳能、风能、地热能、生物能、核聚变能等)。能源是一个地区经济发展的动力支撑,更是关系到人民生活水平的重要基础设施。

(一) 海西自贸区能源动力之现状

1. 能源储量现状

福建省是一个少煤、无油、无天然气且常规能源短缺的省份。沿海一些城市石油依赖外省输入,煤炭资源保有储量仅居全国第 24 位,且品种单一。全省已探明的煤炭储量,按 2009 年的生产能力仅能开采 15—20 年,发电所需的煤炭大都从省外、国外调入。福建省水资源主要来自降水,500 千瓦以上的水力资源,已开发的占 70%(伍长南、黄继炜,2010)。

福建省所处的纬度低,属于亚热带季风气候,夏长冬短,因此,太阳能资源比较丰富。全年全省太阳能储量为 1 150—1 550 千瓦时/平方米,日照时间大部分达 1 670—2 450 小时,每平方厘米面积上接受太阳辐射能量在 100—130 千卡之间,相当于 170—200 千克标准煤燃烧所发出的热量;年太阳辐射量在 4 200 兆焦耳/平方米以上,日照百分率为 38%—54%。

由于福建戴云山脉与台湾中央山脉接近于平行排列,造成夹在中间的台湾海峡"狭管效应"明显,加之福建省是典型的亚热带季风气候,风能资源十分丰富。全年全省陆地风能资源总储量达 4 131 万千瓦,技术可开发面积内的风能资源储量为 607 万千瓦,占全国陆地风能总储量的 1/6。全部技术可开发量集中在占全省总面积 2.51% 的海岛和半岛上。

福建省地热资源丰富,有良好的资源禀赋和开发前景。地热勘察初步查明,全省有天然温泉 215 处,最高温度 89℃,温泉分布密度居全国第 3 位;温泉总流量13.65万立方米/日。全省84个市辖县(区、市)中,48个有温泉分布,占57%。地热勘查大于100℃的地热井2眼,全省温泉平均温度53.12℃,其中水温80—100℃的高热温泉16处,60—80℃的高温温泉56处,40—60℃的中温温泉106处,30—40℃的低温温泉51处。经粗略测算,福建全省5 000米深度内地热能储量相当于5万亿吨标准煤(庄庆祥,2015)。

海西区生物能源产业已经投入运营且发展迅速,已有沼气、生物乙醇、生物柴油和生物垃圾发电(林国庆、林馨,2010)。其中生物质气化发电项目运行多年,有着良好的产业基础。福建省丰富的海洋能资源是得天独厚的,潮汐能分布地理位置主要为:三都澳、白马港、沙埕港、福清湾、罗源湾均在宁德、福州地区,属于福建省电网北网,负荷中心集中在福州地区;湄洲湾、东山港、兴化湾在莆田、泉州、漳州地区,属于福建省电网南网,负荷中心集中在泉州、厦门地区。如果在以上地区建立大型的100万千瓦及以上规模潮汐能发电站,同时在海底配合建设潮流能发电装置,既能为负荷中心提供有效电力,又具有一定的抽水蓄能功能,效益优势明显(韩晔,2013)。

2. 能源发展现状

煤炭:由于福建省煤炭储量极为有限,省内自产煤总量极少,煤炭消耗主要依赖于从省外调入以及从国外进口。2014年,福建省能源消费总量为12 109.7万吨标准煤,当年能源缺口达到9 185.7万吨标准煤,是其能源生产量的3倍多,占能耗总量的76%。2014年,福建从外省调入或进口能源达10 184.7万吨标准煤。[1]

鉴于缺煤的现实情况,福建省政府在煤炭产业发展政策上极为谨慎。福建省经济和信息化委员会、福建省国土资源厅等联合发出《关于加快关闭淘汰落后小煤矿的通知》,明确未来几年关闭淘汰落后小煤矿的阶段性目标,并要求部分县(区)和省能源集团提前完成任务。通知明确,2015年年底前,完成年产6万吨以下(指公告生产能力,下同)落后小煤矿关闭淘汰任务,2015年不允许年产6万吨以下、2018年不允许年产9万吨以下小煤矿通过资源整合(指作为主体整合他矿)或技改扩建等形式提升产能,规避关闭淘汰。2018年年底前,年产9万吨以下的生产煤矿应予以关闭淘汰。[2]"十三五"期间,福建省共计划关闭退出煤矿113处以上,年淘汰落后产能750万吨以上;到2020年年底,全省煤矿数量控制在100处以内,年产能控制在1 500万吨以内,煤矿最小生产规模为

---

[1] 参阅:"福建能源发展:兼顾自给与清洁",《国家能源报道》,2015年11月23日。
[2] 参阅:"2018年年底前福建省关闭年产9万吨以下小煤矿",东南网,2015年10月26日。

9万吨/年。①

石油:福建是一个不产原油的省份,石油产业主要依靠从国外进口,泉州口岸是全省唯一的原油进口口岸。根据福建省检验检疫局的统计,2015年前11个月,该局共检验监管进口原油1904.81万吨,同比增长29.21%,进口量超过2014年的1649.61万吨,创1993年以来的新纪录,从而使福建省原油进口量位列浙江、山东、广东、辽宁之后,成为全国第五大进口省份。泉州是国家规划的九大炼油基地之一。福建省现已投产的两大炼化企业——福建联合石油化工有限公司、中化泉州石化有限公司均在泉州。自2014年中化泉州石化有限公司1200万吨/年炼油项目和福建联合石油化工有限公司乙烯"脱瓶颈"改造项目均顺利投产后,炼油能力实现大幅度提升,从1200万吨/年增至2600万吨/年,进口原油量逐年增长,屡创历史新纪录,为做强做大海西石化产业集群打下良好的基础。2015年,福建联合石油化工有限公司、中化泉州石化有限公司分别进口原油1081.99万吨、1002.88万吨,同比分别增长5.87%、59.78%。②

天然气:福建是一个不产液化天然气的省份,位于莆田市湄洲湾的LNG接收站,是全省唯一的液化天然气进口口岸。目前,福建省主要从印度尼西亚、也门、卡塔尔、俄罗斯、赤道几内亚、尼日利亚、阿尔及利亚等国进口天然气,广泛用于发电、工业助燃、家用能源、汽车动力等多个领域。2015年3月,中国第一个自主引进、建设、管理的大型液化天然气项目——中国海油福建LNG接收站累计进口LNG总量突破1500万吨。未来,中国海油将在福建大力推进LNG槽车外输系统、海西天然气管网二期工程、LNG加注等项目建设,向该区域源源不断地注入清洁的发展动力。③

电力:2015年前11个月,福建省累计发电1727.85亿千瓦时,同比增长0.93%;全社会累计用电1700.27亿千瓦时,同比增长0.14%,其中,第一、二、三产业和居民用电量累计分别为23.45亿千瓦时、1139.19亿千瓦时、217.16亿千瓦时和320.47亿千瓦时,分别增长8.87%、-1.01%、5.87%、0.02%;工业用电量为1115.39亿千瓦时,同比下降1.05%。④

新能源:新能源是利用现代科技开发利用的可再生资源,如风能、太阳能、生物质能、核聚变能等,是21世纪新技术革命的杰出代表,是人类社会能源可持续发展的必然选择。福建在新能源储量上得天独厚。2014年,福建省莆田、

---

① 参阅:"福建:到2020年煤炭产能控制在1500吨以内",新华网,2016年3月28日。
② 参阅:"力促福建成为全国第五大进口原油省份",《石狮日报》,2016年1月15日。
③ 参阅:"中海油福建LNG进口LNG总量突破1500万吨",中国网,2015年3月3日。
④ 参阅:"2015年前11月福建省电力运行状况",中国投资咨询网,2015年12月21日。

建瓯、南安3个城市入选国家第一批创建新能源示范城市名单,全省在利用新能源发电上业绩显著。

风电:2015年福建风电产业累计并网装机容量达172万千瓦,风电发电量44亿千瓦时,风电累计核准容量401万千瓦,同比增加158.25万千瓦;累计在建容量228万千瓦,同比增加144.6万千瓦。从利用小时数来看,2013—2015年福建风电产业利用小时数先减后增,由2013年的2666个小时减少至2014年的2478个小时,再增加到2015年的2658个小时。① 国家能源局数据显示:目前福建省海上风力发电项目共有7个,其中1个项目已核准,正在建设;6个项目正在开展前期工作,7个项目装机规模总计210万千瓦。

太阳能光伏发电:截至2015年年底,福建光伏发电累计装机容量15万千瓦,其中光伏电站3万千瓦。② 2015年3月福建最大容量的光伏发电站——福建信义太阳能光伏发电站正式并网发电,年发电量约6640千瓦时。鉴于福建林多、山多的地理环境,福建严格控制地面式光伏电站建设,重点发展分布式光伏发电。按国家能源局公布的《国家能源局关于下达2016年光伏发电建设实施方案的通知》,按规划,福建2016年分布式发电新建规模可达20万千瓦,从新增规模上看,在全国排在第10位。

核电:2016年2月2日,福建宁德核电有限公司2015年度生产建设情况新闻发布会公布的数据显示,截至2015年12月31日,该公司分别于2013年4月、2014年5月、2015年6月投产的1、2、3号3台机组累计实现上网电量373亿度。加上于2014年年底、2015年年底投入商业运行的福清核电站1、2号机组,目前福建已有5台核电机组投入运行。发布会披露,宁德核电4号机组已于2015年12月31日开始装料,预计于2017年实现商业运行;同时,国家能源局批复同意宁德核电5、6号机组按照"华龙一号"技术方案开展前期工作,意味着新建机组技术路线得以确认。福清核电站规划装机容量为6台百万千瓦级压水堆核电机组。目前,福清核电站1、2、3号机组已经投入商业运行,4号机组预计于2017年实现商业运行,5号机组处于安装高峰,6号机组已正式开工建设。5号、6号机组预计分别于2020年、2021年实现投产。③ 我们可以通过表4大致了解福建的电力发展状况。

---

① 参阅:"2015年福建风电产业大数据统计分析",中商情报网,2016年4月18日。
② 参阅:"2015年福建光伏发电装机容量15万千瓦",中商情报网,2016年2月6日。
③ 参阅:"福建核电发展稳步推进",中国经济网,2016年2月2日。

表4　2015年12月福建全省及主要电厂发电情况

	期末装机容量 (万千瓦)	本月发电量 (亿千瓦时)	累计发电量 (亿千瓦时)	比上年同期 增长(%)	利用小时 (小时)
全省总计	4 919.5	154.95	1 882.8	0.7	3 948
其中:清洁能源	2 029.4	73.47	773.85	30.5	4 066
可再生能源	1 518.4	45.58	501.69	7.8	3 339
新能源	218.7	5.10	62.60	19.2	3 005
水电	1 299.7	40.48	439.09	6.3	3 393
火电	2 890.1	81.48	1 108.96	-13.2	3 870
核电	544.5	29.55	289.88	104.4	6 885
风电	172.2	3.34	43.90	12.4	2 658
水口水电厂	140.0	5.17	72.00	10.1	5 143
华阳后石电厂	420.0	13.27	167.23	-19.8	3 982
华能福州电厂	140.0	2.49	50.48	-21.7	3 606
湄洲湾火电厂	76.8	3.93	41.31	-2.7	5 255
嵩屿电厂	120.0	1.37	47.07	-25.1	3 923
南埔电厂	194.0	5.25	88.07	-16.9	4 540
大唐宁德电厂	252.0	10.62	107.06	-19.7	4 248
可门电厂	240.0	8.89	104.07	-20.4	4 336
江阴电厂	120.0	2.05	51.00	-26.3	4 250
前云LNG电厂	154.4	1.10	27.32	-34.1	1 770
石圳LNG电厂	114.6	1.25	26.86	-37.1	1 758
新店LNG电厂	78.6	0.14	13.21	-37.1	1 680
龙岩雁石电厂	60.0	0.02	24.86	-31.0	4 144
华能福州二厂	132.0	6.38	58.44	-21.9	4 427
鸿山热电厂	120.0	7.33	63.02	-3.9	5 252
宁德晴川核电站	326.7	29.55	289.88	104.4	7 034
福清玉融核电站	217.8	7.37	87.77	466.6	6 560
地方电厂	678.2	22.73	245.28	5.6	3 617
水电	635.5	20.66	225.47	3.2	3 548
自备电厂	196.0	7.55	79.12	6.9	4 036

资料来源:"2015年12月福建省电力供需及电网建设情况",福建省电力行业协会官网,2016年1月27日。

(二) 海西自贸区能源事业存在的问题

1. 常规能源储量极度缺乏,过度依赖外省或进口

如前所述,福建省的自产煤数量严重不够自用,发电所需的煤炭绝大部分从省外调入或从国外进口。随着经济的快速增长,能源消费量不断上升,特别是近几年,海西区工业化和城镇化进程加快,钢铁、机械、化工、水泥等重工业部门发展迅速,能源供求矛盾更加突出。并且,目前福建省配套的常规能源储备还不充分。由于国内市场煤炭安全生产监管制度的逐渐加强与完善,以及国际市场上影响煤炭、原油、天然气等价格的诸多不确定因素的影响,常规能源的外部供给并不稳定,供需矛盾很难得到解决。

2. 新能源开发利用中存在的问题

常规能源资源缺乏,能源供给缺口大,外购依存度高,因此新能源开发利用变得日趋重要。但是,福建省的新能源开发还处于起步阶段,存在一些制约瓶颈。第一,新能源的开发与利用需要在前期进行大量的科研投入以及具有较长的试产摸索期,一般的个人或企业缺乏进入新能源产业的动力,因此新能源产业的成长是举步维艰的。目前新能源产业的成长、维系主要依靠的是政府的扶持。以太阳能光伏产业为例:分布式光伏发电每千瓦时可补贴 0.42 元,但从目前的情况看,多数入网的个人投资者都还满足不了自用,所以从总体上看,个人投资回收成本还要 10 年左右。[①] 第二,已经投产的新能源产业规模小、基础薄弱,承受国内外市场竞争压力以及国内外政策形势波动的能力很弱。第三,新能源企业创新能力有限,专业技术人才短缺。比如:福建核电技术人员不足,监督人员的素质、专业知识以及监督手段的水平,满足不了需求,核安全监管面临较大挑战。第四,缺乏核心技术,导致产品成本偏高,尚不具备与传统的能源市场竞争的能力。受制于新能源产品价格和电网接入等问题,新能源发电的电价较传统能源高,例如,风电发电成本是煤电的 1.5 倍左右,太阳能光伏发电成本则高达 5 倍以上,且电压不稳定,难以大规模推广应用。

3. 电力发展存在的问题

一方面,电力结构不尽合理,电力规划滞后。福建省电力构成中,水电、火电、新能源装机比例约为 26.4∶58.7∶14.9。火电装机占装机总量的 58.7%,且大部分是用煤做燃料,水电装机占装机总量的 26.4%,与巨大的水电资源相

[①] 参阅:"2014 年福建光伏发电新装机或增 12 倍",中国新能源网,2014 年 2 月 21 日。

比,明显偏低;火力发电的小火电机组仍占有一定比例。目前福建省电力行业的规划指导性与权威性不强,电源规划与电网规划之间、电源结构规划之间、传统能源规划与新能源规划之间、输煤规划与输电规划之间缺乏统一性、协调性与科学性。现代化电网管理技术仍处于启动阶段,电力工业尚未进入大机组、大电厂、大电网、超高压和自动化阶段。城乡配电网基础薄弱,设备落后、老化,线损率高,造成有电输不出、有电用不上的局面。

另一方面,电价形成机制不合理,开发建设面临难题。煤电价格联动机制执行不到位,电力资源配置不合理,在厂网不分、供大于求的形式下,发电环节没有公平竞争的规则——垄断经营,一方面用户没有购电选择权,另一方面电价脱离供求关系。同时,电力开发建设的环境和社会压力加大,发展的难度增大。征地拆迁、水土保持、植被保护、移民诉求等成本大幅提升,有的已超过了电力企业的承受能力。

(三) 应对之策

1. 能源储备建设之对策

(1) 能源供应向多元化、低碳化和基地化方向发展

按照能源来源多元化、建立能源安全保障体系的要求,以电力建设为中心,提升清洁能源比重,推进能源结构优化调整,多渠道开拓资源,提高能源保障能力。努力建立由企业储备、商业储备、国家战略储备相结合的海峡西岸能源储备体系。比如重点建设闽江口、湄洲湾、汕头煤炭中转储备基地。

(2) 增强海陆油气运输能力

建立稳定的石油、天然气进口渠道,完善储运系统。陆路通道在调进能源中起辅助作用,在特殊时期将发挥基本供给的保障作用,在将来可发展成为内陆省区从国外引进能源的便捷通道。重点建设沿海铁路、向莆铁路、龙厦铁路和一批疏港铁路支线,促进形成连通海港口与全国铁路干线网的能源运输大通道。[1]

2. 新能源开发建设之对策

由于新能源开发利用的前期资金与技术投入比较大,相对于常规能源开发利用的风险性更大,因此,在实际开发利用之前要加强新能源资源调查和评价,优先开发技术比较成熟、可规模化发展和产业化前景比较好的新能源。

---

[1] 参阅:《海峡西岸经济区发展规划》,国家发展和改革委员会,2011年3月。

(1) 大规模开发利用风能发电

风能属于绝对无污染的清洁可再生能源,风力发电的投入成本低、有"一本万利"的效益。但是,风力发电在发展初期与常规能源相比产业规模小、获利能力低,需要政府给予一定的支持和相应的扶持政策。要把风能发展纳入政府能源建设计划,增加资金渠道和投资力度,制定优惠税收、电价补贴等政策。同时,加快推进沿海风电规模化开发,要按规划分期有序地开发条件较好的沿海陆地大型风电场,同时开展近海风能资源评价、开发利用规划,开展海上风电场建设的试点示范,为大规模开发海上风能资源做准备。积极推动风能规模化开发,加快推进莆田平海湾、宁德霞浦、漳浦六鳌、温州洞头、瑞安凤凰山等海上风电示范项目,建设一批海上风能基地。

(2) 谨慎规划与科学开发核电

核电是常规一次能源,属于不可再生的清洁能源发电。同时,也必须意识到核能的开发过程及其结果可能带来的安全隐患。中国正处于改革和发展的关键时期,工业化和城镇化在加速,对能源尤其是电力的需求不断增加。而风电、太阳能等暂时无法大规模替代煤电或新增电力装机缺口,核电自然就成为当前主要的清洁替代能源。应该讲,中国目前对核电的迫切性很强。[①] 因此,福建省乃至整个海西地区要认准核电的重要性,在谨慎规划、科学开发、安全至上的前提下最大限度地发挥核电对缓解当前电力供求矛盾的作用。具体来讲,福建省目前要进一步完善核电厂址前期工作,加快推进宁德、福清核电等项目的建设。

(3) 大力扶持太阳能光伏发电项目

与风能一样,太阳能属于绝对无污染的清洁可再生能源,取之不尽。福建省得天独厚的日照时间为太阳能发电提供了绝佳的自然条件。但是利用太阳能发电要比风能发电投入的成本高,重点是光伏产品的投入,也需要政府在其初期发展阶段给予扶持。为此,首先需要设立"光伏发电专项基金",专门用做对光伏并网发电电价、光伏发电示范工程的补贴。其次,要实施"太阳能屋顶计划",通过在福州、厦门等核心城市建立光伏住宅示范工程,将光伏发电产品推进千家万户(朱四海,2009)。最后,要强化产学研结合,依托福建省内高校的相关科研能力和技术条件,光伏企业也要增强自身的创新与投产能力。

(4) 推进生物质能源的生产

海西区要紧密结合社会主义新农村建设,因地制宜,重点是推广和发展农

---

① 参阅:"核电发展正在踩刹车?",北极星核电网,2014年10月29日。

村生物质发电、种植能源作物和能源植物,开发新型农村能源产业;发展沼气、生物质固体成型燃料和生物质气化,开发新型农村能源产业;发展生物燃料乙醇和生物柴油,为石油替代开辟新的渠道;规模化开发生物质能源,实现产业化发展;继续结合农村畜牧养殖业污染治理,大力发展沼气,促进生物质能的开发利用。

3. 电力发展建设对策

(1) 合理规划火电、水电等电源点建设

以市场为导向,按"就近平衡,分散接入"的电源布局原则,结合资源情况、运输条件、电力需求等因素,合理规划电源项目建设。"合理布局沿海大型煤电,加快列入规划的超临界、超超临界大型燃煤火电项目建设和前期工作。规范水能资源开发利用,合理布局抽水蓄能电站,推进仙游、衢江、梅州(五华)等抽水蓄能电站建设和前期工作。"[①]

(2) 构建海峡西岸现代化电网

大力加强电网建设,构建进出顺畅、安全可靠的电网支撑系统。推进福建与华东联网第二通道及与南方联网的前期工作,加快构筑"省内环网、沿海双廊"的 500 千伏超高压电网,实现多通道、大容量的跨省联网;加强 220 千伏及以下输配网和智能电网建设,提高供电能力和安全可靠性。[②] 提高电网在更大区域范围内优化配置电力资源的能力,为核电和大型火电提供市场空间。

三、邮电通信

邮电通信是指邮政、电信以及与邮政、电信相关联的业务。邮电通信业是国民经济不可缺少的组成部分,如同交通运输业一样,对经济建设起着重要的承载作用。特别是在信息化时代,邮电通信业逐渐形成国民经济发展新的增长点。毫不夸张地说,无论从近代历史还是从改革开放至今的三十多年来看,海西地区的邮电通信基础设施建设在全国范围的对比中都不落下风。改革开放之后,"以 1982 年的 F-150 全套万门程控交换系统开通为开端,海西地区的邮电通信业开始进入高起点、跳跃式、大规模、高阶段的发展阶段。福建成为我国通信现代化的开路先锋,创造了邮电通信史上十几项全国第一"(黄美珍、蔡而

---

① 参阅:《海峡西岸经济区发展规划》,国家发展和改革委员会,2011 年 3 月。
② 同上。

迅,2005)。进入21世纪后,海西地区传统的业务如邮政函件、报纸杂志、邮政储蓄等都有了新的突破,而新的业务如移动电话和互联网也逐渐走入千家万户。

(一) 海西自贸区邮电通信之现状

1. 邮政发展之现状

现代意义上的邮政业务包括传统的函件、包裹和报刊等服务业务,也包括快递业务。海西区作为对外开放、协调发展、全面繁荣的经济综合体,人员及物资的流动非常频繁,这对邮政服务业有着极大的需求。就总量来讲,海西地区邮政行业的业务量和营业收入近年来每年都以较大的比例增长,见图3。

图3 2010—2015年福建省邮政全行业业务发展情况

然而,从具体的业务形式和内容来看,快递业务快速发展,而传统的邮政服务业务江河日下。这种现状或趋势与时代的发展(如电商的强势兴起)以及人们的生活或工作的快节奏密切相关。以2015年为例:传统的函件、包裹和报刊等服务业务都有所下滑,全年函件业务量完成12 923.02万件,同比下降28.33%;全年包裹业务量完成107.03万件,同比下降30.61%;全年订销报纸业务完成71 401.88万份,同比下降2.36%;全年订销杂志业务完成3 400.05万份,同比下降9.36%。

相比之下,快递业务增长迅猛。具体如下:第一,全年快递服务企业业务量完成8.88亿件,同比增长35.72%,占全国快递业务量的4.3%;快递业务收入完成100.85亿元,同比增长24.38%,占全国快递业务收入的3.6%。第二,快递业务收入在行业中占比继续提升。快递业务收入占行业总收入的比重为

71.6%,比上年提高4.15%。第三,同城快递业务持续增长。全年同城快递业务量完成12 278.1万件,同比增长29.38%;实现业务收入9.01亿元,同比增长24.89%。第四,异地快递业务快速增长。全年异地快递业务量完成74 478.73万件,同比增长36.41%;实现业务收入67.83亿元,同比增长23.03%。第五,国际及港澳台快递业务稳定增长。全年国际及港澳台快递业务量完成2 029.37万件,同比增长52.92%;实现业务收入14.89亿元,同比增长13.4%。①

2. 电信发展之现状

自改革开放以来,海西地区电信业的建设稳扎稳打。1995年以来,福建省电信业务总量基本保持着每年以较大幅度增长的态势,见图4。

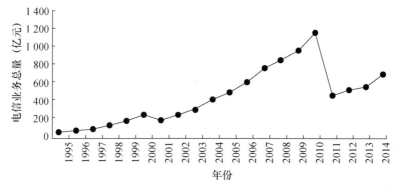

图4　1995—2014年福建省电信业务总量变化趋势折线图
资料来源:《福建统计年鉴2015年》,福建省统计局网站。

截止到2015年年末,福建省电话用户总数达5 219万户,其中,固定电话用户889万户,移动电话用户4 240万户。全省3G电话用户1 198万户;4G电话用户1 401万户,净增1 083万户。全省互联网用户3 964万户,净增104万户,其中,固定宽带用户916万户,净增17万户;移动互联网用户3 048万户,净增88万户。移动电话基站17万个,同比增长19%。全省电话普及率为134.7%,互联网普及率为104.1%。②

2015年9月23日,2015年福建省互联网年会在厦门举行。会议以"互联网新思维"为主题,系统总结福建省互联网产业发展经验,把脉互联网产业发展新机遇。中国工程院院士、首任中国互联网协会理事长胡启恒在致辞时表示,本次互联网年会突出展示互联网行业新业态、新模式,顺应"互联网+"的新趋

---

① 参阅:《2015年福建省邮政业统计公报》,福建省邮政管理局,2016年5月18日。
② 参阅:《2012年福建省国民经济和社会发展统计公报》,福建省统计局,2016年2月22日。

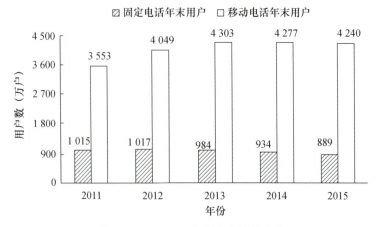

图 5 2011—2015 年年末电话用户数

势、新机遇,具有很强的指导性、针对性。会上,福建省通信管理局党组书记、局长张丽娟介绍了福建省互联网的发展情况,并对福建省互联网行业发展提出了四点要求:一要着力加快"数字福建·宽带工程"建设,持续推进提速降费;二要着力落实好"互联网+"行动计划,持续普及互联网应用;三要着力改进互联网行业管理,持续维护网络安全;四要着力发挥好互联网协会的作用,持续推动行业自律。[1]

(二) 海西自贸区邮电通信事业存在的问题

1. 宽带建设面临制度壁垒和障碍

虽然"宽带中国"战略已经开始实施,但目前福建省的宽带建设和发展仍然存在诸多问题。福建省内众多的农村和山区宽带建设仍然滞后,市场动力不足,电信行业亟待政府财政支持及跨部门协调。宽带建设通行权难以保障,网络设施规划、改造与城建、土地利用规划脱节,面临接入难、进入难、穿行难、用地难等突出问题。

2. 新业务、新应用的发展给电信监管带来巨大挑战

近几年,物联网、云计算、大数据、移动互联网、智能穿戴等技术呈现出集聚创新态势。一波高过一波的创新浪潮将信息化推到新的发展阶段,打开了新空间、新领域,在建设重点、发展动力、应用形态等方面表现出不同于数字化阶段

---

[1] 参阅:"2015 福建省互联网年会举行",福建省通信管理局网站,2015 年 9 月 29 日。

的新趋势、新特征。这些都给监管带来了较大挑战,电信行业面临的竞争将更为激烈,融合转型成为主流。对电信市场规范方面的监管政策、法律法规等的需求将越来越多,新的监管体系还应该能够较为灵活地对市场情况做出反应,面临的挑战非常突出。

3. 增值互联网产业发展中仍然存在较多突出问题

一是互联网产业规模较小,大企业引领示范作用不突出;二是可持续的良性发展尚未形成,市场更多地集中于先进企业;三是良好的市场竞争秩序仍未建立,互联网市场不正当竞争行为频发,个别互联网企业出于商业利益,不遵循行业管理和行为规范,采用高技术手段侵害用户权益,排挤竞争对手。

(三) 应对之策

(1) 加快实施"数字福建·宽带工程",进一步统筹宽带网络发展,不断完善"无线城市"建设,加强资源共建共享,推进农村信息通信基础网络的建设和改造,推动信息通信服务均等化。推动海西自贸区全面进入 4G 时代;理顺和规范宽带市场秩序,对驻地网商、房产商、物业等进入电信业的行为进行规范管理,建立有效的宽带市场竞争秩序(福建省信息协会,2015)。

(2) 鼓励基础电信运营商的运作方式由提供纯粹接入式服务向提供智能渠道转变,推进基础运营商和互联网企业有效合作,实现双赢;鼓励和引导电信业务经营者创新业务,并对促进电信技术、服务发展的新型电信业务给予财政补贴和税收优惠政策,合理促进有利于国民经济增长和电信行业发展的新型业务的创新和发展。

(3) 组织实施民间资本进入移动通信转手业务、接入网业务试点;建立健全新形势下的电信业务监管体系;理顺电信业务分类原则,并采取措施激励运营企业、互联网企业等市场参与者有效竞争,对不正当行为加以监督和制止。

福建省既有得天独厚的经济发展优势,又有从中央到地方各级政府的政策支持,社会经济的整体发展前景良好,因此对于邮电通信业务的需求也会不断增加。在需求过剩的前提下,只要生产能够持续增加,邮电通信业的经济效益就会高歌猛进。虽然尚存若干问题未能解决,但是相信只要政府与相关企业协同努力,福建邮电通信业的快速增长势头就会一直持续下去。

四、结论

  基础设施是国民经济各项事业发展的先决条件,建设完善的现代化的基础设施支撑体系是海西自贸区建立、发展以及正常运作的重要保证。本专题选取交通运输、能源、邮电通信作为"基础设施"的代表,分析福建省在这三个方面发展的现状。随着改革开放事业的逐步深化、"两岸三通"和"海西经济区"的实行以及中央和福建地方政府近年来对基础设施建设的持续重视与加大投入,海西地区的基础设施事业取得了长足进展,也为中国(福建)自由贸易试验区、福建省"21世纪海上丝绸之路核心区"的建设和发展奠定了基础。但在进步面前我们要清醒地认识到存在的问题,并努力去解决。在"十三五"开端之年,福建省各级政府务必贯彻中央和福建省人民政府关于交通运输、能源、邮电通信、科教文卫等事业的各项规划,向实现海西区发展新目标迈进。第一,强化综合交通融合发展,建设综合交通运输枢纽。第二,着力推进能源生产、利用方式变革,加强煤、电、油、气、新能源和可再生能源等能源开发之间的衔接平衡,构筑安全、稳定、经济、清洁的能源供应体系;完善主干网架,构建坚强智能电网。第三,发展互联网经济,深入实施"互联网+"行动计划,深化"数字福建"建设;鼓励和引导电信业务经营者创新业务。第四,加快各项社会事业的改革,实现协调发展。

专题七

福建省城市规模研究

21世纪以来,国家赋予福建省"21世纪海上丝绸之路核心区"以及自贸区等一系列政策支持福建经济发展,而福建省经济社会的发展逊色于长三角和珠三角,其最大的制约因素之一就是福建省城市规模太小,没有形成辐射和带动本省经济社会发展的核心城市。因此,我们研究福建省的城市规模。

一、城市最优规模文献综述

西方学者E. Howard(1898)的花园城市理论开启了城市最优规模研究的先河。E. Schumacher(1943)则认为城市规模有一个合理的范围,过大或过小都会对城市经济的发展产生不利影响。他提出一个都市区的人口数量所能达到的上限大约为50万人。Charles P. Kindleberge(1945)提出城市的合理规模应为200万—300万人。自20世纪60年代以来,许多学者从不同角度、不同领域出发建立了一系列关于城市最优规模的理论,基本上可以分为以下三个分支:

1. 最小城市成本理论

Gupta和Hutton(1968)从政府所提供的公共服务这一角度出发,利用政府的平均服务成本最小化,来研究城市最优规模问题。A. W. Evans(1972)则通过测算城市范围内部各社会部门所花费的成本,并使城市生产费用达到最低,以此来求出城市的最优规模。George(1879)在《进步与贫困》一书中,提出了HGT理论。Behrens和Murata(2009)对HGT理论在次优条件下的有效性进行验证,并推导了HGT理论在垄断竞争经济中成立的必要和充分条件。结论表明,HGT并不适用于次优条件,也就是说垄断竞争市场中HGT理论并不适用。

2. 城市集聚收益理论

城市最优规模理论最早是由 Alonso(1970)和 Richardson(1972)等学者所建立的。Alonso(1970)提出了城市收益成本理论。Alonso(1971)认为,城市边际收益和边际成本随着城市规模的扩大而增加,但前者呈递减趋势,后者呈递增趋势,两条边际曲线的交点即为城市规模点。同时他还建立了城市收益模型并估算出城市的最优人口规模为500万人。若超过该值,则城市的平均劳动生产率随城市规模的进一步扩大而下降。而 Richardson(1972)则对城市最小成本理论进行了批判,并指出城市规模不仅仅与城市成本具有函数关系,城市效益也是城市规模的函数。此后许多学者便在此基础上进行拓展研究。Mirrless(1972)利用 Benthamite 社会福利函数进行分析。他假设不同城市的居民是同质的,研究发现居民的效用水平同他所处的区位有关,而最优规模是使得居民社会福利最大化的那个解。Tolley(1974)基于国民收入和成本同城市规模的关系出发,认为人们的工资将会随着城市规模的变化而变化,大城市的工资水平比小城市的高。川岛(1975)利用1958年和1967年两年美国大都市区三位数制造业的横截面数据进行实证研究,计算得出美国大都市区的最优人口数量约为595万人。Arnott(1980)发现城市公共物品的供求关系、产业结构和劳动人员的流动以及交通状况都能对一个区域内的城市规模产生影响,因此他建立了一个静态的城市空间分布模型来研究城市最优规模问题。Zheng Xiao-Ping(1998)则选取了1990年东京都市圈内127个市、町、村的数据,运用集聚成本和收益理论,对这些地区进行实证研究,结果表明距离东京都市群中心地10—25公里的地区,集聚效益小于成本,即这些地区存在集聚不经济。Zheng Xiao-Ping(2007)运用剩余函数方法,利用2000年东京都市区的数据,对最优城市规模进行研究,将城市家庭净剩余定义为生活在都市区内的家庭劳动人口的可支配收入与总生活成本之间的差值,并指出最优城市规模就是使得总剩余函数最大化所对应的数值。根据模型推导,其估计的结果是:2000年东京都市区的最优城市规模约为1 800万人,然而东京都市区的居民数已达3 200万人。显然,东京都市区的城市规模过大。

3. 以新经济地理学和新兴古典经济学为理论依据的最优城市规模研究

Yang 和 Hogbin(1991)研究得出最优城市规模随着专业化程度的提高以及城市分工的细化而动态变化。Krugman(1991)则通过 D-S 的垄断竞争分析模型分析了城市规模经济与居民具有多样性的消费偏好之间的关系,并在此基础上构建了南北双城市模型,认为城市最优规模存在地域性和空间性。城市最优规模并不是唯一的,它是随着经济条件和环境因素的变化而发展变化的。Capello 和 Camagni(2000)提出了"有效城市规模"的概念。他认为城市的有效规模与城市功能、居民的生活质量和城市网络体系这三个要素有着很大的关联。

茅于轼(1999)从理论出发,从城市规模扩大引起的规模效应和拥挤成本这两个方面探讨了城市合理规模的存在。王小鲁、夏小林(1999)则是从实证出发,将城市的正效应和负效应考虑在内,通过构建城市规模净收益模型,并使其最大化求出最优解。实证结果发现,当中国的城市人口数量在 100 万—400 万人这个区间时,城市的净规模收益最大。姚士谋、朱振国和 Kamking Cheng(2001)则提出中国城市的发展应当根据国情和经济发展的阶段性特征,不能盲目求大造成土地资源的极大浪费。金相郁(2004)利用 Carlino 模型衡量了北京、上海、天津三个直辖市的城市聚集经济系数,然后根据城市聚集经济系数与城市规模的二次函数关系建立模型,分别求出了城市集聚效益最大化时和城市公共支出最小化时这三个城市的最优城市规模解。张忠国、吕斌(2005)参考了新古典增长模型以及内生增长模型,提出了优化城市规模的标准,即城市规模扩大必须符合自然规律和经济规律。许抄军(2008)基于城市可持续发展的角度对城市最优规模进行了研究。他借鉴城市规模成本收益模型,建立了城市规模与人口素质、资源消耗和环境质量三者之间的理论模型;利用 1996—2005 年的数据进行计量分析,得出人口、资源环境协调发展的适度城市规模为 1 000 万—1 200 万人。谭锐(2013)基于住房投资性需求的视角,通过构建空间均衡模型,运用数值模拟的方法探讨了中国大中城市房价不断攀升的同时城市规模仍持续扩大这一矛盾现象;得出只要城市集聚经济不变,那么拥挤效应的相对减弱就会使得城市净规模效应增加,从而使得城市规模扩张的结论。黄纯纯、张捷(2014)通过 1999—2012 年中国 32 个省的面板数据,采用固定效应和随机效应两种模型进行回归,探求城市公共服务设施建设对城市规模扩张的影响。实证结果得出结论:可能存在城市规模扩大的库兹涅茨曲线,并且城市基础设施的建设会加快城市建成区面积的扩张速度。但拓展公共设施的覆盖面在一定程度上也会减慢城市中心人口规模的扩张速度。孙久文、张超磊和闫昊生(2015)基于包含异质性个体的城市内生性理论框架,借鉴了 Behrens 建立的城市内生性均衡模型,用中国273个城市的面板数据,引入能力变量,估计出城市成本弹性和城市集聚收益弹性以检验中国的城市规模与最优规模之间的差异。实证结果表明,中国城市的成本弹性大于集聚收益弹性,因而中国城市规模不能无限制地扩张。

总体而言,国外从微观经济的角度对城市规模的研究尤其是对最优城市规模理论的研究已经非常成熟,但不同的学者所用的分析框架,以及运用的实证方法都有差别,从而导致同一个地区的最优城市规模解存在较大的差异。近几年来国内学者也渐渐开始从不同角度进行最优城市规模的研究,如城市环境成本、居民的生活成本或者城市的可持续发展等角度。本专题主要从经济角度切入,关注在现行的经济条件下,福建城市的最优规模为多大,并根据最优城市规模理论,判断出在一定的经济水平下福建城市的合理规模范围,为促进福建省城市经济的发展提供一定的参考。

二、福建省城市规模研究

(一) 城市规模收益分析

1. 基本模型

设某一区域内城市的产出函数为 $Y = e^{g(x)} f(K, L, E)$,其中,$e^{g(x)}$ 表示城市的聚合效应对城市产出的影响,$g(x)$ 表示该城市的聚合水平因子,K、L、E 分别表示城市的资本、劳动人口、人力资本(为了更好地表征劳动力的质量)。为方便分析,本专题利用C-D生产函数构建了一个能够测度城市聚合效应的城市生产函数,以研究城市人口规模与城市每单位劳动平均产出(即经济效益)的关系,具体可将人均生产函数设为如下形式:

$$Y = Ae^{g(x)} K^{\alpha} L^{1-\alpha} E^{\beta} \qquad (1)$$

式(1)的两边同时除以 L,得到:

$$\frac{Y}{L} = Ae^{g(x)} \left(\frac{K}{L}\right)^{\alpha} E^{\beta} \qquad (2)$$

其中,$0<\alpha<1, 0<\beta<1$。

对式(2)的两边以 e 为底进行对数化,可以得到:

$$\ln\left(\frac{Y}{L}\right) = \ln A + g(x) + \alpha \ln\left(\frac{K}{L}\right) + \beta \ln(E) \qquad (3)$$

其中，Y/L 为每单位劳动的平均产出，表示一个城市的劳动生产率；K/L 表示每单位劳动的平均资本；A 表示除经济集聚效应以外影响劳动生产率的其他因素；$g(x)$ 是衡量城市集聚水平的集聚因子，根据集聚经济理论，集聚因子 $g(x)$ 主要受到城市的人口密度、城市产业的专业化程度（多样化）以及城市人口规模这三个因素的影响。本专题将聚合因子设为如下函数形式：

$$g(x) = a \cdot \text{density} + b \cdot \text{specialization} + c \cdot \text{size} \tag{4}$$

将式（4）代入式（3）中，同时为了能够反映出城市规模效益与人口规模之间可能存在的非线性函数关系，在式（5）中加入了 size 的二次项。可以得到：

$$\ln\left(\frac{Y}{L}\right) = c + a \cdot \text{density} + b \cdot \text{specialization} + c_1 \cdot \text{size} + c_2 \cdot \text{size}^2 + \alpha \ln\left(\frac{K}{L}\right) + \beta \ln(E) \tag{5}$$

最后，令 $\frac{Y}{L} = y$，$\frac{K}{L} = k$，则最终方程为：

$$\ln(y) = c + a \cdot \text{density} + b \cdot \text{specialization} + c_1 \text{size} + c_2 \text{size}^2 + \alpha \ln(k) + \beta \ln(E) \tag{6}$$

根据式（6），对 S 进行一阶求导使得 $\ln(y)$ 最大化，并令其为 0，求出城市经济效益最大化时城市的人口规模值。

$$\frac{\partial \ln(y)}{\partial S} = c_1 + 2c_2 \text{size} \tag{7}$$

求得：

$$\text{size} = -\frac{c_1}{2c_2} \tag{8}$$

2. 变量选取与数据来源

基于式（5）以及统计数据的可获得性，本专题选取了福建省 2003—2013 年 9 个地级市的面板数据进行分析，具体指标如表 1 所示。其中需要说明的是城市经济的劳动生产率这一因变量，本专题是以每单位劳动平均产值这一指标进行测度，即非农业生产总值 Y 和第二、三产业从业人员 L 之比。为了更加准确地描述城市的规模经济效益，本专题剔除了第一产业的产值，选取了城市市辖区第二、三产业生产总值及第二、三产业单位从业人员来进行衡量。人力资本指标，采用高等学校在校学生数这一指标来衡量。人力资本是指从业人员通过教育培训、营养保健等方面的投资所获得的知识和体能的积累。这里由于福建省各地市数据的可获取性，本专题只考虑教育投资。高等学校在校学生人数远小于实际的人力资本，因而估算其对城市效益的影响系数可能偏小。

表 1 变量与指标说明

项目	指标	指标说明	单位
因变量	劳动生产率 每单位劳动平均产值（Y/L）	非农产业总产值/非农产业单位从业人员	元
主要的解释变量	规模 人口规模(size)	城镇常住人口	千人
其他变量	密度 人口密度(density)	城区常住人口/建成区面积	万人/平方千米
	专业化程度 产业专业化指数(R)	$R = \dfrac{1}{2} \sum_{j} \lvert S_{ij} - S_j \rvert$	—
	多样化 产业多样化指数(D)	$D = \dfrac{1}{\sum S_{ij}^2}$	—
	资本 每单位劳动平均资本（K/L）	固定资产投资/非农产业单位从业人员总数	元
	人力资本 在校学生人数(E)	高等学校在校学生人数	人

城市专业化程度指标主要采用的是Duranton和Puga(2004)所建立的相对专业化系数。其具体计算公式如表1所示。其中，S_{ij}是指产业j的就业人员在城市i中所占的比重，而S_j则表示产业j的就业人员在全国的占比。R指数在[0,1]区间，其值越大，表明城市的专业化程度越高；反之，则越低。

同时，也有学者提出行业间的差异性和互补性，即产业的多样性对于城市集聚经济也有重要的影响。Jacobs(1969)强调了知识在互补的产业间外溢而促进创新搜寻，因而多样化的产业在地域上的集中比相近产业的集中更能带动区域经济的增长。为更好地描述城市经济集聚水平，本专题引入多样性指数这一指标进行分析。多样性指数的计算公式为：$D = \dfrac{1}{\sum S_{ij}^2}$。所有数据都来源于2004—2014年的《福建统计年鉴》和《中国城市统计年鉴》。

3. 福建城市规模的测算

本专题采用Stata12.0计量软件对式(6)进行回归拟合，回归结果如表2所示。其中，根据F检验的结果，在混合回归模型和固定效应模型中应选择固定效应模型。根据Hausman检验和BP检验结果，应选择固定效应模型而不使用随机效应模型。由R^2可以看出模型1和模型3的拟合效果较好。具体实证结果如表2所示。

表 2 福建城市规模效益拟合结果

	模型 1 (混合 ols)	模型 2 (固定效应)	模型 3 (混合 ols)	模型 4 (固定效应)
因变量	$\ln(Y/L)$	$\ln(Y/L)$	$\ln(Y/L)$	$\ln(Y/L)$
C	4.0764***	5.4594***	7.0956***	4.3642***
	(7.31)	(8.78)	(21.36)	(8.04)
density	$-2.06e{-}06$	$7.03e{-}06$	$-2.53e{-}06$	$7.07e{-}06$
	(-0.32)	(1.46)	(-0.39)	(1.47)
Specialization	2.0394***	-0.7043	—	—
	(4.64)	(-1.09)		
Diversity	—	—	-1.0987***	0.4140
			(-4.61)	(1.19)
$\ln(K/L)$	0.5408***	0.6153***	0.5395***	0.6160***
	(23.66)	(20.53)	(23.64)	(20.68)
$\ln(E)$	0.0664***	0.1172**	0.0682***	0.1171**
	(3.73)	(2.26)	(3.80)	(2.27)
size	0.0002592***	0.0002547***	0.0002558***	0.0002571***
	(3.26)	(2.96)	(3.22)	(3.03)
size^2	$-2.08e{-}08$***	$-2.48e{-}08$***	$-2.02e{-}08$**	$-2.51e{-}08$***
	(-2.66)	(-2.59)	(-2.60)	(-2.68)
R^2	0.8815	0.6523	0.8812	0.6487
F 检验值	—	19.49***	—	19.64***
BP 检验值	—	93.0***	—	94.47***
Hausman 值	—	10.74**	—	11.04**

注:***、**、*分别表示在1%、5%、10%的水平下显著,括号内的数值为 t 统计量。

由表2可以看出,不论是哪个模型,每单位劳动平均资本对城市的劳动生产率都有非常显著的影响,各模型中的单位劳动资本对城市经济效益的影响系数都超过0.5,并且在1%的置信水平下显著。这与福建省的经济发展现状基本相符,即资本投入仍然是拉动福建城市经济增长的重要方式。人力资本对城市经济效率的贡献系数并不高,模型检验结果最高才0.1172,这主要是因为本专题选取的高等学校在校学生人数这一指标远远低于实际的城市人力资本数量,无法准确估量人力资本对城市集聚经济效益的影响。

根据经济集聚理论,人口在一定地域范围内的集中能够有效利用资源,促进地区经济的发展。模型2和模型4中,人口密度对于城市集聚具有正向的作用,但人口密度对于城市劳动生产效益的影响并不显著。从模型2可以看出,相对专业化指数对城市经济效益具有负的影响,但不显著。而模型4表明产业多样性对于城市劳动生产率的提高具有正向的影响,但并不明显。这说明城市由于产业的多样性,企业能够为城市居民提供较为丰富的产品和服务,从而吸引多样化的劳动力聚集,为各类产业的发展提供人才支持。从人口规模来看,模型2和模型4都证明了人口规模同城市经济效益存在非线性函数关系。人口规模的二次项系数为负,一次项系数为正,说明城市经济效益与城市规模存在倒U形关系。也就是说,城市经济效益先随着城市人口规模的扩张而上升,待超过一定数量后,开始呈现下降的趋势。

(二) 城市成本分析

城市人口密度、土地、环境、资源、房价、交通基础设施等都会影响城市的规模。本专题从城市公共管理者的角度,以城市政府的财政支出这一指标来衡量城市成本。具体理由是政府的公用支出包括城市基本建设支出、通信交通、文化教育以及基本保障费用等基本支出。公共财政提供了城市发展所需要的公共物品,也支持了城市道路建设、通信网络的铺陈,以及城市环境的治理,如污水处理等。而这些都体现了城市管理者为维护城市建设所花费的成本,因而城市公共财政支出在一定程度上能够反映城市成本。但公共支出还包括支援农村生产产出、国企挖潜改造资金等费用。为了能够更准确地描述城市成本,本专题将采用《福建统计年鉴》中财政支出中的基础设施支出作为因变量,并以城市常住人口作为自变量,建立如下城市成本模型:

$$TC = \alpha \cdot size + \beta \cdot size^2 + \gamma \cdot size^3 \tag{9}$$

并将式(1)两边同时除以 size,求得城市平均成本为:

$$AC = \alpha + 2\beta \cdot size + 3\gamma \cdot size^2 \tag{10}$$

要使城市平均成本最小,对式(2)进行求导,得到:

$$\frac{\partial AC}{\partial size} = 2\beta + 6\gamma \cdot size \tag{11}$$

并令其一阶导数为0,则最后平均成本最小化规模为:

$$size = -\frac{\beta}{2\gamma} \tag{12}$$

本专题选取了2003—2013年福建省所有地级以上城市的城市常住人口及城市基础设施支出的数据进行研究。根据 Hausman 检验和 F 检验的结果,应选择固定效应模型进行分析,具体结果如表3所示。

表 3　模型检验结果

检验方式	F 检验	Hausman 检验
统计量	8.776094	80.865129
P 值	0.00000	0.00000

由回归结果可以得到调整 R^2 为 0.70,说明上述方程能够较好地解释城市公共支出同人口规模之间的关系。而由人口规模二次项系数为正、一次项系数为负可以得出城市平均公共成本同城市规模之间呈现正 U 形关系,即城市平均公共成本随着城市人口规模的扩大呈现先下降后上升的趋势。在一定的人口规模范围内,城市人口的增加能够摊薄城市公共成本,然而超过某一定值后,城市平均公共成本随着人口规模的扩大而增加(见表 4)。

表 4　城市成本模型回归结果

变量	系数	t 值	p 值
C	6 914.268***	1 610.449	0
size	−1.574378**	0.7778	0.0461
$size^2$	0.000139*	7.77E-05	0.0782
R^2	0.728479	调整 R^2	0.702685

注:***、**、* 分别表示在 1%、5%、10% 的水平下显著。

(三) 福建城市合理规模分析

根据上述福建省城市规模效益和成本的实证研究,将相关估计系数分别代入式(8)和式(12)进行计算,可以得到如表 5 所示的结果。

表 5　模型实证结果　　　　　　　　　　(单位:千人)

方法		类型	人口数量
城市效益最大化	每单位劳动平均产出	模型 1	6 230.769231
		模型 2	5 135.080645
		模型 3	6 331.683168
		模型 4	5 121.513944
城市成本最小化		模型 5	5 663.230220

根据成本最小化的模型实证结果,可以判断福建省的最佳城市人口规模应为 566.3 万人。城市规模效益最大化的结果表明,不同的模型及对城市效益的不同测算方式使得最优人口规模解具有一定的差异,但差异在可接受范围内。

根据模型的检验结论,本专题采用模型 2 和模型 4 的城市平均劳动生产效率最大化时的解。具体来说,根据模型 2 所计算出的最优人口规模解为 513.5 万人,而模型 4 所计算出来的最优人口规模解为 512.1 万人。当然,城市的最优规模并不是静止不变的,而是动态变化的,并且城市规模除了受经济因素的影响外,还受到城市的交通便利程度、公共基础设施、城市治安、市容市貌以及城市的气候、地理环境等综合因素的影响。因而,本专题从经济因素这一角度对城市最优规模进行分析,虽存在一定的缺陷,但对福建省目前和未来的城市规模发展有一定的参考意义。综合上述模型的推导结果,笔者认为依据福建城市现阶段的经济发展状况,城市人口的合理规模为 500 万—560 万人。

表 6 列出了 2009—2014 年福建省九大地级市市辖区常住人口数量。根据上述实证结果,福建省九大地级市城区人口规模仍远远未达到最优规模解,城市人口的集中程度远远低于理论上得出的人口集中水平。换句话说,福建省九大地级市城区仍处于城市规模收益上升的阶段,城市仍需要加强其经济集聚能力。而近些年来,福建各城市的人口数量增长缓慢,行政区划上虽然实现了"就地城镇化",但是居民的生活方式和生活质量却未发生根本改变,因此,人口进一步向大城市聚集的空间还很大。

表 6 2009—2014 年福建各市市辖区常住人口数量　　　　（单位:千人）

	福州	厦门	莆田	三明	泉州	漳州	南平	龙岩	宁德
2009	2 610.0	2 056.3	1 098.2	345.0	1 015.0	515.0	305.8	464.9	221.0
2010	2 824.4	3 119.1	1 107.2	328.8	1 154.7	614.7	301.4	460.1	252.5
2011	2 869.5	3 194.9	1 113.4	335.7	1 177.5	620.5	30.52	470.2	262.1
2012	2 869.5	3 251.6	1 113.4	335.7	1 177.5	620.5	305.2	470.2	262.1
2013	2 896.5	3 251.6	1 146.1	336.2	1 194.1	667.2	307.2	480.2	269.3
2014	2 979.7	3 383.3	1 239.2	342.3	1 246.0	683.4	310.7	497.0	276.4

资料来源:《福建统计年鉴》(2013—2015)。

三、结论与建议

(一)主要结论

本专题根据最优城市规模理论对福建省九大地级市的城市合理规模进行研究,所得到的主要结论为:城市规模仍具有较大的扩张潜力。根据城市最优规模理论,本专题利用规模效益最大化和政府公共服务成本最小化这两种方法分别求解了福建城市人口规模的最优值。根据实证结果推算出福建城市人口数量的合理范围在500万—560万人之间。对比目前九大地级市的城区人口规模,发现现有的人口规模远远低于理论上的最优规模解,各大城市的城区人口规模仍存在很大的发展空间。因而,福建的两大中心城市更应加快产业结构调整,寻找新的经济增长极,吸引更多的人口,带动周边小城市的发展。

(二) 政策建议

目前,福建的城市化处在快速发展时期,既要提高城市的经济集聚能力,又要防止城市规模的盲目扩张所带来的交通拥挤、房价上升、环境恶化等问题,这需要政府通过行政手段与市场经济共同作用,以促进福建城市的良好发展。笔者根据研究结果,提出如下建议:

1. 把握机遇,以都市圈为主体形态,带动区域经济发展

未来福建城市建设应以都市圈为主要形态,牢牢抓住国家新一轮扩大开放的重大机遇,形成新的竞争优势。加快推进以福州为中心,辐射福清、长乐、宁德等地区的闽江口都市圈;以厦门为中心,覆盖龙海、漳州,并延伸至龙岩等城市的九龙江都市圈;以及以泉州为中心,延伸至晋江、石狮、莆田等地区的湄洲湾都市圈这三个都市圈的建设。泉州应紧跟国家提出的"海上丝绸之路经济带"战略方针,增强产业集聚能力,而福州、厦门应把握自贸区建设这一发展机遇,积极融入"一带一路"战略,加强闽台经济融合。三个中心城市应最大限度地发挥区位优势、侨乡优势,不断增强城市吸引力和辐射能力,以带动其他城市共同发展。

2. 加强基础设施建设,吸引人口集聚,扩大城市规模

福建作为海西城市群中最关键的省份,地理位置特殊,地处中国经济最发达的两大城市群之间,能够获得很强的正外部性。但目前来看,福建大部分城市的吸引力仍不够高,基础设施的完善程度不够,无法吸引人口的迁移和企业的集聚。福州、厦门、泉州的城市综合竞争力在全国城市中排名靠前,这三个城市的政府应巩固并加强这一优势,吸引高素质的人才,增强区域中心城市的经济集聚能力和辐射带动作用。其他城市的政府应加强交通、水电等基础设施建设,完善社会保障制度,建立覆盖面较广的社会保障体系,以增强城市的吸引力和竞争力,扩大城市规模。此外,三大都市圈的城市建设应加强交通网络联系,协调共进,共建区域基础设施,实现区域资源共享和城市经济的共同发展。

3. 促进城市间产业和职能的合作与协调,增强城市竞争力

福建绝大多数城市的经济主要依靠第二产业拉动,产业结构相似,因而迫切需要城市间加强合作与交流,加快进行城市间的职能分工以及产业结构的优化调整,以现代化服务业为纽带带动整个区域的共同进步。各城市的发展应充分发挥各自的特色,结合自身的经济发展情况和资源环境条件来确定适合的城市规模发展方案。城市政府应有序地引导人口流动,合理有效地利用城市土地及其他资源,发挥产业集聚效应。福建城市的发展不能盲目求大,而应提前做好规划,适时调整。同时,福建各城市应加强同周边临近省份的发达城市如广州、杭州等的交流与联系,增强与珠三角城市群、长三角城市群的产业分工及协作能力,推进与江西省等内陆地区的协作,增强城市群辐射力,并进一步推进与台湾经济的对接,以增强城市的集聚能力。

专题八

福建省对外直接投资现状及发展趋势研究

进入 21 世纪以来,福建省企业对外直接投资获得了突飞猛进的进展,投资的产业结构和区域结构亦不断优化。首先,本专题从宏观层面上判断福建省当前对外直接投资所处的阶段,并分析阶段性变化的特征。其次,本专题分析 2005 年以来福建省对外直接投资的总额和产业分布状况,详细分析福建省对外直接投资的历程、现状及存在的问题。最后,本专题根据现状及问题提出未来福建省对外直接投资的发展策略。

一、福建省经济发展水平与对外直接投资

邓宁(1995)通过研究全球 67 个国家(地区)1967—1978 年间的国际直接投资与经济发展水平的关系,发现一国(地区)的对外直接投资流量与该国(地区)的经济发展水平有密切的关系:一国(地区)经济发展水平越高,其对外直接投资的能力越强;并将对外直接投资的发展划分为五个阶段。根据该理论,本专题分析福建省对外直接投资所处的发展阶段。

为了更清楚地说明经济发展水平与对外直接投资的关系,本专题选取了全

球124个国家(地区)的人均GDP数值和人均对外直接投资流量数值进行对比,根据人均GDP的大小,将其分为9组进行计算。为了节约篇幅,每组数据只列示前6名[①],如表1所示。

表1 2014年世界各国(地区)人均GDP与人均FDI流量数值

国家(地区)	人均GDP（美元）	对外直接投资总流入（亿美元）	对外直接投资总流出（亿美元）	对外直接投资人均流入（美元）	对外直接投资人均流出（美元）
挪威	97 429.71	86.82	192.47	1 686.58	3 738.69
卡塔尔	96 732.53	10.40	67.48	478.98	3 106.88
中国澳门	96 074.84	30.46	4.62	5 270.80	798.98
瑞士	85 610.84	219.14	167.98	2 656.71	2 036.40
澳大利亚	61 995.83	518.54	−3.51	2 195.13	−14.84
丹麦	61 330.91	36.52	109.52	646.70	1 939.45
平均值	83 195.78	150.32	89.76	2 155.82	1 934.26
瑞典	58 899.98	100.36	121.56	1 034.31	1 252.75
新加坡	56 007.29	675.23	406.60	12 262.22	7 383.86
美国	54 398.46	923.97	3 369.43	285.85	1 042.39
爱尔兰	54 321.29	76.98	317.95	1 646.51	6 800.87
荷兰	52 138.68	302.53	408.09	1 793.53	2 419.30
冰岛	52 036.73	4.36	−2.47	1 332.29	−755.57
平均值	53 642.03	333.60	653.03	2 552.15	2 565.64
芬兰	49 864.58	186.25	5.74	3 398.88	104.84
德国	47 767.00	18.31	1 122.27	22.70	1 391.60
比利时	47 299.86	−49.57	85.34	−441.52	760.14
新西兰	44 380.43	33.91	−0.04	754.37	−0.92
阿联酋	43 962.71	100.66	30.72	1 107.82	338.07
科威特	43 593.70	4.86	131.08	129.45	3 492.66
平均值	45 630.73	63.76	257.69	742.94	961.75
以色列	37 206.18	64.32	39.75	810.08	500.69
日本	36 152.69	20.90	1 136.29	16.48	896.16
意大利	35 179.65	114.51	234.51	191.52	392.23
平均值	36 179.51	66.57	470.18	339.36	596.36

① 有些组别只有3个国家(地区)。

(续表)

国家(地区)	人均 GDP (美元)	对外直接 投资总流入 (亿美元)	对外直接 投资总流出 (亿美元)	对外直接 投资人均流入 (美元)	对外直接 投资人均流出 (美元)
西班牙	29 718.50	229.04	306.88	495.12	663.39
塞浦路斯	27 245.74	6.79	21.76	779.57	2 497.79
巴林	24 855.22	9.57	−0.80	703.01	−58.58
沙特阿拉伯	24 406.47	80.12	53.96	259.40	174.70
斯洛文尼亚	24 001.88	15.64	−0.09	757.13	−4.52
葡萄牙	22 124.37	88.07	66.64	846.65	640.64
平均值	26 998.61	57.06	156.42	632.67	541.29
捷克共和国	19 502.42	59.09	−5.29	560.44	−50.21
阿曼	19 309.61	11.80	11.64	278.55	274.85
乌拉圭	16 737.97	27.55	0.13	805.52	3.80
立陶宛	16 489.73	2.17	−0.36	74.44	−12.34
圣基茨和尼维斯	15 739.05	1.20	0.02	2 183.47	44.08
拉脱维亚	15 692.19	4.74	1.37	238.03	68.75
平均值	13 675.86	88.46	46.65	623.10	165.11
格林纳达	8 573.69	0.40	0.01	380.25	5.02
黎巴嫩	8 148.64	30.70	18.93	547.05	337.29
白俄罗斯	8 025.30	17.98	−0.01	189.28	−0.09
哥伦比亚	7 918.08	160.54	38.99	335.91	81.58
阿塞拜疆	7 886.46	44.30	22.09	460.07	229.37
保加利亚	7 851.27	17.33	5.06	240.65	70.25
中国内地	7 587.29	1 285.00	1 160.00	93.83	84.71
平均值	6 668.32	86.77	64.95	247.37	59.81
伯利兹	4 884.37	1.41	0.03	401.18	7.77
约旦	4 830.98	17.60	0.83	237.38	11.24
巴拉圭	4 712.87	2.36	0.24	36.06	3.59
阿尔巴尼亚	4 588.65	10.93	0.30	378.41	10.52
突尼斯	4 328.90	10.60	0.39	95.26	3.54
蒙古	4 201.74	5.08	1.03	174.43	35.26
平均值	2 375.55	1 887.27	468.62	97.52	18.52

资料来源：世界银行统计数据库、联合国贸易和发展会议统计数据库。

从表1可以看出，经济发展水平——人均GDP与对外直接投资的关系。人均GDP在5 000美元以下时，人均对外直接投资流出量仅为18.52美元；人均GDP在5 000—10 000美元时,人均对外直接投资流出量平均为59.81美元,GDP的上升会带来对外直接投资的显著增长;当人均GDP由5 000美元增长至10 000美元时,人均对外直接投资流出量平均值增长率与人均GDP平均值增长率之比为1.23。当一国经济发展水平较低时,对外直接投资处于起步阶段且表现出稳步上升的态势。当人均GDP在10 000—20 000美元时,人均对外直接投资流出量平均值为165.11美元,比上组增长176.06%,人均GDP平均值比上组增长105.09%;可见,当人均GDP跨过10 000美元大关之后,人均对外直接投资流出量平均值增长率与人均GDP平均值增长率之比为1.68。此阶段国家(地区)经济水平快速提升,对外直接投资流出量增长加快,但是对外直接投资仍处于较低水平。当人均GDP在20 000—30 000美元时,人均对外直接投资流出量平均值为522.93美元,比上组增长216.72%,人均GDP平均值比上组增长75.04%。可见,当人均GDP超过2万美元时,人均对外直接投资流出量平均值增长率与人均GDP平均值增长率之比为2.89,此时人均对外直接投资流出量相对人均GDP增长较快,国家经济水平处于快速发展阶段,对外直接投资进入加速增长阶段。

因此,从表1的数据可以得到以下结论:人均GDP是影响人均对外直接投资流出数量的重要因素,按照2014年的数据,人均GDP突破1万美元时,对外直接投资进入快速增长阶段。统计资料显示,2015年福建省人均GDP首次突破1万美元大关,为63 472元,折合10 333美元;2015年为68 260元,折合10 959.5美元。[①] 福建省对外直接投资进入加速增长阶段,随着人均GDP的增加,对外直接投资增速将会继续加快。

二、福建省对外直接投资历程

自改革开放以来,福建省对外直接投资的发展历程大致可以分为如下三个阶段,即探索阶段、逐步扩大阶段、快速发展阶段。

1. 探索阶段(1978—2000年)

自改革开放以来,福建省初步形成了以经济特区和沿海开放城市为主,由浅入深、由内到外的全方位、多层次、宽领域的开放格局。在早期经济体制改革阶段,以外贸体制改革为主,加快外贸领域的简政放权,同时通过吸引外商直接

---

① 资料来源:各年份《福建统计年鉴》。

投资参与国际分工。此阶段福建省对外直接投资仅处于萌芽和探索阶段,对外直接投资的数额很少,亦没有相应的对外直接投资的统计数据。

2. 逐步扩大阶段(2001—2008年)

2001年颁布的《国民经济和社会发展第十个五年计划纲要》正式把"走出去"列入国家发展计划,同年中国加入WTO;2002年中共十六大决定实施"走出去"战略,市场开放水平明显提高,对外贸易以及对外直接投资进入了全新阶段。这一阶段,贸易体制按照WTO的要求进一步进行改革,同时福建省提出了建设海峡西岸经济区的战略构想。

在这一时期,福建省对外直接投资实现了快速增长。2004—2008年,福建省新批境外投资企业和境外分支机构由58家增至108家,年平均增长率为17.24%;新批中方协议投资额由0.33亿美元增至2.49亿美元,年平均增长率为128.66%;协议投资总额由0.51亿美元增至2.99亿美元,年平均增长率为99.05%(见表2)。

表2 2004—2008年福建省对外直接投资情况

年份	新批境外投资企业和境外分支机构(家)	新批中方协议投资额(亿美元)	协议投资总额(亿美元)
2004	58	0.33	0.51
2005	66	0.53	1.05
2006	73	0.87	1.72
2007	90	1.36	2.19
2008	108	2.49	2.99

资料来源:各年份《福建省国民经济和社会发展统计公报》。

2004—2008年,福建省非金融类对外直接投资存量增长489.38%、流量增长916.28%,年平均增长率分别为97.88%和183.26%。从福建省对外直接投资的存量和流量来看,这一阶段处于对外直接投资的初级阶段,具有数额小、增长快的特点(见表3)。

表3 2004—2008年福建省非金融类对外直接投资存量、流量情况

(单位:万美元)

	2004	2005	2006	2007	2008
存量	19 212	20 873	52 371	91 608	113 231
流量	1 591	4 253	9 584	36 847	16 169

资料来源:各年份《中国对外直接投资统计公报》。

3. 快速发展阶段(2009年至今)

2007年美国次贷危机之后,福建省加快了产业结构调整的步伐。福建省将省属企业"走出去"发展作为"十三五"规划的主要战略措施之一,鼓励十类省属企业"走出去",同时加强与"一带一路"沿线国家进行产业对接和融合。福建企业结合"一带一路"战略,加快"走出去"全球布局,充分发挥福建特色优势,合理利用国际市场,开展跨国经营。福建省政府在对外直接投资领域、财政和金融扶持、提供通关便利等方面也制定了相应的优惠政策。其中在财政扶持上,福建省级财政安排专项资金,采取项目贷款贴息、资源回运运费补助、保险费用补助等方式,支持企业开展对外直接投资合作业务。

从统计数据来看,2011年新批境外投资企业和境外分支机构增至200家,较2008年的108家增长了85.16%;2015年中方协议投资额为46.84亿美元,较2008年的2.49亿美元翻了四番。在这一阶段,福建省对外直接投资取得了飞速的发展。

从对外直接投资的存量和流量上来看,2014年福建省非金融类企业对外直接投资存量、流量分别较2009年增长206.86%和187.20%,年平均增长率分别为34.47%和31.20%。在对外直接投资存量和流量快速增长的同时,福建省对外直接投资的数额也跃升至一个新的高度(见表4)。

表4 2009—2014年福建省非金融类企业对外直接投资存量、流量情况

	2009	2010	2011	2012	2013	2014
存量(万美元)	158 800	196 773	244 754	323 701	396 778	487 290
流量(万美元)	36 582	53 495	53 028	85 705	95 249	105 064

资料来源:各年份《中国对外直接投资统计公报》。

三、福建省对外直接投资存在的问题

1. 总体投资规模偏小

尽管福建省对外直接投资发展迅速,但是其存量与其他省区相比,总体投资规模偏小。2014年,福建省非金融类企业对外直接投资存量仅为广东省的9.85%、北京市的16.42%、浙江省的31.70%,位列全国第11位。2014年我国非金融类企业对外直接投资存量和流量的省区分布如图1所示。从图中可见,我国非金融类企业对外直接投资的流量与存量相类似。2014年福建省非金融

类企业对外直接投资流量仅为广东省的9.64%、北京市的14.44%、浙江省的27.21%,位列全国第13位。

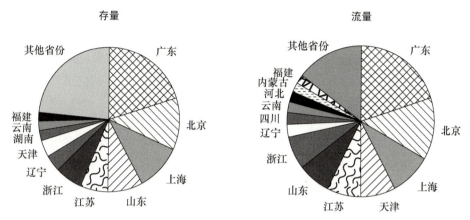

图1　2014年我国非金融类企业对外直接投资存量和流量的省区分布

对外直接投资情况与经济发展水平密不可分。2014年福建省GDP位列全国第11位,与福建省对外直接投资在全国的排名相近。2007年美国次贷危机发生后,福建省传统制造业受到冲击,经济增长速度放缓,出口形势较为严峻,这些因素都间接影响到福建省对外直接投资的增长速度。

同时,福建省对外直接投资水平还受到我国对外直接投资水平较低的制约。从我国对外直接投资额与当年GDP的比值来看,2014年、2013年分别为1.04%和0.98%,而世界上其他国家这一指标的一般水平为15%,发达国家高达20%,发展中国家相对较低,但也达到3%左右,因此我国对外直接投资水平不仅落后于发达国家,甚至不如其他发展中国家。相比于我国的经济总量,我国对外直接投资的总量偏小。这是福建省对外直接投资总量偏小的一个宏观背景。当然,总量偏小也就意味着以现有的规模巨大的生产总值为依托,未来福建省对外直接投资的增长速度将会进一步加快。

2. 中小民营企业活力不足

福建省对外直接投资的存量中,由福建省投资开发集团、武夷实业、福耀玻璃、厦门国贸等多家大型企业集团所贡献的份额占比超过80%,中小民营企业境外投资明显不足。这与中小民营企业缺乏对外直接投资能力、对外直接投资人才有关。同时,自然人对外直接投资数量庞大,但投资数额偏小,如福清市有新华侨40多万人,主要分布在日本、阿根廷、匈牙利等地,拥有数量庞大的超市、批发市场、销售网点,但经营规模都偏小,发展壮大的速度较慢。

3. 政府缺乏统一规划和有效引导

虽然在企业进行对外直接投资的过程中,我国政府颁布了一系列卓有成效的政策文件和方针政策,但在提供明确的政策引导、有效的制度保障和法律保护以及鼓励性的税收和资金、方便的信息和咨询服务等方面的支撑功能始终并不完善。当前福建省政府尚未形成统一的对外直接投资的管理体系,政府各部门之间的配合不够,行业协会尚未完全发挥其应有的职能。同时,对外直接投资的统计数据尚存在较大的欠缺,数据统计涉及多个部门、多个统计口径,但缺乏统一的统计口径引导与数据处理程序。对外直接投资是一项系统工程,企业在面对陌生的国际投资环境和较大的投资风险时往往缺乏把握投资方向和投资力度的能力,需要政府在分析统计数据、研判投资方向和投资风险的前提下为企业对外直接投资提供必要的信息辅导及有效的引导。

4. 企业对外直接投资的能力不足

福建企业往往不能有效地理解和掌握东道国特别是非洲、欧洲等国家的法律法规,对国外企业的运营方式认识不足,对于获取有关对外直接投资政策、东道国的投资环境等各方面信息的能力不足,这些都是制约企业成功实施对外直接投资的重要因素。此外,缺乏统一的对外直接投资信息服务平台,这就需要政府引导,收集权威的投资东道国宏观经济、法律、行政、要素成本、特定产业和特定投资项目等方面的信息,帮助企业提升信息搜集的能力,从而提高对外直接投资的能力。

5. 资金成本风险巨大,外汇审查复杂

我国的外汇审查和购汇手续较为复杂及严格,加上国内中小企业融资困难,一旦出现汇率的大幅波动,企业将会面临巨大的资金压力。这使得企业对外直接投资面临巨大的汇率风险与成本压力。未来需要在"一带一路"和自贸区建设中加快人民币资本项目下可自由兑换的步伐,缓解企业用汇困难,降低人民币汇率波动风险。

四、福建省对外直接投资的策略选择

1. 加快高新技术产业的对外直接投资

当前我国已经不具备劳动力成本低廉的优势,对外直接投资不仅受到国外劳动力水平和素质的影响,投资劳动密集型行业的利润相对较低,而且受到东道国文化的影响,存在管理困难等难题。因此,福建省应该加快对高新技术产业的对外直接投资步伐,由投资劳动密集型产业转向投资知识密集型产业。对发达国家的一些技术成熟的高新技术行业进行并购投资,不仅有助于绕过这些国家在高新技术方面的限制和封锁,而且可以缩短新产品开发周期,降低生产和研发成本,绕开技术壁垒。对于投资后的高新技术产业,不仅要加强管理,还要进行整合,不仅需要支持产品研发、增大产能等资本性开支,还需要对母公司的管理层如何分配人力和时间进行审慎思考,透彻分析海外子公司的管理文化和制度,梳理出子公司和母公司的接轨策略。

2. 重点支持第三产业的对外直接投资

发挥我国在第三产业领域的优势,积极发展金融服务业、软件业等第三产业的对外直接投资。开展对欧美等国家的直接投资,不仅可以避免贸易壁垒的局限,便于企业进入市场,而且可以学习国外先进的经验和技术,促进我国市场的发展。目前软件与信息服务业是厦门重点扶持的优势产业之一,厦门的软件服务产业可以与台湾的相关产业进行合作,把台湾作为向国际延伸的跳板,扩大软件服务业的对外直接投资。与此同时,金融服务业亦是福建省未来经济发展的重要推动力,要鼓励金融服务业参与对外直接投资,尤其是对台投资与对东南亚投资,让福建成为区域性的金融服务中心。

3. 巩固大型企业对外直接投资的优势,积极发挥中小民营企业的作用

大型企业集团是福建省对外直接投资的主导力量,在面对复杂的国际市场时,具备一定规模和实力的大型企业集团才能在残酷的竞争中占据优势。从长远来看,这是欧美各国对外直接投资的发展趋势,在当前的对外直接投资进程中,要巩固这一主导力量,鼓励各个企业之间的联系与合作,以形成具有强大竞争力的跨国企业集团。

在进行对外直接投资的过程中,福建省中小民营企业具有举足轻重的地位。中小民营企业不仅具有体制优势,而且产权关系明晰,能够根据当前的情况灵活地制定适合自身发展的经营策略,经营方式灵活。应当合理引导中小民营企业参与对外直接投资,帮助其寻找适当的合作伙伴,充分利用其资源快速进入当地市场,以最低的成本进行扩张和渗透,有效降低跨文化的风险,随着国际经验的不断积累逐步过渡到独资和跨国并购模式。

4. 建立服务全国的境外投资平台

2014年12月,国务院批准设立福建自由贸易试验区;同时,国家"一带一路"战略明确了福建作为"21世纪海上丝绸之路核心区"的地位。福建自贸区具

备优越的海港和空港优势,现有的国家级综合改革试验区和保税港区、保税区等多种形式的海关特殊监管区为福建自贸区奠定了良好的基础,可以在海关、检验检疫、外汇等监管模式和流程优化的基础上逐步建立接轨国际的投资贸易规则及运作机制。福建省应该以此为契机,鼓励企业设立境外生产基地,利用自身丰富的华侨资源,建成一个服务全国的境外投资平台。

5. 利用对台优势,加大对台直接投资力度

虽然两岸政治关系会面临短期波动,但从长期趋势来看,两岸和平统一是大势所趋,福建应继续利用区位优势,推动企业对台直接投资。台湾的产业结构以第三产业为主,金融服务业十分发达,未来福建企业对台直接投资的产业分布应继续以第三产业为主,尤其是加大金融服务业的合作,同时加强工业合作。短期来看,批发及零售业、运输和仓储业是福建省企业对台直接投资的重点产业。从长期来看,金融服务业将成为新的重点。在未来对台湾的直接投资过程中,双方应该着眼于通过投资实现优势互补,促进要素整合,形成海峡两岸共同发展的产业格局。

专题九

"一带一路"战略下福建省的
对外投资选择

建设"丝绸之路经济带"和"21世纪海上丝绸之路",是中央实施新一轮对外开放的重大举措。"一带一路"是指"丝绸之路经济带"和"21世纪海上丝绸之路",这是由习近平总书记于2013年出访中亚、西亚期间首次提出的。2014年博鳌亚洲论坛年会开幕大会上,中国全面阐述了亚洲合作政策,并特别强调要推进"一带一路"建设。国家发改委、外交部、商务部于2015年3月28日联合发布了《推动共建丝绸之路经济带和21世纪海上丝绸之路的愿景与行动》。其中,福建省作为"21世纪海上丝绸之路核心区"、排头兵和主力军,在这一战略布局中占有重要位置,为福建省的经济发展创造了重要机遇。

一、福建省在"一带一路"战略中的特殊优势

长期以来,福建省作为"海上丝绸之路"的发祥地之一,以及东南沿海重要省份和对外开放的先驱者,在发展对外贸易、联系东南亚和我国台湾地区方面积累了丰富的经验。历史积淀、深厚的经贸基础和得天独厚的自然历史条件使得福建省在"一带一路"战略下具有一种先天的优势,主要体现在以下几个方面:

1. 历史优势

福建省的泉州、福州和漳州,都是历史上"海上丝绸之路"的重要起点。其中,泉州港是"海上丝绸之路"鼎盛时期(即宋元时期)的主港之一,当时被誉为"东方第一大港",曾与近百个国家和地区有密切往来,海外贸易的繁盛给泉州带来了丰富的宗教、民族、文化,并与当地宗教、民族、文化相融合共发展。福州港是我国东南沿海的重要通商口岸,与广州、扬州、明州并列为唐代四大贸易港口,明代随着郑和船队在此驻泊与扬帆,福州港的商贸地位不断提升。漳州以月港为中心,是明代中后期至清代前期我国东南沿海地区海外交通贸易的中心,是我国"海上丝绸之路"的重要港口城市。

福建省是延续至今"活着的海上丝绸之路"的重要区域和重要节点。历史上"一带一路"曾经辉煌过,但又因各种原因中断或消失,然而以东南沿海为起点的"海上丝绸之路"从古至今在福建省一直没有中断过,特别是改革开放三十多年以来福建省一直走在全国前列,与世界各国和地区的经济、文化、人员交流规模不断扩大,水平不断提高。

2. 人文优势

历史上一些国家和地区的人民通过"海上丝绸之路"来到福建,其中,东南亚和阿拉伯国家的一些后裔在闽繁衍生息、开枝散叶,成为今天泉州人的一分子。泉州作为古代东方曾经的第一大港,也成为一个多种宗教、多种民族和多元文化融合并存的城市。"海上丝绸之路"的延伸使湄洲的妈祖信仰随着华人的迁徙遍布全球。据统计,东南亚 2 000 多万华侨华人中有 1 000 多万祖籍在福建,2012 年《福布斯》亿万富豪榜中,东南亚华商有 30 位,其中 24 位是闽籍;另据统计,台湾居民中超过 80% 是闽籍,香港居民中有 1/6 是闽籍,澳门居民中也有 1/5 是闽籍。海外福建人口的总数不比现有福建人口少,目前有 2 000 多座妈祖宫庙分布在世界各地,东南亚每年有数以万计的妈祖信徒来湄洲妈祖祖庙谒祖进香。当资本主义自由贸易在世界兴起时,漳州月港也应运而生。清中后期以十三行总商福建泉州人伍秉鉴为代表的闽籍商人,延续着"海上丝绸之路"的薪火。改革开放以来,一批又一批的福建人通过各种方式走出国门,遍布世界各地,成为新一代华侨,并积极融入当地社会,福建成为新华侨华人最多的省份之一。

3. 区位优势

福建省地处我国东南沿海,毗邻我国台湾地区,邻近东南亚,是"海上丝绸之路"的起点。其作为我国面向亚太地区的主要开放窗口之一,与东南亚、南亚、中东等国家或地区历史渊源深厚,友好往来历史悠久,经贸关系稳固密切,区位独特,优势明显。福建省现在拥有五个国家级战略规划,包括"21世纪海上丝绸之路"战略、平潭综合实验区、海峡西岸经济区、福建自贸区和赣闽粤原中央苏区振兴发展规划。这五大国家战略规划的叠加,为福建的崛起提供了广阔的平台和强大的动力,为福建深化改革、适应经济新常态、加快产业结构调整创造了重要机遇。其中,加快建设平潭综合实验区和海峡西岸经济区,有利于福建拓展和加强对台关系,积极吸引台资台商来闽投资建厂,促进福建经济结构的优化调整;有利于加强福建与广东、浙江等发达省份的经济交流,构建开放型经济发展新格局。而福建自贸区的建立和"21世纪海上丝绸之路"战略的实施,可以相辅相成、互为补充。

4. 经贸优势

福建省与"一带一路"尤其是"海上丝绸之路"沿线主要国家或地区经贸往来快速发展,产业互补性强。东盟是福建省"走出去、引进来"的重点区域。福建省主动融入中国—东盟的国家合作框架,对接中国—东盟自贸区建设。自2002年中国—东盟(CAFTA)自贸区建设进程正式启动以来,福建省对东盟贸易进入快车道,特别是我国于2009年与东盟签订自由贸易协议、2010年中国—东盟自由贸易区正式启动以来,福建省与东盟的经贸往来持续快速发展。表1是福建省对东盟各国的贸易出口额。据福建省统计局数据统计,2014年福建省对东盟主要成员国菲律宾的商品出口额为37.35亿美元,对泰国的出口额为20.77亿美元,对马来西亚的出口额为34.57亿美元,对新加坡的出口额为21.16亿美元;福建省对东盟各国的贸易出口额达到对整个亚洲出口额的1/3,占总出口额的10%以上。

表1 福建省对东盟主要成员国的贸易出口 (单位:万美元)

国别	2000年	2005年	2010年	2013年	2014年
菲律宾	13 669	42 498	167 682	412 674	373 544
泰国	9 247	26 149	93 315	168 757	207 663
马来西亚	17 160	47 458	194 220	368 724	345 729
新加坡	33 553	64 781	112 406	177 129	211 588

资料来源:《福建统计年鉴2015》。

表2是福建省对东盟各国的贸易进口额。从2000年至2014年,福建省从东盟主要成员国的贸易进口额增长迅猛,尤其是菲律宾,自2000年的3 934万美元增长到2014年的12.3亿美元。2014年,福建省从东盟各国的进口总额为50.86亿美元,占全部进口额的8%左右。双边贸易方面,2014年福建省对东盟

进出口总额为250.8亿美元,其中出口总额为167.3亿美元,东盟成为福建省的第三大贸易伙伴。截至2013年12月,东盟成员国来福建省投资的项目共计3811个,吸引外资119.97亿美元,实际到资84.67亿美元,是福建省的第四大外资来源地。截至2014年年底,福建省累计核准在东盟地区设立的境外企业和分支机构共192家(企业170家、机构22家),分布在东盟所有成员国中,累计核准对外投资额6.75亿美元,东盟成为福建省第二大对外投资目的地。

表2 福建省对东盟主要成员国的贸易进口额　　　　(单位:万美元)

国别	2000年	2005年	2010年	2013年	2014年
菲律宾	3 934	27 452	38 813	96 756	122 794
泰国	14 143	34 576	122 670	154 670	132 612
马来西亚	28 086	77 553	121 207	146 395	164 468
新加坡	13 641	50 249	51 225	77 077	88 707

资料来源:《福建统计年鉴2015》。

二、我国和福建省对外投资现状

福建省对外投资始于1979年,是全国"走出去"最早的省份之一,在国民经济中发挥了重要的作用。本专题先从地区和行业两个维度来分析目前我国海外投资的总体情况,然后具体分析福建省对外投资的现状。

1. 我国海外投资总体情况

从总体投资情况来看,根据国家统计局的数据,截至2014年,我国对外直接投资流量和存量分别达到1231亿美元和8826亿美元,相比于2013年分别增长了14%和33%,远高于同期世界水平。与全球海外投资水平跌落相反,我国对外投资的规模伴随着贸易的发展而不断扩大,我国完全可以借此加强对"一带一路"沿线国家和地区的投资。

从投资的国家和地区来看,截至2014年,对外直接投资存量总额达8826亿美元,其中有68.09%投资于亚洲。相应地,"一带一路"沿线国家和地区大部分都位于亚洲,仅有部分国家和地区位于东欧,因此可以预测我国对于"一带一路"沿线国家和地区的投资还有很大的增长空间。

根据地理位置区隔,"一带一路"沿线64个国家和地区可分为南亚地区、东南亚地区、西亚中东地区、中亚地区和中东欧地区共五个地区。从图1可以看出,2014年我国对"一带一路"沿线国家和地区的直接投资中,东南亚国家占据

53.70%,超过一半。对投资现状进行分析后,发现东南亚国家因地理位置因素与我国保持长期的贸易合作,因此也有较多的投资合作。而南亚地区、西亚中东地区、中亚地区和中东欧地区这四个地区的投资额比较均衡,但波动较大,主要取决于大型的国家间投资项目。从图2可知,我国的海外投资起步于2005年,但因贸易海运问题,东南亚地区的投资增速远远大于其他地区。从投资存量和增量上看,中国对"一带一路"沿线国家和地区的投资主要集中于东南亚地区,不利于分散风险,其他地区具有较大的发展潜力。

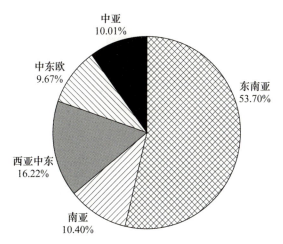

图1　2014年我国对"一带一路"沿线国家和地区的直接投资比例(按地区分)
资料来源:CEIC全球经济数据库。

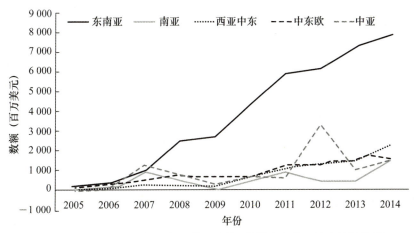

图2　2005—2014年我国对"一带一路"沿线国家和地区的直接投资额
资料来源:CEIC全球经济数据库。

最后,从行业分布来看,根据表3,截至2014年,我国对外直接投资存量最高的三个行业分别为租赁和商务服务业、金融业、采矿业,占总额比例分别为36.53%、15.59%、14.01%,而这三个行业在2014年我国对外直接投资流量行业分类中仍名列前茅。由此可见我国企业对外投资大多集中在租赁和商务服务业、金融业、采矿业、批发和零售业、制造业等具有较大资金运营成本的领域,从而不能有效地规避风险。在自身具有优势的基础设施建设上,中资企业还存在巨大的投资空间。同时,对计算机软件、科技等具有更高含金量的行业投资比重也较小。

表3 截至2014年按行业划分的我国对外直接投资存量(前五名)

行业	存量(亿美元)	占比(%)
租赁和商务服务业	3 224	36.53
金融业	1 376	15.59
采矿业	1 237	14.01
批发和零售业	1 030	11.67
制造业	524	5.90

资料来源:国家统计局官网。

2. 福建省对外投资现状

近年来,福建在国家实施"走出去"战略的激励和企业的努力下,对外直接投资活跃,境外企业资产总额已突破60亿美元。从2006年到2010年,福建省新批对外投资企业的数量、协议投资额和中方投资额不断上升,2010年后,这三个指标呈现下降趋势。但在2014年,福建对外投资下降的情况有所改变。据福建省商务厅统计,2015年福建省备案对外投资项目276个,对外投资额46.8亿美元,增长68.9%。其中,对印度尼西亚、柬埔寨、马来西亚、菲律宾、新加坡、越南、老挝等"海上丝绸之路"沿线国家投资备案项目合计48个,对外投资额13.8亿美元,同比增长2.7倍。主要从事远洋渔业、水产品加工、矿产开发、浮法玻璃生产等业务。投向印度尼西亚的项目11个,对外投资额7亿美元,占全省对外投资额的15%,位列"海上丝绸之路"沿线国家和地区第一位。2016年上半年,福建省备案对外投资项目321个,对外投资额达69.7亿美元。其中,对印度尼西亚、柬埔寨、马来西亚、菲律宾、新加坡、越南、老挝等"海上丝绸之路"沿线国家投资备案项目合计53个,对外投资额14.9亿美元,同比增长4.2%。主要从事采矿业、远洋渔业、现代农业、房地产等业务。

造成这一改变的主要原因是多方面的:首先,我国从2013年到2014年上半年国内经济面临下行压力,政府着手整治投资过剩、产能过剩,企业生产经营遇到较大的困难,于是开始把眼光投向海外,积极"走出去",在海外开拓新市场,发展新渠道。其次,西方国家为刺激经济复苏,大力吸引和鼓励外国投资,为福建企业"走出去"提供了难得的机会。最后,"一带一路"战略的实施在政策上为福建省对外投资提供了支持,同时,也增强了福建企业"走出去"的信心。

三、"一带一路"战略给福建省带来的机遇和挑战

凭借着"一带一路"战略的政策优势,福建企业必定能够从中获益,但同时也必须预先评估其中的风险和挑战。本部分在分析福建省对外投资特点的基础上进一步预估"一带一路"战略的实施可能给福建省及福建企业带来的机遇和挑战,力争找到借力"一带一路"发展战略的切入点。

1. 福建省对外投资的特点

(1) 对外直接投资主要流向香港。香港是福建企业"走出去"的窗口和贸易中转站,对于福建企业密切与境外客户联系、跟踪国际市场动态、拓展进出口业务等方面起着重要作用,企业可借助香港的低税率和简单税制、资本自由流动及多元化的金融工具、信息畅通、国际化的专业服务机构和人才等优势,解决福建"走出去"企业融资渠道不畅、中介服务机构不健全等难题。

(2) 对台投资成为新的亮点。福建与台湾一水相隔,在对台投资方面有着天然的地理和人文优势。截至 2014 年年底,台湾方面共批准陆资赴台项目 408 项,其中制造业 204 项,服务业 161 项,公共建设 43 项。大陆已有 230 家非金融企业到台湾设立企业或机构,投资金额 5.9 亿美元,投资领域涵盖零售、批发、金融、通信、餐饮、旅游等行业。

(3) 民营企业成为对外直接投资的主力军。随着福建民营经济的不断发展壮大,许多福建民营企业纷纷走出国门,开展对外直接投资,从事生产经营活动,涌现出紫金矿业、敦信纸业、九州方圆、福耀玻璃、新大陆、宏龙渔业等一批投资上千万美元的对外投资大型企业。2012 年福耀玻璃工业集团股份有限公司在俄罗斯投资设立子公司,协议对外投资额 2 亿美元;2014 年 1 月,福耀集团正式进军美国,在俄亥俄州原通用汽车公司旧址上新建汽车玻璃工厂,总投资逾 4 亿美元,成为福建企业在美国最大的投资项目,也是中国汽车零配件企业进军美国市场的最大手笔。

(4) 对外直接投资以沿海发达地区为主。截至 2011 年年底,福州、厦门两

市境外企业资产总额50.4亿美元,实现营业收入总额48.13亿美元,实现利润总额2.3亿美元,分别占全省总量的85.6%、92.7%、95.8%。2012年福州、厦门、泉州三市的新设境外企业家数占全省的比重为83.89%。民营经济实力相对较强、企业外向型意识比较突出、经济发展更加倚重国际市场是以上三市对外投资领先全省的主要原因。

(5) 对外直接投资推动境外加工贸易大发展。近年来,福建省积极扶持引导易受贸易壁垒影响的纺织、服装、鞋帽、家电、建材等行业的企业对外直接投资,在海外建立加工贸易生产基地。福建境外加工贸易企业主要涉及石材、塑料、手表、电机电器、服装、鞋类、石材、炉具等产品的生产加工,其中在国外建设工业小区是全国首创。福建省在俄罗斯、匈牙利、阿联酋、古巴设立的境外工业小区和投资贸易中心,有的已初具规模,产生了良好的辐射和带动作用。这种"政府搭台,企业参与,市场运作,政策扶持"的方法,积极引导企业赴海外投资,集聚有限的生产要素,推动中小型企业在跨国经营中整合资源,规避风险,降低成本,形成具有福建特色的"走出去"发展道路。

2. "一带一路"给福建对外投资带来的机遇和挑战

(1) 福建对外投资的机遇。"一带一路"战略的推行必将给福建企业带来巨大的改变,这种改变是随着"一带一路"带给中国、带给福建的改变而来的。"一带一路"将对中国和福建产生的影响具体如下:

第一,"一带一路"为福建提供了全方位的开放机遇。"一带一路"充分吸收东部沿海地区改革开放的经验,并且在此过程中极力避免政治因素对沟通合作的影响,强调互利共赢、平等合作,也突破了以前仅关注经济领域战略的局限,开始注重发挥文化的作用。之前我国的对外开放整体格局偏重于沿海地区的经济发展,而"一带一路"的实施则能及时调整这种不平衡,既为福州、厦门、泉州等沿海地区经济提供了转型的机会,同时也促进了内陆地区的对外投资和经济发展。

第二,"一带一路"为福建带来了增进与周边国家和地区交流合作的机遇。"周边是首要"体现出周边国家和地区在我国外交中的重要地位,我国政府认识到了同周边国家和地区进行外交将有利于我国同这些国家和地区的经贸合作,因此可以预见到福建与周边国家和地区的交流合作会进一步加强。同时,"一带一路"的实施将有利于缓解中日关系的紧张,加强与东盟的双边交往合作,增进彼此的战略互信。在更为复杂的南亚地区,则以斯里兰卡作为"海上丝绸之路"在印度洋的支点,促进印度与中国在摩擦中进一步合作。福建作为古代"海上丝绸之路"的起点,将从其中获得前所未有的对外投资机会。

第三,"一带一路"有益于增进我国的地区合作。"一带一路"连接了欧洲和亚洲,而沿线国家和地区在资源和投资方面有着巨大的互补性,所以"一带一路"将整合区域经济优势、促进各方合作。此外,由经济合作所带来的政治、军事合作,也能有效地应对亚太地区频发的恐怖主义事件,增强此区域的投资安全保障。投资环境的改善和投资回报的增加将为福建企业"走出去"提供巨大的动力。

第四,"一带一路"的溢出效应将助力于全球贸易增长。我国倡导的"一带一路"并不仅仅局限于追求自身的发展,而是追求开放的合作平台,这表明我国愿意与世界各国共同发展。所以"一带一路"能够加强我国与世界各国的联系,促进更为广阔的国际经济合作模式。福建企业在这种背景下,拥有了巨大的投资机遇:首先,"一带一路"将为我国和沿线国家和地区创造共同发展的机会,作为对外口岸的福建必将从中受惠。"一带一路"联通了中东欧、西亚中东、南亚和东南亚等地区,而这些地区的国家大多有待开发,同时又有着不同的资源禀赋,具有巨大的经济发展潜力,与福建省的经济有着较强的互补性,若能进行投资合作必将互惠互利。所以"一带一路"能够将福建省的发展与"一带一路"沿线国家和地区的发展联系起来,充分发挥各自的比较优势。福建省在制造业方面有着巨大的优势,而沿线国家和地区则对其有高需求,福建省可以借"一带一路"向沿线国家和地区提供资金和设备的支持。其次,"一带一路"战略的实施也使得我国与沿线各国和地区能够更加便利、低风险地合作,消除与各国和地区之间的贸易壁垒,实现更加快速的发展。贸易壁垒的消除将进一步促进福建省企业将生产中的部分环节转移到"一带一路"沿线国家和地区中成本较低的地区。通过上述对福建省对外投资情况的分析可知,现在福建省对"一带一路"沿线国家和地区的投资额还不高,有着较大的上升空间。此外,"一带一路"也使得福建企业对外投资有了更为多元的选择,带来广泛的区域经济合作和产业投资机遇。

(2)福建对外投资的挑战。"一带一路"在给福建对外投资选择带来多元性的同时,其沿线国家和地区巨大的差异也给福建带来了较大的风险和挑战,具体如下:

第一,政治风险。有些沿线国家和地区政局不稳定,政权更迭、当局办事效率低、战争爆发、社会动乱等一系列政治问题,将给企业的日常运营造成阻碍。如中亚地区仍然受到"颜色革命"的影响,这将造成社会的不稳定,使得政局更加复杂多变,并会转移执政者的注意力,难以与我国政府展开长远的合作,因此与福建省的合作也就产生了较大的不确定性。此外,中亚有着众多的民族、宗教，各国实行的政治制度不一、政局不稳，时常发生暴力恐怖和宗教极端事件，严重制约了福建企业的对外投资。另外，沿线国家和地区执政者对于我国提出"一带一路"的理解不一，一些国家和地区对于"一带一路"存在疑虑甚至偏见，而这种不理解和偏见，将会影响福建省在这些国家和地区的投资。如美国可能对"一带一路"采取反对或围堵战略，俄罗斯可能对其表示猜疑，印度可能表现为战略上的不合作，而日本则可能进行战略搅局。

第二，法律风险。因为"一带一路"所囊括的国家政体不一，其法律体系与我国存在差异，并且有些国家和地区的法律也不够完善，甚至一些国家和地区的法律法规会进行频繁的变动，给外资带来巨大的成本和不可控性。再者，这些国家和地区的法律法规容易对投资进行限制，如设置贸易壁垒等。福建企业在对外投资时将有可能面临投资、劳工、经营、贸易、环境等多方面的法律风险。

第三，经济风险。短期来说，全球货币政策可能存在分化的风险，发达国家经济体货币政策的突然变化很有可能会给"一带一路"沿线的发展中国家带来巨大的损失，从而使其面临资本外流抑或是本币贬值等压力。而有些国家和地区对于汇率政策采取不透明的方式，从而难以确定其实际汇率，还有一些国家和地区的货币币值存在不稳定的现象，通货膨胀将可能给福建企业的投资带来风险。中长期来看，则可能面临全球经济结构变化的风险。从短期的全球货币政策走向分化可以看出，发达国家与发展中国家都进入了一个深层次变化的时期，所以将会给"一带一路"的建设增加更多的不确定性。福建省在推动"一带一路"的过程中，要注意防范投资和融资的风险，巨大的资金投入会面临有效监管协调、构建风险预警系统、应对跨境风险等问题。此外，也要防范地方债务和主权债务的风险。

第四，安全风险。安全风险包含的领域很广：首先是自然风险。广袤的欧亚大陆有着多样的自然环境，自然灾害的发生毫无疑问会对工程进度、工程质量和员工安全造成影响。其次是环境风险。受我国长期以来经济发展大于环境问题这种观念的影响，福建企业对于环境保护的问题缺乏应有的重视，环境保护意识十分淡薄，所以福建企业对外投资很有可能对沿线国家和地区的生态环境造成污染。近年来，福建对外投资中已经有许多这样的案例。最后是极端势力的威胁。"一带一路"沿线国家和地区存在许多极端势力，比如目前在中东地区十分活跃的伊斯兰国（ISIS）极端势力，这些势力的存在对全球安全造成巨大的威胁，"一带一路"的建设和倡议与这些极端势力的意愿相冲突，所以很有可能会遭到他们的阻挠。可能还有某些非政府组织的威胁，这类形式的威胁，大多是借助对学生、青年等目标群体的宣传，利用其思想的不成熟，来达到目的,而大规模的抗议很有可能导致项目停工,严重的甚至可能造成打砸抢烧等更大程度的损害,这些都会对福建企业对外投资项目形成巨大的阻碍,使其遭受重大损失。

第五,道德风险。企业面临的道德风险主要表现在市场性道德风险和社会性道德风险两方面。市场性道德风险包括垄断和不正当的竞争给所在国和周边地区的市场造成一定程度的扰乱。福建企业在海外经营投资时往往需要进行融资,但是可能会出现使用违规手段(如信用违约、合同欺诈等)和逃避债务等现象。社会性道德风险包括对沿线国家和地区资源的消耗以及环境的污染。由于文化和风俗的差异,进行对外投资的企业可能对沿线国家和地区的居民生活造成影响。

四、"一带一路"战略下福建省对外投资的建议

过去十多年,福建企业在"走出去"方面取得了辉煌成就,如今更需要在全球产业链中占据更高价值的先进制造业和服务业方面发挥更加重要的作用。要实现这一目标,福建企业必须变得更具战略性、竞争力和效率,"一带一路"将成为新一轮福建企业走出去的指南针,为其带来新的发展机遇。

1. 政府层面

福建省政府应贯彻"走出去"战略,促进对外贸易、利用外资和对外投资协同发展。实施"走出去"战略是经济全球化和开放型经济发展的客观需要,是增强全球化资源配置能力和全球化运作能力、提升对外开放水平的有效手段。"走出去"是带动外贸发展的重要支撑。福建省政府作为宏观经济的一个把关者,应鼓励省内企业尤其是民营企业开展对外投资,通过建设境外经贸合作区、资源开发领域投资、制造业对外投资、参与"互联互通"建设等途径,鼓励并引导省内具有比较优势的生产过剩且符合国外市场需求的行业和产业向东盟国家等转移;可以从东盟国家入手,扶持具有相对比较优势的电子、机械、轻工、纺织、建材、医药、家用电器等行业到东南亚地区发展;从事境外加工贸易,开展东南亚地区的工程承包和劳务合作业务;充分发挥福建省设计、科研院所的人才资源优势,发展与东南亚国家在专业设计、技术服务和专业咨询等方面的经济技术合作。

2. 企业层面

(1) 充分利用开发性金融资源和海外投资运营平台。2015 年以来,"丝路

基金"、亚洲基础设施投资银行、中国国家开发银行等金融机构,以开发性金融的创新方式,为"一带一路"建设规划提供了有力的资金支持。福建企业应当充分利用我国政府打造的这个平台,使得国家开发性金融机构能最大化发挥先导和引领作用,结合开发性金融特点设计企业经营模式,共同打造产融结合的海外投资运营平台。

(2) 大力扩大投资区域。福建企业目前的投资区域大多集中在邻近东南沿海一带,其中与东盟国家的对外投资尤为突出。在"一带一路"的战略背景下,福建企业可以利用现有优势,以东盟国家为依托,增强对"丝绸之路"沿线国家和地区企业的投资。"丝绸之路"沿线国家和地区的投资需求不等,投资环境千差万别,经济发展水平也参差不齐,福建企业可以在综合考察各种外部因素之后,合理选择相应的国家和地区以及企业进行海外投资。

(3) 促进并实现产业转型升级。在国内,由于要素成本上升、市场供需变化使部分产业失去了价格竞争力,但在要素成本低、市场需求大的其他国家和地区,这些产业可以得到合理估值,重现生机。随着"一带一路"战略的推进,福建企业在研发、技术、品牌上将进行新的投入,引导福建省产业转型和再升级,为企业带来新的机遇。

(4) 努力提升企业的创新能力。"一带一路"战略的实施,必将引发不同国家和地区的区域创新,包括区域发展模式、产业战略选择、经济技术路径、区域间合作方式等。在克服"水土不服"、适应不同国家和地区环境的同时,福建企业通过学习借鉴海外成功企业的经验,推动企业发展模式、产业战略、技术路径、商业模式的改革和创新,其间的每个改革和创新都蕴含着无限的机遇。

专题十

福建自贸区金融改革的现状、比较与未来

一、四大自贸区金融改革的方向

随着全面改革开放的不断推进,金融领域的改革、开放与创新被摆到首要位置上,上海自贸区、天津自贸区、广东自贸区、福建自贸区都把金融领域的开放和创新作为重头戏,并各有特色和优势。上海自贸区力求制度层面的创新,天津滨海自贸区重在产业金融创新,深圳前海自贸区突出跨境金融业务创新,而福建自贸区则以推动两岸金融合作先行先试为核心。

可以从以下三方面对比分析上海自贸区和福建自贸区在金融创新方面的差异:第一,在定位差异方面,上海自贸区定位于国际金融中心,体系更加全面完善;福建自贸区定位于"推动两岸金融合作先行先试",在扩大金融开放的同时,给予台湾更多的优惠。第二,在发展重点方面,上海自贸区重在金融、贸易、航运领域;福建自贸区重在金融、贸易,特别是对台投资贸易自由等领域。第三,在核心优势方面,上海自贸区不仅具有长期积累及政策支持的金融基础,而且作为首例自贸区具有先发优势,对内对外具有样本意义;福建自贸区充分发

挥对台优势，率先推进与台湾地区的投资贸易自由化进程，重点建设两岸共同家园(平潭片区)、两岸区域性金融服务中心(厦门片区)和两岸服务贸易与金融创新合作示范区(福州片区)。

如果对上海、广东、天津和福建四个自贸区进行对比，其金融改革各有侧重点：货币自由兑换是上海自贸区发展目标中非常明确的内容；广东自贸区提出推动人民币作为自贸区与港澳地区及国外跨境大额贸易和投资计价、结算的主要货币；天津自贸区基于产业发展要求，将做大做强融资租赁业作为其金融改革的重要内容；两岸金融先行先试是福建自贸区的特色，其提出在对台小额贸易市场设立外币兑换机构，允许自贸区银行业金融机构与台湾地区同业开展跨境人民币借款等业务，支持台湾地区的银行向自贸区内的企业或项目发放跨境人民币贷款等。

表1比较了四个自贸区总体方案中金融改革方案的异同点。

二、福建和上海自贸区金融创新的比较

考虑到上海自贸区具有长期积累及政策支持的金融基础，国家层面通过首例自贸区的先发优势寄望其对内对外具有样本意义，且力求制度层面的创新，体系更加全面完善，在进行自贸区金融创新的横向比较时，我们侧重于将福建自贸区与上海自贸区进行比较，主要从扩大金融对外开放、拓展金融服务功能和推动两岸金融合作先行先试三个层面进行比较、分析。

(一) 扩大金融对外开放方面的横向比较

在金融对外开放方面，上海自贸区有较大的优势。2014年5月，央行上海总部建立的自由贸易账户系统正式投入使用，围绕贸易和投资便利化的金融改革政策全面实施。自由贸易账户为资本项目可兑换等后续改革提供了很好的载体。证券、保险等监管部门均可以利用这个载体和工具，对相应的改革予以推动和开展，不再需要人民银行出台相应的账户细则。

上海自贸区围绕自由贸易账户进行了大量金融创新：

(1) 出台了自贸区分账核算业务实施细则和审慎管理细则，开展财务公司分账核算单元建设，通过境外发行大额同业存单补充分账核算单元的流动性，实现商业银行分账核算境外融资、自由贸易账户间参代理业务等。

(2) 利用自由贸易账户，简化人民币涉外账户分类，促进贸易、投融资结算

专题十 福建自贸区金融改革的现状、比较与未来

表1 四个自贸区总体方案中金融改革部分的异同

		相同点	不同点			
			上海	广东	天津	福建
主要任务和措施	创新金融改革	四个自贸区均提出在金融方面改革创新，主要改革创新人民币资本项目下的可兑换	《进一步深化改革开放方案》没有明确上海自贸区金融改革方面的具体措施，金融改革"新51条"主要包括五方面的内容，分别为加快人民币资本项目可兑换先行先试、扩大人民币跨境使用、扩大金融业对内对外开放、建设面向国际的金融市场、以及完善金融监管	在自贸区内试行人民币资本项目限额内可兑换，将直接投资外汇登记下放给银行受理 ① 以推进人民币业务的跨境发展和促进自由化港澳适应服务贸易自由化的金融创新为重点；② 健全自贸区金融风险防控体系	① 投资准入方面，负面清单外的项目可直接到银行进行登记，允许在自贸区设立外商独资银行和中外合资银行，扩大外资进入大银行业；② 融资方面，推动人民币业务创新发展，推行借款和融资业务创新的运作机构服务中小企业的运作机构降低海外企业融资，帮助企业到国外借款和融资，降低企业融资成本，鼓励金融机构服务中小企业； ③ 率先推进租赁业创新，形成与国际接轨的租赁业发展环境	以"推动两岸金融合作先行先试"为核心，在扩大金融开放的同时，给予台湾更多的优惠： ① 为台湾金融机构在自贸区开放绿色通道； ② 不再限制台资持股管理公司中合资持股的比例； ③ 为两岸金融纠纷提供多元化的解决渠道

便利化。跨境结算方面的金融创新有：开展跨境电商人民币支付结算，经常项目下跨境人民币集中收付，大宗商品衍生品交易结售汇服务，经常项目下人民币跨境集中收付和轧差净额结算，个人经常项目下跨境人民币结算，沪港两地居家费用电子账单跨境支付平台，分账核算单元以离岸市场价格提供汇兑服务，开立跨境人民币信用证等。跨境融资方面的金融创新有：支持企业从境外借入人民币资金，境外银团人民币借款，分账核算单元下发放流动资金贷款，向区内及境外主体提供本外币一体化的自由贸易账户融资服务，多品种混合银团贷款，跨境人民币项目下代理福费廷业务等。

（3）为企业"走出去"提供综合金融服务创新，包括股权投资企业跨境投资流程简化，以备案制代替审批；境外上市公司股权收购；"走出去"企业融资服务，包括内保外贷、银团贷款、并购贷款、离岸贷款等；跨境并购融资，三方联动跨境银租保业务，股权质押跨境并购融资；为"走出去、引进来"企业打造专属的自贸区全球金融服务直通车等。

（4）进一步落实外汇管理改革措施，将直接投资外汇登记下放给银行管理，外商直接投资项下外汇资本金意愿结汇；外债资金意愿结汇；简化经常项目外汇收支流程；统一内外资企业外债政策，建立健全外债宏观审慎管理制度；建立境外融资与跨境资金流动宏观审慎管理框架；支持跨国公司外汇资金集中运营管理，支持区内投资型跨国公司外汇资金集中管理；实施金融监管创新，对于先行先试的非行政许可类新产品、新业务，可率先试点等。

对比上海自贸区在扩大金融对外开放方面的措施，福建自贸区的三个片区在该领域的创新主要体现在以下几个方面：

（1）在促进跨境结算便利化方面的金融创新：（厦门）率先建立跨海峡人民币代理清算群，简化经常项目外汇收支流程，两岸通速汇款"快顺省"，新台币现钞兑换，设立"两岸人民币清算中心"。（福州）推出"整车平行进口通宝""中银跨境E商通"服务整车进口和跨境电商企业，中国—东盟海产品交易所试点开展个人跨境贸易人民币结算业务。（平潭）在对台小额贸易市场设立外币兑换机构，开通新台币直购两岸直航船票、直兑人民币等。

（2）在跨境融资方面的金融创新：（厦门）开展对台跨境人民币贷款试点，利用全球授信模式降低跨境贷款成本，创建银保四方融资新模式。（福州）区内台资企业通过证券公司在海峡股权交易中心设立委托债权产品并挂牌，融资用于其向境外子公司增资。（平潭）开展两岸跨境直贷融资，拓展闽台银团贷款等。

（3）为企业"走出去"提供金融服务：（厦门）金融机构为企业"走出去"提供融资支持，以及海外投资保险、海外融资租赁险、出口买方信贷保险等保险保障。(福州)运用"对证通"产品,以开立子母证的方式,支持区内大型船舶企业海外子公司业务发展等。

(4) 其他扩大金融开放的措施或创新:(厦门)实行外债意愿结汇,建立跨境双向人民币资金池,优化区内金融机构准入制度,建立区内金融信息联合统计制度。(福州)实行"5+2"监测报表体系。(平潭)开展外债比例自律管理试点,外资企业资本金意愿结汇,直投外汇登记等。

整体来看,上海自贸区在围绕人民币国际化和资本账户开放的既定国家金融战略方向上,在账户管理体系建设、促进贸易和投融资结算便利化、为企业"走出去"提供综合金融服务以及其他扩大金融开放的政策措施方面都推出了大量金融创新举措,特别是在自由贸易账户建设方面,体系非常全面完善,充分发挥了示范带动的积极作用。而福建自贸区的三个片区在上述金融对外开放领域也做了很多工作,形成了自身的特色和亮点,如在跨境贸易和投融资便利化方面率先建立人民币代理清算群,开展新台币现钞兑换,设立两岸人民币清算中心,开展两岸跨境直贷融资,并利用全球授信模式降低跨境贷款成本,拓展闽台银团贷款,推动区内台资企业通过证券公司在海峡股权交易中心设立委托债权产品并挂牌等,确实起到了"推动两岸金融合作先行先试"的作用。

(二) 拓展金融服务功能方面的横向比较

上海自贸区在利率市场化、离岸金融中心建设、促进区内金融机构集聚和金融交易平台建设等拓展金融服务功能方面也进行了大量创新。具体包括:

(1) 利率市场化方面的创新。实现外币存款利率完全市场化,跨境同业存单发行、交易与信息服务,自由贸易账户项下利率互换交易,发布中国信用债指数等。

(2) 离岸金融服务方面的创新。共同建设欧洲离岸人民币证券市场等。

(3) 促进区内金融机构集聚的措施。促进银行业区内集聚的创新主要有:中外资银行在自贸区内设立分支机构,对区内中外资银行机构准入报告事项,部分由事前报告调整为事后,就银行开展跨境金融业务审慎管理要求等建立同业协调与自律机制等。促进保险业区内集聚的创新主要有:开展保险专业中介机构股权信息监管改革试点,保险公司在区内设立分支机构,保险公司在区内设立养老产业投资管理机构,创新航运保险协会条款,推出无船承运经营者保证金责任保险条款,开展跨境再保险业务,实施航运保险产品注册制,发行国内首单保单质押贷款资产证券化产品,成立国内首家中外合资再保险经纪公司等。促进类金融业发展的措施包括:促进区内融资租赁业发展,开展自贸区首单飞机和首单船舶租赁业务,准许金融租赁公司在区内设立子公司;资产管理公司依托自由贸易账户开展应收账款收购。另外,还开展了科技金融服务的创新,包括:远期共赢利息,创业保障保险,为初创科技企业投贷联动提供金融服务,科创企业金融服务云方案等。

(4) 金融交易平台建设方面的措施。例如,进行金融衍生品交易创新,开展美元兑人民币自营掉期交易;上海黄金交易所设立国际板,启动"黄金沪港通",推出"上海金"人民币集中定价交易;开展大宗商品现货交易市场一站式金融服务;发行大宗商品现货交易市场跨境电子商业汇票;推出"科技创新板"等。

对比上海自贸区在拓展金融服务方面的措施,福建自贸区的三个片区在该领域的工作主要有:

(1) 利率市场化方面的创新。(福州)设计新的金融产品,将区内企业贷款由浮动利率转为欧元固定利率,开展大额存单业务等。

(2) 离岸金融服务方面的创新。(厦门)设立离岸业务服务中心,实现跨境客户一站式服务。(福州)多家银行设立离岸金融业中心等。

(3) 促进区内金融机构集聚的措施。促进银行业区内集聚的创新主要有:(厦门)中外资银行在区内设立分支机构,探索设立自贸试验银行,为台资银行落户开设绿色通道,航易贷,区内信用查询便利化,银税互动,发行信贷资产支持证券,经评估确定切实可行的银行创新业务,区内可先试先行。(福州)设立"海峡两岸跨境金融中心",台资银行落户区内并开立同业账户。(平潭)实行台企台胞征信共享,创新"联保贷款""互助基金""民生微贷"等,银农合作,探索银行对接工商局商事系统试点,创新"投融保"模式,为入驻台湾创业园的企业提供资金扶持等。促进保险业区内集聚的创新主要有:(厦门)引入第三方仲裁机制,搭建小微企业出口信用保险平台,推进海关事务保证保险。(福州)区内保险支公司高管任职资格由行政审批改为备案制,台资保险机构落户区内。(平潭)设立福建省保险业产品创新研发中心、保险消费者权益保护服务中心和保险消费者宣传教育中心,简化区内保险机构和高管准入方式等;批准设立闽台合资全牌照证券公司等。促进类金融业发展的创新有:(厦门)融资租赁企业境外筹资转贷款,设立"三合一"牌照(租赁、商业保理、贸易)融资租赁公司,实现异地航空公司飞机租赁业务,设立创新工场基金,设立台商转型基金,设立百亿规模产业引导基金。(福州)金融机构引入股权投资基金,设立科技产业股权投资母基金——紫荆海峡母基金。(平潭)设立多只政府产业投资基金等。

(4) 金融交易平台建设方面的措施。(厦门)设立厦门国际金融资产交易中心,代理台湾地区的银行债券交易。(平潭)出台自贸区交易场所管理办法、评审机制,拓展海峡股权交易中心的台资企业融资等。

另外,还开展了保税展示交易内销货物电子化"分段担保"模式、区内企业"集中汇总征税通关"保函业务(厦门)等,降低企业的经商成本。

三、福建自贸区金融改革的未来方向

(一)继续推进人民币资本项目可兑换

在总体方案中提出,符合条件的机构在限额内自主开展直接投资、并购、债务工具、金融类投资等交易。这项政策是福建自贸区金融改革的重要亮点,是推动人民币资本项目可兑换迈出的实质性步伐,具有里程碑式的意义。政策的实施使得在一定限额内资本项目下的交易可以由区内符合条件的经济主体自主开展,而无须此前的行政许可手续。在《央行关于金融支持福建自贸区建设的指导意见》中指出,在自贸区内注册的、负面清单外的境内机构,按照每个机构每自然年度跨境收入和跨境支出均不超过规定限额,自主开展跨境投融资活动。未来应进一步出台实施细则,具体落实该条款,继续推进人民币资本项目可兑换。

(二)尽快建立和完善统一的信息平台

在总体方案中提出,建立自贸区内企业信用信息采集共享和失信联动惩戒机制,开展使用第三方信用服务机构的信用评级报告试点。目前,福建各地区乃至全国的信息平台建设的现实情况是"九龙治水",包括工商、财税、金融、海关、公安等各个部门掌握各自的信息,且互不相通。这种状况对于福建自贸区推动金融创新、探索事中事后监管模式,对于金融机构评估企业信用水平等都是非常不利的。福建自贸区探索新型金融监管模式,必然要依靠全面的、统一的信息平台支持,不能只依靠传统的监管指标;金融机构评估企业信用水平、控制风险,也必须依靠大量的企业信息和交易数据,不能再依靠传统的指标控制和担保机制。因此,加快统一的信息平台建设已是迫不及待。

(三)推动自贸区金融改革创新与厦门两岸区域性金融服务中心的联动机制建设

在《央行关于金融支持福建自贸区建设的指导意见》中指出,支持建立自贸区金融改革创新与厦门两岸区域性金融服务中心建设的联动机制,深化两岸金融合作。近年来,厦门两岸区域性金融服务中心建设积累了很多经验,对自贸区金融改革创新有借鉴价值。自贸区金融改革的创新探索,特别是对台金融合作先行先试,也是厦门两岸区域性金融服务中心建设的重要内容、实现的必要条件和必经之路。如果自贸区在金融改革上取得实质性突破,经复制和推广后,将大大加快厦门两岸区域性金融服务中心的建设步伐。因此,需要进一步推动自贸区与厦门两岸区域性金融服务中心建设之间的联动,包括空间联动,即自贸区与两岸区域性金融服务中心空间载体之间的联动;与政策机制的联动,即相关的金融开放政策在自贸区试验成功后,两岸区域性金融服务中心再复制推广。

(四)推动自贸区账户管理体系建设,增强区内外资金互动机制

在总体方案中指出,建立与自贸区相适应的账户管理体系,完善人民币涉外账户管理模式,简化人民币涉外账户分类,促进跨境贸易、投融资结算便利化。在《央行关于金融支持福建自贸区建设的指导意见》中也指出,探索建立与自贸区相适应的账户管理体系,为符合条件的自贸区内主体,办理跨境经常项目下结算业务、政策允许的资本项目下结算业务、经批准的自贸区资本项目可兑换先行先试业务。

推动自贸区账户管理体系的建设,不仅仅是让区内机构在区内银行开立资本项目——投融资账户,办理限额内可兑换相关业务,更重要的是研究如何优化账户管控机制,增强区内外资金互动机制。投融资账户建立后,区内企业不仅可以通过该账户在区内开展投资汇兑、经常与直接投资项目下的跨境资金结算,境外人民币离岸市场低成本融资汇兑的路径也已走通。因此,从账户体系建设的角度,探索区内与境内区外资金流动总量管控模式就非常重要。要避免出现两种情况:一是区内外无资金不流动,区内形成一个"飞地"型的离岸中心,这不是自贸区建设的目标;二是大量热钱从区内区外进出,干扰国内经济和金融市场。未来的管控模式应该是按照企业投融资汇兑需求预测实行自贸区"年度总额控制"的模式,央行等监管部门分阶段扩大或收缩汇兑额度,同时提升金融机构开展业务的自主性。

(五)继续推动对台金融合作先行先试

总体方案的内容非常丰富,是福建自贸区建设最有特色的内容之一。福建自贸区的三个片区已经进行了很多工作,但仍有进一步改革创新的空间,具体可开展以下工作：

在《海峡两岸经济合作框架协议》(ECFA)框架下放宽台湾金融业准入条件：① 研究探索自贸区金融服务业对台资进一步开放，降低台资金融机构准入和业务门槛，适度提高参股大陆金融机构持股比例，并参照大陆金融机构监管。② 探索允许台湾地区的银行及其在大陆设立的法人银行在福建省设立的分行参照大陆关于申请设立支行的规定，申请在自贸区内设立异地（不同于分行所在城市）支行。③ 允许自贸区内大陆的商业银行在从事代客境外理财业务时，可以投资符合条件的台湾金融产品；允许台资金融机构以人民币合格境外机构投资者(RQFII)方式投资自贸区内的资本市场。上述试验任务需在 ECFA 框架下推进，如果绕开该框架推进，这些单独对台扩大开放政策的实施会涉及违反 WTO 成员方"非歧视性"原则的问题。因此还需要进一步研究推进的可行性。

(六) 推动厦门片区两岸区域性金融服务中心、福州片区两岸服务贸易与金融创新合作示范区和台湾离岸人民币中心的合作对接

厦门片区两岸区域性金融服务中心、福州片区两岸服务贸易与金融创新合作示范区与台湾离岸人民币中心，以及福建自贸区与台湾自由经济示范区的对接，是福建自贸区未来的重要发展方向之一。具体做法有：① 对接福建自贸区和台湾示范区的金融开放渠道，对接两者的离岸人民币业务，有必要明确具体路径和制定推动合作的行动纲领。② 尽快落实台湾对大陆的 RQFII 投资，在此基础上增加台湾的 RQFII 额度。由于受 ECFA 延迟的影响，台湾对大陆的 RQFII 投资资金未落到实处，两岸金融界有必要通过合作推动和落实台湾对大陆的 RQFII 投资。③ 在大陆和台湾之间建立基金互认机制，这是大陆与台湾未来进行人民币业务合作的重要渠道之一。④ 加强福建和台湾金融机构、学术界和金融监管部门的交流，建立负责推进交流的职能部门，探讨进行金融合作与货币合作的具体路径。

(七) 借助资本项目开放推动企业"走出去"

在总体方案中指出，改革境外投资管理方式，将自贸区建设成为企业"走出去"的窗口和综合服务平台。建议利用福建自贸区资本项目开放先行先试的机遇系统出台支持企业"走出去"以及海外并购的金融政策，不仅通过资本项目开放方面的政策支持企业顺利完成海外投资和并购，而且支持企业在完成海外投资或并购后实现成功运营，将福建打造成为国内重要的企业"走出去"和海外并购高地。

在金融方面支持企业海外投资或并购可采取以下政策：① 放宽企业海外投资或并购的贷款条件,适当降低贷款中自有资金的要求,可以将目前规定的最长5年并购贷款期限适当延长。② 通过政府分担风险的方式鼓励国开行等政策性金融机构积极向企业发放海外投资或并购优惠贷款。③ 将投贷联动模式引入企业海外投资或并购贷款业务。④ 允许相关企业通过福建自贸区直接在境外资本市场筹措资金,形成与国际金融市场和金融资源的有效对接。

针对企业海外投资或并购中的风险,建议借助福建自贸区进行保险业务创新,降低风险。具体做法如下：① 鼓励国内保险公司积极开发和推广海外并购保险品种,如针对人民币汇率弹性不断加大的特点推出海外投资或并购汇率保险,帮助企业降低汇率变动所造成的风险。② 加大保险业对外开放力度,引进国际上在服务企业海外投资或并购中有丰富经验的外资保险机构。③ 通过政府补贴和与政策性保险机构分担风险以降低保费等方式支持企业积极投保海外投资或并购保险。

(八) 实现福建自贸区和我国"一带一路"战略的联动

加大福建自贸区和我国"一带一路"战略联动的力度,具体做法如下：① 围绕"一带一路"战略进一步加大福建自贸区金融开放试点的力度,解决人民币跨境投融资的体制机制障碍。② 借助"一带一路"战略实施的机遇,利用福建自贸区的平台作用,推动人民币海外直接投资(ODI)的发展,鼓励更多的金融机构和国有以及民营企业围绕"一带一路"战略用人民币到海外进行投资。③ 利用沿线国家和地区对华大宗商品贸易的重要地位,推动福建自贸区大宗商品国际平台建设和期货市场建设,积极推动沿线大宗商品实现人民币计价结算。目前可大力发展中国—东盟海产品交易。④ 利用沿线各国和地区发展跨境电商的地理优势与文化优势,大力支持福建自贸区电商的人民币计价和跨境支付。"一带一路"沿线特别是东南亚国家和地区华侨集聚,对中华文化有较高的认同,语言和消费习惯方面的障碍比较小,可以成为福建自贸区跨境电商和人民币计价的重要推动区域。

专题十一

基于 Metafrontier-SFA 模型的股票市场效率比较研究：来自海峡两岸股市数据的实证分析

一、引言

股票市场是一个国家或地区进行金融资源集中配置的场所，是整个金融体系的核心。股票市场效率主要包括三个层面：信息效率、资本配置效率和股权融资效率。从宏观层面来看，如何完善股票市场的运作机制、提高市场流动性、加强监管，从而将最稀缺的金融资源以最优的成本配置给运作最有效、成长最有潜力的上市公司，进而获得最高的盈利能力，将是每一个国家资本市场发展的目标。从微观层面来看，股票市场效率关乎每一个融资企业和投资者的利益。

中国大陆股票市场自1990年沪深交易所建立以来，经历了20多年的长足发展。截至2016年7月31日，沪深两市的上市公司数目达到2 900家。在市场不断扩容的同时，大陆的证券交易机制逐步完善：先后建立了主板、中小企业板、创业板和新三板来满足不同层次企业的融资需求，启动了合格境外机构投资者(QFII)试点和"沪港通",2016年12月5日"深港通"正式启动,未来还将逐步放宽限制,吸引更多海外资金的注入;同时,监管层正稳步推进注册制改革和退市制度,从而保护中小投资者利益。诸多制度建设的共同目的在于使"市场的手"完全发挥优胜劣汰的自主选择功能,让投资者形成价值投资理念,使股票价格回归理性和均衡,从而提高市场整体的运作效率,进而更好地发挥投融资功能。相比之下,台湾股票市场已经运作了52年,拥有上市公司854家,总市值达到26.89万亿新台币,年成交量为5 670亿股,证券化率高达170.68%,是全世界发展相对成熟的股票市场之一。它已经形成包括"交易所—上柜市场—兴柜市场—创柜板"等多层次的市场结构,其中总股本在5亿新台币到50亿新台币间的中小企业超过总市值的63%;海外投资者持股市值超过20%,同时还建立了成熟的"双轨制"信用交易制度,并形成了价值投资的风格。

由于台湾地区股票市场成熟而稳定的运作,加之在文化和地缘上也与大陆比较接近,因此相比其他发达经济体资本市场的发展历程,它的经验和教训将更适用于大陆。随着2009年11月《海峡两岸证券期货监管合作备忘录》的签订,两岸建立了证券市场合作的框架,双方将发挥信息和机构的协同作用,加强两岸专业人员的沟通交流,从而促进两岸证券期货市场的健康发展。因此本专题将股票市场效率限定为股权融资效率和资本配置效率,以中证100和台湾50指数成分公司为视角,采用Metafrontier-SFA模型计算大陆和台湾股票市场2009—2013年的股权融资效率和资本配置效率,并进行效率项的拆解与比较,从而得出有助于提高大陆股票市场效率的可行性建议。相较于前人,本研究视角独特,对效率的界定更加全面;且在股票市场效率的计算过程中引入共同边界概念,从而使得大陆和台湾股票市场效率的可比性大大提高。

二、文献综述

股票市场效率的界定源于Fama(1970)经典的有效市场假说,他认为若一个市场是完全有效的,则所有可得信息将完全反映在股价变动中,并满足随机游走过程,故投资者无法预测股价变动。之后涌现出大量对于亚洲、拉丁美洲和中东地区股票市场有效性检验的文献。此外,少部分学者从更广义的角度对股票市场效率进行了界定,Robinson和Whiteman(1974)将市场效率细分为市场运作效率和配置效率。West(1975)将市场效率区分为内部有效和外部有效,外部有效也即Fama所定义的信息效率,着眼于市场结构;内部有效则着眼于市场参与者,即能够在给定的交易成本下,提供给可能的交易双方以最低的成交价格,这就要求有足够多做市商的存在。吴世农(1996)和刘占涛(1999)均采用West(1975)的界定;唐齐鸣、叶俊(2002)则主要关注内部效率;杨士军(2003)、缪晓波、熊平和冯用富(2009)认为股票市场效率可以分为两部分,其中内部效率是股票市场自身进行资源配置的能力,因此包括定价效率、配置效率和交易效率,而外部效率则是通过财富效应与宏观变量的共同作用提高社会总产出的能力;王锦慧、王倩(2011)认为股票市场效率即资本市场调配资金的效率,也即资本配置效率。

而在实证研究方面,对于信息效率,实证研究手段已经趋向成熟并形成体系:根据史代敏(2004),对于弱有效市场假说的检验,一般采用随机游走模型、股价波动的自相关检验和收益率波动的自回归检验。对于半强有效的检验,Fama、Fisher(1969)对股票分拆事件前后股价变动情况进行详细分析,结果表明在消息宣布之前,股票价格就已开始上涨,而在消息正式宣布时,市场已经完全消化了这一信息,因此股票价格将逐步回落。对于强有效市场的检验,主要是考察掌握了公司内幕消息的人员或者是专业的机构投资者是否能够利用信息获得超额收益,在检验方法上尚未达成一致意见。

对于资本配置效率,目前的研究方法可以分为三种。第一种研究方法是根据Tobin(1969)提出的Q值理论,用企业的市场价值与净资产的重置成本之比来表征当地股票市场的资本配置效率。若企业的盈利能力很强,则会不断吸引投资从而提高Q值,说明资源配置是有效的,反之则反。左正强、张永任(2011)对我国A股市场2009年的151只样本股建立融资与Tobin Q值的线性模型,从回归系数发现我国A股市场存在资源错配现象,是缺乏效率的。第二种研究方法与第一种方法类似,采用典型的Jeffrey(2000)行业资本配置效率的线性模型或改进形式,他认为,若某个行业资本回报率高,则市场会对其追加投资,进而实现较高的资本配置效率,故建立了行业固定资产存量的变化率对行业增加值的变化率的线性方程,所得的回归系数将反映出市场对于该行业投资的变化情况。这一方法后来被广泛运用到分行业、分地区和分市场的资本配置效率的定量计算中,韩立岩(2002)对我国工业行业1990—1999年的年度数据建立Jeffrey模型定量计算资本配置效率,其中以总资产为自变量、净利润为因变量,结果发现我国的资本配置效率整体较低,且在20世纪90年代末期出现明显的恶化迹象。第三种研究方法是通过上市公司的微观数据,建立投入—产出的效率评价模型,研究股票市场的资本配置效率。易荣华、达庆利(2004)将市场中每一家上市公司作为DEA模型中的一个DMU,通过市场的运作将关于上市公司特征的投入转化为反映其能力(包括盈利能力、股票价格等)的产出。因此他们选取54只B股上市公司为样本,采用DEA模型计算我国B股市场效率,结果显示B股市场效率在缓慢提高,且波动性有所降低。

对于股权融资效率,Sayuri Shirai(2004)将新增的银行贷款、债券发行和股票发行量作为自变量,将投资作为因变量,构建线性模型,从回归系数得出股权融资对投资的促进作用,从而测算我国股票市场的融资效率。国内早期的研究结果主要采用定性方法,最早提出"融资效率"一词的是曾康霖(1993),他认为影响融资效率的因素包括微观层面的融资约束、风险偏好和信息,以及宏观层面的市场发达程度、货币政策及作用对象等。宋文兵(1998)认为融资效率包括交易效率和配置效率,前者反映成本,后者相当于Tobin的"功能性效率",并得出股权融资效率低于银行贷款的结论。而2004年之后的研究开始基于上市公司的微观数据,采用DEA或SFA的定量方法探讨融资效率问题,而研究对象也逐步扩大到不同层次资本市场的上市公司。何枫、陈荣(2008)选择2002—2006年沪深股市中家电、纺织和有色金属三大行业200家上市公司为样本,分别以产品附加值和主营业务利润为产出指标,建立SFA模型两次计算了企业效率。沈友华(2009)选择沪深两市60家国有企业和深市中小板市场60家民营企业2003—2008年的季度数据为样本,从企业融资形式、规模、股权结构和宏观经济因素入手,比较国有企业和民营企业的DEA融资效率。赵守国(2011)用DEA模型分析了陕西21家上市公司的融资效率,结果显示仅6家达到DEA有效,且大多分布在采掘、建筑等传统行业。

综上,对于股票市场效率,当前的研究绝大部分集中于狭义的信息传递效率,相对忽略了更广义的资本配置效率和股权融资效率。对于资本配置效率,目前的方法主要为Jeffrey方法下的行业资本配置模型、Tobin Q模型以及前沿分析方法,而前沿分析的实现方法基本为DEA模型。对于股权融资效率,融资规模、结构的描述性分析结果的准确性和可靠性有待商榷;而其余学者基本采用DEA方法,且大多以典型行业或某个地区的少量样本为窗口,很少会将样本量提高并映射到整个股票市场。因此,本专题希望将股票市场效率界定为资本配置效率和股权融资效率,将样本覆盖到市场指数的全体成分股,并进行实证方法上的新尝试,使海峡两岸股票市场效率更具可比性。

三、模型设定、变量说明与数据来源

(一) 模型设定

随机边界生产函数是由 Aigner、Lovell 和 Schmidt(1977)以及 Meeusen 和 Broeck(1977)首次提出的。在随机边界的研究中,生产函数的误差项来自两个方面:一是技术无效率 μ 服从 0 处截断、相互独立的正态分布,且随时间而变化;二是随机因素 ν 呈相互独立的正态分布,区别于之前的研究将生产函数的误差项全部归结于无效率因子。技术效率被定义为给定公司实际产出与对应的潜在产出的比值,用以反映个体的运作效率。

而共同边界(Metafrontier)生产函数是在随机边界生产函数的基础上建立起来的,最早由 Hayami(1969)、Hayami 和 Ruttan(1970)提出,他们认为随机生产函数(Stochastic Frontier Analysis,SFA)理论隐含着样本均处于一个相同的技术背景的假定,只有这样,所得的技术效率才具有可比性。若要比较不同技术背景下的两个群组相对的技术效率,该方法则无法保证准确性。因此,他们在此基础上提出共同边界生产函数的概念,假定在不同群组(如国家、地区)的生产者有潜在的可能获得相同的技术,从而构造共同生产边界,它将包络所有已知的和潜在的群组生产边界,故可用于不同地区生产者的相对技术效率的比较。国内对于共同边界生产函数的研究大多是基于国外学者的理论研究结果进行实证检验。颜晃平、张静文(2008)使用 SFA 方法,评估台湾地区"加入金融控股公司"和"没有加入金融控股公司"的两组银行在 2001—2007 年的技术效率和相对于行业的技术缺口。李兰冰、胡均立和黄国彰(2011)在共同边界的概念下,采用 DEA 方法计算了大陆和台湾证券公司的经营效率,并进一步采用 Tobit 模型讨论了经营效率的影响因素。欧吉虎(2011)则以海峡两岸的通信行业作为研究样本,使用类似的 DEA-Metafrontier 方法进行效率评价。

1990 年之后,Battese 和 Corra 等人在随机边界模型的基础上,创造性地提出了 Metafrontier-SFA 模型。Battese 和 Rao(2002)又采用结构拆分的形式,定义了技术缺口比例(Technology Gap Ratio,TGR),用以估计区域和共同边界技术差距,从而使不同地区、具有可比性的决策单元之间的效率比较成为可能。因此,本专题将运用 Metafrontier-SFA 模型,分别从股票市场的资本配置和股权融资的角度出发选择模型变量,从而得到共同边界下两岸股票市场资本配置效率和股权融资效率的对比结果。

1. 随机边界

假设有 K 个区域($K>1$),每个区域有 L_k 个公司,因此每个区域内的公司都在 $T^k(k=1,2,3,\cdots,K)$ 的技术状态下营运,使用投入 x,得到产出 y。根据 Fare 和 Primont(1995),对于每一个技术状态 T^K,产出集 $P^k(x)$ 是凸集,且闭而有界。通常还假定投入集是凸的且是可分的。

对于第 $k(k=1,2,3,\cdots,K)$ 个决策单元,生产函数的形式为:

$$Y_{it(k)} = f(x_{it(k)}, \beta_{(k)}) \times e^{V_{it(k)} - U_{it(k)}}$$
$$i = 1,2,3,\cdots,L_k; \ t = 1,2,3,\cdots,T \tag{1}$$

其中,$Y_{it(k)}$ 为第 k 个区域中的第 i 个公司在 t 时期的产出;$X_{it(k)}$ 为第 k 个区域中的第 i 个公司在 t 时期的投入向量;$\beta_{(k)}$ 表示第 k 个区域的模型的参数估计结果。

同时设定:

(1) $V_{it(k)}$ 是随机误差项,独立同分布于 $N(0, \sigma_{v(k)}^2)$;

(2) $U_{it(k)} = \mu_i e^{(-\eta(t-T))}$ 是非效率因子,在 0 处截断,独立同分布于 $N(\mu_{it(k)}, \sigma_{(k)}^2)$;

(3) $V_{it(k)}$ 与 $U_{it(k)}$ 相互独立;

(4) $\gamma = \dfrac{\sigma_u^2}{\sigma_u^2 + \sigma_v^2}$, $\lambda = \sigma_u/\sigma_v$。

为简化起见,多假设产出是参数的指数线性形式,因此生产函数的形式如下:

$$Y_{it(k)} = f(x_{it(k)}, \beta_{(k)}) \times e^{V_{it(k)} - U_{it(k)}} \equiv e^{x_{it(k)}\beta_{(k)} + V_{it(k)} - U_{it(k)}}$$
$$i = 1,2,3,\cdots,L_k; \ t = 1,2,3,\cdots,T \tag{2}$$

则对于 k 区域中给定的一组投入产出 (x,y),技术效率

$$\text{TE}_o^k(x,y) = \frac{Y_{it(k)}}{f(x_{it(k)}, \beta_{(k)}) \times e^{V_{it(k)}}} = e^{-U_{it(k)}} \tag{3}$$

2. 共同边界

假定存在一种共同技术 T^*,它是所有区域技术的总和,每个公司都可以在 T^* 下营运,投入 x 至少能在一种区域技术水平 T^K 下获得产出:

$$T^* = \{(x,y): x \geq 0, y \geq 0\},$$

故 $\qquad T^* \supseteq \{T^1 \cup T^2 \cup T^3 \cup \cdots \cup T^K\}$

若设共同生产函数的形式为:

$$Y_{it}^* = f(x_{it}, \beta^*) = e^{X_{it}\beta^*}, \quad i = 1, 2, 3, \cdots$$

$$L = \sum_{k=1}^{K} L_k, \quad t = 1, 2, 3, \cdots, T \tag{4}$$

s.t. $\quad x_{it}\beta^* \geqslant x_{it}\beta_{(k)}$

如图 1 所示,即共同生产边界不会低于任何一个区域的随机生产边界:

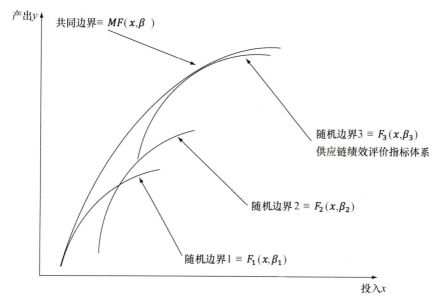

图 1 随机边界模型与共同边界模型

根据式(2),k 区域中的 i 公司的产出 $Y_{it(k)}$ 为:

$$Y_{it(k)} = e^{-U_{it(k)}} \times \frac{e^{x_{it}\beta_{(k)}}}{e^{x_{it}\beta^*}} \times e^{x_{it}\beta^* + V_{it(k)}} \tag{5}$$

其中,等号右边的第一项为 k 区域中第 i 个公司的技术效率,即:

$$e^{-U_{it(k)}} = \frac{Y_{it(k)}}{e^{x_{it}\beta_{(k)} + V_{it(k)}}} = \text{TE}_{it}^k \tag{6}$$

定义第二项为 k 区域中 i 公司的技术缺口,它反映了 i 公司在 k 区域下的潜在产出占共同边界下潜在产出的比例,即:

$$\frac{e^{x_{it}\beta_{(k)}}}{e^{x_{it}\beta^*}} = \text{TGR}_{it}^k \tag{7}$$

类似式(6),可以定义 i 公司在共同边界下的技术效率 TE_{it}^*,即:

$$\frac{Y_{it(k)}}{e^{x_{it}\beta^* + V_{it(k)}}} = \text{TE}_{it}^* \tag{8}$$

根据式(6)—式(8)可以得到：
$$TE_{it}^* = TE_{it}^k \times TGR_{it}^k \tag{9}$$
即 i 公司在共同边界下的技术效率等于其在 k 区域下的技术效率与技术缺口的乘积。

3. 参数估计方法

(1) 对于 k 区域的随机边界，$\hat{\beta}_k$ 可以通过 FRONTIER4.1 的极大似然估计得到。

(2) 将 K 个区域下的样本合并之后，可以通过 FRONTIER4.1 的极大似然法得到合并样本下的随机边界(SFA-POOL)。

(3) 共同边界的 $\hat{\beta}^*$ 可以通过如下的线性规划过程得到：
$$\min \sum_{t=1}^{T} \sum_{i=1}^{L} | \ln(f(x_{it}, \beta^*)) - \ln f(x_{it}, \hat{\beta}_{(k)}) |$$
s.t. $\quad \ln f(x_{it}, \beta^*) \geqslant \ln f(x_{it}, \hat{\beta}_{(k)}) \tag{10}$

即在保证共同生产边界高于 k 区域的生产边界的条件下，尽可能缩小两边界的绝对差额。

根据 Battese、Rao 和 O'Donnell(2003)，由于 $f(x_{it}, \beta^*)$ 为对数线性形式，因此这个问题可以通过线性规划或者二次规划求解，即：
$$\min \sum_{t=1}^{T} \sum_{i=1}^{L} (x_{it}\beta^* - x_{it}\hat{\beta}_{(k)})$$
s.t. $\quad x_{it}\beta^* \geqslant x_{it}\hat{\beta}_{(k)}$，对于 $k = 1, 2, 3, \cdots, K$ 均成立 $\tag{11}$

或
$$\min \sum_{t=1}^{T} \sum_{i=1}^{L} (x_{it}\beta^* - x_{it}\hat{\beta}_{(k)})^2$$
s.t. $\quad x_{it}\beta^* \geqslant x_{it}\hat{\beta}_{(k)}$，对于 $k = 1, 2, 3, \cdots, K$ 均成立 $\tag{12}$

由于两种解法的结果差异不大，故本专题采用线性规划法。又由 Battese、Rao 和 O'Donnell(2003)，在线性规划过程中 $\hat{\beta}_k$ 被假定为是不变的，因此式(11)可以继续转换为：
$$\min(\bar{x} \times \beta^*)$$
s.t. $\quad x_{it}\beta^* \geqslant x_{it}\hat{\beta}_{(k)}$ 对于 $k = 1, 2, 3, \cdots, K$ 均成立 $\tag{13}$

其中 $\bar{x}$ 是投入向量的均值行向量。

(4) 得到 $\hat{\beta}^*$、$\hat{\beta}_{(k)}$ 后，利用式(7)得到 TGR_{it}^k，进而利用式(9)可得共同边界下的技术效率 TE_{it}^*。

4. 模型建立

参考 Battese 和 Coelli(1992)的研究结果,产出函数多采用 Christensen、Jorgenson 和 Lau(1971)提出的超越对数生产函数形式,即传统的 Cobb-Douglas 生产函数的二阶泰勒展开的变形式。故本专题资本配置效率和股权融资效率的实证模型分别采用式(14)和式(15)的形式。

模型 1:

$$\ln y = \beta_0 + \beta_1 \ln x_1 + \beta_2 \ln x_2 + \beta_3 \ln x_3 + \beta_4 (\ln x_1)^2 + \beta_5 (\ln x_2)^2 + \beta_6 (\ln x_3)^2 +$$
$$\beta_7 (\ln x_1)(\ln x_2) + \beta_8 (\ln x_1)(\ln x_3) + \beta_9 (\ln x_2)(\ln x_3) + V_{it} - U_{it}$$
$$U_{it} = \{\exp[-\eta(t-T)]\} u_i \tag{14}$$

模型 2:

$$\ln y = \beta_0 + \beta_1 \ln x_1 + \beta_2 \ln x_2 + \beta_3 \ln x_3 + \beta_4 \ln x_4 + \beta_5 (\ln x_1)^2 + \beta_6 (\ln x_2)^2 +$$
$$\beta_7 (\ln x_3)^2 + \beta_8 (\ln x_4)^2 + \beta_9 (\ln x_1)(\ln x_2) + \beta_{10} (\ln x_1)(\ln x_3) +$$
$$\beta_{11} (\ln x_1)(\ln x_4) + \beta_{12} (\ln x_2)(\ln x_3) + \beta_{13} (\ln x_2)(\ln x_4) +$$
$$\beta_{14} (\ln x_3)(\ln x_4) + V_{it} - U_{it}$$
$$U_{it} = \{\exp[-\eta(t-T)]\} u_i \tag{15}$$

其中,u_i 是服从 $N(\mu,\sigma^2)$ 的非负截断正态分布。

η 的正负反映了无效率因子随着时间的推移而变化的情况,若 η 为正,则无效率因子随时间而递减,即效率不断提高;若 η 为负,则无效率因子随时间而递增,即效率不断降低。

(二) 变量说明

股票市场的资本配置效率反映到微观主体上即一个上市公司如何以最低的各项资本、人力投入获得最高的盈利能力;股权融资效率指的是一个上市公司以最低的成本、最小的风险融入资金,通过资本运作手段从而获得最高的资金收益的过程。对于前者,现有研究大多选取上市公司的营业收入、主营业务收入、净利润或利润总额为产出指标;在投入指标的选取上,李冰(2012)和牛冬梅(2008)从成本角度出发,分别选择营业成本和主营成本;而宋增基(2003)从资本结构和股权结构的角度出发,选择财务杠杆和流通股比例。对于股权融资效率,学者的选择更趋于一致,大多选取资产总额、资产负债率、股权集中度为投入指标,而选择净资产收益率(ROE)、每股收益或营业收入增长率为产出指标(见表1)。

表1 现有研究下股票市场效率计算的指标选取

作者	投入指标	产出指标
资本配置效率		
易荣华、达庆利(2004)	总股本、流通股本、总资产收益率、每股净资产	收盘价格
宋增基(2003)	财务杠杆、流通股比例	Tobin Q值
蓝薇(2006)	流动资产、非流动资产	主营收入、净利润
牛冬梅(2008)	主营成本、营运费用、净资产、资产总额	主营收入、利润总额
股权融资效率		
何枫、陈荣(2008)	资产总额、固定资产净值、职工人数	产品附加值/主营业务利润
沈友华(2009)	资产总额、资产负债率、营业总成本、流动比率	ROE、净利润、营业收入增长率、总资产周转率
赵守国、孔军、刘思佳(2011)	资产总额、负债总额、所有者权益、融资成本	主营业务收入、总资产收益率
陈贤锦(2010)	股权融资净额、股权集中度、资产负债率	ROE、营业收入增长率、Tobin Q值
刘力昌(2004)	股权融资净总额、股权集中度、股票的非流通性、资产负债率	ROE、市净率、主营业务收入增长率
杨小波(2012)	资产总额、资产负债率、股权集中度	ROE、每股收益、营业收入增长率

资料来源：根据相关资料整理而得。

在结合现有研究结果（表1）和SFA模型"多投入单产出"指标要求的基础上，本专题对于投入产出指标的选取结果如表2所示。对于模型1，根据Cobb-Douglas生产函数，分别从资产、劳动和资本投入角度，选择固定资产净值、员工工资总额、净资产作为投入指标，以营业收入作为产出指标。对于模型2，用总股本表征股权融资规模、股息率表征股权融资成本、前十大股东持股比例合计表征股权结构、资产负债率表征融资结构，用ROE作为产出指标。其中舍去了财务费用/营业收入以及流动比率、速动比率等风险指标，原因在于两个样本中均有部分为商业银行或证券公司，其年报中一般不披露这些指标。

表 2　投入与产出指标选取

模型 1:资本配置效率模型	
投入指标	固定资产净值($X1$) 员工工资总额($X2$) 净资产($X3$)
产出指标	营业收入(Y)
模型 2:股权融资效率模型	
投入指标	总股本($X1$) 股息率($X2$) 前十大股东持股比例合计($X3$) 资产负债率($X4$)
产出指标	ROE(Y)

(三) 数据来源

样本数据来自上市公司历年年报及报表附注(见表 3),除员工工资总额外,大陆数据全部通过 Wind 数据库进行批量汇总,台湾数据通过 Wind、Bloomberg 数据库共同进行批量汇总。而员工工资总额一项,大陆数据来自各上市公司财务

表 3　投入产出指标的量纲及来源说明

	模型 1	单位		资料来源
投入指标	固定资产净值($X1$) 员工工资总额($X2$) 净资产($X3$)	人民币(元) 人民币(元) 人民币(元)	新台币(元) 新台币(元) 新台币(元)	上市公司年度财务报告及附注
产出指标	营业收入(Y)	人民币(元)	新台币(元)	
	模型 2	单位		资料来源
投入指标	总股本($X1$)	股		上市公司年度财务报告及附注
	股息率($X2$)	%		用近 12 个月实际现金分红总额/统计时点总市值近似计算得到
	前十大股东持股比例合计($X3$)	%		上市公司年度财务报告及附注
	资产负债率($X4$)	%		
产出指标	ROE(Y)	%		上市公司年度财务报告及附注

报表附注中的营业成本、销售费用和管理费用等项下的"工资薪金"的加总,台湾数据来自各上市公司财务报表附注中用人费用项下的"薪资费用",其包括计入营业费用和营业成本中的员工薪资。

本专题对原始数据进行了四步预处理。第一步,剔除 2009 年之后上市的股票。由于研究跨度是 2009—2013 年,而上市时间不足一年的公司的运营情况和财务状况尚不稳定,若将其加入模型中,可能会对模型整体结果造成影响。第二步,剔除极个别 ROE 为负值的上市公司。建模要求对全部指标取对数,若 ROE 为负值将对此造成影响。第三步,对于大陆样本中某些股息率为 0 的上市公司,则用一个很小的数(0.01)代之,从而避免无法取对数而删去样本的后果。如前文对于大陆股票市场发展现状的描述,直到 2014 年年底,A 股中尚存在约 30% 的上市公司不派息分红。对于这部分样本,若全部剔除将对数据充分性和样本完整性造成严重影响,因此用一个很小的数代替。第四步,对模型 1 中货币数据按人民币、新台币兑美元汇率折算成美元;由于模型的因变量和自变量均为货币形式,而效率计算结果为比率值,故没有必要再进行 CPI 平价调整和去量纲;对模型 2 中的原始数据采用标准化的方法进行去量纲处理,从而构成平衡面板数据(见表 4),其中,大陆有 73×5=365 个样本,台湾有 45×5=225 个样本,满足面板数据回归的基本条件。

表 4　样本的描述性统计分析

效率		项目	单位	均值	标准差
模型 1	大陆	固定资产净值($X1$)	美元	7 175 336 852	15 606 856 331
		员工工资总额($X2$)	美元	429 300 427	901 608 316
		净资产($X3$)	美元	17 582 702 717	34 656 692 796
		营业收入(Y)	美元	22 634 205 789	56 786 918 065
	台湾	固定资产净值($X1$)	美元	2 844 543 045	3 767 096 125
		员工工资总额($X2$)	美元	406 735 606	517 823 738
		净资产($X3$)	美元	5 059 644 924	4 355 890 920
		营业收入(Y)	美元	38 087 087 094	282 573 835 132
模型 2	大陆	总股本($X1$)	股	24 180 951 916	60 846 066 745
		股息率($X2$)	%	1.74	1.59
		前十大股东持股比例合计($X3$)	%	67.41	18.11
		资产负债率($X4$)	%	61.51	21.94
		ROE(Y)	%	19.44	10.10

(续表)

效率		项目	单位	均值	标准差
模型 2	台湾	总股本($X1$)	股	5 912 605 076	4 972 038 824
		股息率($X2$)	%	3.59	2.02
		前十大股东持股比例合计($X3$)	%	40.02	16.45
		资产负债率($X4$)	%	56.25	25.25
		ROE(Y)	%	13.96	9.14

四、实证结果

本专题使用 Frontier4.1 软件分别建立模型 1、模型 2 的区域随机边界模型、合并随机边界模型及共同边界模型,并根据基础模型的估计结果对两岸股票市场在共同边界下的技术效率和缺口分析进行对比分析。对两组样本,均假设无效率因子与时间有关,且服从截断正态分布。

(一)资本配置效率模型(模型 1)

1. 基础模型的估计

模型 1 的参数估计结果见表 5。

表 5 模型 1 的参数估计结果

变量	参数	区域随机边界项(SFA-REGION)		合并随机边界项(SFA-POOL)	共同边界项(MF-LP)
		大陆	台湾		
常数项	β_0	10.001967*** (1.2853280)	6.1806764*** (1.1845957)	6.5873507*** (0.99451390)	13.5784
$\ln x_1$	β_1	−0.32131232 (0.35724467)	−2.9815970** (1.3437883)	−0.70802085 (0.77765303)	−0.9571
$\ln x_2$	β_2	1.8359073*** (0.28000922)	1.1021357 (1.6848038)	0.96663436* (0.67415964)	2.3424
$\ln x_3$	β_3	−1.9761715*** (0.48833417)	1.9059244 (2.3898350)	−0.18892953 (0.86809312)	−2.3373
$(\ln x_1)(\ln x_1)$	β_{11}	0.022896023 (0.032967924)	0.11813414 (0.12953488)	0.016918082 (0.054903017)	0.0821

（续表）

变量	参数	区域随机边界项 (SFA-REGION)		合并随机边界项 (SFA-POOL)	共同边界项 (MF-LP)
		大陆	台湾		
$(\ln x_2)(\ln x_2)$	β_{22}	0.041892202*** (0.010420050)	0.41619588** (0.19777482)	0.034768878* (0.021667764)	0.0942
$(\ln x_3)(\ln x_3)$	β_{33}	0.17819429** (0.080483814)	−0.28659635 (0.35789876)	0.084739354 (0.15465639)	0.2649
$(\ln x_1)(\ln x_2)$	β_{12}	−0.075570376* (0.049291509)	−0.59563142* (0.35647754)	0.021322248 (0.10556590)	−0.0668
$(\ln x_1)(\ln x_3)$	β_{13}	0.061871799 (0.099615388)	0.63685910** (0.30201376)	0.045955540 (0.18335905)	0.0053
$(\ln x_2)(\ln x_3)$	β_{23}	−0.17282029*** (0.060024595)	−0.23886466 (0.45289415)	−0.16522833 (0.14128907)	−0.3043
$\sigma^2 = \sigma_\mu^2 + \sigma_\nu^2$		0.12865221*** (0.02568076)	0.25612670*** (0.047468960)	0.18221287*** (0.020522361)	—
$\vartheta = \dfrac{\sigma_\mu^2}{\sigma^2}$		0.95771094*** (0.0054354506)	0.33025961** (0.098976048)	0.62645369*** (0.036830206)	—
μ		0.70203028*** (0.061558360)	0.58168136** (0.23922719)	0.67571569*** (0.076703896)	—
η		0.0077394543** (0.0043081111)	0.03643666 (0.039129395)	0.019057406* (0.012457940)	—
对数似然函数值		265.70543	−149.63959	−173.49314	
似然比检验值（单侧）		657.64057***	34.706802***	271.96963***	

注:1. 括号中为参数对应的标准差;2. ***、**和*分别代表被估计参数在双侧1%、5%、10%的水平下显著;3. σ^2 为总方差,σ_μ^2 为无效率因子的方差,σ_ν^2 为随机因子的方差。

表5的第三和第四列为区域随机边界的极大似然估计结果,大陆样本经过22次迭代后达到收敛,台湾样本经过18次迭代后达到收敛。从回归结果可以发现:

其一,两组样本的参数估计结果均较好,大部分系数在10%的水平下显著。同时,从似然比检验值来看,两组样本的LR检验均很显著,都在1%的显著性水平下拒绝了 $H_0: \vartheta = 0$,则随机边界模型整体有效,即:

$$LR_1 = 657.64057 > \chi^2_{(3)} = 11.971$$
$$LR_2 = 34.706802 > \chi^2_{(3)} = 11.971$$

其二,从 ϑ 的取值来看,两组样本均显著,说明大陆和台湾股市均呈现出显著的无效率现象,且大陆的无效率方差占总方差的比重远高于台湾。

其三,在 η 的取值上,大陆显著为正但绝对值很小,而台湾的结果不显著,说明大陆股市的无效率成分随着时间的推移在缓慢下降,即资本配置效率在2009—2013年间略有上升。从图2可以看到,在绝对值上,大陆股市的资本配置效率远低于台湾;在趋势上,两岸股市均呈现出了效率上升的态势,但大陆的提升速率明显慢于台湾。

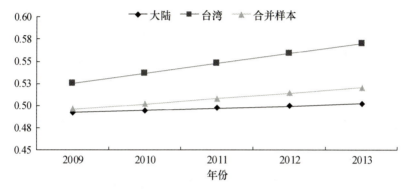

图2 两岸股票市场的区域资本配置效率(2009—2013)

表5的第五列为合并样本随机边界的参数估计结果,是根据Battese和Rao(2002)的方法将两岸的5年数据合并为118×5=590个样本,通过Frontier4.1的极大似然估计方法得到。但根据Battese和Rao(2003)以及Battese(2004),合并样本所估计得到的随机边界(SFA-POOL)并不能保证完全包络所有的区域随机边界(SFA-REGION),即合并随机边界可能低于某些区域随机边界,故用合并随机边界计算得到的效率值不准确。因此,在共同边界计算之前一般采用LR检验判断各随机边界是否具备相同的技术水平、是否存在差异。

$$\mathrm{LR} = -2\ln\frac{L(h_0)}{L(h_1)} \sim \chi^2(m) \tag{16}$$

H_0:区域边界不存在显著差异。

H_1:区域边界存在显著差异。

其中,h_0 为合并随机边界下的似然函数值,而 h_1 为各区域随机边界下的似然比函数值的加总,在 H_0 成立下,LR统计量服从自由度为 m 的卡方分布,m 为 h_0 和 h_1 下待估参数个数之差。若拒绝 H_0,则再进行共同边界分析是有意义的。若接受 H_0,认为 k 个区域的随机边界是无差异的,则仅计算合并随机边界即可。此处LR统计量为579.118,大于1%水平下的临界值(自由度为14),故可以拒绝区域边界没有差异的原假设,进而使用共同边界分析。

第六列为根据式(15),使用 matlab 软件对两个样本的共同边界进行线性规划求解得到,可以看到共同边界下的参数估计结果和区域边界的参数在影响方向上是保持一致的。

2. 资本配置技术缺口和共同边界下资本配置效率分析

根据式(9)可以计算出两岸股票市场资本配置的技术缺口值 TGR。TGR 介于 0 到 1 之间,反映了区域随机边界下的潜在产出相对于共同边界下潜在产出的"距离",越接近 1 则区域随机边界下的产出越接近共同边界下的潜在产出。表 6 为 TGR 的描述性分析,可以看到大陆的技术缺口比率均值高于台湾。进一步采用两独立样本的 Mann-Whitney 秩和检验分析两样本的 TGR 是否具有相同的均值,H_0 为在 $\alpha=5\%$ 的显著性水平下,两样本的秩和相差不大,统计量 z 渐近服从如下的正态分布:

$$z = \frac{|T - n_1(N+1)/2| - 0.5}{\sqrt{n_1 n_2 (N+1)/12}} \sim N\left(\frac{N(N+1)}{4}, \frac{N(N+1)(2N+1)}{24}\right)$$

其中,T 为样本容量小的群组秩和,N 为总样本容量。根据表 7,SPSS18.0 的检验结果可以看到,$Z=-15.755$,P-value 趋近于 0,故拒绝原假设,认为两样本的资本配置效率的均值不相等。

表 6 两岸股票市场资本配置技术缺口的描述性统计(2009—2013)

TGR	大陆				台湾			
	最大值	最小值	均值	标准差	最大值	最小值	均值	标准差
2009	0.9962	0.5129	0.9259	0.0998	0.9944	0.5035	0.7772	0.0943
2010	0.9962	0.3857	0.9281	0.1077	0.9559	0.5077	0.7756	0.0889
2011	0.9954	0.1913	0.9232	0.1262	0.9938	0.5202	0.7753	0.0927
2012	0.9950	0.3503	0.9180	0.1144	0.9947	0.5449	0.7686	0.0905
2013	0.9935	0.1378	0.9119	0.1333	0.9129	0.5783	0.7643	0.0816
均值	0.9214				0.7722			

表 7 资本配置效率的 Mann-Whitney 秩和检验结果

Mann-Whitney U	9 378.000
Wilcoxon W	34 803.000
Z	−15.755
渐进显著性(双侧)	0.000

进一步作出两岸的 TGR 的频率分布图,从图 3 和图 4 可以明显看到,大陆

上市公司的 TGR 分布集中于 98%—99%,而台湾上市公司的 TGR 分布更集中于 70%—85%,即大陆的潜在资本配置产出比台湾更"贴近"共同边界,前者约有 7.86%(=1－0.9214)的效率提高空间,而后者约有 22.78%(=1－0.7722)的效率提高空间。

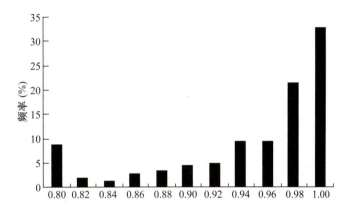

图 3　大陆股市资本配置效率的 TGR 分布

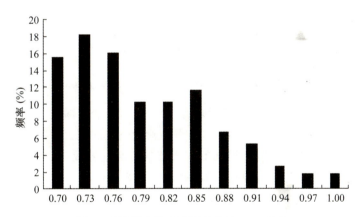

图 4　台湾股市资本配置效率的 TGR 分布

根据式(11)中 TE、TGR 和 TE* 的等价关系可以计算得到两岸股票市场在共同边界下的资本配置效率值(见表 8),并进行直接的对比分析。可以看到,虽然在各自的技术背景和生产边界下,大陆股市的资本效率低于台湾,但相对于共同边界,在绝对值上,大陆却略高于台湾,前者的均值为 0.4583,后者的均值为 0.4234;在变化趋势上,大陆股市基本保持在一定的水平上,台湾股市则呈现不断上升的趋势(见图 5)。

表 8　共同边界下的两岸股票市场资本配置效率的描述性统计(2009—2013)

TE*	大陆				台湾			
	最大值	最小值	均值	标准差	最大值	最小值	均值	标准差
2009	0.9236	0.1149	0.4575	0.1695	0.7579	0.1962	0.4086	0.1227
2010	0.9234	0.1174	0.4602	0.1703	0.7354	0.2041	0.4173	0.1226
2011	0.9247	0.1201	0.4587	0.1708	0.7715	0.2121	0.4259	0.1233
2012	0.9242	0.1224	0.4583	0.1655	0.7175	0.2260	0.4294	0.1132
2013	0.9318	0.0888	0.4568	0.1682	0.7207	0.2316	0.4360	0.1126
均值	0.4583				0.4234			

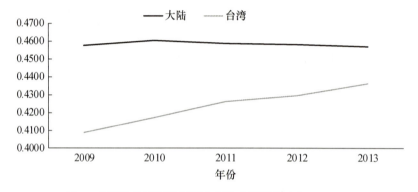

图 5　共同边界下两岸股票市场资本配置效率(2009—2013)

究其原因,一方面,从产出指标来看,台湾上市公司的净资产和固定资产净额等规模指标约为大陆的三分之一,而平均营业收入却是大陆的 1.68 倍,这本应对效率带来"正效应",但却得到低于大陆的资本配置效率,故存在其他因素对效率造成"负效应"。而从投入指标来看,台湾上市公司在远小于大陆上市公司平均规模的前提下,却支付和后者接近的员工工资总额,这一点可能直接造成资本配置的无效率。这两点可以证明"员工工资总额"这一投入指标对于资本配置效率的影响作用很大。但也从侧面反映出大陆上市公司在治理结构上的缺陷。此外也反映出大陆经过二十多年的发展,随着交易制度的不断完善、交易品种的不断增加以及资本市场的逐渐开放,沪深两市的资本配置效率已经和台湾股市接近,技术改进的潜力不断被挖掘,因此也就更接近"共同边界"。

(二) 股权融资效率模型(模型 2)

1. 基础模型的估计

与模型 1 的分析思路相似,从而得到基本模型结果(见表 9)。两组样本的随机边界模型是整体有效的,且从 ϑ 取值可看到大陆股市和台湾股市都存在明显的无效率现象,且两者的无效率因子比重都超过了 85%。如图 6 所示,大陆的区域股权融资效率低于台湾,两岸股市均呈现出了效率下降的态势,而台湾股市在 2012—2013 年发生了一次大幅的效率下降。

表 9 模型 2 的参数估计结果

变量	参数	区域随机边界项 (SFA-REGION) 大陆	区域随机边界项 (SFA-REGION) 台湾	合并随机边界项 (SFA-POOL)	共同边界项 (MF-LP)
常数项	β_0	0.46773673*** (0.062507218)	0.12616960*** (0.045757418)	0.56829706*** (0.065935123)	0.7786
$\ln x_1$	β_1	−6.7575268*** (1.3158270)	−5.1284291*** (1.6927604)	−5.3976492*** (1.11296694)	−5.2668
$\ln x_2$	β_2	3.5638652*** (0.85762589)	5.75557259*** (1.1860145)	3.2972245*** (0.72091236)	2.0986
$\ln x_3$	β_3	−0.28576632 (1.3535696)	0.63448504 (0.89579432)	2.1502284** (0.99537314)	−0.2207
$\ln x_4$	β_4	−0.014007719 (1.2384996)	3.4511840*** (1.2318586)	1.7307787* (0.90374421)	−1.0258
$(\ln x_1)(\ln x_1)$	β_{11}	2.4742691 (1.7002600)	4.7921632*** (1.5850496)	4.5934765*** (1.4481637)	3.8527
$(\ln x_2)(\ln x_2)$	β_{22}	0.011287491 (0.076992904)	0.29458127*** (0.098460081)	−0.03075171 (0.062427872)	0.0539
$(\ln x_3)(\ln x_3)$	β_{33}	−1.0737873 (0.89841875)	−1.3265630** (0.64380066)	−3.0822821*** (0.75308889)	0.0171
$(\ln x_4)(\ln x_4)$	β_{44}	−0.41947375 (0.65438720)	−1.1643778 (0.73804977)	−0.50477689 (0.54333195)	−0.2999
$(\ln x_1)(\ln x_2)$	β_{12}	−3.1299230*** (0.98640014)	0.043552481 (1.3431686)	−2.9692741*** (0.79986339)	−0.9314
$(\ln x_1)(\ln x_3)$	β_{13}	4.2858198** (2.0387425)	1.1805848 (0.89541035)	2.1489695** (1.0766326)	0.0000
$(\ln x_1)(\ln x_4)$	β_{14}	3.4328673** (1.4611759)	−2.0403485*** (0.98396354)	−0.81039245 (1.0915090)	1.6336

（续表）

变量	参数	区域随机边界项（SFA-REGION）		合并随机边界项（SFA-POOL）	共同边界项（MF-LP）
		大陆	台湾		
$(\ln x_2)(\ln x_3)$	β_{23}	−0.36818926 (0.70969364)	−0.011609038 (0.38994895)	−0.64122613** (0.29582021)	−0.5881
$(\ln x_2)(\ln x_4)$	β_{24}	0.10104216 (0.51403400)	−0.11575163 (0.47556782)	0.46367233 (0.35105471)	−0.4379
$(\ln x_3)(\ln x_4)$	β_{34}	−2.4022399* (1.2305217)	−0.49289998 (0.61272818)	−0.84372972 (0.62764810)	0.3781
$\sigma^2 = \sigma_\mu^2 + \sigma_v^2$		4.9731300*** (0.97894912)	3.9666433*** (0.72709880)	5.0230830*** (1.7596318)	—
$\vartheta = \dfrac{\sigma_\mu^2}{\sigma^2}$		0.91719803*** (0.019289566)	0.89544398*** (0.025746864)	0.89607788*** (0.042796280)	—
μ		−0.42714611*** (0.74351058)	−3.7693007*** (0.60069055)	−4.2431468** (2.0211940)	
η		−0.29449375*** (0.05190101)	−3.0255328*** (0.56772914)	−0.18113353*** (0.034129363)	
对数似然函数值		−400.86864	−246.97159	−717.35084	
似然比检验值（单侧）		206.37335***	43.378151***	120.10024***	

注：1. 括号中为参数对应的标准差；2. ***、** 和 * 分别代表被估计参数在双侧 1%、5%、10% 的水平下显著；3. σ^2 为总方差，σ_μ^2 为无效率因子的方差，σ_v^2 为随机因子的方差。

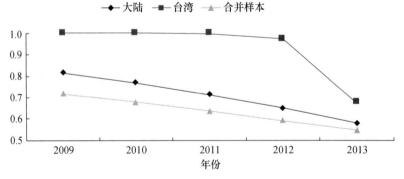

图 6 两岸的股权融资效率走势（2009—2013）

同样做"区域间随机边界差异"的 LR 检验，LR 统计量为 139.02，大于 1% 显著性水平下的卡方分布临界值。故认为两岸的随机边界存在显著差异，进行共同边界分析是有意义的。表 9 第六列为共同边界下线性规划的求解结果，除

了 β_{33}、β_{13}、β_{34},其余参数估计的结果与区域边界的方向是保持一致的。进一步,进行共同边界下技术效率和技术缺口的计算。

2. 股权融资技术缺口和共同边界下股权融资效率分析

根据表 10 对大陆和台湾股票市场股权融资效率的 TGR 的统计描述,可以看到大陆股市的技术缺口比率均值明显大于台湾股市。同样进行 Mann-Whitney 秩和检验分析(见表 11),可以得到在 5% 的显著性水平下,$Z=-9.269$,对应的 P-value 趋近于 0,故拒绝两组样本 TGR 相等的原假设。进一步,从图 7 和图 8 可以看到,大陆上市公司的 TGR 集中于 90%—95%,而台湾上市公司更集中在 70%—85%,即大陆潜在的股权融资产出比台湾更贴近共同边界,前者约有 $(1-0.8252)\times 17.5\%$ 的效率提高空间,后者的效率提高空间约为 $(1-0.6768)\times 33.1\%$。

表 10　两岸股票市场股权融资技术缺口的描述性统计(2009—2013)

TGR	大陆				台湾			
	最大值	最小值	均值	标准差	最大值	最小值	均值	标准差
2009	1.0000	0.2485	0.8231	0.1641	0.9993	0.0602	0.6680	0.2256
2010	1.0000	0.4555	0.8255	0.1291	1.0000	0.0714	0.6900	0.2166
2011	1.0000	0.4020	0.8247	0.1324	0.9788	0.1562	0.6518	0.1944
2012	0.9998	0.4847	0.8339	0.1126	1.0000	0.1905	0.6726	0.2023
2013	0.9998	0.4896	0.8187	0.1147	1.0000	0.1745	0.7165	0.2049
均值	0.8252				0.6768			

表 11　股权融资效率的 Mann-Whitney 秩和检验结果

Mann-Whitney U	22 422.000
Wilcoxon W	47 847 000
Z	−9.269
渐进显著性(双侧)	0.000

根据式(9)和式(11)可计算出两岸股票市场相对于共同边界的股权融资效率(见表 12),可以看到与区域边界下所表现出来的特征一致,除 2009 年外,大陆股市的股权融资效率明显低于台湾,而且这一差距在 2010—2012 年间有逐步扩大的态势,但在 2013 年又迅速缩小(见图 9)。

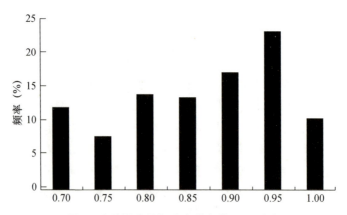

图 7 大陆股市股权融资效率的 TGR 分布

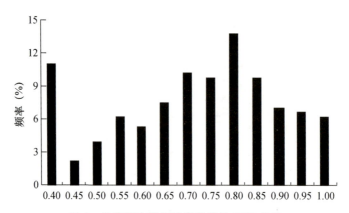

图 8 台湾股市股权融资效率的 TGR 分布

表 12 共同边界下两岸股票市场股权融资效率的描述性统计(2009—2013)

TE*	大陆				台湾			
	最大值	最小值	均值	标准差	最大值	最小值	均值	标准差
2009	0.9279	0.1497	0.6714	0.1783	0.9993	0.0602	0.6680	0.2256
2010	0.9000	0.0873	0.6356	0.1664	0.9999	0.0714	0.6900	0.2166
2011	0.8658	0.0454	0.5890	0.1774	0.9779	0.1560	0.6508	0.1937
2012	0.8223	0.0169	0.5441	0.1845	0.9818	0.1872	0.6548	0.2001
2013	0.7733	0.0029	0.4752	0.1830	0.6843	0.0010	0.4753	0.1599
均值	0.5830				0.6278			

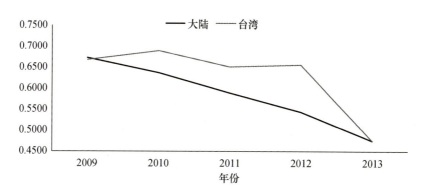

图 9　共同边界下两岸股票市场股权融资效率(2009—2013)

这一实证结果和我们的预期接近,但有几点值得思考。其一,台湾上市公司的股息率平均为 3.59%,而大陆仅为 1.74%,同时台湾上市公司的平均 ROE 低于大陆,即台湾投入了更高的成本却获得较低的产出,这对于台湾股权融资效率本应产生"负效应",但并没有在计算结果中显示出来,说明存在其他因素产生的"正效应"将其对冲掉了。其二,对于"前十大股东持股比例合计"这一投入指标,大陆的平均值为 67.41%,而台湾的平均值为 40.02%,这反映出大陆上市公司股权结构过于集中,部分公司大股东通过上市公司渠道"圈钱融资"的典型现象,这也是造成大陆股权融资效率较低的微观原因之一。

五、提高股票市场效率的可能途径

在 2009—2013 年间,大陆股票市场的资本配置效率略高于台湾且基本保持不变,而台湾呈现上升态势;台湾股票市场的股权融资效率显著高于大陆,且大陆在五年间呈现下降态势,而台湾在 2013 年也出现了明显下降。故我们从上市公司、市场发展和两岸合作层面提出以下对策,以期提高大陆股票市场的资本配置效率和上市公司的股权融资效率,从而使市场朝着更加健康、成熟的方向发展,更好地服务于企业和中小投资者。

在上市公司层面,从模型 2 的投入指标的描述性分析可以看到,大陆上市公司的股权集中度远远高于台湾。若对 2013 年大陆和台湾样本进行简单分组,从表 13 可以看到,台湾上市公司的股权很分散,其中 84.44% 的公司的前十大股东持股低于 50%。而与之形成鲜明对比的是,大陆上市公司中约 83.56% 的公司的前十大股东持股超过 50%。股权集中度过高会使得上市公司股权被少数的大股东绝对控制,可能牺牲中小股东利益来为自身谋求利益,从而公司价值无法实现最大化,进而严重影响公司的营运状况和股权融资效率。在大陆当前法律对于中小股东保护不够的情况下,控股股东往往更容易通过占用公司资金、私自出售公司资产和强制公司提供担保等方式侵害其他股东利益。因此,大陆上市公司应该适当降低股权集中度,寻求适度集中的股权结构,形成公司内部相互制衡和约束的局面,从而优化公司治理结构。适度集中的股权结构将使大股东之间相互制约,更有动力对公司的经营进行管理和监督,而私自侵害小股东利益的操作成本也会大大提高,从而有力地保障小投资者的利益。

表 13 2013 年两岸上市公司股权结构

前十大股东持股比例合计		大陆	台湾
<20%	数量	0	2
	占比(%)	0	4.44
20%—50%	数量	12	36
	占比(%)	16.44	80
50%—100%	数量	61	7
	占比(%)	83.56	15.56

在市场发展层面,台湾相较于大陆,专业机构投资者的比重更大,已经形成了价值投资的风格,同时也形成了成熟的信用交易体系,这在很大程度上保证了台湾股票市场的流动性,并促使股票价格回归理性。大陆应该更加积极地壮大机构投资者队伍,引导 A 股市场整体投资风格转向长期持有和稳健,并督促上市公司加强内部治理和信息披露,从而不断完善资本市场,也可以有效地提高制度执行的效率。对内发展社保基金,推进风险投资比重的改革,这将强有力地保证其收益率,同时推进资本市场改革。对外加速放宽 QFII 投资品种和额度的限制,同时适度放宽外汇管制,从而保证 QFII 的顺畅运作;降低"沪港通"个人投资者 50 万元的高门槛,适度放宽投资额度限制,争取在 1—2 年内把"沪港通"的 3 000 亿元额度用满,如果目标实现,则可考虑提高额度并降低门槛以吸引更多的海外投资者。同时,应该进一步完善融资融券业务机制,逐步降低卖空门槛,扩大融券业务,转变融资占据大多数的不均衡结构;扩大标的券范围,提升交易活跃度和市场流动性。此外,在规模扩张的同时还要适度控制杠杆水平,加强风险防范。

在两岸合作层面,若能加强两岸资本市场的合作与交流,加快两岸资本项目自由兑换的步伐,建立统一协调的证券监管框架,鼓励台资券商入驻,从而使大陆更有效地借鉴台湾资本市场发展的经验,大大提高沪深股票市场的运作效率。出于风险控制的考虑,大陆尚未完全实现资本项目的开放,故可以以福建平潭自贸区发展为契机,在自贸区内试行放宽资本项目的自由兑换;效仿"沪港通"的运作机制,建立"沪台通",促进海峡两岸资本流动,从而引导大陆股票市场的价值投资理念;同时,通过大陆证监会和台湾"金融监督管理委员会"的合作,逐步执行统一的市场规则和运行标准,实现优势互补,发挥协同效应,降低市场运作成本,从而吸引海外资金流入。最后,可逐步降低台湾券商进入大陆股票市场的门槛,考虑采用参股或合资方式,广泛吸收先进的管理理念,优化大陆市场的投资者结构,引导价值投资风气,从而增强两岸股票市场的影响力和竞争力。

专题十二

厦门自贸片区境外股权投资及离岸金融业务税收政策研究

一、引言

目前,上海自贸区改革试验期即将满三年,天津、福建、广东第二批三家自贸区也已挂牌满一年。四个自贸区在促进贸易便利、刺激经济增长、倒逼政府转变职能等方面都逐步形成了一些可复制、可推广的经验。国务院在四个自贸区的建设方案中都提到"在符合税制改革方向和国际惯例,且不导致利润转移和税基侵蚀的前提下,积极研究完善适应境外股权投资和离岸业务发展的税收政策"。在全球经济一体化进程中,自贸区"海关特殊管辖区域"的独特天然优势为发展境外股权投资和离岸金融业务,为全球范围内资源的低成本高速度流动提供了便利条件。而境外股权投资和离岸金融业务也对自贸区实现区域功能定位和产业结构升级、参与国际竞争、提升我国在全球金融贸易领域的话语权具有积极作用。

境外股权投资是指投资者通过持有境外企业股份,成为其股东,并且凭借持股比例享有收益、承担风险的投资行为。境外股权投资对在全球范围内进行优化产业布局、整合技术资源、完善产业链具有积极推动作用,对自贸区的金融业发展也至关重要。我国在鼓励个人及企业从事境外股权投资的同时,也致力于打造专业的境外股权投资机构(如私募股权投资、风险投资、合格境内机构投资者等)。境外股权投资税制较复杂,不仅包括转让或持有境外股权投资股息、红利的企业所得税、个人所得税,以动产、不动产或无形资产作价投资入股的增值税、消费税、土地增值税等,还涉及避免双重征税的国际税收协定或磋商问题。在国内现有的境外股权投资税收政策研究中,许静(2014)提出了完善税收抵免和税收饶让相关政策、采用延迟纳税及受控外国公司法规、建立损失准备金制度以及建立亏损结转追补机制四点建议,以期形成不会导致利润转移和税基侵蚀的促进境外投资的税收政策。

离岸金融业务是指银行吸收非居民(在境外的自然人、法人,含在境外注册的中国境外投资企业)、政府机构、国际组织及其他经济组织,包括中资金融机构的海外分支机构的资金,服务于非居民的外汇存贷款、同业外汇拆借、国际结算、发行大额可转让存款证、外汇担保等金融活动。我国离岸金融业务自1989年以来,经历了1997年东南亚金融危机的全面叫停,直至2012年才得以恢复。目前,我国境内也仅有招商银行、深圳发展银行、交通银行、浦东发展银行等获批开展离岸业务。2015年10月,中国人民银行会同商务部、银监会、证监会、保监会、国家外汇管理局和上海市人民政府,联合印发《进一步推进中国(上海)自由贸易试验区金融开放创新试点 加快上海国际金融中心建设方案》(即"金改40条")以自由贸易账户为切入点,就率先实现人民币资本项目可兑换、启动合格境内个人投资者境外投资试点、扩大人民币跨境使用、不断完善金融风险监管防控机制等上海自贸区金融改革中的热点、难点问题予以回应,也为厦门片区进一步推进金融体制改革,打造两岸区域性金融服务中心提供了思路。国内现有离岸金融业务税收政策研究主要集中于对上海自贸区的经验总结及发达国家自贸区与国际离岸业务中心发展模式比较借鉴,过度强调税收优惠,尤其是企业所得税优惠,而忽略了我国现阶段深化改革同时进行的税制改革现状,并没有对境外股权投资和离岸金融业务进行税收经济分析,也没有专门针对福建自贸区厦门片区打造两岸区域性的金融中心的研究分析。贺伟跃、陈虎(2014)主张我国在选择内外分离且有限渗透的模式的同时,通过签署避免双重课税的税收协定,确保非居民真正享受税收优惠政策;余茜文(2014)认为宜采用内外分离型的离岸业务模式,在不开放资本项目的前提下,促进本币资本项目的开放。辛浩、王韬(2007)主张促进自贸区税收立法,统一国内各自贸区的离岸业务税收政策,试点推行免除股息税及利息税。

自贸区整体建设方案反复强调,自贸区不是"政策洼地"而是制度"创新高地",因此税收制度创新探索要避免形成"税收洼地""政策围栏",而要形成可复制、可推广的制度创新经验。我国的税制改革也一直致力于从区域优惠向产业优惠升级,促进发展方式转变和产业结构升级。厦门自贸片区作为福建自贸区的最大片区,是基于厦门区域经济、面向海峡经济区发展的内在需要而设立的,其定位是建成两岸区域性的金融中心、两岸服务中心、东南航运中心。本专题拟从厦门自贸片区境外股权投资、离岸金融业务现状分析入手,通过借鉴国外自贸区境外股权投资、离岸金融业务税制建设经验,根据我国具体的税收征管实践来提出厦门自贸片区境外股权投资和离岸金融业务相应税制,形成与国际通行做法相一致且具有较强竞争优势的税收制度体系。

二、厦门自贸片区境外股权投资、离岸金融业务现状及其税收政策分析

(一)厦门自贸片区境外股权投资、离岸金融业务发展现状

根据总体方案对厦门自贸片区的发展目标,在构建促进对外投资的体系上,要"改革境外投资管理方式,将自贸试验区建设成为企业'走出去'的窗口和综合服务平台",以及"确立企业及个人对外投资主体地位,支持企业在境外设立股权投资企业和专业从事境外股权投资的项目公司,支持设立从事境外投资的股权投资母基金"。境外股权投资和离岸金融业务作为自贸区跨境金融中"走出去"的主要组成部分,如何在自贸区探索出一套带动高端跨境金融业发展和创新的方案,是厦门作为两岸区域性金融服务中心和"21世纪海上丝绸之路"核心城市的战略规划上的重大历史发展机遇。

2015年5月,厦门开圆自贸区股权投资基金有限公司在厦门片区注册成立,标志着厦门片区的境外股权投资和离岸金融业务正式进入实质性的发展阶段。截至2016年6月,根据银监局统计数据,厦门市银行业非居民离岸账户(OSA)自然人客户有2位,法人客户3779家(其中境外企业3760家,国内企业投资的境外企业19家),各项贷款余额总计316 883万元(其中一般贷款余额168 312.73万元,进出口贸易融资余额148 570.27万元),国际结算业务量达到7 502 989.8万元(其中信用证912 750.84万元,托收251 615.78万元,汇款4 489 665.22万元,其他业务1 848 957.96万元);境外机构境内外汇账户

(NRA)法人客户 5 119 家(其中境外企业 4 999 家,境外银行 25 家,国内企业投资的境外企业 91 家,国内金融机构境外分支机构 1 家,其他法人 3 家),各项贷款余额总计 3 510 032.37 万元(其中一般贷款余额 3 464 922.94 万元,进出口贸易融资余额 45 109.43 万元),国际结算业务量达到 2 140 085.09 万元(其中信用证 340 879.92 万元,托收 107 569.56 万元,汇款 1 635 984.42 万元,其他业务 59 034.20 万元)。

(二) 厦门自贸片区境外股权投资、离岸金融业务发展特点

虽然厦门自贸片区成立及区内境外股权投资和离岸金融业务开展时间仅有一年多,但厦门自贸片区境外股权投资和离岸金融业务的开展已初步显露出几个具有"厦门特色"的方面:

第一,突显对台战略意义,推动两岸金融合作。2016 年 5 月,建行、农行和平安银行在厦门自贸片区成立了"对台人民币清算中心",以跨海峡人民币清算为突破口建立了跨海峡人民币代理清算账户群,是厦门自贸片区发展离岸金融的创新之举。总体方案中提出,"在框架协议下,允许自贸试验区内大陆的商业银行从事代客境外理财业务时,可以投资符合条件的台湾金融产品"。这是厦门作为两岸区域性金融服务中心推动两岸金融交流的重要举措。代客境外理财业务的开展是进行境外投资的一个积极探索,也是与台湾金融业对接合作的重要一环,改变了以往两岸投资合作中只注重将台资吸引到大陆产业的局面,逐步转为大陆资本也能投向投资者认为值得投资的台湾产业。投资资本从单向流动到双向互通不仅有利于形成一种平等互利、双赢的两岸金融投资合作关系,同时也为大陆投资者提供了更为丰富的投资的选择,促进了大陆开放型经济的构建。

第二,既注重创造业务自由化开展的条件,又强调创新跨境金融监管的模式。自贸区作为金融业试验区的最大特色是金融自由化,如利率市场化和汇率自由汇兑等试点。对于境外股权投资和离岸金融业务,金融自由化的特征也很鲜明。总体方案中提到的"自贸试验区内试行资本项目限额内可兑换,符合条件的自贸试验区内机构在限额内自主开展直接投资、并购、债务工具、金融类投资等交易"以及"支持自贸试验区内企业和个人使用自有金融资产进行对外直接投资、自由承揽项目"等,都在为境外股权投资和离岸金融业务开展自由化创造灵活宽松的条件。此外,总体方案也不乏"加强境外投资事后管理和服务,完善境外资产和人员安全风险预警和应急保障体系"等关于加强跨境金融监管和风险控制的规定。境外股权投资和离岸金融业务的自由化及风控监管是厦门

自贸片区金融创新的一体两面,也是建立两岸区域性金融中心来促进国内金融业与国际金融逐渐接轨的必经之路。

第三,简化行政审批,鼓励业务创新。与自贸区其他业务的行政审批简化一样,对于境外股权投资和离岸金融业务也注重办事流程的便捷。总体方案中提到"建立对外投资合作'一站式'服务平台"和"推动开展跨境人民币业务创新,推进自贸试验区内企业和个人跨境贸易与投资人民币结算业务。对一般境外投资项目和设立企业实行备案制,属省级管理权限的,由自贸试验区负责备案管理"。这意味着自由宽松的外部环境和简洁便利的行政流程都为境外股权投资和离岸金融业务的开展减轻了约束,但厦门自贸片区金融业竞争力的提升归根到底最终还是要来源于业务创新。总体方案也对境外股权投资和离岸金融业务创新进行了鼓励,"支持自贸试验区内设立多币种的产业投资基金,研究设立多币种的土地信托基金等""在完善相关管理办法、加强有效监管前提下,允许自贸试验区内符合条件的中资银行试点开办外币离岸业务"。

第四,强化政策的产业导向,明确行业的财政支持。随着全球经济下行压力增大,中小企业融资难的问题日益突出,而股权投资行业通过资本市场融资,将存量资本引向具有潜力的国内外中小企业将是大势所趋。2015年7月,针对股权投资类企业,厦门市政府在《关于印发促进金融业加快发展意见的通知》[①]和《关于印发促进股权投资类企业发展的若干规定》[②]两个文件的基础之上,出台了《中国(福建)自由贸易试验区厦门片区股权投资类企业发展办法》[③],明确了对在厦门自贸片区注册的内、外资股权投资企业和股权投资管理企业的金额最高达到2000万元人民币的五类奖励和支持措施(包括开办奖励、投资奖励、经营奖励、风险补助和总部奖励等)。这份文件对厦门自贸片区中注册的股权投资类企业的投资经营几乎全程给予了巨大的直接财政支持,目的在于通过对金融业中的股权投资进行产业扶持进而起到产业导向的作用,这种作用的后续效应不仅在于推动金融业发展以解决中小企业融资问题,也是鼓励我国金融机构"走出去"开拓境外股权投资和离岸金融业务的信号。

(三)厦门自贸片区境外股权投资和离岸金融业务税收政策

境外股权投资和离岸金融业务与税收制度的关系密不可分。一方面,自贸区境外股权投资和离岸金融业务的税赋直接体现为各方面的成本,具体税制设

---

① 厦府〔2015〕27号。
② 厦府〔2013〕355号。
③ 厦府办〔2015〕114号。

计对跨境金融业的发展活力有着产业导向的作用;另一方面,境外股权投资和离岸金融业务涉及国际税收、法律和管辖权的问题,对我国跨境金融涉税处理和税收征管手段提出了更高的要求。

在总体方案中规定,"在符合税制改革方向和国际惯例,以及在不导致利润转移和税基侵蚀前提下,积极研究完善适应境外股权投资和离岸业务发展的税收政策"。在我国的上海自贸区、广东自贸区和天津自贸区的总体方案中,对于自贸区的境外股权投资和离岸金融业务税收政策与总体方案基本一致。这一表述说明了几个问题:首先,针对境外股权投资和离岸金融业务的税收政策应与我国当前的税制改革方向一致;其次,对境外股权投资和离岸金融业务制定的税收政策要符合国际税法惯例,涉税处理要尽量与国际通行做法相接轨;再次,既要通过税收政策支持境外股权投资和离岸金融业务的发展,也不能因为对其税收监管过于宽松而松懈对利润转移和税基侵蚀问题的关注;最后,也指出正是因为上述三个问题的复杂性,当前在各个自贸区境外股权投资和离岸金融业务的具体税收政策仍处于讨论阶段,尚无明确的境外股权投资和离岸金融业务税收政策试验方案。

对此,本专题将在第三部分对境外自贸区境外股权投资和离岸金融业务的税制创新进行介绍及比较借鉴,以加深对境外股权投资和离岸金融业务国际税收处理的认识;在第四部分分析我国当前对境外股权投资和离岸金融业务的税收政策,并根据相应的税收经济分析提出厦门自贸片区境外股权投资和离岸金融业务税制创新的设想。

三、境外自贸区境外股权投资、离岸金融业务现状比较分析

世界各国自贸区普遍采取具有国际竞争力的税收政策,以吸引各类投资主体,实现产业集聚和规模效应。财税政策也从最初致力于吸引外商直接投资转向发展境外股权投资和离岸金融业务,为区内企业提供有力的金融服务支持。而境外股权投资和离岸金融业务的发展,除依靠天然的地域优势外,主要是以宽松的外汇管制和优惠的财税政策吸引全球投资者。大多数国家近年来不断推进以降低税率、减轻纳税人负担为导向的税制改革,在2008—2012年间经济合作与发展组织(Organization for Economic Co-operation and Development, OECD)34个成员中有13个采取降低企业所得税税率的政策。

（一）境外自贸区境外股权投资税收现状比较分析

20世纪90年代以来，区域一体化组织给予投资自由化更多关注并进行相应的制度安排，北美自由贸易区（North American Free Trade Agreement, NAFTA）要求在投资、设立、经营管理等方面给予投资者准入前国民待遇；亚太经济合作组织（Asia-Pacific Economic Cooperation, APEC）提出《非约束性投资原则》，涵盖国民待遇、外国投资者的进入与滞留、利润汇回等促进投资自由化的关键问题。对于我国而言，增加境外投资对转移国内过剩产能、倒逼产业结构升级同样具有积极作用。国际上也普遍遵循境外投资自由化政策以鼓励本国（地区）企业积极拓展海外市场，提升资本获利水平。在取消外汇管制和境外投资限制的同时，加强事后监控与风险防范，如美国、日本、德国等先后设立专门的境外投资保险机构为境外投资保驾护航。各国（地区）在境外股权投资税制方面的探索也主要集中在降低税率、税收抵免、设立亏损准备金等税收政策支持上，以提高企业预期收益、降低投资成本。

1. 美国

奉行适度宽松的货币政策，美联储主要通过公开市场操作控制货币供给调节汇率。除通过国家进出口银行（非营利性）和美国海外私人投资公司（营利性）两大机构为从事海外投资的美国企业和个人提供资金支持及金融服务外，在税收优惠方面，所得税综合运用税收减免、抵免、延付等多种方式，关税则采取附加值征税原则。美国与多国签订双边避免重复征税和加强税收合作的协定，海外投资税率较境内投资税率低15%—20%。企业所得税资本利得可冲抵同项下亏损、境外亏损也可冲抵境内盈利；个人所得税将资本利得视为一般所得，长期资本利得最高税率仅为28%，并可冲抵亏损。对境外股权投资中未汇回国内的收入不予征税，同时规定受控外国公司（Controlled Foreign Company, CFC）条款，避免以避税为目的将利润保留在外国企业不分配或减少分配。

2. 英国

企业所得税视资本利得为一般所得，并可冲抵同项下亏损；个人所得税采取有35 000英镑免征额的三级超额累进税率。此外，由于其简捷的企业注册流程和境外投资经营所得无须缴纳利得税，英属维尔京群岛（BVI）成为全球企业注册量最大的"三大避税天堂"之一。

3. 德国

为资本利得税单独设立税率为25%的税目，低于企业所得税税率

(29.8%);个人所得税税率最高达 42%。

4. 法国

企业从事境外投资可以在不超过对外投资总额限度内提取亏损风险准备金,准予所得税税前扣除。

5. 日本

1960 年、1971 年、1974 年、1980 年先后实施资源开发、特定海外工程合同、大规模经济合作事业的境外投资亏损风险准备金制度、境外收入税收抵免制。对未汇回国内的股息、红利所得不征税,同时辅以 CFC 规定反避税。

6. 韩国

企业所得税将资本利得视为一般所得,个人所得税采用 10%、20%、30% 三档税率对不同公司规模的持股人进行征税。

7. 新加坡

企业所得税和个人所得税对资本利得均不征税。自贸区内,无论是居民还是非居民,源于海外的一切所得均无须在新加坡缴纳个人所得税,在发展中国家从事境外投资可享受税收饶让的双重减免优惠。

8. 巴拿马

全球第二大自贸区——科隆自贸区对源于境外的股息免税,投资税、地方市政税豁免。

9. 中国香港

实行属地原则,仅对来源于中国香港的资本利得征税,对一切来源于境外的资本利得免税。

(二) 境外自贸区离岸金融业务税收现状比较分析

自 20 世纪 50 年代末起,离岸金融业务的发展已有近 60 年的历史,融资模式由旧有的单一信贷业务发展到目前的股票、债券等,各类金融衍生品的种类也日趋多样化,并形成三类离岸金融业务中心,分别是以纽约为代表的存在一定外汇管制的内外分离的离岸金融市场,以伦敦为代表的完全开放的外汇政策下的自由离岸金融市场,以加勒比海地区为代表的以避税为主要目的离岸金融市场。

1. 美国

1981 年 12 月,美国允许境内金融机构利用现有的场所和设施为非居民提供非居民信贷业务,即政府主导下的内外严格分离型离岸金融业务,也被称为国际银行设施(International Banking Facilities,IBFs)。这一举措在巩固纽约国际金融中心地位的同时,也打破了原有的必须在货币发行国境外开展离岸金融业务的固有模式。

2. 英国

自1979年取消全部的外汇管制后,伦敦凭借其独特的地理优势和宽松的金融政策,成为全球最重要的外汇交易中心,自然形成了境内外一体型的离岸金融市场。伦敦作为老牌的国际金融中心,其基础设施、人才储备和技术支持都处于国际领先地位,没有严格的离岸业务审批程序,无论是居民还是非居民都可以自由从事离岸金融市场的业务。

3. 新加坡

新加坡的离岸金融市场形成于20世纪70年代,实行开放、自由、宽松的外汇管理体制和金融制度,通过废除银行股双轨制、提高离岸银行贷款业务上限、调低银行为投资者处理最小交易额等一系列改革举措,实现了从境内外严格分离市场向一体型市场的成功转型。1968年、1972年、1976年先后废止非居民利息所得预扣税、亚元离岸贷款合同、大额可转让存单的印花税、非居民持有离岸债券的利息所得税等,1983年对国际银行贷款及债券发行收入给予免税。上述一系列税收政策有力地推进了新加坡国际金融中心的建立。与此同时,健全的法律体系和高效的金融监管使离岸资金得到了有效的监督,并未过度流入房地产市场和非生产性领域,避免了对国内资本投资市场的扰动。

新加坡自贸区除对大部分金融服务免征消费税(即GST、GOODS & SERVICESTAX,与我国的增值税类似),还对金融服务出口企业出口创造的营业利润减征90%的所得税,减征期一般为5—10年,之后还可以享受10%—15%的所得税减免。

4. 日本

1986年,日本仿照美国IBFs开设了离岸金融市场(Japanese Offshore Market,JOM),当时就有181家银行(其中外资银行69家)获批从事离岸金融业务。自解禁远期利率协议(Forward Rate Agreement,FRA)、外汇掉期交易和利率掉期交易(Swap)以来,至1994年年底,离岸市场余额已达到7 262亿美元。日本外汇省严格规定了JOM资产、负债业务的限额,防止"入超"(即规定每日、每月由离岸账户转入境内账户的限额)现象,避免了离岸市场资金对境内资本市场的冲击。

5. 中国香港

20世纪70年代以来,通过逐步放松外汇管制、取消对外资银行的准入限制等措施,中国香港确立了境内外业务一体化的全球离岸金融中心地位。获准经营的金融机构,从事离岸金融业务的货币币种不受限制。双重保险商对离岸风险的再保险业务,适用免税或减按8.75%的优惠税率征收。根据《证券及期货条例》,凡注册或获发牌的法人财团和财务机构在香港从事证券、外汇合约、期货合约等离岸基金业务所获取的利润免税。

6. 印度

就外国银行海外机构(OBUs)而言,出口加工区的相关规定允许外国银行在区内设立海外银行并享受一定的税收优惠,不仅前五年100%免除所得税,且在随后的两年减半征收所得税。

7. 加勒比海地区

20世纪70年代,凭借稳定的政局、良好的环境、优惠的政策和银行保密条款吸引了大量离岸资金,形成了以巴拿马、开曼群岛和巴哈马等地区为代表的典型的避税港式离岸金融市场。

从上述离岸金融中心的发展经验来看,各个国家(地区)普遍以较低的所得税税率(其中欧盟对离岸金融业务实行零税率)和较多的费用扣除项目对离岸金融业务给予税收支持。

四、我国对境外股权投资和离岸金融业务的税收经济分析

境外股权投资和离岸金融业务都是跨境金融的重要组成部分,但根据本专题第一部分对二者定义的分析,它们进行境外股权投资和离岸金融业务的目的不同:前者是一国的公司为了追求他国更高的投资收益率而将本国资本以设立、收购和兼并等方式注入国外公司来获取股权并通过一定的退出机制获取资本增值收益,后者是通过在境外为非居民提供金融服务达到规避金融管制和获取税收优惠的目的。对此,有必要对两种行为从国际税收角度分别进行分析,前者主要避免国际重复征税,后者主要注重税收优惠和反国际逃、避税。

(一) 境外股权投资的税收经济分析

1. 我国现行税法下境外股权投资的涉税处理

境外股权投资是对外直接投资中的一种形式。根据我国税法,我国在税收

管辖权上同时行使居民管辖权和收入来源地管辖权。当境内公司在境外进行股权投资获得资本增值并通过一定的退出机制得到投资回报时,在假设没有签订国际税收协定的情况下,境内公司所涉及的主要税种有企业所得税和个人所得税。对来源于境外的所得,我国采用抵免法避免重复征税。具体来讲,即个人所得税采用分国分项的抵免方式,企业所得税采用分国不分项的方式;对于有与资本流入国签订税收协定或税收饶让的,一般按照具体协定的内容通过预提所得税和饶让抵免等方式避免重复征税。

2. 境外股权投资所得税的税收经济分析

为了从经济学角度分析境外股权投资所得国际重复征税的效应,首先将从宏观经济的角度分析境外股权投资所得税的税收经济效应。为了简化分析,对境外股权投资的个人投资者和法人机构投资者及相应的个人所得税或企业所得税不做区分,统一视为法人机构投资者。

假设一个生产要素在只有资本和劳动力的开放经济环境中,只有一个资本流出国 X 和一个资本流入国 Y,资本流通形式为股权投资。如图1中,I_X 表示资本流出国的投资曲线(表示资本需求),S_X 表示资本流出国的国民储蓄曲线(表示资本供给);相应地,I_Y 表示资本流入国的投资曲线,S_Y 表示资本流入国的国民储蓄曲线。在国际资本自由流通且股权投资所得只需要向被投资国缴纳所得税,而不用向股权投资公司所在国缴纳所得税的情况下,X 国股权投资企业发现 Y 国的税后收益率大于本国的税后收益率($r_{Y0}>r_{X0}$),趋于利益,X 国的股权投资企业就会对 Y 国的境外股权项目进行投资,国际资本净流动会变成从 X 国流向 Y 国。根据一价定律,X 国流向 Y 国的国际资本流通在两国税后利率相等时($r_{X1}=r_{Y1}$)达到均衡状态,此时 X 国的境外股权投资额为($S_{X1}-I_{X1}$),Y 国接受的来自 X 国的股权投资额为($I_{Y1}-S_{Y1}$)。

若资本流出国 X 对其税收管辖权内的股权投资企业的境外所得没有任何豁免或抵免,意味着 X 国的境外股权投资企业还面临着一项由本国课征的税率为 t 的所得税。在 X 国,对资本所得征税导致 X 国股权投资企业的境外资本流出减少,导致资本要素的价格下降至 r_{X2};在 Y 国,由于来自 X 国的股权投资减少,导致资本要素的价格上升至 r_{Y2}。由于资本所得税,X 国的国内储蓄减少至 S_{X2},境内投资增加至 I_{X2},对 Y 国的境外股权投资额减少为($S_{X2}-I_{X2}$);而 X 国的国民储蓄增加至 S_{Y2},境内投资减少至 I_{Y2},Y 国接受的来自 X 国的股权投资额减少为($I_{Y2}-S_{Y2}$)。

3. 境外股权投资的所得税避免国际重复征税分析

对税收的经济效率的关注点在于税收中性,即使税收尽可能不扭曲资源配

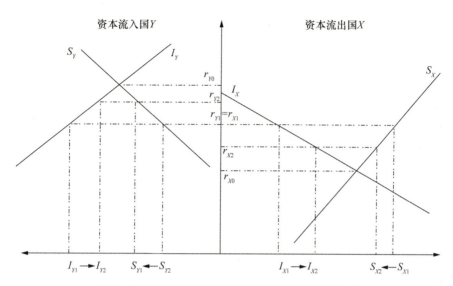

图 1　境外股权投资所得税国际重复征税的经济分析

置。在国际资本流动中,就表现为所得税应尽可能不扭曲国际资本的配置,使存量资本能够自由流动到收益率高的地区。从图 1 的分析可以看出,相较于没有税收的情况下,资本流出国对境内企业来源于境外的股权投资收益课征资本所得税会导致境外股权投资额的减少。对资本流出国的股权投资企业而言,它们进行境外股权投资的成本增加,税收的存在使得原本较高的收益相对减少,减弱了它们对外进行投资的驱动力;对资本流入国而言,就面临着来源国外的投资额减少的问题。因此,对境外股权投资的所得的国际重复征税破坏了资本流动的中性,对国际资本的配置确实存在扭曲。

消除这种资源配置扭曲,也就是避免国际重复征税的方法不外乎两种对立的方式:一是资本流入国对来源于其本国的投资所得征税让步;二是资本流出国对其居民公司来源于国外的投资所得征税让步。从 OECD 和联合国关于避免国际重复征税的范本中所强调的以及世界上大多数实行居民税收管辖权的国家的通行做法来看,一般是承认收入来源国具有优先征税的地位。因此,当前各国的税收协定和资本流出国通常采用免税法、低税法、扣除法和抵免法四种方法来减少国际重复征税的弊端。这四种方法的经济效应也各不相同。

对于免税法,在资本流入国对来源于外国的投资所得征税时没有国民待遇和最惠国待遇的条件下,资本流出国对境内股权投资企业的境外投资所得实行免税法其实就回到图 1 的国际资本流通的最初均衡状态,也就不存在税收对国际资本配置的扭曲。但这同时也意味着资本流出国放弃了对境内股权投资企业的境外投资所得的征收,资本流出国就将面临较严重的税基侵蚀问题。

对于低税法,资本流出国对境内股权投资企业的境外投资所得以一个较低的税率进行征收,实际上只是在一定程度上减轻了国际重复征税问题,减轻程度取决于对境内股权投资企业的境外投资所得征税的税率的高低。低税法使国际资本流动的均衡状态的结果介于图 1 中的无重复征税与存在完全重复征税两个均衡状态之间。

对于扣除法,资本流出国允许境内股权投资企业将其在境外缴纳投资所得税当作费用,该部分费用可以在缴纳本国所得税时扣除。扣除法的本质其实和低税法相同,优先考虑了资本流出国的居民管辖权,但只是部分承认了资本流入国的收入来源地管辖权,因而境外股权投资的国际重复征税问题也只是在一定程度上得到减弱。

对于抵免法,既考虑了资本流入国的收入来源地管辖权,也考虑了资本流出国的居民管辖权。当资本流入国的税率高于资本流出国的税率时,实际上和免税法的结果相同,境外股权投资企业只需向资本流入国缴纳所得税,而这部分税收可以在资本流出国得到完全抵免。当资本流入国的税率不高于资本流出国的税率时,境外股权投资企业向资本流入国缴纳所得税后,由于本国的税率较高,这部分国外缴纳的税收抵免完之后还要按税率差额向本国缴纳一笔所得税,境外股权投资企业的最终税负与在本国经营的结果相同。

从上述分析可以看出,资本流出国既要使本国福利最大化,又要减轻国际重复征税,应采用扣除法或抵免法。这样既防止了对境内企业进行境外股权投资时的利润转移和税基侵蚀,又减轻了重复征税对本国股权投资企业的不利影响。

4. 厦门自贸片区境外股权投资税收政策设计原则

根据上述对境外股权投资的税收经济分析,厦门自贸片区境外股权投资税收政策设计原则包括两个方面:

一是鼓励积极参与境外股权投资,发挥税收政策的产业投资导向作用。针对厦门自贸片区对台的战略意义,要从政策上鼓励投资者积极参与境外股权投资,特别是参与台湾地区的股权投资。通过对各个实业领域的股权投资来促进两岸不仅在金融业上,而且要在更为广泛的实体经济产业上实现对接合作。对于大陆在资源或技术上需求较大的产业,通过对境外产业的股权投资快速获得知识产权或技术资源,实现资源整合和产业升级,并以税收优惠的方式进行产业的投资导向,可以考虑对片区内的投资机构或个人投资者涉及特定领域和产业的境外股权投资所得,在避免国际重复征税的基础上进一步予以如免税法等方式的所得税税收优惠。

二是规避滥用税收政策,打击国际逃、避税,维护税收主权。对于厦门自贸片区内境外股权投资的特定税收优惠政策,并不意味着对税收居民管辖权的忽视,而要更注意防止通过境外股权投资的形式滥用税收优惠来进行国际逃、避税活动,着重监督和防范境外股权投资以 CFC 的方式转移境内利润和侵蚀税基。

(二) 离岸金融业务的税收经济分析

1. 我国现行税法下离岸金融业务的涉税处理

由于我国对离岸金融业务的开展持较为保守的态度,因此根据我国现行税法,我国离岸金融业务的税收政策与在岸金融业务的税收政策一致,所涉及的税种主要包括增值税、企业所得税和印花税。

相比于境外股权投资,在自贸区内探索离岸金融业务税收政策的目的就在于寻找一种既与国际离岸金融中心税收制度相接轨,又能防止利用离岸金融进行国际逃、避税的税收政策方案。

2. 对离岸金融业务进行税收优惠的经济分析

如本专题所介绍的其他国家和地区对离岸金融的税收处理方式,一般都给予离岸金融业务大量税收优惠来营造较为宽松的税收环境。相比于其他国家和地区,我国离岸金融业务的税负较重,体现在多余的流转税和较高的所得税上。

2016 年 5 月 1 日"营改增"试点全面铺开后,金融业营业税改征增值税,离岸金融业务的流转税项目也相应地改为增值税项目。然而即使是"营改增"后,离岸金融业务的流转税项目在名义税率上也由 5%(营业税)变为 6%(增值税一般纳税人的销项税)。这样便造成了两个问题:首先,世界上大多数实行增值税的国家和地区一般都对金融业免征增值税,而国内仍按照一个相对较高的税率对金融业征收增值税,对于离岸金融这种面临强大国际竞争的业务而言无疑是一个较大的税收负担;其次,相比出口商品时的增值税出口退税,离岸金融业务为非居民提供境外金融服务时也尚未有相应的增值税出口退税规定,这从增值税抵扣链条上来看也是不合理的。

对于离岸金融业务的所得税税率,正如本专题第三部分所介绍的,其他国家和地区对开展离岸金融业务的企业征收的企业所得税税率一般在 15% 左右甚至更低,远低于现行的 25%。较高的税收负担必然会影响我国离岸金融业务的国际竞争力。

因此,在自贸区内完善离岸金融业务的税收政策的首要任务就是试点对离岸金融业务的税收优惠。具体来说:第一,根据国际上增值税开征国家的通行做法和增值税的税收中性特征,应对离岸金融业务的服务收入免征增值税或者实行增值税零税率;第二,基于纳税便利原则,对离岸金融业务的印花税也可以考虑免征;第三,出于对离岸金融业务的支持,对离岸金融企业的所得税应予以税率上的税收优惠,以增强其业务在国际范围开展的竞争力。

图2分析了对离岸金融业务进行税收优惠的经济效应。在未实行税收优惠的情况下,离岸金融企业的供给曲线为 S_1,均衡状态下的服务量为 Q_1,均衡价格为 P_1。当对离岸金融业务的流转税和所得税予以税收优惠时,离岸金融企业的税收负担减轻,对离岸金融服务的供给增多,推动供给曲线右移至 S_2,在新的均衡状态下,离岸金融业服务量增加至 Q_2,均衡价格降低为 P_2。通过直观的分析可以看出,对离岸金融业务给予适当的税收优惠会激活行业活力,促使离岸金融企业提供更多价廉的离岸金融服务。因此,不管是从税收原则的角度,还是国际通行做法的角度,抑或是产业支持的角度,都有必要对自贸区的离岸金融业务试行税收优惠政策。

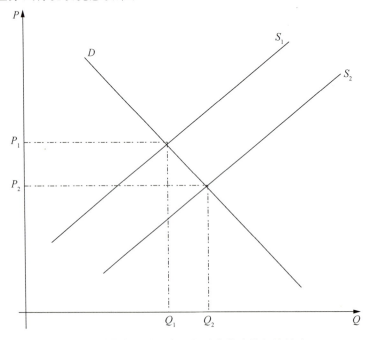

图2 对离岸金融业务进行税收优惠的经济效应

3. 对离岸金融业务进行反国际避税的分析

在国际上，离岸金融业务的作用并不局限于跨境金融业的开展，在簿记型的离岸金融中心，跨国集团更是广泛地将其运用于国际避税活动。离岸金融公司借助离岸金融业务进行国际避税的方式与在岸金融公司一样，主要是通过滥用税收优惠、转让定价和资本弱化等手段；不同的是，离岸金融公司在所离岸金融中心受的金融监管的程度远低于在岸公司，同时还能享受到大量的税收优惠政策。

如果对离岸金融公司的税收优惠政策的施行不够规范，离岸金融公司就有机会以各种手段使自身符合税收优惠的条件来滥用税收优惠政策，最大限度地规避税收。

离岸金融公司利用转让定价进行国际避税的手段是通过集团内的关联企业，以偏离市场价格的定价进行关联企业间的内部交易，让所得税税率高的关联企业处于亏损状态，而将大量利润转移到税率较低的离岸金融公司，从而在集团整体层面减少应纳税所得额。

离岸金融公司利用资本弱化进行国际避税的手段是通过关联企业向离岸金融公司的借债，使其资本结构上表现出债务资本大于权益资本的账面情况，来增加债务资本应还的利息，这部分利息可以作为财务费用在应纳税所得额中准予扣除，而离岸金融公司的利息收入却享受着较低的所得税税率。因此，关联企业通过向离岸金融公司借债使其实现资本弱化，就可以达到避税的目的。

若对离岸金融业务过于宽松的金融设计和过于放任的税收优惠导致金融监督和税收监管的缺失，直接导致利润转移和税基侵蚀便得不偿失了，这是厦门自贸片区进行离岸金融业务税收政策设计时需要重点考虑的。

4. 厦门自贸片区离岸金融业务税收政策设计原则

一是试点税收优惠为主的税收政策，以政策创新带动制度创新。李克强总理在《求是》中提出："自贸区不是搞'政策特区'或'税收洼地'，而是要推进政府职能转变，探索创新经济管理模式。"建立自贸区的核心任务和根本目的就是在于对制度创新的试验。第一，离岸金融业务在我国属于新兴的金融服务业，在当前我国产业结构调整的背景下，新兴的金融服务业的发展需要政策扶持，创新需要政策导向，在一定条件下给予离岸金融业务特定的税收优惠政策，就是在探索创新经济管理模式。第二，税收制度本身也是社会经济制度中的重要组成部分，在厦门自贸片区内对离岸金融业务试点税收优惠也是一种税制上的创新，将税收优惠对象限定在特定的亟须发展的业务范围，也就不存在税收优惠政策被滥用的"政策特区"问题或"税收洼地"问题。第三,在通过税收政策对自贸区内的离岸金融业务进行税收激励时,要注重结合厦门片区对台的战略意义,服务对象涉及台湾企业和台湾同胞的离岸金融业务可以在订立两岸税收协议的基础上,进一步给予台胞在企业所得税和个人所得税上的税收优惠,以增进两岸关系与和平发展并促进两岸产业对接合作。

二是发展和完善反避税手段,规制有害于国际税收的竞争。对片区内离岸金融业务给予税收优惠是必要的,但并不意味着放任其成为"政策特区"或"税收洼地"。一方面,在税收优惠政策设计上要使得对离岸金融业的税收优惠可控和可监控,通过对税收优惠设定限制和仅对特定的离岸业务实施税收优惠来把握税收优惠的力度和范围的可控,通过对离岸业务单独设置税务登记号等方式对离岸金融业税款缴纳进行单独监控,在税收优惠政策的给予上要规范运作,这同时也要求我国税务系统的工作人员要不断提高税收征管水平;另一方面,对离岸金融业税收上的监管还可以从双方或多方的税收协定或谈判方式上进行创新,通过加强与协定签订方进行税收情报交换、对离岸公司进行预约定价等多种方式防止关联交易。

五、政策建议

厦门自贸片区应在转变政府职能、培养技术人才、完善配套服务的同时,积极构建与对外投资相匹配的税收制度,尤其是针对新兴的境外股权投资和离岸金融业务,使离岸金融业务整体税负率低于国内同类在岸业务,在坚持我国税收征管改革方向的前提下,依惯例给予相应的具有国际竞争力的税收支持,打造具有国际竞争力的金融营商环境。

(一)促进立法,完善税制

1. 加快自贸区立法建设

世界发达国家一般都是先立法后设区,部分发展中国家也制定了自贸区专门法案,如美国1943年通过《对外贸易区法案》、欧盟1994年实施《欧共体海关法典》、新加坡1969年通过《自由贸易园区法案》,印度2005年通过《经济特区法案》。而我国自贸区立法基本处于空白,只有国务院印发的总体建设方案。自贸区立法,有助于保障自贸区各项政策的稳定性,维护投资者的理性预期,对境外股权投资和离岸金融业务这类对政策变化高度敏感的产业而言,后者尤为重要,因此自贸区立法迫在眉睫。

2. 形成与国际通行做法一致,具有较强竞争优势的税制

笔者从厦门市国税局了解到,自 5 月 1 日全面实施"营改增"以来,除金融业外,几乎所有行业的税负都只减不增。银行在贷款利息支出不可进项抵扣的情况下,将金融服务业的税率从营业税的 5% 提升到增值税的 6%,新增不动产较少、进项抵扣额不足等都是造成税负小幅上升的原因。参照国际经验,建议对离岸金融业务服务,参考我国对离岸服务外包的支持政策,免征增值税,离岸投资业务采取 15% 的企业所得税税率,从而形成与国际通行做法保持一致且具有较强竞争优势的税收制度体系。

3. 完善税收抵免政策

我国现行企业所得税抵免限额计算采取分国不分项的征管方式,个人所得税抵免限额计算采取分国又分项的征管方式。这一征管方式在当时境外股权投资业务量少、探索征管模式的情况下具有制度合理性和必然性。

然而随着时间的推移,仅 2015 年我国累计实现对外投资就达 7 350.8 亿元人民币,同比增长 14.7%,涉及全球 155 个国家和地区的 6 532 家境外企业,这一堪称庞大的经济体量要求我们必须尽快与国际接轨,完善税收抵免制度,以应对境外投资的逐年增长,特别是从事多国投资的专门机构的兴起。

此外,还应降低间接抵免的持股比例要求。各国允许抵免的最低持股比例:德国为 10%;西班牙为 5%;美国为 10%,并特别规定美国国内母公司对境外子公司持股比例最少为 5% 即可。然而,我国允许抵免的最低持股比例为 20%,远远高于其他国家,因此,应适当降低间接抵免的持股要求,减轻企业的总体税负。

4. 充分利用海峡税收协议

2015 年 8 月 25 日签订的《海峡两岸避免双重课税及加强税务合作协议》,必将为厦门自贸片区更好地对接台湾自由经济示范区,促进两岸优势互补、共同合作、互利共赢奠定坚实的基础。

(二) 税收优惠,产业导向

为了鼓励和扶持境外股权投资与离岸金融业务,增强我国金融服务业在国际上的竞争力,仍需发挥税收优惠政策的产业导向作用,具体来说:

一方面,对于离岸金融业务,根据国际上对金融业免征增值税的惯例,在"营改增"的背景下,试点对厦门自贸片区内的离岸金融业务免征增值税或者以

零税率征收离岸金融业务的增值税;对于印花税,出于自贸片区简政放权的改革初衷,地方政府和地方税务系统也可以酌情对离岸金融业务免征印花税;对于离岸金融公司的所得税,出于增强国际竞争力和厦门自贸片区对台的战略意义,可以对来自特定业务或特定客户(如对台)的收入予以税率上的优惠,或者对开展特定业务或特定客户(如对台)发生的成本在计算所得税应纳税所得额时予以一定程度的加计扣除。

另一方面,对于境外股权投资业务,配合"一带一路"机遇下的"走出去"战略,可以在厦门自贸片区内对境外股权投资的境外所得试点单一地域管辖权,以消除国际重复征税对境外股权投资"走出去"的阻力。按不同形式区分境外股权投资者,对于其中的个人投资者,境外股权转让产生的资本利得已经被课征预提所得税,因此可以考虑对个人投资者的境外股权转资本利得免征个人所得税;对于机构投资者,可以考虑从平潭片区和横琴片区复制对部分鼓励类产业给予所得税15%的优惠税率,对境外股权投资纳入鼓励类产业予以税率上的优惠;对于境外私募股权投资基金,实质是个人或机构投资者通过基金管理公司的渠道进行境外股权投资,可以考虑对基金管理公司的境外股权投资所收取的管理费予以税收优惠,对通过基金公司的个人或机构投资者仍比照境内投资征收所得税。

(三) 加强服务,助力发展

上海自贸区在"金改40条"的支持下,2015年境外投资备案项目数为636项,中方投资额达229亿美元,同比增长6.2倍。近期,深圳前海金融控股公司发行海外人民币债券10亿元,获得逾130亿元认购,超额认购达12倍,创近年离岸人民币债券市场超购倍数最高纪录。相较它们而言,厦门自贸片区的境外股权投资和离岸金融业务刚刚起步,要在现有的伦敦、纽约、香港等诸多发达国际金融中心的情况下,抢占一席之地,除充分依靠自贸片区的地域优势和产业政策支持外,拓展离岸金融业务范畴、创新离岸金融业务模式也是必不可少的,因此应积极探索离岸再保险、离岸账户资金托管、离岸杠杆融资等离岸金融业务。

第一,自贸片区内支持设立专门从事境外股权投资的项目公司,支持符合条件的投资者设立境外股权投资基金。同时以电子数据交接平台(Electronic Data Interchange,EDI)为基础,搭建智能的金融风险指标监控体系,进行金融审慎管理,推进境外股权投资备案制。推行合格境内机构投资者(QDII)制度,即允许符合条件的境内机构投资于境外证券市场。这将对拓宽居民投资渠道、缓解外汇储备增长压力、培养证券经营机构的国际化投资管理能力发挥积极作用。明确规定CFC条款,只对汇回国内的收益征税,同时允许企业设立海外投资风险准备金,为企业"走出去"保驾护航。

　　第二,加强对境外股权投资和离岸金融业务的税收监管,采取预约定价安排机制调整关联交易的转让定价,遵循国际税收情报交换制度,建立国际税收征管磋商机制。在要求从事离岸业务者必须设立离岸账户(Offshore Account,OSA)的基础上,明晰离岸与在岸业务的分界,采取不同的征管模式。

　　第三,通过税务网站、纳税人学堂、12366、自贸区国税、地税联合微信公众号等形式,为"走出去"的企业提供 7×24 小时的涉税问题解答与建议;在企业遭遇境外投资涉税争议时,帮助企业申请启动税收协定相互协商程序。培养一支素质过硬、业务精通、服务卓越的税务干部队伍,将其打造成企业在进行境外投资时税收方面的强大智库和有力支撑。

专题十三

福建省工业园区发展研究

20世纪80年代中后期起,福建省就开始规划建设工业园区。经过二十多年的发展,福建省工业园区建设取得了显著的成就,对福建省的经济增长起到了明显的促进作用。近些年来,入驻园区的企业数量逐年增多,园区内从业人员数量不断增加,企业利润总额逐年递增,为全省的税收做出了巨大的贡献。

一、福建省工业园区发展现状分析

目前,福建省共建成工业园区272个,包含23个国家级工业园区(见表1)、81个省级工业园区、47个市级工业园区、121个县级及以下工业园区。

表1 福建省国家级工业园区统计

	国家级工业园区数目	国家级工业园区名称
福州	6	福清融侨经济技术开发区、福州经济技术开发区、福州高新技术产业开发区、福州保税区、福州出口加工区、福清出口加工区
厦门	4	厦门海沧台商投资区、厦门火炬高技术产业开发区、厦门象屿保税区、厦门出口加工区

（续表）

国家级工业园区数目		国家级工业园区名称
漳州	4	东山经济技术开发区、漳州招商局经济技术开发区、漳州台商投资区、漳州高新技术产业开发区
泉州	4	泉州经济技术开发区、泉州台商投资区、泉州高新技术产业开发区、泉州出口加工区
三明	1	三明高新技术产业开发区
莆田	1	莆田高新技术产业开发区
南平	0	
龙岩	2	龙岩经济技术开发区、龙岩高新技术产业开发区
宁德	1	东侨经济技术开发区
合计	23	

资料来源：中华人民共和国商务部网站、中华人民共和国科学技术部网站。

总体上看，目前福建省工业园区发展现状如下：

（一）总产值不断扩大，拉动经济增长作用明显

2012年，福建省工业园区总产值达1.75万亿元，占全省工业总产值的58.9%。截至2013年，福建省工业园区入园工业企业共2.93万家，占全省工业企业的40.4%。[①] 2015年，漳州市工业园区累计实现规模以上工业总产值2969.36亿元，占全市规模以上工业总产值的76.76%；三明市工业园区实现规模以上工业总产值1286.13亿元，约占全市规模以上工业总产值的41%；莆田市工业园区实现规模以上工业总产值1718.39亿元，占全市规模以上工业总产值的66.4%，对全市规模以上工业总产值增长贡献率达57.37%，拉动全市规模以上工业总产值增长6.2个百分点；南平市工业园区实现规模以上工业总产值1100.93亿元，占全市规模以上工业总产值的64.79%；龙岩市工业园区实现规模以上工业总产值1290亿元，占全市规模以上工业总产值的72.8%（见表2）。

表2　福建各市工业园区规模以上工业总产值数量及占比

	漳州	三明	莆田	南平	龙岩
工业园区规模以上工业总产值（亿元）	2969.36	1286.13	1718.39	1100.93	1290
占全市规模以上工业总产值比重（%）	76.76	41.00	57.37	64.79	72.80

资料来源：福建省经济和信息化委员会-工业园区网站，福建省各市国民经济和社会发展统计公报。

---

① 黄岚："福建工业园区发展情况调查"，《中国国情国力》，2015年第3期。

从上表可以看出，福建省各市工业园区规模以上工业总产值占全市规模以上工业总产值的比重相当大，推动各市经济增长的作用较为明显，是各市经济增长的主要支点。

(二) 资金投入不断增加，基础设施建设逐步完善

各市工业园区资金投入增多，使得各工业园区基础设施建设有着充足的资金来源。截至2015年，多数工业园区道路、自来水、电力、燃气、通信、排水、排污、绿化、路灯等基础设施及医疗、学校、综合商场、文化休闲场所等生活设施已基本建成。以厦门海沧台商投资区为例，自批准设立以来，投资区投入50亿元进行基础设施建设，开发土地31.8平方公里，竣工一级公路80多公里；新建、扩建水厂各1座，日供水量8万吨；建成嵩屿电厂一期二台机组，装机容量60万千瓦，新建、扩建11万伏、3.5万伏、22万伏等4座变电站；建成装机容量2万门程控电话系统；港口已建成4个泊位；日处理10万吨污水的污水处理厂也已竣工投入使用；配套建成高尔夫球场、中学、小学、国际幼儿园、职业培训中心、市级医院及野生动物园各1座，各商业银行、证券、电信、邮政、公交系统均已在投资区设立了分支机构。①

(三) 园区企业利润总额增长，不断吸纳全省劳动力

以南平市为例，2015年，南平市工业园区规划面积27 490.82公顷，累计建成面积5 352.18公顷，工业总产值1 100.93亿元，工业增加值269.75亿元，利润总额39.59亿元。黄岚在"福建工业园区发展情况调查"中指出："据对45个园区186家企业调查：2013年前三季度，企业实现利润349.43亿元，增长21.3%，同比提高3.6个百分点；主营业务收入利润率为6.2%，同比提高0.5个百分点。"②2015年，福州市23个重点工业园区规划面积794.7平方公里，已开发面积208.8平方公里；规模以上工业企业1300多家，其中上市企业41家，产值超亿元企业1056家，省级龙头企业36家；全部从业人员134万人，占全市全部从业人员的27.7%。可见，工业园区吸纳了福建省很大一部分的劳动力，对于扩宽全省就业渠道起到了积极作用。

(四) 不同区域、级别的园区发展状况不同

福建省东南部的福州、厦门、泉州三地市目前共有园区112个，占全省园区

---

① 资料来源：http://fj.zhaoshang.net/yuanqu/detail/2322/intro,2015.08.05。
② 黄岚："福建工业园区发展情况调查"，《中国国情国力》，2015年第3期。

总数的41%,入驻企业达1.8万多家,占全省入园企业的63.4%,国家级工业园区共14个。① 相比之下,中西部的三明、南平、龙岩三市目前共有园区82个,占全省园区总数的30%,入驻企业3450家,占全省入园企业的12.2%,国家级工业园区共3个。可见,福建省东南部地区和中西部地区的工业园区数目、园区入驻企业数目间存在较大的差异(见表3)。

表3 福建省东南部、中西部工业园区对比

	国家级工业园区数(个)	工业园区总数(个)	占全省园区总数比例(%)	入驻企业(个)	占全省入园企业比例(%)
东南部(福州、厦门、泉州)	14	112	41	18 000	63.4
中西部(三明、南平、龙岩)	3	82	30	3 450	12.2

资料来源:黄岚,"福建工业园区发展情况调查",《中国国情国力》,2015年第3期;福建省经济和信息化委员会-工业园区网站;中华人民共和国商务部网站;中华人民共和国科学技术部网站。

2015年,福州市工业园区工业总产值超500亿元的园区有福州经济技术开发区、融侨经济技术开发区、福州高新技术产业开发区、滨海工业集中区。其中,福州经济技术开发区、融侨经济技术开发区、福州高新技术产业开发区均为国家级工业园区,只有滨海工业集中区为市级工业园区。2015年,漳州市工业总产值超500亿元的园区有金峰开发区和台商投资区,其中金峰开发区是省级工业园区,台商投资区为国家级工业园区(见表4)。2015年,三明市工业总产值超100亿元的园区中有1个国家级工业园区,3个省级工业园区,以及1个市级、县级及以下园区。龙岩市工业总产值超100亿元的园区中有1个国家级工业园区,3个省级工业园区,以及1个市级、县级及以下园区(见表5)。

表4 福州、漳州工业总产值超500亿元的园区数目统计

	工业总产值超500亿元的园区		
	国家级园区数目	省级园区数目	市级、县级及以下园区数目
福州	3	0	1
漳州	1	1	0

资料来源:福建省经济和信息化委员会-工业园区网站。

---

① 黄岚:"福建工业园区发展情况调查",《中国国情国力》,2015年第3期。

表 5　三明、龙岩工业总产值超 100 亿元的园区数目统计

	工业总产值超 100 亿元的园区		
	国家级园区数目	省级园区数目	市级、县级及以下园区数目
三明	1	3	1
龙岩	1	3	1

资料来源：福建省经济和信息化委员会-工业园区网站。

由此可见，国家级工业园区和省级工业园区的发展状况明显优于市级、县级及以下工业园区，不同级别工业园区间存在较大差异。

（五）园区促进产业集群效应明显

近年来，福建省各工业园区促进产业集群效应明显，最为典型的便是福建闽侯青口汽车工业园区。福建闽侯青口汽车工业园区是省级投资区，位于福建省福州市闽侯县的东南部，是省、市、县重点打造的汽车产业基地，主要发展汽车、机械、电子等产业，汽车产业占主导地位。目前，闽侯青口汽车工业园区以东南汽车、奔驰汽车为龙头，形成了包括整车生产、零部件生产、汽车研发教育、汽车销售服务、仓储物流等完整的汽车产业链，产业集群效应明显。其中，整车年生产能力达 20 多万辆，已投产和正在建设的零部件企业超过 170 家。

二、福建省工业园区建设中存在的主要问题

（一）土地资源利用程度不平衡

一方面，各市工业园区平均每平方公里的工业总产值存在较大的差异，福州工业园区和南平工业园区每平方公里的工业总产值较高，分别为 30.05 亿元和 20.57 亿元，而漳州工业园区和三明工业园区每平方公里的工业总产值较低，分别为 9.28 亿元和 11.62 亿元。各市的工业园区土地利用状况差异较大（见表 6）。

表6 福建省各工业园区平均每平方公里的工业总产值

	规划面积 (平方公里)	已开发面积 (平方公里)	2015年工业园区总产值 (亿元)	平均每平方公里 的工业总产值(亿元)
福州	794.70	208.80	6274.00	30.05
漳州	966.70	319.95	2969.36	9.28
三明	346.67	110.67	1286.13	11.62
南平	274.90	53.52	1100.93	20.57

资料来源：福建省经济和信息化委员会-工业园区网站。

另一方面，各工业园区用地不平衡现象较为突出。一些园区用地指标不足，导致部分有入园意愿的企业无法入园。例如，连江经济开发区粗芦岛船舶工业园和海西产品物流业已签约落地正在开发建设用地共计2.67平方公里，剩余待开发用地面积0.37平方公里，而已确定及洽谈中的26个项目拟用地总面积1.91平方公里，远高于园区剩余待开发用地面积。而另一些园区已建成面积远低于规划面积，造成土地资源的浪费。例如，厦门石材工业区规划面积10平方公里，已建成面积仅为0.21平方公里，已建成面积仅占规划面积的2.1%，远低于厦门市其他工业园区的平均水平(52.33%)（见表7）。

表7 厦门市各工业园区规划面积与已建成面积

	规划面积 (平方公里)	已建成面积 (平方公里)	已建成面积占规划 面积比重(%)
象屿保税区	0.60	0.56	93.33
厦门火炬高新技术产业开发区	1.00	2.12	212.00
厦门出口加工区	2.40	0.35	14.58
集美台商投资区	78.00	18.26	23.41
城东工业区	0.92	0.62	67.39
厦门石材工业区	10.00	0.21	2.10
厦门银鹭食品工业	1.00	0.48	48.00
厦门机电工业区	1.87	1.52	81.28
同安城南工业区	1.65	0.37	22.42
航空工业园	1.64	0.46	28.05
厦门轻工食品工业区	4.50	0.49	10.89
巷北工业区	0.73	0.18	24.52
平均值	—	—	52.33

资料来源：各开发区官方网站及互联网资源。

(二) 园区内企业间配套带动作用不足

一方面,园区中小微企业配套作用不强。目前全省园区中共有小微企业1.13万家,占全部规模以下工业企业的19.2%。根据黄岚的"福建工业园区发展情况调查",930家小微企业中,只有131家为固定企业生产配套产品,占比为14.1%。[①] 另一方面,园区中大型龙头企业带动作用不足。以厦门工业园区为例,2013年,工业企业中产值超百亿元的企业仅有8家,其中产值规模最大的不到300亿元,而深圳鸿富锦有限公司的产值已经超千亿元,武汉有5家企业产值超500亿元。[②] 此外,黄岚还指出:"2013年前三季度园区中规模以上工业企业产值增速仅6.9%,低于园区全部工业增幅2.9个百分点,增幅同比减少4.8个百分点,对为其配套生产的中小企业带动作用减弱。"[③] 由此可见,园区内大型龙头企业数量较少,且受自身规模所限对园区内其他企业带动作用不强。

(三) 缺乏强大的学术与研究支援机构

与近邻台湾地区相比,台湾地区经济成功的一个重要特点在于,台湾地区三大科技工业园区有着庞大的学术与研究支援体系。学术与研究机构可以培养高科技人才满足园区企业对高级技术与管理人才的需求,同时园区企业资助学术与研究机构进一步培养高科技人才,二者互利共赢。反观福建省工业园区,一方面,福建省周边地区学术与研究机构的数量并不是太多,一部分园区企业不得不寻求外省学术与研究机构的支持;另一方面,尽管福建省近些年来大力推进人才专项计划,大力支持国家"千人计划"、省"百人计划"等人才引进计划,但这些政策大多针对高端人才,而对园区产业发展起重要作用的中端人才并不能享受这些优惠政策,从而导致福建省多数工业园区对人才的吸引力不强。

由图1可知,福建省2013年国家工程技术研究中心为5个,在29个省、直辖市、自治区中仅名列第18位,这进一步印证了福建省工业园区普遍缺乏庞大的学术与研究机构的支持。

[①] 黄岚:"福建工业园区发展情况调查",《中国国情国力》,2015年第3期。
[②] 厦门市统计局课题组:"龙头企业推动厦门经济转型升级的分析与思考",《厦门特区党校学报》,2015年第2期。
[③] 黄岚:"福建工业园区发展情况调查",《中国国情国力》,2015年第3期。

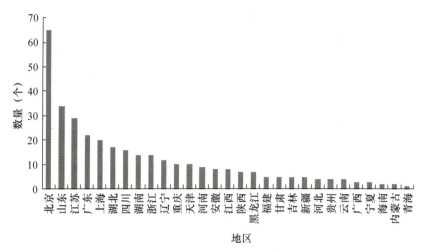

图1 2013年国家工程技术研究中心按省、直辖市、自治区分布

资料来源：《国家科技计划年度报告2014》。

（四）管理机构尚需进一步改善

纵观福建省各工业园区的管理机构，一部分园区实行一级行政管理体系，设立工业园区管理委员会，委员会集规划、管理、咨询、指导、决策等各项任务于一身，缺乏效率；而另一部分园区连管理委员会都没有设立，而是直接由当地政府领导，没有专门的机构统筹协调园区建设、为园区内企业提供配套服务设施，导致园区内部管理混乱。此外，各工业园区的建设和管理涉及电力公司、自来水公司、通信公司、国土部门、住建部门、经贸部门、水利部门、环保部门等，园区管理委员会只能在园区内企业与上述部门、公司打交道时起到简单的沟通作用，并不能切实有效地帮助企业简化审批手续、减少工作流程、减免手续费用等，因此对园区内企业提供的实质性帮助不大。

（五）工业服务中心尚需进一步完善

所谓工业服务中心，即以解决工业园区产业工人生活配套为主要目的的场所。相对于苏州、常州的工业邻里中心，福建省的工业服务中心起步发展较晚。一方面，现有的工业服务中心配套设施不全，无法充分满足工人的需求。邱伟杰在"工业服务中心布局研究——以厦门火炬（翔安）产业区为例"中的调查表明："有80%的工人认为现工业区缺乏文化娱乐设施，40%的工人认为缺乏医疗、商业设施,此外有20%的工人仍认为起居饮食供应不足。"①另一方面,现有工业服务中心数量不能满足工人的需求。以火炬(翔安)产业区为例,园区内配备的食堂面积约3000平方米,能满足2000人的就餐需求,但园区内现有工人约1万人,可见园区所配备的食堂远不能满足工人的就餐需求。

三、对策与建议

(一) 统筹利用各市工业园区的土地资源

针对剩余开发用地不足的工业园区,首先,园区管理委员会应该实地调研园区内土地闲置情况,按照批准开发后两年内未动工的标准,无偿收回该企业的土地使用权。其次,园区管理委员会应每年进行一次土地集约利用评价调研,评价不合格的企业不能申请扩建园区。再次,园区管理委员会可以鼓励园区内企业充分利用地上地下空间,建设多层标准厂房或者入地下沉式厂房,提高土地集约利用程度。最后,园区管理委员会可以参考河北省《关于大力推进开发区节约集约用地提高土地利用效率的意见》中的标准,在园区新建项目审批中,"规定开发区新建工业项目平均容积率不低于1.0、建筑系数不低于40%、所需行政办公及生活服务设施用地面积不得超过7%。在开发区整体用地结构中,交通设施用地和绿地比例不得高于20%,严禁规划建设脱离实际的宽马路、大广场、绿化带"②。

针对已建成面积占规划面积比例过低的工业园区,园区管理委员会主要的任务是加大招商引资力度,减少土地闲置现象。首先,园区可以建设一批标准厂房,然后以较低的租金租给招标企业,吸引企业入驻园区。其次,园区管理委员会可以协调沟通当地政府,对于一次性投资超过5 000万元的新建制造业项目,以国家规定的工业用地最低保护价供地。最后,各工业园区应允许"土地置换",将已批准开发项目从待开发面积不足的园区内,整合搬迁至尚有充足待开发面积的园区,搬迁企业仍享受原申请园区内的优惠政策。

---

① 邱伟杰:"工业服务中心布局研究——以厦门火炬(翔安)产业区为例",《福建建材》,2014年第11期。
② 资料来源:http://www.hebei.gov.cn/hebei/12586337/12586698/12848241/index.html,2015.08.05。

(二) 完善各工业园区融资体系

除依靠政府和银行资金投入外,各工业园区应完善融资体系,大力发展民间资本,引导民间资本成为园区融资主渠道。首先,工业园区应与大公司、保险公司、慈善事业基金等民间资本合作,扩宽融资渠道。其次,工业园区可大力发展风险投资,将资金投向快速成长并且具有很大资本升值潜力的高科技项目及其产品开发领域。再次,园区管理委员会应开设现场对接会,鼓励金融机构进入园区,对园区内企业实行精准帮扶,当面有效地解决园区内企业的融资困难。从次,园区管理委员会应设立知识产权质押融资需求信息库,定期举办"知识产权质押融资对接会",方便园区内企业通过专利权质押获得银行贷款。最后,部分工业园区可以凭借其自身优势获取国际融资。

(三) 构建更完整的产业支持体系

完整的产业链一方面可以使上下游企业在软件、硬件上实现互补,促进相关产业的共同发展;另一方面可以将风险分摊给整个产业链,提升相关行业的适应性和竞争力。因此,工业园区在进行招商引资时,应将"招企业"转变为"招产业",按照产业链配套的要求选择项目,建立起完整的"零件供应—产品配套—整体生产—销售网络"产业链。首先,在园区进行招商引资时,重点引入产业链的高端"龙头"企业,"龙头"企业在产业内具有一定的号召力,能够自动召集产业内相关配套企业进入园区,便于园区构建相对完整的产业链。其次,已入驻配套企业的工业园区,可围绕配套企业扩大产品规模,构建局部产业链。再次,全省工业园区可借助其地理优势,面向中西亚、中东欧等地区的国家,加深国际分工合作,参与国际产业链。最后,各工业园区可将部分产业不配套企业从园区内整合搬迁至尚有富余土地资源的工业园区,以促进各工业园区更有效率地发展。

(四) 建立人才优惠政策体系,吸引学术与研究机构

一方面,园区管理委员会可发布优惠政策体系,吸引学术机构和研究团体在工业园区落户,进而鼓励学术与研究机构与园区内企业进行合作研发。首先,园区管理委员会可采取一定的税收激励措施,对符合有关规定的研究机构免征营业税、减收企业所得税、允许其按照当年实际发生的技术开发费用的一定比例抵扣当年应纳税所得额。其次,园区管理委员会可设立园区科技发展基金,对于被认定为省级高新技术企业或示范企业的研究机构,取得部、省、市科

技经费支持的项目,国内外大企业、大集团、大专院校、科研院所在园区内设立的省级以上重点实验室,企业技术中心,工程技术研究中心,以及博士后工作站等研发机构,在一定年限内给予适当补助。再次,给予入驻园区的研发机构一定的入驻优惠,如对在园区自建自用生产办公用房的研究机构给予一定的土地价格优惠,对租用园区自有研发办公用房的研究机构给予一定的租金优惠。最后,省政府可以定时举办产学合作成果发表会,分享产学合作的成功经验,鼓励学研机构和园区企业加深合作。

另一方面,园区管理委员会可考虑发布一系列针对人才的优惠政策,补助高科技人才从事研发工作,吸引高科技人才落户。按照园区对人才的需求将人才划分为不同的级别,每个级别予以不同数量的购房补贴、薪酬补贴、培训补贴、医疗保健福利和优惠租房福利,对于园区急需的高层次人才予以特别的专项补贴,其配偶、子女户口可随迁至园区。

(五) 完善各工业园区管理机构

首先,各工业园区可考虑招聘一批专家智囊团作为指导委员会,统筹负责园区的宏观决策,为园区的建设管理工作提供指导性意见。其次,园区内已设立的管理委员会,作为园区管理工作的具体实施者,应专门负责本园区的具体规划和日常事务管理。园区管理委员会应进一步扩宽管理权限,不仅在园区内企业和电力公司、自来水公司、通信公司、国土部门、住建部门、经贸部门、水利部门、环保部门间起到沟通作用,更应协调上述部门选派人员入驻园区,配合协调园区管理委员会构建园区企业"招标—落户—建设—完工—投产"一条龙服务,切实为园区内企业提供全方位的配套服务。最后,各工业园区应设立专门的人事部门和机构,具体负责人才引进工作,并承担配套的园区急需高层次人才引入后的落户、租房、配偶工作、子女入学等后勤保障工作。

(六) 改善各工业园区综合生活服务系统

各工业园区应配备包含健康服务、文化教育服务、生活服务三个子系统在内的综合生活服务系统,为园区全年龄段员工提供全方面配套服务支持。首先,各工业园区应完善现有园区内工业服务中心的服务项目,构建包含健康保健类服务、园区门诊、应急服务、医疗绿色通道服务的健康服务系统;包含园区员工文化教育服务、员工子女文化教育服务的文化教育服务系统;包含园区饮食服务、运动服务、休闲娱乐服务、居家购物服务、出行服务的生活服务系统;新建影视厅、网吧、茶室、储蓄所、邮政局、托儿所、门诊室等配套设施,充分满足园区内员工的多重需求。其次,应按照服务半径不超过700米的标准,在各工业园区新建工业服务中心,缓解原有工业服务中心的压力。最后,借助互联网等媒体平台,构建园区生活服务网站,与工业服务中心一起为园区内员工提供全方位的生活服务支持。

(七) 注重国际营销

首先,各工业园区管理委员会应联合起来协助各工业园区企业开拓海外市场,积极组织厂商到海外巡展,寻求国际营销新路径。其次,各工业园区应做好统筹安排工作,定期开设综合性的国际贸易会议,牵头园区企业和国际贸易合作伙伴。最后,各工业园区应重视跨境电商交易。2015年,厦门市实现跨境电商交易额约1 100亿元,增长50%,占全市外贸的比重超过两成。因此,各工业园区应重视跨境电商交易,组织园区内企业构建跨境电商交易平台,促进园区内企业走上货销海外之路。

专题十四

闽台合作黄金市场的模式研究

一、背景

"自由贸易账户"最终无法在上海以外的自贸区落地,使得金融领域的发展在福建地区显得捉襟见肘。金融服务中最重要的资金流通如果缺少了自由贸易账户的政策优惠,便少了境外离岸资金流入的主要渠道。显然,在没有自由贸易账户的情况下,两岸的资金流通在大陆就必须符合在实质贸易项下或是属于直接投资、间接投资(如 QFII、RQFII、DQII)的规范。就台湾方面而言,台湾"金管会"设立了对大陆投资保险额度上限,以此规范金融机构对大陆的投资,目前各大银行对大陆投资已经纷纷逼近保险额度上限。换言之,在没有自由贸易账户吸引离岸资金的政策优惠下,闽台金融合作的空间极为狭小。更重要的是,在台湾地区新任领导人蔡英文上台后,两岸关系急速冷却,两岸金融合作的空间将进一步缩小。在此形势下,考虑到厦门于 2016 年年初拿到黄金提炼、交易所、仓储与进出口等执照,我们希望,在黄金产业规划的思维框架之下,提出两岸合作黄金市场的可行模式来增进闽台金融领域的交流与发展。

在第二部分中我们对黄金市场做了一个概要的说明,第三部则是对大陆与台湾黄金市场做进一步的分析,在第四部分中将陈述两岸在厦门黄金交易所可以进行的合作模式,在第五部分进行总结。

二、黄金市场需求、供给与交易市场

首先以图1来介绍黄金市场的运作,其主要分为三个层次:供给、需求以及中间层的交易。供给端包括进口、矿产与黄金回收提炼;需求端含有出口以及消费需求(含金融投资与黄金饰品)、工业技术业与官方(如央行)黄金储存;而中间层的交易最主要的是上海黄金交易所交易的标准金条以及进出口商参与的黄金加工饰品。

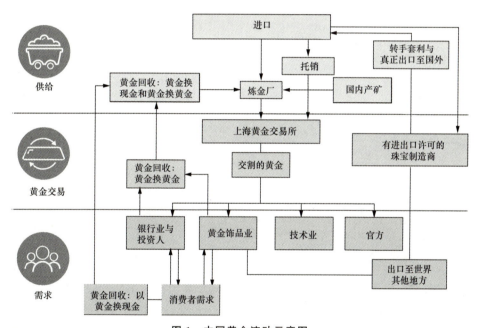

图1 中国黄金流动示意图

其中与金融市场高度相关的活动发生在中间层,即上海黄金交易所,其主要的交易契约是黄金现货、即期与远期契约。此外,与金融市场相关的便是投资人对黄金的投资需求端,其中包含了银行端的产品,如金币、纸黄金与黄金存折等。中间层的黄金交易,还会进一步发展出相关的衍生品交易,例如在期货交易所交易的黄金期货以及在证券交易所交易的黄金 ETF(Exchange Trade Fund)。表1列出了全球2014年与2015年黄金需求来源的市场分析,可以发现每年全球对黄金的需求量约 4 200—4 300 吨,其中有大约 60% 的黄金(约

2 400吨)用于珠宝市场,8%左右的黄金用于工业技术端,20%左右的黄金流向投资需求端,而最后约10%的需求则是源自各国的央行。其中ETF产品对总需求的贡献为负数,表明这两年ETF的投资者中黄金的卖方居多,由此导致ETF成为黄金市场的供给方。

表1 黄金需求市场分析 (单位:吨)

	2014年	2015年
珠宝	2 485.8	2 396.9
技术	347.9	332.9
电子	277.4	264.1
其他行业	50.7	50.1
牙科	19.8	18.8
投资*	853.8	921.5
金条及金币总需求	1 037.7	1 049.8
实物金条需求	758.6	759.3
官方金币	202.9	218.8
证章/仿币	76.2	71.7
ETF及类似产品	-183.8	-128.3
央行净购买	583.9	566.7
黄金需求	4 271.4	4 218.1
伦敦下午黄金定价(美元/盎司)	1 266.4	1 160.1

* 计算总黄金需求时,投资包含在金条及金币总需求中。
资料来源:《世界黄金协会报告》(World Gold Council Report)。

表2列出了黄金交易相关产品的优缺点。在各大交易所交易的产品(现货、即期与远期黄金、黄金期货、黄金类股基金、黄金期货ETF与现货ETF)往往具有较高的流动性与报价频率;而发行银行和投资信托所发行的纸黄金与黄金类股基金往往是一天一次至数次的报价频率且买卖价差也较大,从而导致流动性成本较高。对于交易所产品而言,它们的缺点是产品(如黄金现货、即期、远期与期货)到期需实物交割的问题,故投资人需要安排相关仓储。因此,纸黄金与类股基金往往吸引较传统的一般投资人,而交易所的商品主要吸引专业的交易人员。对于专业的交易人员而言,他们投资的目的往往是在多个市场之间进行跨市套利。

表 2　黄金交易相关商品

比较项目	现货、即期与远期黄金	纸黄金	黄金类股基金	黄金期货ETF	黄金现货ETF
金价联结	高	高	低	高	高
黄金转换	可	不可	不可	不可	可
交易渠道	交易所	银行	投资信托	交易所/券商	交易所/券商
投资者	机构/个人	个人	个人	机构/个人	机构/个人
流动性成本	低	高	低	高	低
报价方式	交易所报价	银行牌告（一天四次）	投资信托牌告（一天一次）	交易所报价	交易所报价

三、两岸黄金市场现状

（一）黄金市场

中国是全世界最大的黄金需求与生产国，也是最大的黄金净进口国。中国市场一年约有 1 100—1 200 吨的黄金需求，占世界总需求的 25%—30%。中国的黄金产量每年约 450 吨，其次的生产国分别是俄罗斯、澳大利亚、美国。在中国 1 200 吨左右的黄金需求中，大约有 800 吨（约占 67%）来自黄金饰品。显然，从世界与中国的市场角度来看，支撑黄金最主要的来源就是民众饰金的市场。以中国的人口数与持续上涨的 GDP，中国无疑将继续保持其对黄金的最大需求国地位。

从生产方面来看，矿山一年约产出 400 吨黄金，大多数的金矿由小型的产区累积而成，小型矿山产区的生产能量每年约以几百公斤计，以大陆最大的黄金生产商中国黄金集团来说，其拥有数十个矿区，年总产量为数十吨黄金；从地理分布来看，最主要的生产区域为山东、河南、江西、云南以及内蒙古；从再生金的供给端来看，大陆再生金一年的供应量为 200—300 吨，再生金的供应商也都偏向于中小企业，在大陆有赤峰黄金，而台湾则有佳龙等公司。从台湾目前没有金矿生产且再生金的市场有限性来看，两岸在黄金生产上的合作空间并不大。

（二）黄金珠宝饰品市场

大陆黄金珠宝市场的需求是推动整个黄金珠宝设计的主要动力，深圳是目前全世界最大的黄金珠宝制造中心,超过70%的黄金饰品都在深圳生产,较大的品牌制造商如老凤祥等,近几年都在极速扩张。然而,金饰市场大部分仍是由数千家的中小型制造商占据主要份额。台湾的黄金珠宝市场与此类似,也存在数千家的金楼银楼作为饰金成品的通道以及数千家小的饰金制造商,但没有形成自己的金饰品牌,不像香港有周大福、谢瑞麟等。因此,两岸在合作黄金珠宝饰品的议题上并不容易着手。

(三)黄金商品市场

大陆有良好的黄金交易仓储与运输基础设施,黄金商品发展完善,包含了所有的基础金融产品:黄金现货、即期与远期黄金、黄金期货、纸黄金、黄金现货ETF以及银行相关理财产品。其中最重要的黄金现货、即期与远期黄金交易量已为全球第一。上海黄金交易所成立于2002年,其黄金的年成交金额在2009年已经高达3万亿元以上,甚至曾在2013年创下单日成交43吨黄金的交易纪录。上海黄金交易所的成功除了有需求市场支撑与良好的基础设施之外,契约设计,包括小型契约(10克)与大契约(100克与1000克),也成功吸引了个别投资人与机构投资人的参与。然而大陆黄金ETF的发展似乎远不及欧美的黄金现货ETF。2013年以后大陆开始发行黄金现货ETF,目前有4档以上的黄金现货ETF,但规模并不大。表3整理了全球黄金现货ETF的储存吨数,可以发现,截至2016年第二季度北美地区黄金现货ETF已达1320吨,而全亚洲仅约61吨。其主要原因可能是欧美黄金现货、即期与远期契约金额较大,导致一般投资人通过ETF来投资黄金。此外,黄金期货在上海期货交易所挂牌交易,期货造市商明显是以黄金即期与远期合约来对冲部位风险。

表3 全球黄金现货ETF交易量　　　　　　(单位:吨)

地区	2015年第二季度	2015年第三季度	2015年第四季度	2016年第一季度	2016年第二季度
北美	1044.8	1012.3	955.9	1165.2	1320.1
欧洲	618.6	583.9	570.2	690.5	763.0
亚洲	41.0	42.9	46.0	54.4	61.2
其他地区	37.0	39.1	38.4	42.9	45.5
加总	1741.5	1678.1	1610.6	1953.0	2189.8

资料来源:《世界黄金协会报告》(World Gold Council Report)。

相比于大陆快速发展的黄金市场,台湾黄金市场的发展则走在较传统的金融平台上。台湾投资人习惯于在银行开设黄金存折账户来买卖黄金,主要承做的台湾银行一年的交易金额约为 250 亿—300 亿元新台币,虽然在柜台买卖中心已开放黄金现货的买卖,但一年的成交量也只有约 3 亿元人民币,除了只有现货契约无即期与远期契约之外,契约设计也偏大,台湾黄金现货的基本单位为一台两(约 37.5 克),因此不便于一般投资人交易。此外,对一般投资人还收取保管仓储费用(上海黄金交易所对一般投资人不收取仓储费),无法吸引投资人参与。简而言之,两岸黄金市场的体量已是不同的量级。

(四) 造市者机制

除了市场基本的需求外,金融商品成功的另一个重要因素是有成功的造市者机制。在有造市者持续在市场上提供买卖报价的环境下,投资人才愿意进入市场。上海黄金交易所已经建立了造市机制,而台湾期权市场、指数 ETF 分别始于 1999 年与 2003 年,这两个市场的成功皆依赖于造市者的积极参与。经历了金融海啸与欧债危机,台湾的金融机构拥有长期的造市经验和专业的造市技术与能力,能通过多个国际市场利用期货与期权对冲自己的风险部位从而提供合理的买卖价差来赚取利润。厦门黄金交易所的成功将高度依赖于积极的造市者在交易所内报价,因此,如何吸引两岸金融机构在交易所内造市是一个重要的议题。

四、两岸黄金市场的合作模式

我们提出两岸联手打造黄金交易所的合作模式,内容主要包括:① 减免交易手续费,引入台湾造市投资者;② 减免仓储费,挂牌台湾证券柜台买卖中心,鼓励台湾投资人交易;③ 出台政策鼓励台湾金融机构发展黄金相关理财商品;④ 等待台湾地区法规松绑,协助台湾投资信托从业者发行实体黄金 ETF。

(一) 减免交易手续费,引入台湾造市投资者

目前上海黄金交易所的主要交易标的是黄金现货、即期与远期契约,可以预期未来在厦门黄金交易所也将以这些契约为主。一个交易所产品能否成功,高频率的买卖报价单是必要条件。因此,完善的报价鼓励机制与引入造市者才能吸引投资人进场让市场活络起来。在运作上,造市者受到交易所的规范要求,需要在黄金交易所内报价,一旦成交,便可以在其他市场上进行对冲。目前在台湾拥有较大黄金相关业务的银行为台湾金控,其旗下的台湾银行除了有广大的黄金存折客户外,同时与其合作的第一银行就是台湾证券柜台买卖中心的黄金造市商,此外台湾银行目前也是上海交易所国际板的会员之一。而与厦门银行关系密切的富邦金控也有非常专业的交易团队,我们建议厦门出台相关政策(如减免交易手续费)来鼓励这些台湾金融机构在厦门黄金交易所扮演积极的造市商的角色。

(二) 减免仓储费,挂牌台湾证券柜台买卖中心,鼓励台湾投资人交易

台湾证券柜台买卖中心黄金现货交易无法发展成功的另一个原因是没有对投资人提供免费的仓储服务。而上海黄金交易所不仅提供了 50 多个仓储据点,而且对一般投资人免收仓储服务费,还提供小型契约来方便一般投资人交易,因此上海黄金交易所目前拥有 700 多万个一般投资人账户。可以预期这样的交易环境也会非常吸引台湾的投资人。我们建议可以采取让"上海金"到台湾证券柜台买卖中心的国际板挂牌的模式,以此来引入台湾的投资人。长期而言,可以借鉴"沪港通"的模式来连接厦门黄金交易所与台湾证券柜台买卖中心。

(三) 出台政策鼓励台湾金融机构发展黄金相关理财商品

除了在台湾交易所合作挂牌"上海金"之外,厦门也应该多出台相关优惠政策(如免仓储费用等)来吸引台湾的金融机构在厦门黄金交易所进行交易。台湾的银行与黄金相关的理财产品较少(除了黄金存折外),最主要的原因就是其理财产品在境外对冲的机制都是现金结算而不能给予理财产品的投资人实物,因而投资人偏爱投资黄金存折。如果这些理财产品能够在厦门黄金交易所进行对冲,而最后到期采用实物交割,相信银行与黄金相关的理财产品将会大受欢迎。此外,台湾于 2016 年开放了 OSU(Off-shore Security Unite,离岸金融证券)与 OIU(Off-shore Insurance Unit,离岸金融保险),两者承做的都是理财产品,如果台湾的金融机构能在厦门黄金交易所进行风险对冲,将会有助于台湾 OIU 与 OSU 在黄金理财商品上的发展。

(四) 等待台湾地区法规松绑,协助台湾投资信托从业者发行实体黄金 ETF

ETF 是一种被动型管理基金,其每一单位的报酬率取决于相应的标的。对于经理人而言,他们每日不仅要管理投资人申购与创造赎回的流程,还要积极寻找造市商在市场上报价以增加市场流动性。由于基金经理人无须主动调整仓位来追求利润,故此类基金被称为被动型管理基金。因为 ETF 为投资人创

造了投资的便利性(如某种贵重金属、某个国家的指数),ETF 在推出后,交易量在各交易所持续上升,最终侵蚀了主动型管理基金的市场。以台湾为例,在近年推出与大陆指数相关联的 ETF 后,与大陆指数相关联的 ETF 交易量占其整体大盘交易量的 20% 以上。然而在台湾,黄金不是有价投资证券因而不能成为 ETF 标的,投资信托只发行了黄金期货的 ETF。与期货相关联的 ETF 除了存在期货换约的价差成本侵蚀黄金上涨带来的获利之外,投资人也无法用已持有的 ETF 来换取实体的黄金,在实体黄金 ETF 逐渐普及的全球趋势之下,台湾当局有可能会开放黄金实体 ETF,届时厦门黄金交易所便可以提供仓储的体系来支援台湾实体 ETF 的发行。

五、结论

在本专题中,我们对两岸合作发展厦门黄金交易所的议题提出了四点大方向上的建议:① 引入台湾造市投资者;② 挂牌台湾柜买中心;③ 吸引台湾金融机构参与;④ 加快台湾实体 ETF 发行的法规修改进程。其中涉及出台一些优惠政策以鼓励台湾金融机构积极参与,特别是针对建议②和③。如果厦门黄金交易所能够免收机构投资人仓储费,将会大大吸引台湾投资人进入厦门黄金交易所进行交易。

专题十五

自贸区和"一带一路"背景下两岸金融服务贸易自由化问题研究

一、两岸经贸金融合作交流现状

2015年,两岸经贸交流与合作持续推进,经济合作领域不断拓宽,形式不断创新,内容不断丰富,水平不断提高。ECFA的早期收获成效持续显现,两岸经济制度化合作得到进一步深入。

2015年1月,两岸经济合作委员会第七次例会在台北成功举行。作为两岸经贸领域制度化协商的重要平台,两岸经济合作委员会为推动两岸经济合作不断深化发挥了不可替代的作用。2015年3月和12月,商务部台港澳司与中国机电商会台北办组织了两次"台湾企业大陆行"活动;5月,在厦门召开了两岸展览业"搭桥"第二次会议;6月,在台北成功举办了第三届两岸现代商业服务业合作发展研讨会,同期,海外贸易联合会台北办事处正式揭牌成立,该联合会是大陆在台湾设立的第二家经贸社团办事机构;9月,在厦门举办了第十届两岸经贸合作与发展论坛。

两岸经贸交流的不断深入越来越有利于两岸的经贸金融合作。

首先，两岸在市场准入规则方面放得比之前更宽松一些。据商务部统计，2015年，在非金融领域，共有8家台湾会计师事务所申请获得有效期为1年的"临时执行审计业务许可证"；105家台资企业设立独资或合资企业，合同台资金额达2.2亿美元；在金融领域，共有6家台资金融机构获得了QFII资格，QFII投资额度提高了37.1亿美元。引进了6部台湾影片。2015年，在非金融领域，台湾方面共核准陆资赴台投资案件38件，核准投资金额共0.5亿美元，另核准引进10部大陆影片。

其次，两岸就投资方面建立了更完善的机制。在投资争端协调处理机制方面，大陆帮助台商处理纠纷152件，结案88件，结案率接近60%；在投资咨询机制方面，两岸已经建立了相应的投资咨询网站，接受各自投资者的投资咨询，并定期交换各自投资者提问及解答；在调解机制方面，为了推动该机制完善并运作，两岸多次讨论调解规则、运作细节等事项。

此外，两岸之间的投资往来也越来越多。据商务部统计（投资者注册地口径），2015年大陆共批准台商投资项目2 962个，同比增长27.8%；实际使用台资金额15.4亿美元，同比下降23.9%，占大陆实际使用境外投资总额的1.2%；台湾为大陆第九大投资来源地。截至2015年12月底，大陆累计批准台资项目9.5万个，实际使用台资金额626.9亿美元，占大陆实际使用境外投资总额的3.8%。总体来看，新增台资项目数和实际使用台资金额"一增一降"，主要原因是服务业成为台商投资的热点，制造业领域的投资则逐步减少。相较于制造业而言，服务业单个项目投资金额较少、规模较小，虽然数量增长快，但总金额有所下降。目前，大陆仍是台湾最大的岛外投资目的地。

2015年，台资在大陆呈现一些新的特点。从地域上看，台商投资地区向北部沿海和中西部地区转移的趋势较为明显，山东、江苏、福建、吉林、湖南位列台商投资的前五位，合计占大陆实际使用台资的76.6%。其中，吉林省吸收台资金额同比增长447.9%，成为台商投资增长最快的地区；安徽、山东、湖北等地吸收台资金额增长率都在50%以上。从行业上看，台商投资行业侧重于制造业和批发零售业，其中制造业仍然是吸收台资金额最多的行业，实际使用台资金额达到10.3亿美元，占大陆实际利用台资总额的67.24%；批发零售业成为吸收台资项目数最多的行业，台商投资项目达到1 347个，占项目总数的45.5%；居民服务和其他服务业，金融业，教育业，农、林、牧、渔业成为台商投资增长最快的行业。自2009年6月30日台湾开放陆资赴台投资起至2015年年底，经商务部核准，大陆已有309家非金融企业赴台设立了公司或代表机构，投资金额9.4亿美元。

最后,两岸经贸交流的形式与内容更加丰富了。2015年,经商务部批准在大陆举办的涉台经济技术展览会共7个,赴台举办的海峡两岸的经济技术展览会共23个,展出内容涵盖机电、食品、文创产品、建筑建材等多个领域。展览会的举办为两岸行业交流搭建了平台,促进了两岸的产业合作。

二、自贸区和"一带一路"为两岸金融服务贸易自由化带来的机会

2015年4月,国务院分别批准福建、广东、天津自贸区总体方案以及上海自贸区深化改革开放方案,我国自贸区建设进入了2.0时代。

自贸区的成立为两岸的金融贸易自由化带来了很多机会。

首先,四大自贸区可以共用同一份负面清单,相较之前的负面清单,进一步减少和取消了外商投资准入限制,投资领域进一步放开。自贸区中央层面的投资核准事项减少了76%,境外投资项目核准除特殊情况外全部取消。自贸区虹吸效应显著,入驻企业大幅度攀升。截至2016年2月底,福建自贸区新增企业19 357户,同比增长4.2倍;注册资本3 483.07亿元,同比增长6.73倍。

其次,四大自贸区积极拓宽新型贸易业态,在跨境电商、保税展示交易以及融资租赁方面取得了显著的成效。上海、广州、天津以及福州、平潭均获得跨境电商试点的资格。此外,各地自贸区积极提升航运服务能级,逐步推进以贸易便利化为中心的贸易监管方式的转变,率先实行了海关、检验检疫、边检和海事等部门的一站式查验平台,通关效率明显提升。福建自贸区在对台货物贸易方面,率先简化ECFA原产地证书提交手续、单方面采信台湾检验检测机构出具的认证结果和检测结果。

此外,在"一带一路"带动下,两岸充分发挥并融合了各地区优势,从而带动了周边地区的发展,也有利于自贸区的建设。自2015年5月8日起,沿海和港澳台地区,利用长三角、珠三角、海峡西岸、环渤海等经济区开放程度高、经济实力强、辐射带动作用大的优势,加快推进上海自贸区建设,支持福建建设"21世纪海上丝绸之路核心区";充分发挥深圳前海、广州南沙、珠海横琴和福建平潭等开放合作区作用,深化与港澳台合作,打造粤港澳大湾区;推进浙江海洋经济发展示范带、福建海峡蓝色经济试验区和舟山群岛新区建设,加大海南国际旅游岛开发开放力度;加强上海、天津、宁波—舟山、广州、深圳、湛江、汕头、青岛、烟台、大连、福州、厦门、泉州、海口和三亚等沿海城市港口建设,强化上海和广州等国际枢纽机场功能。

三、自由化的挑战和壁垒

自20世纪80年代至今,两岸服务贸易从无到有,从依附于两岸货物贸易与投资活动,到逐渐成为与货物贸易和投资紧密联系但又具有一定独立性的贸易方式,并在两岸经济合作中占据了重要地位。但是也应看到,两岸服务贸易的水平仍有待提高,一些限制性政策仍然存在,这主要表现在:发达经济体已经寻求在WTO基础上进一步开放服务贸易市场,向服务贸易自由化和便利化目标迈进,而两岸服务贸易市场的开放程度已明显处于落后状态等多个方面。此外,大陆金融服务贸易的国际市场占有率、贸易竞争力也不及台湾地区,金融服务还存在贸易类型结构不平衡、跨境支付金融服务贸易常年逆差、金融服务贸易内部结构发展差距大、金融服务业监管制度不完善等问题。大陆应该利用贸易自由化的机会借鉴台湾的优势来提升自己的贸易水平。

《海峡两岸服务贸易协议》是两岸近年来签订的最重大的协议之一。服务业是台湾的支柱行业,两岸服务业贸易对接,对台湾十分有利。更重要的是,考虑到两岸经济规模上的差距,《海峡两岸服务贸易协议》给了台湾"超过WTO三成"的待遇,而台湾对大陆开放的都是次要市场,且门槛远高于WTO。并且台湾市场不大,又早已饱和,大陆服务业进场需要勇气。《海峡两岸服务贸易协议》对大陆业者的限制本来就多,再加上岛内的政治气氛,因此障碍重重。

2013年,《海峡两岸服务贸易协议》遭到阻碍,被迫搁置。然而同为"亚洲四小龙"的韩国,已经与中国大陆签订了自由贸易方面的协定。近些年,中国台湾因政治内耗,经济停滞不前,经济发展速度在"亚洲四小龙"中居于末位。

韩国国民经济咨询会议副议长玄定泽2013年接受中国台湾《天下》杂志专访时指出,世界各国(地区)都展开了自由贸易,理由很简单,当双边经济体互享零关税时,第三方就必须负担较高的关税。他说,由于中国台湾和中国大陆签订了ECFA,而韩国的很多产品和中国台湾相似,造成韩国有危机感,所以加紧和中国大陆就自由贸易协定进行谈判。

玄定泽所说的其实是一般的经济知识,中国台湾的普通民众都很了解。2013年7月,中国台湾与新西兰签署经济合作协议,社会舆论一片叫好。然而,大陆为台湾量身定做、将给台湾支柱产业带来无限商机的《海峡两岸服务贸易协议》,却遭到"绿营"的无理污蔑。

因此,两岸服务贸易自由化的发展基于以上种种数据和事实,所面临的挑战主要体现在以下几个方面。

1. 政治政策

任何经济体的发展都离不开背后的政治制度和相关政策的支撑。从政治上看,大陆的体量大,台湾的体量小,属于国际关系学中定义的彼此相邻的"大小政治实体",对方立足于"两岸和平统一"的目标,逐步解决合作中的摩擦和障碍。

对待两岸关系,两任台湾地区领导人马英九和蔡英文持有不同的态度,因而在两岸金融经济的合作上有着不同的引导和指向作用。

马英九任内坚持在"九二共识"基础上"维持两岸现状",以此为两岸和平与区域稳定的重要资产。在马英九当局与大陆方面的共同努力下,"两会"(海基会、海协会)恢复了机制化会晤,截至 2015 年,"两会"共签署 23 项协议。在经济或金融贸易投资方面,马英九当局整合了东区商业资源,如台北 101、台北世贸等,举办各式展览招商,一些科技园或工业园的业绩达到历史新高;希望两岸通过和解交流,建立对等互惠的合作模式。

而蔡英文作为台湾地区现任领导人、民主进步党主席从未承认"九二共识"。蔡英文在台湾当局领导人选举期间曾公开表示,李登辉和陈水扁的"南向政策"是失败的,她的"新南向政策"主要着眼于东南亚和印度将是未来整个亚洲经济发展的重心所在,而且在经营上还有一些可以继续强化的地方,尤其在印度。

蔡英文多次表示民进党长期支持台湾参与《跨太平洋伙伴关系协定》(TPP)。并认为美国长期以来是台湾地区非常友好的合作伙伴,希望能与美方沟通合作,克服 TPP 在岛内外的各项障碍,促进双方进行更紧密的产业交流,以建立多元化的贸易关系,推动台湾地区与其他国家和地区发展更紧密的合作关系。

2016 年 8 月 16 日,蔡英文在台湾"总统府"召集"对外经贸战略会谈"①,通过"新南向政策纲领",特别提及"两岸善意互动及合作"。蔡英文在会上表示"新南向政策"是现阶段台湾整体对外经贸政策的重要一环,总体与长期目标有两个,即促进台湾地区与东盟、南亚及新西兰和澳大利亚等国家的经贸、科技、文化等各层面的链接,共享资源、人才与市场;建立广泛的对话与协商机制。至于"新南向政策"的行动准则,把台湾地区定位为"创新者、分享者及服务者"这

---

① 资料来源:凤凰资讯,2016 年 8 月 16 日报道,详见 http://news.ifeng.com/a/20160817/49791352_0.shtml。

三种角色,同时提出"两岸善意互动及合作"。

不同于马英九对两岸争端的解决抱有耐心、爱心与恒心的态度,基于对等、互惠与尊严的两岸协商原则认为当局的两岸政策是双赢且良性循环,蔡英文对大陆政策的主张对两岸金融服务贸易的发展构成了实质性的障碍,虽现阶段有意图主动发起沟通合作,但未能缓解相对紧张的局面。

2. 市场准入限制

抛开台湾地区领导人对大陆的政治政策或经济合作的主张,在实际执行过程中,仍存在一定的壁垒。大陆根据 WTO 标准对台湾开放了服务贸易领域,但台湾地区基于市场保护的考虑,加上政治因素的影响,造成两岸金融服务贸易的不对等性和不平衡性,很多服务领域对大陆的开放实际上未达到 WTO 标准。

双方在利益的权衡上有着不同的考量,这也造成了市场准入存在不同程度的限制。企业市场准入的模式大致有自由放任、特许主义、核准主义、准则主义四种模式。此外,还有一种混合主义模式,即一般市场主体准入采用准则主义,特殊市场主体准入采用行政许可主义。大陆在相当长的时间内采取的是混合主义模式,台湾总体上采取的是准则主义模式。可见海峡两岸在市场主体准入模式上的规定有所不同。

准则主义是指设立有限责任公司、股份有限公司,必须符合《公司法》规定的条件。符合规定条件的,登记为有限责任公司和股份有限公司,不符合条件的不得登记为有限责任公司和股份有限公司,这就是公司登记的准则主义。往往在审查是否符合规定的过程中会有较为严格的判定。市场准入的规则前后一致、运作规范。此外,台湾也存在一些特许准入行业,如金融、媒体行业等。大陆采取的是混合主义模式,除经营性公司外,许多所谓的"特殊行业"都需经过政府有关部门行政审批后才能登记设立,管控严格。

因而在具体事件的对待和处理中,不同环节有着不同的办事模式,在一定程度上不利于自由化的发展。两岸执政当局应直面并主动触及政治性议题,在双方互信不断增强的基础上,为双方共同促进政治关系及经贸发展创造有利条件,拓宽市场准入条件。

3. 两岸金融服务贸易发展程度欠匹配

发达经济体已经寻求在 WTO 基础上进一步开放服务贸易市场,向服务贸易自由化和便利化目标迈进,相比之下,两岸服务贸易市场的开放程度已明显处于落后状态。而且,大陆金融服务贸易存在国际市场占有率、贸易竞争力不及台湾,金融服务贸易结构不平衡,跨境支付金融服务贸易常年逆差,金融服务贸易发展差距大,金融服务业监管制度不完善等问题。大陆应该利用贸易自由化的机会借鉴台湾的优势来提升自己的贸易水平。

以银行业为例,时至今日,台湾的银行业经历了四个阶段的发展。受全球经济发展的影响,金融控股公司迅速壮大,完成了由过去以公营银行为主的封闭、垄断的银行体系,逐渐向以民营银行为主的开放、竞争的银行体系的转变,并与证券业、保险业一同成为台湾金融业的三大支柱。而大陆的银行体系由中央银行、监管机构、自律组织和银行业金融机构组成,大型商业银行如中国工商银行、中国农业银行、中国银行、中国建设银行等享有大部分市场份额。双方在银行的股份结构、资产规模、资产质量或市场集中化程度方面存在较大差异。

1994 年 3 月中国人民银行发出有关通知,发放台湾财团在大陆设立银行的申请,正式开始了两岸银行业的合作,后续十几年中多以在沿海地区设立分(支)行或者以办事处的形式存在。台湾银行进入大陆市场,虽然具有在公司治理风险管理方面经历丰富、混业经营实践较多、台商客户市场较大等优势,但也必然面临银行规模机构小、缺乏实力雄厚的金融控股公司、短期内不能承接人民币业务等劣势。

从表 1 不难看出,不论是大陆还是台湾,银行都有较大程度的发展和提高,资产回报率或资本回报率大致呈上涨态势,金融危机期间虽有小幅度下调但总体表现良好。不过,两岸仍存在一定的差距,台湾银行业在资本回报率这一项目中表现落后、差距较大,而资产回报率指数的差距有进一步缩小的趋势。

表 1　2007—2013 年两岸银行业盈利条件对比　　　　(单位:%)

类别 年份	资产回报率		资本回报率		存款贷款利率差	
	台湾	大陆	台湾	大陆	台湾	大陆
2007	0.14	0.90	2.22	16.7	1.82	3.70
2008	0.16	1.00	2.47	17.1	1.75	3.17
2009	0.28	0.90	4.49	16.2	1.22	3.15
2010	0.58	1.00	9.10	17.5	1.36	3.16
2011	0.59	1.20	9.33	19.2	1.41	3.01
2012	0.68	1.20	10.41	19.0	1.42	3.00
2013	0.68	1.20	10.26	19.17	1.42	3.01

资料来源:中国人民银行年报、中国银行业监督管理委员会年报、台湾地区"金管会"统计资料等。

反观具体业务和风险控制上的表现,台湾银行却有一定的优势,这也是大陆银行应该向其学习的地方。不同于大陆广阔的市场，台湾相对狭小，激烈的市场竞争及较小的盈利空间激励了台湾银行定位于中小市场，其在中小企业融资、个人消费金融、财富管理、农村金融等业务经营管理及创新上有较大的优势。金融商品的多样化与风险控制能力比大陆银行业的水平高。

4. 货币流通与融资限制

贸易自由化离不开资金链的支持，对于金融服务贸易而言，在货币兑换、流通和清算等方面尤其突出。

货币作为国家主权的体现，一般一国只能设有一种货币。但我国作为主权国家，却有着人民币、新台币、港币和澳门币这四种货币共同存在的现状。爱默生于1992年提出"一个市场，一个货币"的思想，将货币一体化的理论发展推到一个新的层次。随着两岸四地金融贸易往来的不断发展，基于两岸四地的货币一体化探讨也日渐升温。货币兑换存在时滞性，并且要为此付出一定的资本代价。目前海峡两岸货币当局对对方货币影响力的认同不一致，两岸货币的流通数据等信息不对称，并且因代理模式的存在，代理业务流程相对复杂，在技术操作上对时间的要求较长，不利于海峡两岸货币清算业务的开展。从表2可以看出，相对于其他行业，台湾当局批准台商对大陆金融保险业等投资的比重和数目都相对较小，受其他传统行业的压制。

表2 台湾当局批准台商对大陆服务业的投资数据统计

1991—2013年累计	件数	金额（百万美元）	占总投资比重（%）
金融保险业	263	5 655.1	4.4
零售业	2 646	7 375.3	5.7
工商行政服务业	1 635	4 026.3	3.1
各产业合计	40 411	128 644.4	100.0

资料来源：台湾地区"经济部投资审议委员会"。

以在大陆的台资企业融资为例，鉴于两岸政策规定所限，在向银行融资方面目前企业主要采取两种方式：向台湾岛内银行融资以及向大陆银行融资。其中向台湾岛内银行融资是大陆台资企业融资的主要途径，具体做法也主要可以分为两种：以台湾母公司的名义融资，将资金贷出来后再汇入大陆使用；或者以境外公司的名义融资，向台湾银行的海外分行等申请融资，并将款项汇入大陆子公司账户使用。直接向大陆银行申请融资，看似可以直接获得资金的注入，实则在审批或者划拨上有较多手续和执行流程。除了面向银行的融资，还有在资本市场的融资以及民间借贷等途径。由于两岸政治局势使然，大陆与台湾的资本市场长期以来基本处于隔绝状态。大陆资本市场向台湾企业及投资者的开放程度远不及大陆资本市场本身的发展。而民间借贷融资虽能解一时的燃眉之急,但终究并非长久之计。

由于制度缺陷和信息不对称等因素,台资企业的贷前贷后管理和资产保全难度增加;大陆的商业银行对台资企业的资信调查和信用结构设计存在较多困难;此外,部分中小台资企业自身经营体质较脆弱。以上种种造成了台资企业融资难的局面。

四、对策研究

从前面的分析不难看出,基于自贸区和"一带一路"视角,两岸金融服务贸易自由化尚存在诸多壁垒,且鉴于金融服务贸易性质的独特性,不同于货物贸易的实体有形性、可转移性和可保存性,其没有关税壁垒,却更易受制于一些政策或法律的限制,具体可以表现为准入资格限制、价格管制、政府补贴、差别税收以及经营范围限制,等等。我们给出以下几个维度的对策研究思考。

1. 健全两岸金融服务市场和适度放松市场准入

金融市场开放的前提是确保金融业的健康发展。我们应该明确,开放金融市场是为了更好地引入先进的管理经验和技术,完善两岸的市场机制。

在金融服务贸易自由化的背景下,传统的金融管制为了做到更好地适应现代社会发展的需求,需要在模式方面进行改革和提升。实现市场约束导向的金融管理模式是对金融管制模式的一种创新,它要求实现金融产品价格机制、金融资源配置、金融机构经济的市场化发展,构建一个更加公平、公正、理性、公开、健全的金融市场机制。实现金融市场信息的透明化,是达到公平市场的前提。这要求有关部门公平地对待大陆和台湾的金融服务提供者,以《海峡两岸金融合作协议》为基础,对审慎性措施进行具体的规范。

自贸区的设立和"一带一路"战略的引导在产业创新、区域创新及金融创新等层面提供了充分的发展机遇。各级政府和相关部门应策略性地开展金融服务贸易,循序渐进,防范系统性风险,以便收获最佳程度的金融经济效益。

从根本上说,降低市场准入门槛在于工商登记制度的改革和简政放权,优化投资创业环境,让各类市场主体的活力竞相迸发,推动金融服务贸易的发展。市场主体的准入和规范应用及体现主要借助于公司法律制度。

平潭综合实验区在福建省乃至全国推行的登记改革制度是比较好的尝试和突破。率先推行"三证一章合一":在申请人自愿的情况下,将营业执照、税务登记证、组织机构代码证、公章刻制备案等需分别办理的业务,采取"一站收件、一表填报、内部流转、同步审批、限时办结、统一发照"的模式,实现新注册登记企业一次性提交申请资料、一次性缴清所有费用、一次性办结设立审批事项,办理登记总时限控制在五个工作日内。这些举措使市场主体的准入门槛大幅降低。台湾在公司治理中,会更多地注入法制监管精神,配合有效的自治手段,发挥社会监督机制,不断推进现代化进程,而这些是大陆企业所欠缺和应该学习的地方。在管理手段方面,台湾2005年修正《公司法》时就取消了纸质营业执照,公司的基本信息被统一放到互联网上的"登记簿"上,随时接受政府机关、监管部门、社会团体和民众等的检索查阅。而大陆电子执照系统建设目前仍在试点中,安全可靠的现代信息技术需要配合市场准入的适度放松。

2. 缩小金融服务贸易发展差距

两岸在金融服务贸易发展的表现上确实存在一定的差距,但这并不能阻碍双方努力缩小差距的决心,而且随着两岸经济交流合作愈加紧密,双方在金融服务贸易发展方面定会有趋同的表现趋势。

台湾拥有较多的金融创新、风险管理及市场经验,合理运用可促进区域布局、拓展业务,更能培养国际竞争力。而大陆金融服务贸易的萌芽点较多,发展空间较为充足,但若没能把握好走向,则容易造成资源浪费。因此,双方应当加强交流合作,避开自身不足,利用本身的优势,寻找合作契机,强化综合实力。开展的合作,包括但不仅局限于技术层面、产品开发、市场开拓。金融服务贸易的发展需要业务指导、信息技术、管理咨询及人员培训等的支持,充分进行技术层面的交流有利于后续工作的顺利开展;两岸可以共同进行金融产品创新,发展股指期货、权证、选择权等商品,以促进商品多元化;大陆具备市场优势,但市场尚未完全开放,台湾资本市场开放程度高,若大陆能借鉴台湾资本市场的发展经验,则可减少学习成本及降低业务经营风险,在市场推广方面达到共赢。

随着两岸经贸合作的深化,大陆和台湾都在追求规模经济,进行产业结构的调整,因而对金融服务贸易提出更高的要求,发展趋势使然,两岸资本市场应会逐步开放,金融服务贸易的发展会达到新的层次,走向真正的融合。

3. 解决融资限制

大陆的台资企业呈现出类型不断丰富、数量日益增多、投资规模不断扩大的良好势头。与此同时,其在大陆对资金的需求也日益旺盛。目前,虽然大陆台资企业的融资渠道不断得到拓宽,融资方式也日益健全,但大陆的融资现状仍不容乐观。特别是中小企业在融资方面受限制的程度更高,要改善这种局面就需要结合各地实际制定合适的政策。

地方政府应发挥主导作用,帮助台资企业增强融资能力。从内部和外部提高台资企业的信用担保能力,整合多方资源共同为台资企业设计融资解决方案,增强企业的发展信心和诚信意识,帮助企业提高偿债能力和偿债意愿,减少道德风险发生的概率。

加强商业银行创新台资企业融资服务和强化风险管理并重。商业银行要实行差别化信贷服务,加大对有利于产业结构升级、节能减排、提高自主创新能力的台资企业的信贷扶持,支持地方经济结构调整和可持续发展。在风险控制方面,重点监测集团企业的关联交易,监控大笔资金流动,防止抽逃资金或境外转移等。

福建和台湾在地理位置上相邻,且历史渊源颇深,文化经济交流相对较多,以在闽的台资中小企业融资为例,以下措施可以缓解融资难的问题。通过制定特别政策,鼓励台资金融机构到福建设立合资金融机构,依靠合资金融机构为福建台商服务;设立专门的业务团队服务于台资客户,有针对性地提供支持服务;设计并创新支持台资企业融资的特色金融产品,为在闽台资中小企业融资提供新的渠道和模式。此外,加快融资担保体系建设及完善联合征信信息平台及提升资信等级等,也是非常有必要的。

4. 加强监管和法律规范

进一步完善两岸金融法律体系。一个国家的金融服务法律体系不仅是一国金融服务业开放的集中体现,更是顺利实现金融服务贸易自由化,实现本国经济稳定增长的保障。

虽然我国金融立法的框架已经基本建立,但仍有提升与进步的空间。一方面,已建立的法律体系无论在系统性、协调性,还是在开放性方面均与国际金融立法体系存在明显的差距,一些法律停留在表层,得不到有效实施;另一方面,面向海峡两岸的金融服务贸易法律尚有缺失,针对性的金融立法不足。

因此,我们要根据世界贸易的规则和惯例,并结合具体国情和自贸区等特殊平台,构建一个内容全面、体系规范,既符合国际金融一体化而又具有区域特色的金融法律体系。针对金融服务贸易涉及的领域,诸如银行业、保险业、证券业等,制定和完善《对外贸易法》《公司法》《商业银行法》《证券法》《保险法》等法律法规,以及面向具体服务环节的《担保法》《票据法》等条例规定;通过行政法规或部委规章的形式,进一步制定各项具体实施细则;通过司法机关采用司法解释的方式进行完备补充;在维护国家经济安全的前提下,废除和修改与WTO的金融法律规则相冲突的有关法律,使我国金融法律制度与WTO的法律制度保持一致,为公平合理的金融服务贸易提供行为依据。

认真研读法律体系的规章细则,分析经典案例,吸取经验教训,求证合法性、合理性和可执行性,在两岸金融服务贸易具体行为中,采取相应的对策,避免争端的产生,或将争端控制在磋商阶段,维护双方在金融服务贸易中的合法权益,以达到自由化的效率水平。

5. 优惠政策与人才技术引进

两岸金融服务贸易正处于至关重要的发展起步阶段,想要达到成熟完备,仍有一段路要走。应当以优惠的政策作为吸引条件,吸纳更多投资方的参与融合。在制定优惠政策的时候,不仅要关注短期目标,更要注重长期战略投资的收益性;单方面吸引市场实力较强的企业还不够,更要注重对于中小型企业的侧重;等等。一个部门纵向优惠政策的放开不足以具有吸引力,还需要多个部门横向优惠政策的联合。

加强人力资本就是加强了技术资本,只有尽快培养出我国自有的、具有地域特色的高端金融人才,才能改善我国金融服务竞争力不足的现状。服务行业具有竞争力的四个因素之一是包含了基本要素和高等要素的生产要素效应,而在这之中起关键作用的是高等要素。对人才的争相吸纳,尤其是对处在中心位置、中心岗位的符合国际标准的高端金融人才的争夺是金融服务贸易竞争的根本。

金融服务贸易的深化同样离不开人才团队的建设。尽管国家和省、市相继出台一系列政策,加快推进两岸金融中心建设,但是只有多层次的专业人员投身于此才可有针对性地促进金融服务贸易自由化,及时处理并解决发现的问题。具体可采取如下措施:发挥"引进来""走出去"的优势,即吸引大批综合性顶级金融人才,同时派遣这些人才前往外地实践考察;建立人才培育基地,加强与境外优质金融服务贸易机构的合作;科学地使用人才,改进分配、人事机制,增强人才的归属感,提高综合竞争力;等等。

此外,还应充分利用其他发达国家和地区的先进知识与技术,以服务贸易带动服务产业的发展,并进一步带动整体金融服务贸易水平的提升。

五、结论

金融服务贸易壁垒虽然阻碍了贸易的发展,但却能起到贸易保护的作用,并且这种阻碍与保护有的时候是相互交叉的,尚不可能做到完全分割彼此。此外,壁垒的存在有利于增强政府进行宏观经济调控的能力。同时,也要解决因金融服务贸易壁垒对产品的进出口产生的不利影响,以及对国家或地区金融服务竞争力的削弱等。

不难看出,2016年以来关于金融服务贸易自由的讨论大热,尤其是基于自贸区和"一带一路"背景下的两岸发展,引起了社会各界的广泛关注。其重要性已经在多个领域彰显出来,需要有实质性的解决方案与对策方能有战略性的突破和长足的发展。要准确把握两岸金融服务贸易自由所带来的种种机会,坦然面对相应的壁垒和挑战。我们建设性地提出,有关政府应当从放松市场准入限制政策、缩小两岸金融服务贸易发展程度的差距以及打破货币流通与融资限制等方面进行突破,以健全金融服务市场,进一步加强和完善政府监管与法律规范,实现人才技术的战略性引进融合。

我们应摆正心态看待相关壁垒存在的事实,把握机遇,迎接挑战,促进两岸金融服务贸易自由化的长足发展,为自贸区以及"一带一路"的建设和发展锦上添花。

专题十六

自贸区背景下厦门离岸金融模式选择及对策建议

一、离岸金融模式概述

离岸金融(Offshore Finance)作为一项金融创新,其概念和内涵随着离岸业务的发展而不断演进。与在岸金融不同的是,离岸金融是在货币发行国以外的某地区,既不受货币发行国也不受市场所在国的管制,主要由非居民之间进行的资金融通及相关金融业务,并通过发达的资讯系统与世界各金融市场相联系。离岸金融业务具有高度的自由化、优惠的税率、交易无形性、市场规模大等特征。作为完全自由化、国际化的市场,离岸金融市场按业务范围可以分为离岸货币市场、离岸证券市场、离岸保险市场和离岸外汇市场等。

一般而言,离岸金融模式问题本质上是一个路径选择的问题,它包括形成模式选择和发展模式选择两个问题。离岸金融的形成模式主要包括自然形成型和政策推动型。自然形成型离岸金融市场往往出现在经济水平发达、金融开放程度高、监管制度完善的区域。伦敦是第一个自然形成的离岸金融市场,其产生的背景适逢当时欧洲美元存贷的自然需要。政策推动型离岸金融市场也称为国家建设模式,是指离岸金融市场由政府主导或者推动而设立。由于市场所在国经济发展水平、金融基础设施尚未达到自然形成的条件,政府往往采取优惠的政策措施,鼓励离岸金融的发展,其目的主要是发展本国经济、筹集资金或者提高本国在国际金融市场上的竞争力。在伦敦之后,现代离岸金融市场大部分是所在地政府为顺应经济、金融发展的客观要求而推动组建的。表1从经济基础、发展动力、政策取向和形成时间上对这两种模式做出了对比。

表1 离岸金融市场两种形成模式对比

形成模式	经济基础	发展动力	政策取向	形成时间
自然形成型	需要高度发达、自由化的经济基础	市场力量起决定性作用	采取自由放任的经济政策	时间较长,一般需要十几年甚至几十年
政策推动型	与东道国经济实力无必然联系	政府作用起决定性作用	奉行积极干预的经济政策	时间较短,一般低于十年

资料来源:根据公开资料综合整理。

离岸金融的发展模式主要分为三类。第一类是以伦敦和香港为代表的内外混合型,又称一体型。它源于伦敦欧洲美元市场,是最早出现的离岸金融发展模式,主要特点是离岸业务与在岸账户并账操作,没有单独的账户。第二类是以纽约、新加坡、东京等为代表的内外分离型。它针对居民与非居民身份的差别,在岸金融业务与离岸金融业务有明确的界限,采取分账户核算,同一金融机构需要分别设置在岸金融账户与离岸金融账户。根据分离程度,内外分离型又可以分为彻底分离型和分离渗透型两种。第三类是以巴哈马、开曼群岛、维京群岛等自由港为代表的避税港型,又称簿记型。在该市场内经济主体并不开展实际的离岸金融活动,只是起到"记账市场"的作用,跨国公司在避税港型离岸金融市场开展离岸金融业务的目的是逃避高额的税收和严格的监管制度。表2分别从交易货币、交易主体、监管环境、准入许可、主营业务、金融基础要求、金融自由化要求、对本国经济影响程度、形成模式几个方面对离岸金融的三种发展模式进行了对比。

表2 离岸金融的三种发展模式对比

项目	内外混合型	内外分离型	避税港型
交易货币	自由兑换货币(包括本币)	自由兑换货币(前期不包括本币,后又创新性地引入本币)	自由兑换货币(不包括本币)
交易主体	非居民、居民、离岸金融机构	非居民、离岸金融机构	非居民、离岸金融机构

(续表)

项目	内外混合型	内外分离型	避税港型
监管环境	监管手段完善,监管环境宽松	监管手段完善,监管环境严格	监管要求较低,监管环境宽松
准入许可	无严格申请程序	须经当局审批	无金融管制
主营业务	综合金融业务	国际借贷	记账市场、避税业务
金融基础要求	金融基础完善	金融基础完善或处在不断完善过程中	对金融基础无要求
金融自由化要求	最高	较高	最低
对本国经济影响程度	最高	较高	几无影响
形成模式	自然形成	政策推动	两者兼具

资料来源：根据公开资料综合整理。

二、自贸区背景下厦门离岸金融的形成模式选择

(一) 厦门自贸片区发展离岸金融的必要性

第一，离岸金融是适合在自贸区发展的金融形态。自贸区是迄今为止世界上政策最为宽松的特殊经济区，自贸区意义上的"自由"不仅指货物进出自由，也包括金融自由。一个完整的贸易环节，同时包括了货物流和资金流，在自由市场提供适当的金融服务是贸易开展的条件之一。为促进贸易活动，必须建立适当的金融形态，保障资本要素的流动。根据自贸区"一线放开，二线管住"的监管理念，自贸区内的金融市场和金融业务必然具有离岸金融的性质及特征。因此，自贸区建设需要发展离岸金融作为其配套的金融基础设施。

第二，自贸区发展离岸金融有利于推进我国金融自由化的进程。离岸金融作为高度自由的金融模式，适应经济全球化和金融自由化的发展趋势。在自贸区发展离岸金融，可以在限定区域内破除阻碍经济进一步发展的障碍，为我国更大范围内的改革提供经验和铺垫。以离岸人民币为例，把自贸区作为离岸人民币回流渠道，发展离岸人民币业务，等于设立了一道防火墙，既可以容纳回流的离岸人民币，推动人民币国际化，又防止了跨境资本对国内市场的冲击，起到一举两得的作用。发展离岸金融为我国金融机构提供了与国际同行竞争的平台，有利于增强我国银行业的竞争能力，提高我国银行业的国际化水平。

第三，支持厦门企业"走出去"。自贸区的政策利好为国内企业走出国门、

参与国际竞争提供了一个新的平台。厦门市对外投资规模继2014年首次突破10亿美元后,2015年更是达到21.93亿美元,同比增长1.1倍。[①] 自贸区内企业的日常经营会产生巨额的跨境收付款,也就会产生巨大的离岸金融需求。在自贸区发展离岸金融可以为厦门企业"走出去"提供新的融资渠道,有利于企业利用离岸市场资金成本优势,降低融资成本,提高金融效率,提高本土跨国公司的国际竞争力,加大我国企业在国际贸易体系中的话语权。

第四,厦门优化利用外资的需要。厦门属于外向型的经济结构,外资对全市工业总产值的贡献比重达到80%以上,发展外向型经济在很大程度上需要国外市场和资金的支持。建立离岸金融市场,可以较低的利率和税率进一步吸引外资的进驻。得益于自贸区内开展跨境人民币使用、本外币双向资金池、跨境投融资等金融开放创新试点,离岸外资可能会汇聚厦门,离岸金融市场能成为国外资金流动的起点,为厦门引进外资提供新的来源和渠道。

(二)厦门不具备自然形成离岸金融市场的条件

厦门离岸金融市场的形成应该采取何种模式,应该是由外部环境和我国的自身条件来决定的。

从外部环境看,厦门已经不适宜通过自然形成的模式来发展离岸金融。伦敦欧洲美元市场的发展始于20世纪50年代,直至60年代末其才确认离岸市场的地位,其间间隔近20年。随后许多国家和地区的政府已经通过政策推动鼓励发展离岸金融业务,实现经济腾飞的目标,在发展中国家尤为明显。我国于20世纪80年代才开始离岸业务的试点,发展进程缓慢。厦门目前已经失去了通过自然形成模式发展离岸业务的先发时机。如果再等待自然形成离岸市场,将花费巨大的时间成本,丧失发展良机。

从自身情况看,厦门目前亦不具备自然形成离岸金融的基础。自然形成型离岸金融,需要以发达的经济基础、高度自由化的金融体系、良好的监管环境作为前提。从伦敦和厦门发展离岸金融的条件对比(见表3),我们很容易看出厦门还远远欠缺这些条件。

当前自贸区建设已经成为我国在全球经济新形势下扩大改革开放的新起点。在自贸区内进行金融改革,目标就是建立离岸金融市场,在利率、汇率市场化、资本项目下自由兑换及金融市场开放等方面先行先试,渐进地实施资本项

---

① 资料来源:厦门市商务局,http://www.xmtdc.gov.cn/jmzx/xwdt/201512/t20151201_1228735.htm。

目开放,推动人民币国际化进程,这些都要靠政府采取措施积极推进。

表3　伦敦和厦门发展离岸金融条件对比

项目	伦敦	厦门
所在国背景	老牌的资本主义政治经济强国	世界最大的发展中国家
城市定位	世界级的金融、贸易、航运中心	经济特区,东南航运中心,外贸百强市
法律环境	法律制度源远流长,已经形成稳定完善的法律体系	初步形成完整的法律体系,全面推进法治建设
金融基础	基础设施完善,世界各大金融机构聚集,外汇、证券、保险、金融资产的交易量位居世界前列	初步形成以银行业为主的金融体系,金融业整体规模小,机构数量偏少,业务辐射程度低
资本开放程度	资金进出自由,资本流动高度自由化,英镑是重要的国际货币	外汇管制仍然存在,资本项目下仍未完全开放
监管环境	监管手段丰富,监管环境宽松,对金融机构的干预少	监管手段少,监管经验欠缺,采取较为严格的监管,行政干预较多

资料来源:根据公开资料综合整理。

综上所述,无论是从厦门发展离岸金融的外部环境还是其自身情况来看,都不具备自然形成离岸市场的条件,因此,厦门离岸金融模式的形成应采用政策推动型。

(三) 政策推动型是厦门离岸金融形成模式的选择

目前厦门发展离岸金融已经具备一定的条件,具体表现在:

1. 离岸业务具有一定的市场潜力

厦门在开展离岸金融业务方面有着旺盛的资金需求,因而具有广阔的发展空间,尤其是在对台离岸金融业务方面。伴随着厦门自贸区的建立和"一带一路"战略的推进,两岸交流还有进一步拓展的空间,完全有条件形成以对台为特色的离岸金融市场。

在经济结构方面,厦门属于典型的外向型经济,福建是传统的对台贸易窗口,厦门对台湾贸易在福建省更是具有突出优势,表4汇总了近三年来福建省及厦门市对台湾的进出口数据。从表中可知,近三年来厦门市对台湾的出口额占福建省的比重达到40%以上,进口比重甚至达到60%以上。目前台湾是厦门第六大出口市场和最大的进口市场来源地。厦门目前拥有海沧、杏林和集美三个台商投资区,截止到2014年年底已有台资企业4 300余家。2014年台资企业完成规模以上工业产值1 703.51亿元,占厦门市规模以上工业总产值的

34.7%,同比增长11.2%。

表4　福建及厦门对台贸易统计表　　　　　　（单位：亿美元）

年份	厦门对台湾出口	福建对台湾出口	厦门对台湾出口在福建占比	厦门对台湾进口	福建对台湾进口	福建对台湾进口在福建占比
2013	14.67	32.22	45.5%	61.16	96.27	63.5%
2014	15.95	38.20	41.7%	52.56	86.19	60.9%
2015	15.66	37.44	41.8%	49.07	74.42	65.9%

资料来源：厦门经贸信息网，http://www.sme.net.cn/。

在跨境贸易人民币结算业务方面，自2010年6月23日厦门辖区跨境贸易人民币结算试点工作正式启动以来，厦门跨境人民币结算金额已经突破3000亿元大关。截至2015年前8个月，厦门累计实现跨境人民币结算1476.01亿元，增长50.9%；有28家银行开办跨境人民币业务，辐射境外110个国家和地区[①]，并突破性办理首笔两岸人民币进口代付业务。台湾企业已经成为厦门跨境人民币业务的第三大境外交易方。自贸区的建立进一步加强了两岸贸易和投资往来，随着跨境人民币业务规模的扩大，必将产生更多的人民币离岸业务需求。

当前厦门对台金融合作已有一定的基础。台湾已有半数以上银行总行委托厦门16家银行办理人民币清算业务，已有3家台资金融机构落户厦门。自贸区挂牌后，越来越多的台湾金融机构将落户自贸区，两岸金融合作将会增多，两岸银行机构业务联动和业务渠道的拓展将会推动离岸业务的发展。

2. 具有较好的区位优势

离岸金融市场不是孤立而成的，需要商业中心、航运物流中心作为支撑，厦门便捷的水陆空交通条件已基本符合离岸市场的要求。厦门地理位置优越，是通往台湾、香港、澳门地区与东南亚各国的重要通道，也是东南亚航线和欧洲航线的必经之地。厦门拥有广阔的经济腹地，临近长三角、珠三角、港澳台、东南亚等经济发达地区。

3. 良好的金融基础

自厦门经济特区成立以来，厦门市金融业增加值以每年平均18%的速度在

---

① 资料来源：厦门贸促会，http://www.ccpitxiamen.org/newsmore.aspx?ClassId=44&Unid=12676。

增长。从2012年到2014年,厦门市金融业增加值占GDP的比重分别达到8%、8.4%和8.8%。① 从国际经验看,支柱产业占GDP的比重需达到5%。美国20世纪50年代、20世纪80年代、21世纪前10年金融业占GDP的比重平均为3.22%、5.59%、8.01%,日本20世纪80年代、21世纪前10年金融业占GDP的比重平均为5.79%、6.53%,② 可见金融业已经成为厦门市的支柱产业。

目前厦门以银行为主的多元化金融体系已经基本形成,金融服务及其配套体系不断完善。厦门外管局的数据显示,2011年通过厦门区内各家分行向其总行介绍客户而开立的离岸账户已经达到1368户,其中账户开立者以机构为主,占比达到98.91%;离岸银行业务结算量更是迅速增长,结算金额达到67.13亿美元,较2009年、2010年分别增长173%、59.76%。③ 目前四家具有离岸银行业务经营许可证的银行都已经在厦门设立分支机构并开展相关的离岸业务,厦门市已经存在一定规模的离岸银行业务。

在金融环境方面,厦门金融业拥有先进的通信设备和技术,可以满足离岸金融市场建设对通信设施、数据处理和网络安全的要求。一支数量充足、结构合理、素质优良的人才队伍是离岸金融市场建设的基础。厦门是东南沿海金融人才聚集地区,拥有厦门大学、华侨大学和厦门国家会计学院等高等院校,厦门大学的金融学科更是国家级金融重点学科,为厦门金融业的发展源源不断地输送着金融人才。

4. 政策支持

离岸金融中心的形成与发展,政府推动在其中起了重大作用,所以我国离岸金融中心的建设必须得到中央政府强有力的支持。国家"十二五"规划把推进厦门两岸区域性金融服务中心建设作为国家战略,提出要扩大厦门金融改革,发展对台离岸金融。厦门自贸区的对台优势是其最大的特色所在,国家积极支持厦门以推动两岸金融合作为重点的开放创新试点,在金融方面先行先试将给厦门带来各项配套扶持政策的支持。

目前我国明确已经开展离岸金融试点的区域有上海、深圳、天津和海南四地。厦门市整体经济规模较小,在经济总量指标上与一线城市还有不小差距,但厦门作为传统侨乡,是对台的主要窗口,可以发挥自身的比较优势和对台优

---

① 资料来源:根据《厦门统计年鉴》数据计算得出。
② 资料来源:中国金融新闻网,http://www.financialnews.com.cn/yw/gd/201209/t20120929_17389.html。
③ 资料来源:国家外汇管理局厦门分局课题组,"厦门建设对台离岸金融市场之可行性及安排",《海峡金融》,2012年第9期。

势,利用自贸区的政策红利,立足厦门本地及闽南经济腹地,面向两岸,走有自己特色的离岸金融发展之路。

厦门离岸金融发展面临的障碍主要在政策方面。离岸业务自20世纪80年末开展以来,一直不温不火,这与政策层面上没有明确的法律规范支持不无关系。离岸业务缺少明确的定位和必要的支持,仅仅由少数银行开展,远未形成规模。目前,我国缺乏鼓励离岸金融业务开展的具体办法及优惠措施,例如:适用离岸业务的法律仍是从1997年开始实施的《离岸银行业务管理办法》以及《离岸银行业务管理办法实施细则》;关于法律适用主体,该办法仅针对中资金融机构,没有涵盖外资银行;对业务监管的规定不够全面,比如对跨国监管和保密问题没有涉及。此外,我国离岸业务的税收基本处于无法可依的状态,离岸税收基本是依靠内部文件征收,没有统一的法律规范,缺乏明确的优惠政策,当前离岸业务的税率与周边离岸市场相比偏高,难以与其展开竞争。

综上所述,厦门已经具备发展离岸金融的条件,但是需要在政策上进一步推动厦门离岸金融的发展,建设离岸金融市场,政策推动型是厦门离岸金融形成模式的选择。

三、厦门离岸金融发展模式选择及其路径

(一) 初期实行严格的内外分离型

我国建立离岸金融市场、发展离岸业务的目的是吸引离岸市场的低成本资金,促进贸易投资的发展,同时加快国内利率市场化进程,推动我国国内金融改革;同时,建立一个境外人民币的回流渠道,加速人民币国际化进程,提高人民币的国际地位,向金融强国发展。但是我们也要看到,我国金融体系仍然比较脆弱,金融业竞争力低,金融监管没有跟上,金融法律法规还不完善,因此如何根据我国国情,选择合适的离岸金融模式,减少离岸金融带来的风险冲击,是我国建立离岸金融市场首先要考虑的问题。

内外混合型离岸金融模式,是离岸金融模式的高级发展模式。其在岸市场与离岸市场完全互通,没有隔离,离岸市场的巨量资本流动往往会对在岸金融体系造成直接冲击,影响所在国国内金融政策的独立性,增加宏观调控的操作难度,带来较高的金融风险,因此内外混合型离岸金融模式必须建立在发达的经济发展水平及相应的金融基础条件之上。根据我国当前金融业的发展现状,

尚不具备建设内外混合型离岸金融模式的条件，如果盲目采用这一模式，必然对我国经济与金融体系带来巨大挑战，不利于金融的稳定。

避税港型离岸金融市场一般是为了规避高额税收或者金融监管而设立，市场主体的经营活动并不发生在离岸市场所在地，只是办理注册登记、资金转移的场所。其设立的主要目的并不在于吸引巨额的外国投资而是通过离岸金融业务获得大量的间接税以及可观的注册费、年费等收入；众多离岸公司在此活动，可以带动对旅游业、商业等其他行业的需求，从而促进当地经济的发展。避税港型离岸金融市场对市场所在国经济发展的促进作用十分有限，也和我国发展金融强国的定位不符，因此应予以排除。

内外分离型离岸金融，要求分别设置独立的在岸账户和离岸账户，两类账户分开操作、分开监管，在既有的在岸金融体系上形成全新的离岸金融体系。根据在岸金融与离岸金融分离的程度，内外分离型离岸金融又可分为严格的内外分离型和以分离为基础、适度渗透为辅的渗透型两种模式。由于内外分离型金融模式对所在国经济发展水平和监管当局监管能力的要求较低，适合发展中国家发展离岸金融业务，因此在实践中这一模式也是绝大多数发展中国家的选择。

从厦门的情况看，金融业规模瓶颈约束明显，在规模和数量上同一线城市相比仍有较大差距，高端金融人才欠缺，金融业务水平仍以传统存贷款为主。严格的内外分离型模式，吸收非居民的离岸资金用于贷放离岸市场，与所在国经济发展水平和资本开放与否没有必然联系；离岸金融机构既可以是本国的，也可以来自外国，因此离岸业务的开展与本国金融业发展水平的关联也不大。从厦门自身条件和经济发展要求看，目前相对可行的选择是选择严格的内外分离型离岸金融模式。

另外，从现有的金融业监管水平看，渗透型金融模式还不是现在厦门的最佳选择。渗透型虽然可以扩大吸引外资的步伐，但是需要一定的经济基础和金融开放水平作为基础；否则，盲目开放在岸与离岸市场的通道，会给国内金融体系造成突然的冲击，影响国内货币政策执行和金融体系的稳定。在离岸业务发展之初必须设置防火墙，实现离岸市场与在岸市场的隔离。考虑到自贸区"一线放开，二线管住"的原则，区内已经与区外进行隔离，厦门自贸区离岸金融发展初期首先应选择严格的内外分离型金融模式。

综合上文分析，建立厦门离岸金融市场，考虑到我国的现实和厦门当前金融业发展的情况，初期应选择严格的内外分离型模式，严格区分在岸、离岸账户，发展离岸金融业务。

(二) 渗透型是未来离岸金融的发展方向

随着全球经济一体化的推进,金融自由化已经成为世界金融发展的趋势。在金融自由化的背景下,有条件地解除离岸市场与在岸市场的隔离,实现离岸发展模式从严格的内外分离型向渗透型的转化是未来的趋势,这样才能保持离岸市场的竞争力。以美国为例,1980年开始逐步取消"Q条例"[①]、利息预扣税和欧洲货币的准备金比率等,放开在岸金融机构的业务范围,提供便利高效的交易设施和服务。这些措施降低了在岸业务的经营成本,提高了在岸市场的吸引力,从而在很大程度上降低了金融业务投向离岸市场的积极性。1990年以后,美国离岸市场的重要性逐渐降低,资料显示1991年年初至1992年年中,至少有120亿美元的离岸贷款被转到美国在岸市场操作。[②]

发展中国家发展离岸业务的一个重要目的就是吸收外资促进本国经济的发展。未来较长的时间内,我国对资金的需求仍是十分巨大的。离岸市场作为开辟利用外资的新渠道,由于经营成本低、竞争激烈,筹资条件比在岸市场优惠,是理想的融资场所。如果因为风险因素担心离岸金融冲击在岸体系,仅仅局限于开展两头在外的业务,就失去了发展离岸业务的初衷。

金融开放是我国金融改革的目标,自贸区金融改革承担着率先开放资本账户的任务;自贸区内由于划定了封闭的区域,可以施行集中的监管,离岸业务风险相对可控,便于实现离岸业务与在岸业务的渗透。从上海自贸区自由贸易账户操作来看,非金融机构自由贸易账户与其境内银行一般账户之间可以在经常项目、偿还自身名下境内贷款、实业投资等方面实现资金划转,这项政策实质上打通了跨境资金内外联动的渠道,是我国资本开放的重要尝试,这也说明未来在条件成熟后我国发展离岸金融一定是向渗透型转化,以便为国内实体经济服务。

(三) 厦门离岸金融渗透型业务规划

渗透型是内外分离型离岸金融模式的发展方向。我国离岸市场建设的重要内容是吸引外资支持国内经济和扩大海外投资,完全内外分离对资金流入流出设置了制度性障碍,在离岸业务运作已经积累一定的经验、管理部门对离岸

[①] Q条例是指美国联邦储备委员会按字母顺序排列的一系列金融条例中的第Q项规定。第Q项规定是对存款利率进行管制的规则。

[②] 巴曙松、郭云钊,《离岸金融市场发展研究——国际趋势与中国路径》,北京大学出版社2006年版。

业务的监管水平有所提高后,可以在离岸业务与在岸业务之间实行一定程度的渗透。

渗透的方向、规模应该与厦门利用外资以及对外投资规划相符,以不影响在岸经济发展为前提,且需要与国家的整个宏观经济发展政策、货币政策、财政政策相配套并根据经济变动实时调整。根据自贸区"一线放开,二线管住"的原则,在渗透方向上,对于"OUT→IN"交易,支持开展贸易投资类业务,禁止融资性质的资金流入;在资金期限上,应以中长期为主,严控短期资金的流动;鼓励资金进入国家鼓励或者有发展潜力的行业,禁止进入房地产、证券市场等高风险行业。对于"IN→OUT"交易,主要以鼓励国内企业海外投资为主,利用离岸金融优势参与国际竞争,促进国际投资便利化。同时,鼓励国内金融机构在离岸金融市场开展离岸金融业务,提高我国商业银行的国际竞争力。在流入流出总量上实行额度控制,实时监控账户资金流动,保障金融体系安全。

四、厦门内外分离型离岸金融的框架及对策建议

(一) 内外分离型模式下厦门离岸金融市场的配套框架

依据上文厦门离岸金融市场的模式,本部分将细化离岸金融业务的配套框架,主要从业务主体、货币选择、业务范围、离岸账务操作和离岸监管这五个方面进行探究。

1. 业务主体

自贸区的设立带动了厦门新一轮吸引外资的高潮。2015年全年厦门全市新设外资企业726家,比上年增长74.1%,其中自贸片区新设外资企业367家,占全市新设外资数量的50.6%;全市合同利用外资41.6亿美元,增长45.9%并创下历史新高,其中自贸片区合同利用外资17.4亿美元,占全市总额的43.1%。[①] 考虑到厦门的地缘特征,发挥厦门对台优势和侨乡优势,非居民主体宜以台资企业、港澳地区企业、东南亚国家的企业为主,辅以日韩、欧盟、北美等其他外资企业。在未来离岸发展模式向渗透型发展后,可以适时允许居民参与离岸业务,扩充离岸业务的交易主体。

---

① 厦门市商务局,http://www.xmtdc.gov.cn/jmzx/xwdt/201601/t20160121_1261928.htm,2016年1月。

在离岸金融机构中,离岸银行是业务主体。银行业务是离岸金融业务占比最大的业务类型,商业银行是离岸金融市场上最大的参与主体,例如新加坡亚洲美元市场同业存款一直占80%左右,巴林离岸金融市场76%的资金来源是同业存款;在保障内外资银行同等待遇的基础上,一方面要积极鼓励符合条件的内资银行参与离岸业务,另一方面要积极引进外资银行参与离岸市场建设。离岸金融发展初期,离岸市场可交易品种较少,非银行金融机构的参与程度较低,后期随着离岸业务的丰富,可以引进更多的非银行金融机构参与离岸市场。

综上所述,在厦门发展离岸金融涉及的主体短期内将以非居民、离岸银行为主,后期随着业务的扩充,可以陆续引进居民、非银行金融机构、政府部门及国际组织等机构。

2. 货币选择

一方面,厦门离岸金融市场的货币应以自由兑换货币为主,即以美元为主,欧元、英镑、日元等为辅;另一方面,厦门建设离岸建设市场要突出对台特色,随着2012年《海峡两岸货币清算合作备忘录》的签订,两岸人民币结算规模呈逐年增长的趋势,目前,台湾地区离岸人民币存量已超过3 000亿元。台湾也提出建立离岸人民币中心的口号,但由于政治生态的原因,台湾对资金进出仍存在较多限制,台湾地区人民币存量大部分为存款的形式,人民币的利用效率低。随着两岸经贸往来的深入,为进一步满足人民币的交易需求,为台商等提供一个更好的人民币借贷、投资市场,同时扩宽人民币回流渠道,促进人民币国际化,有必要考虑在大陆建立另外的人民币离岸金融市场,将离岸人民币作为交易货币的选择。

因此,厦门离岸金融市场交易货币应包括可自由兑换的国外货币和离岸人民币。

3. 业务范围

离岸金融市场作为一个成熟独立的金融体系,其业务范围几乎涵盖了各个金融领域,离岸业务主要包括银行业务、债券业务、证券业务、保险业务、信托业务,等等。厦门离岸金融业务的选择,应遵循"适度发展、谨慎实施、累积经验"的原则,基于现阶段厦门金融业务现状,适度适时选择厦门离岸金融业务初期发展的业务。离岸业务应从传统的离岸银行业务开始,待未来汇率形成机制完善和资本项目完全放开后,再放开离岸证券、离岸保险业务等新离岸金融业务。从国际经验看,虽然美国金融业已经比较发达,却仍然将主要的离岸业务放在银行体系内并实施严格的内外分离。日本离岸金融市场在初创期离岸业务仅限于存贷款,并明确规定离岸账户资金不可用于外汇买卖、证券交易和掉期交易。鉴于我国离岸银行业务的开展已经有一定的经验基础,在业务种类上宜先以离岸银行业务尤其是非居民存贷、贸易融资为主,后续再根据离岸金融的发展情况,发展其他类型的离岸金融业务。

4. 离岸账户操作

内外分离型离岸金融模式,要求实行严格分离,隔离操作、隔离监管。对于参与离岸业务的非居民、离岸金融机构要设置特别的离岸账户,特别是兼营离岸业务与在岸业务的银行,账户内资金之间禁止流动,以防止资金渗透,杜绝金融风险的产生。

目前厦门离岸金融市场账户的设置可以参考上海自贸区自由贸易账户的经验。自由贸易账户的特点是根据不同主体做出标示,采用分账核算的制度,来实现对经济金融行为的实时监控。自由贸易账户是自贸区金融改革进程中非常重要的创新举措,在自贸区和离岸市场之间开辟了一条道路,使区内和境外资金之间的汇兑更为自由,既能满足区内企业贸易结算和海外投融资的需要,又为实时监管离岸资金流动、防范金融风险提供了方便。

5. 离岸监管

离岸金融市场所在国对离岸市场的监管应该是全方位、多层次的,概括起来主要包括对市场准入的监管、对业务运作过程的监管和对退出行为的监管。

当前我国的监管模式为分业监管,即"一行三会"为主导、各部委和各级政府相协调的分业监管体系。随着金融机构的业务互相渗透,金融的界限越来越模糊,实施混业监管的呼声越来越大。我国设立离岸金融市场,应明确监管主体,实现统一监管。厦门离岸金融市场,可以复制迪拜的经验,设立离岸区内统一监管组织,具体负责对离岸金融市场内的参与主体与业务操作的监管工作,还可以发挥特区自由立法权的优势,制定适合的监管规则,进行全方位的金融监管。

(二) 厦门发展离岸金融的对策建议

1. 完善法律制度

离岸业务的开展往往面临许多风险,这就需要健全完善的法律法规保驾护航。从国外成熟的离岸市场来看,都有一套完整的离岸金融法律制度,涵盖了金融基本法律以及包括银行、证券、反避税、反洗钱等具体金融领域的法律法规。目前我国规范离岸业务的法律已经颁布了近20年,离岸市场的环境已经发生重大变化，其中一些条款已经显现滞后性。在法律适用范围、市场准入、业务管理与监管、税收制度、反洗钱等方面亟须修改与完善。

关于厦门建立离岸金融市场的法律配套措施，在国家层面上，应积极推动国家金融立法的进程，及时修改制定离岸金融相关法律，为离岸金融的运行制定法律规范，其中包括离岸金融的基本法律和相关业务法规及配套细则；在厦门市层面上，应充分发挥厦门具有的特区立法权，鼓励厦门市根据自身环境，总结上海自贸区经验，制定离岸金融市场的配套法律规范，通过逐渐完善的法律体系来保障离岸金融中心的建设。

2. 强化政府的推动作用

厦门可以总结其他离岸金融市场的发展经验，并借鉴上海自贸区的做法，抓住国家实施"一带一路"战略的机会，以自贸区建设为契机，充分利用政策优势，推动厦门离岸金融市场的建设工作。政府可以从以下几个方面推动厦门离岸金融市场的建设：

（1）构建厦门对台离岸金融市场。厦门自贸片区要紧紧抓住对台这一主线，在金融方面打造对台离岸金融平台。通过两岸货币清算机制，提供实时的清算服务，建立安全、高效的资金划转渠道，为两岸经贸合作提供便利的金融基础；将自贸区作为离岸人民币回流渠道，为两岸企业的贸易投资提供资金支持。

（2）制定和实施相关优惠政策。离岸金融业务具有全球性、自由化的特征，离岸金融市场是否能够提供有竞争力的税率水平，将在很大程度上影响金融机构是否进驻。历史上亚洲美元市场落户新加坡，和中国香港政府不愿意免除15%的利息预扣税有很大的关系。目前我国尚无关于离岸业务税率优惠的具体法规指引，制约了离岸主体前来开展离岸业务的积极性。厦门离岸金融市场应尽快颁布相关离岸税率法规，减免相关交易的税收，离岸业务税率应不高于在岸业务税率和周边其他离岸金融市场的平均税负。

（3）进一步吸引境外金融机构入驻。银行是离岸金融业务的主体，离岸金融市场需要有相当数量的金融机构，才能大规模地开展业务。目前两岸的金融合作远远落后于贸易往来，因此建设离岸金融市场，应该采取优惠政策和措施吸引外资金融机构特别是台资金融机构来厦门设立分支机构，加强两岸金融合作。

（4）加快引进高级离岸业务人才。在世界著名的离岸金融市场上，金融从业者占全部从业人员的比重一般为6%—10%。2011年，香港金融从业人数达到22.4万人，占全部从业人数的6.2%；2012年，纽约金融从业人员约为67.1

万人,占全部从业人数的 7.6%。① 截至 2014 年年末,厦门市这一比例仅为 1.1%②,其中多为普通岗位从业者,具有丰富离岸业务经验的金融人才比较欠缺。为此,厦门必须高度重视相关人才的引进工作,制定优惠政策鼓励相关人才安心在厦门发展。

3. 实行切实有效的监管

首先,必须加强市场准入监管。离岸金融的准入监管是保护在岸市场的第一道防火墙。各国对离岸业务的准入都设置了一定的门槛。例如,英国的机构只有获得 1986 年《金融服务法》所规定当局的授权,才能获准从事证券投资业务;根据《加强对外国银行监管法》,外国银行进入美国市场或者扩大业务必须获得审批,且每年至少要检查一次;新加坡金融监管局根据申请者的管理水平、信誉水平和资本实力等指标,对申请开办离岸业务的机构颁发三类银行牌照,即普通执照银行、全面执照银行和离岸执照银行。在市场准入方面,我国要规范离岸金融机构的审批制度,根据业务范围颁发不同类型的牌照。无论中资还是外资银行,只要参与离岸业务就要纳入监管范围,对未获得牌照的机构要及时停止其业务的开展;对中外资机构采取平等国民待遇原则,实行公平、公开、公正监管。

其次,加强离岸金融业务日常监管。充分保持对离岸、在岸资金互相流动的隔离,按照《新巴塞尔协议》的要求,以流动性和资本充足率为监管指标,落实对离岸银行经营实施全面风险管理;同时,采用一系列的量化指标,考核离岸银行的资产负债水平,加强离岸银行的抗风险能力,防止其资产负债出现严重的货币错配和期限错配。

再次,加强离岸金融退出监管。可以从设立危机预警机制、存款保险制度以及最后贷款人等制度入手构建离岸金融的安全防线;制定规章制度明确退出监管的标准。目前我国尚没有关于离岸机构强制退出的相关法律规定,在未来完善离岸退出的监管措施中,可以对离岸业务设置一系列监管指标,若在一段时间内没有达标,则监管当局可以采取强制退出的办法。

最后,加强监管的国际交流与合作。离岸金融的业务范围涵盖全球,这就要求对其监管必须跨出国境,加强与国际监管机构之间的交流合作。我国监管机构要与其他国家的离岸监管机构以及国际监管组织进行跨区域多边合作,加大信息沟通,及时分享监管手段与监管经验,共同防止离岸金融风险的跨国扩散。

---

① 商务部网,http://www.mofcom.gov.cn/article/i/jyjl/l/201307/20130700202729.shtml。
② 根据《2015 年厦门经济特区年鉴》数据计算。

4. 鼓励离岸金融业务创新

随着各国(地区)致力于推动离岸金融市场建设,离岸市场之间的竞争此起彼伏,只有结合本地特点进行业务创新才能在竞争中脱颖而出,例如,香港离岸金融市场集中发展银团贷款,成为亚洲银团贷款的市场。厦门应该在借鉴相关经验的基础上发挥自身优势,在交易品种、交易模式、交易技术手段等方面进行创新。例如,在航运融资方面,依托厦门发展东南航运市场的背景促进厦门航运金融业的发展,利用自贸区相关利好政策,设立航运发展基金,为航运企业提供股权、债权等投融资服务,解决其资金需求;在船舶融资租赁方面,要鼓励融资租赁公司创新业务模式,开发新的融资解决方案,加强船舶融资租赁业务的开发,推动厦门航运金融业的发展;在离岸银行方面,可以通过加快离岸产品创新,丰富离岸业务的内容,整合在岸与离岸资源,来支持离岸金融市场的建设;在两岸金融合作领域,开发出符合两岸合作需要的金融产品和服务,从服务两岸经贸发展的原则出发,允许离岸区内的金融机构对台资企业提供债券发行、信用担保及上市等服务,促进厦门对台离岸金融市场的建立。

五、结论

基于我国深化金融体制改革和金融全球化、自由化的客观要求,我国亟须加快金融业的改革进程,然而我们也要警惕金融领域过快开放可能伴随而来的金融安全问题。目前我国的金融体系仍不健全,金融制度仍不完善,金融监管和调控能力尚需提高,因此,在小范围内进行金融改革是比较合适的选择。

自贸区在金融改革方面的一大亮点就是发展离岸金融业务。通过发展金融市场,可以促进金融创新,优化资源配置,促进一国金融业的繁荣。厦门自贸片区可以总结国内外发展离岸业务的经验教训,发挥自身的区位优势,以政策推动型为形成模式,在严格的内外分离模式下发展离岸业务,并在后期向渗透型过渡;通过离岸金融业务继续发挥对台先行先试作用,推进两岸经贸往来和金融合作。

另外,由于我国资本项目下人民币仍不可自由兑换,利用厦门自贸片区设立的契机,建设厦门离岸金融市场,发展人民币离岸金融业务,提升离岸金融市场人民币资产的流动性,扩大人民币在国际贸易中的使用,这对金融市场的逐渐开放和人民币国际化进程的加快,以及对探索我国金融业的进一步发展有着重要的战略意义。

专题十七

新政对福建省跨境电商的影响及政策建议

随着全球经济增长放缓,世界贸易增速趋于收敛,但跨境电商贸易却呈现逆势较快增长的趋势。根据商务部的预测数据,到 2016 年中国跨境电商的进出口贸易额将达到 6.5 万亿元,未来几年跨境电商占中国进出口贸易的比例将会提高到 20%,年增长率将超过 30%,跨境电商会是未来中国外贸增长的最大引擎。以此为背景,2014 年以来,国家促进跨境电商发展的政策密集出台,主要是包括税收优惠政策在内的各项支持鼓励和扶持政策。2015 年 6 月 20 日,国务院发布《关于促进跨境电子商务健康快速发展的指导意见》(国办发〔2015〕46 号),其中第五条提出"明确规范进出口税收政策"。关于跨境电商零售进口税收政策,由财政部按照有利于拉动国内消费、公平竞争、促进发展和加强进口税收管理的原则,会同海关总署、税务总局另行制定。2016 年 4 月 8 日,财政部、发改委等 11 个部门制定的跨境电商零售进口政策(以下简称新政)正式实施。新政对跨境电商零售进口产生了比较大的冲击。本专题分析福建自贸试验区跨境电商零售进口的现状以及受到新政影响的程度,并提出相应的政策建议。

一、福建省跨境电商发展现状

福建是全国最早发展电商的省份之一,具有良好的政策环境与资源优势。在国家大力推进跨境电商发展的大背景下,福建省也出台了鼓励和支持跨境电商发展的各项政策措施。2014年5月,省政府出台《关于进一步加快电子商务发展的若干意见》,明确把跨境电商工作作为促进外贸转型升级的有力抓手。2015年1月,省政府办公厅印发《进一步推进跨境电子商务发展行动方案》,从完善支持政策、构建发展环境、培育优势品牌和打造产业优势等四个方面,提出了16项具体任务。2015年4月,福建自贸区挂牌以来,福建省更加积极探索创新跨境贸易模式,支持发展跨境电商,进一步完善跨境电商管理模式,加强信息共享,优化通关流程,建立海关监管系统与跨境电商平台互联互通机制,促进跨境电商健康快速发展。自贸试验区在政府职能转变、投资自由化、贸易便利化和金融创新等方面先行先试,为跨境电商的迅速发展带来了新的机遇。2015年11月,福建省商务厅牵头拟定的《关于支持福建自贸试验区跨境电商、保税展示交易、转口贸易、商业保理等重点业态发展的若干措施》正式实施,有效促进了自贸试验区内跨境电商的加快发展。

与此同时,国家进一步赋予福建省及福建自贸试验区加快跨境电商发展的政策。福建省从2014年开始申报跨境电商保税进口试点工作,2015年7月,国家相关部委同意将福州、平潭纳入开展跨境电商保税进口试点城市[①],开展跨境电商保税进口业务。该政策获批后,2015年9月,福建省商务厅立即出台《关于支持福州、平潭开展跨境电子商务保税进口试点十二条措施的通知》,从加大政策宣传推介、推动试点业务开展、支持公共平台建设、扶持配套设施完善、补助国际物流费用、奖励国际通道拓建、鼓励龙头企业引进、培育本地龙头企业、加强人才队伍建设和给予支付平台奖励等12个方面,支持福州、平潭做大做强跨境电商。该通知协调福州、平潭推进政策落地和试点业务开展,并结合当地特色和业务开展情况修订完善试点实施方案,报送海关总署办公厅。2015年10月,平潭与福州获批设立海峡两岸电商经济合作实验区后,进一步加快推进跨境电商产业发展,其目标是:不断打造最具活力的海峡两岸电商交易中心、互联

---

① 福建省福州、平潭两市成为国内第8和第9个跨境电商试点城市。在此之前,国家批准设立的跨境电商试点城市有上海、重庆、杭州、宁波、郑州、广州、深圳等7个。目前,跨境电商试点城市共有10个,第10个为天津市。

网金融运作中心和电商物流枢纽中心。

2015年，福建自贸试验区跨境电商增长迅猛，交易规模的扩大使其在福建省进出口贸易中所占比重越来越高。据测算，2015年福建跨境电商交易额约为2100亿元。从自贸试验区三个片区来看，厦门实现跨境电商交易额约1100亿元，增长50%；福州新成立并开展业务的跨境电商企业有300多家，还有1000多家企业已完成注册准备开业；平潭跨境电商进出境货物共46批次，货值突破2000万元，目前还处于试验和起步阶段，后期将迅速拓展。其中，跨境电商以出口业务为主，形式以B2B业务为主，B2C跨境模式逐渐兴起且有扩大趋势。与此同时，自贸试验区跨境电商服务平台建设逐步完善，自贸试验区出台多项跨境电商扶持政策，引导企业向跨境电商园区集聚，为跨境电商的未来发展提供了内生性动力。行业龙头企业的不断涌现也提升了整个产业链的竞争力。

（一）福州片区

2015年5月，福建自贸试验区福州片区跨境电商产业园正式营业。目前，园内大楼有5层专门作为跨境电商园区的展示体验馆，提供线上线下"一站式"海淘服务。利嘉国际商业城已引进50多家跨境电商企业，拟在福州保税港区规划建设集保税仓储、保税展示、分拨配送于一体的利嘉国际物流园。而与海峡国际会展中心有机结合的海峡国际智贸城也已引进40多家电商企业。此外，在福州中心城区的万宝、中亭街和王庄等主要商圈，各种跨境电商体验店也大量出现。

2015年10月，福州获批设立海峡两岸电商经济合作实验区。2015年11月，福州跨境电商监管中心揭牌暨福州市跨境电商公共服务平台启动。3个托盘的德国奶粉从福州出口加工区核验出关，顺利完成首单跨境电商进口货物的线上测试，标志着福建自贸试验区福州片区进口跨境电商业务正式启动，也是保税进口模式的首次试点启用。福州跨境电商公共服务平台启动后，实现了电商企业、物流企业、支付企业、监管部门的信息对接，可为直购进口、保税进口、一般出口、保税出口等四种跨境电商企业提供一站式服务，让福州的跨境电商能平等地与广州、宁波、杭州等地的跨境电商进行市场竞争，有利于促进福建电商企业回归本土开展跨境进口业务，促进福州跨境电商的蓬勃发展。

为帮扶福州市电商产业做大做强，福建检验检疫局通过建立"事前准入、事中监测、事后追溯、安全高效"的跨境电商检验检疫监管机制支持福州市跨境电商贸易的发展。一是实行备案管理。对跨境电商经营主体及跨境电商商品实施备案管理，落实企业质量安全主体责任，实现质量安全责任可追溯。二是建立负面清单制度。除《进出境动植物检疫法》规定的八大类商品列入"负面清单"外,其余商品均可通过跨境电商形式入境。三是创新监管模式。针对网购保税模式入境的跨境电商商品,集中存放,跨境电商经营企业按订单向国内个人消费者销售的,实行入区集中监管、出区分批核销放行。四是实现电子化监管。结合福州市跨境电商公共服务平台建设,在监管场所实现关检共享跨境电商仓库,建立自动化的商品在线检查系统,实现关检"一机两屏",保障商品快速通关。

福州全面推行以产业链招商的模式,积极引进跨境电商平台企业、第三方支付、物流、报关、互联网金融等上下游产业链,汉吉斯冷链物流、美国COSTCO北美商城、万国商贸、海淘168等50多家企业相继入驻,跨境电商产业链正在形成。截至2016年2月,共有18家企业、64种商品在福州片区备案,共受理入区41批次、2703.91万元人民币的商品,平均每天出区放行2000个包裹。就福州片区而言,仅2016年一季度,片区内新成立的跨境电商企业就有97家,同比增幅达142.5%。其中很多企业都有意进入中心城区主要商圈。除此之外,福州还积极引进跨境电商方面的人才,2016年6月17日,在福州举办了第14届海峡两岸人才交流合作大会,由福建省委组织部、海峡人才市场等单位联合台湾有关机构共同举办,涵盖包括跨境电商在内的多个领域。

(二) 厦门片区

厦门与泉州、漳州构成闽南"金三角",三市合计占福建省经济总量的60%,市场容量巨大。跨境电商代理运营、国际物流、海外仓服务等各类企业齐全、数量众多,可为产业发展提供全方位服务。厦门正以建设"一带一路"战略支点城市和自贸试验区为契机,努力构建"海西跨境电商中心城市"。2015年,厦门进一步出台了促进电商、跨境电商发展的两个政策文件。

厦门虽积极争取,但还未被国务院批准为跨境电商进口试点城市。取得试点资格意味着可以启用"保税进口"模式,不过厦门可以依托自身优越的物流集散、便捷的通关环境,通过"直购进口"模式开展跨境电商进口业务。2015年,直购进口平台上线并通过实货测试。目前,厦门依托国际贸易"单一窗口"平台,实现了跨境电商、邮件、快件三种模式"一点接入",实现跨部门"信息互换、监管互认、执法互助"。海关部门遵守"全年无休日、货到监管场所24小时内办结海关手续"的作业时间和通关时效要求;检验检疫部门制定跨境电商产品"负面清单"和相关备案监管细则,实施关检"一次备案、一次申报、联合查验"。

2016年2月,厦门跨境电商公共管理平台正式上线运行,并入国际贸易"单一窗口",来自欧美国家以及我国台湾等地区的2 000多个邮包(主要是服装、保健品、奶粉等货物)顺利通过该平台快速报关报检后,发往全国各地。厦门跨境电商公共管理平台是一个集跨境电商、邮件、快件与"分送集报、快件出区"等于一体的大通关平台,监管申报"一点接入、一点输出",实现一个界面、一次录入、一次放行。这一创新举措为厦门跨境电商企业提供了更大的便利,提升了外贸效率。

据厦门市商务局统计数据显示,2016年上半年,厦门全市跨境电商交易额超过600亿元,增长20%,拉动全市外贸增长约4%,占全市外贸的比重约为1/4;全市出入境货邮4.87万吨,增长15.3%,其中跨境电商产业园进出境快件达30.4万件,增长157倍;货重600吨,增长21倍。厦门保税展示的优势也正在凸显。截至2016年6月末,厦门已有16家进口商品直销中心开业,上半年销售额达1.5亿元;酒类保税展示交易价格优势明显,进口量快速增长,上半年全市酒类进口额达7.1亿元,增长52.9%,东南红酒交易中心红酒进口量增幅更是接近80%。

(三) 平潭片区

平潭是大陆距离台湾本岛最近的地方。在对台贸易上,平潭在供应链方面有很大的优势,物流成本是电商选择平潭通关平台的一大重要因素。由于电商的特点是通过渠道扁平化,以降低流通成本的方式获得价格竞争优势,因此电商买卖双方对物流成本以及物流的便利程度都比较敏感。两岸尚未建立双向运营之前,大多数产品进入大陆,需经由香港中转,而大陆产品要出口,则需经由广州,费时费力,成本高昂。随着两岸快件业务实现进出口双向运营,平潭与台湾快件物流实现无缝对接,平潭进出口货物可以依托台湾密集的国际航线,例如台湾拥有高雄、台北、台中、桃园和松山等大型国际航空站,国际航空运力充足,空仓率却比较高,通过两岸联动,可以实现全球大宗货物和零售商品的进出口海空联运。平潭跨境电商平台还可以借助台湾大型国际航空站的剩余航空运力和港口,发展面向全球大宗货物和零售商品的出口,构建两岸电商企业共同参与国际竞争的新平台。平潭成立跨境电商通关平台,大大改变了原有的进出口渠道,弥补了物流上的短处,降低了进出口的物流成本,让货运更便利化地行销全世界,也有利于两岸的进出口发展。

平潭是福建省率先启动跨境电商出口模式和保税进口模式的城市。2015年,平潭跨境电商先后启动保税进口模式和直购进口模式,并逐渐步入常态化运营。2015年10月,平潭、福州获批海峡两岸电商经济合作实验区,成为福建省可以经营保税进口模式的两个试点城市之一,享有"保税进,行邮出"的优势。在海峡两岸电商经济合作实验区的政策框架下,两岸共同打造首个跨境贸易电商通关服务平台,并量身定制海关监管模式。该平台是连接跨境贸易电商企业、物流企业、支付企业及海关、国检、国税和工商等部门,为跨境贸易进出口企业提供"一站式"服务,提供网上事务处理和交易、信息服务的公共平台。2016年2月底的数据显示,该平台累计入区交易货值3 038万元,出区交易货值2 592万元,实现交易订单75 290多笔。此外,该平台已对接70家企业,其中电商企业54家、物流企业5家、支付企业11家。

2015年年底,相关部门拟定《中国(平潭)海峡两岸电子商务经济合作实验区实施方案》。其目标是:组建三大中心,即海峡两岸电商交易中心、海峡两岸电商互联网金融运作中心以及海峡两岸电商物流枢纽中心,服务平潭跨境电商发展。通过组建以上三个中心,让税务、外汇和关检等部门联动,实现"政府多跑腿、群众少跑腿",服务平潭跨境电商企业的发展。该方案提出,经过3—5年的改革试验,力争把两岸电商合作实验区建成以"线上集成+两岸贸易+综合服务"为主要特征,以"物流通关渠道+单一窗口信息系统+金融增值服务+电商创业孵化"为核心竞争力,建立信息交换共享机制,实现监管部门、地方政府、金融机构、电商企业、物流企业之间信息互联互通。同时,通过线上"单一窗口"平台和线下"综合园区"平台相结合,突出投资创新,健全服务体系,规范营商环境,打造最具活力的两岸电商合作实验区。

2016年3月28日,平潭发布跨境电商最新优惠政策,该政策涉及七个方面的内容,对跨境电商进行全产业链扶持,除了对跨境电商平台、产业园区建设进行奖励之外,还对仓储、物流、检验检测费用等进行奖励和补助。2016年7月21日,平潭启动跨境电商进口商品全程溯源体系,这也是福建省首次对跨境电商进口商品启动全程溯源体系。该体系是平潭出入境检验检疫局与中国检验认证集团合作的结果,有利于解决跨境商品追溯难、维权难的问题。

保税进口和直邮进口是跨境电商的两大业务模式,作为福建省内允许开展保税进口的两个城市之一,平潭在保税进口业务上成效凸显,逐步树立了良好的口碑,成为平潭跨境电商的"重头戏"业务。截至2016年1月,通关货物3万余单,货物价值超2 300万元,目前正在加速推进保税仓储设施完善、政企平台数据对接等工作。相较而言,直购进口模式限制少,开展该业务模式的城市更多,但该业务模式对速度的要求比较高,平潭片区"海峡号""丽娜轮"对台航线开通后,通过台北桃园国际机场采用海空联运模式,令平潭在直购进口上的物流优势逐步凸显。截至2016年3月,平潭片区共完成71批跨境电商进口业务,其中直邮进口共开展 16 批次,货物价值达 32 万元。

二、跨境电商新政及其影响

(一) 跨境电商新政的主要内容

2016 年 3 月 24 日,财政部发布了《关于跨境电子商务零售进口税收政策的通知》,明确提出:自 2016 年 4 月 8 日起,我国将实施跨境电商零售进口税收政策,并同步调整行邮税政策。根据上述通知,跨境电商进口单次交易限值由行邮税政策中的 1 000 元(港澳台地区为 800 元)提高至 2 000 元,同时将个人年度交易限值设定为 20 000 元。在限值以内的跨境电商零售进口商品,关税税率暂设为 0%,进口环节增值税、消费税取消免征税额,暂按法定应纳税额的 70% 征收。超过单次限值、累加后超过个人年度限值的单次交易,以及完税价格超过 2 000 元限值的单个不可分割商品,均将按照一般贸易方式全额征税。同时,新政对行邮税也进行了相应的调整,将目前的四档税目(对应税率分别为 10%、20%、30% 和 50%)调整为三档,税率分别为 15%、30% 和 60%,以保持各税目商品的行邮税税率与同类进口货物综合税率大体一致。

新政下,跨境电商进口商品的税负有升有降。对于单价多在 500 元以下的母婴用品而言,原本的零税负变成了 11.9% 的缴税比例;而对于单价超过 100 元的化妆品来说,原先 50% 的行邮税则降为 32.9% 的综合税率。

新政除了调整进口税收之外,还出台并正式实施《跨境电子商务零售进口商品清单》(以下简称《清单》),《清单》之外的商品将不能以跨境电商零售进口方式进入国内,原先在宁波等跨境电商试验区以电商直邮模式通关的诸多货物均在《清单》之外。

新政将限值内的商品视为跨境电商零售进口,超过限值的商品视为一般贸易进口。清单的备注中要求跨境电商零售进口按照一般贸易提供通关单,化妆品、保健品等商品还须在国家食品药品监督管理总局注册备案。新政的本意为公平一般贸易和跨境电商的税负,但是要求跨境电商按货物提供质检通关单,相当于把一般贸易的检验检疫要求加到了跨境电商进口上。以食品为例,办理通关单需随附原产地证书、卫生证书、食品成分分析表、进口许可证、企业首次进口食品类的进口声明、出入境食品包装备案书、安全性评估材料等十余种单据,还需办理境外生产企业注册、境外出口商备案等前置性审批,不仅手续繁杂、办理时间长,且未能满足前置性审批条件的商品将无法进口。对于以快消品为特征的跨境电商新贸易业态而言,时间消耗成本比较大,进口食品最短需两个月,进口化妆品甚至需要超过一年的时间。

(二) 跨境电商新政的影响

新政对进口单量造成了巨大的冲击,使得各省自贸区内进口单量一周锐减超过60%,跨境电商综合试验区内企业数量锐减。据跨境电商综合试验区统计,从2016年4月8日到4月15日,郑州、深圳、宁波、杭州等综合试验区进口单量分别比新政前下降70%、61%、62%和65%。[①] 例如,郑州贸易园区内企业就从100多家减少到5家。即使继续经营的企业,开工率也很低,杭州综合试验区内的保税仓开工率降至30%以下。此外,企业大量裁员,特别是仓储和物流企业的工人被大量裁退,还有部分职工因为没有工作绩效而主动离职。有鉴于此,4月15日,海关总署办公厅下发《关于执行跨境电商税收新政有关事宜的通知》,明确4月8日前发运的商品按原有通关程序进口。综合试验区进口单量也闻声回升,郑州、深圳、宁波、杭州等综合试验区进口单量分别回到新政前的55%、62%、65%和71%。但是,这只是消耗4月8日前发运的库存。4月8日以后发运的商品中,除纸尿裤、枕头、水杯和奶瓶等少数非法检商品还能进口外,超过95%的商品已难以进口,而目前开展业务的库存量普遍维持在30天内,即将面临无货可供的危机。

2016年5月8日,跨境电商试点城市海关及商检部门接到"跨境电商网购保税商品核验通关单政策暂缓一年"的上级通知。根据这一"内部通知",从新政开始执行后的一年内,跨境电商试点城市跨境电商网购保税商品将按照新税制征税,但商品"一线"进区时免于核验通关单。这个"内部通知"相当于给了各试点城市及跨境电商企业一个过渡、转型的机会。在过渡期内,跨境电商企业要按照一般贸易监管的要求进行准备,一年之后则将严格执行一般贸易通关单管理。不少受新政影响较大、主营保税进口模式的企业,已经着手转战一般贸易进口模式,也有部分企业开始加码海外仓,希望通过海外直邮的方式缓解新政冲击。

不过新政的实施反而凸显了厦门这样的非跨境电商试验区口岸的政策优势。顺丰、中外运等快件运营企业在综合考虑新政、通关环境等因素后,选择在厦门口岸完成通检通关手续。据统计,2016年4月,厦门跨境电商产业园业务

---

① 资料来源:"跨境电商命悬新政 遭遇一般贸易监管拦路",《上海证券报》,2016年5月6日。

量突破 5.48 万批次、12.31 万件,比上月增长 258.49%、342.61%,最大单日申报量飙升至 1 万余件;2016 年 5 月以来,电商产业园区日均申报量在 1 万件左右,并呈持续攀升之势;2016 年上半年,电商产业园区进出境快件达 30.4 万件,同比暴增 157 倍,货重 660 吨,净增 21 倍。

跨境电商新政出台后,商品补贴、促销模式以及商品储备机制大概需要 3—6 个月的升级和迭代期,以便进行供应链的重新梳理。对此,跨境电商企业普遍面临较大的调整压力和调整成本,跨境电商行业可能会出现一轮重新洗牌。在这一形势下,跨境电商企业需要对各类商品的税金进行成本分析,对货品进行优化。

1. 影响跨境电商企业的进口模式偏好

跨境电商平台的进口方式中,保税进口和直邮进口为两种主要方式。新政对保税进口模式为主的跨境电商企业影响更大,这些平台将面临更大的调整,相对而言,直邮体系受到的影响则较小。

福州、平潭作为跨境电商保税进口试点城市,保税进口业务发展迅速,成为备货模式的重中之重,然而新政取消了依照行邮税征收的 50 元的免税额度,这让福州、平潭片区保税区的清关模式在税收上不再具备优势,保税备货模式的红利受到挑战。不过,这并不意味着保税进口模式会走向终结。一些正面清单的常规品类还是可以采取保税备货的模式提高发货时效,海关统一版新系统中新增的退货功能也能解决跨境电商退货难的问题。

2. 影响跨境电商企业商品品类的选择

征税改变了一部分商品的价格,这将导致跨境电商价格竞争力下降或者对消费者直接征税。消费者的购买心理会发生改变,商品选择也会发生变化,从而影响到跨境电商可经营的商品品类,以及商品备货。

3. 跨境电商企业的利润空间被压缩

新政实施之前,许多跨境电商平台都借此大打"税收牌"进行促销,以吸引消费者提前囤货,优惠政策从"包邮"扩展到"包税",力图在新政调整之前吸引顾客、抢占先机。但新政实施后,这些措施进一步压缩了电商的利润空间。

三、福建省跨境电商发展存在的问题

总体上,福建省跨境电商的发展面临以下制约因素与困难:业务流程的周期较长、费用高,订单小且高频、一般商检形式不适用,结汇烦琐,等等,尤其在物流环节送货时间长、运费贵。特别表现在以下几个方面:

1. 跨境电商监管模式亟待改革创新

传统对外贸易主要以 B2B 的形式为主,原有监管机制也大多针对 B2B 大宗货物交易,而大量的跨境电商采用的是多品种、小批量的包裹形式,原有监管制度并不适合,会导致跨境电商进出口报关、报检频次过多,手续烦琐,涉及中介费用高、企业难以承受等问题。自贸试验区通关便利性也有待进一步提升。目前,福建自贸试验区在进口方面,进口直购平台尚处于测试阶段,保税进口直邮模式刚刚试水,新政实施后,保税进口模式将受到较大冲击。这些因素导致大量海淘进口以邮(快)件形式进口或企业以一般贸易进口后按国内电商模式开展 B2C 业务。平潭跨境通实行的"三单比对"模式要求过高,难以批量化实际操作(因信息安全、隐私保护等),建议进一步简化要求,提升可操作性。

因此,目前跨境电商企业特别是中小企业,大多绕过了政府的监管,处在政策的灰色地带,经营活动不够规范。许多充当"代购"代理人的第三方网站和个人卖家长期通过网购邮寄进出境的方式,化整为零、以"物品"的名义大批量进口"货物",跳脱海关监管和应缴税款;中小型跨境代购网站和网上个人卖家甚至将本应通过邮递进境货物转向"水客携带",即以个人携带的方式入境,通过不报或者低报、瞒报商品价格的方式来逃避关税。

2. 物流成为最大制约瓶颈

开展跨境电商零售业务很多还是以邮寄样品的名义,采用快递、包裹、邮政速递等传统物流方式进行,其中突出的问题是物流费用高、运输时间长、损坏率高、退货退款流程复杂等。而境外消费者对网上购物的要求却越来越高,对运输时间和后期退换货都有较高要求,而传统物流不能很好地适应跨境电商"数量少、种类多、交货快、个性化"的特点,制约了企业跨境业务的发展。

闽台海运快件物流通道尚未有效打通。目前,平潭片区的两岸海上客运航线,主要针对进入对台小额商品交易市场销售的粮油食品、土产畜产、纺织服装等六大类商品,服务于对台小额商品交易市场,商品的种类相对有限。虽然厦门与台湾海运快件的双向运营,实现了海峡两岸海运快件专区(台北港快递货物专区—厦门海运快件及跨境电商监管中心)的双向对接,但厦门还没有直达台北港海运快件专区的船舶,承运的两岸直航船舶只能停靠在基隆港且班次较少,制约了海运快件的发展。

3. 跨境支付体系亟待完善

支付是跨境电商的重要环节,但我国目前跨境电商支付体系才刚刚起步。2013年,包括杭州市支付宝和贝付科技在内的17家第三方支付机构获得了首批跨境支付业务试点资格。但是,由于刚起步,各个支付公司能够连接的国外银行和金融机构数量不够多,覆盖的国家和地区范围不够广,能够处理的货币种类较少,而国外采用我国跨境电商支付平台的商家也很少。目前,在跨境支付领域,PAYPAL市场占有率近80%,处于垄断地位,而由国内支付平台主导的跨境电商还非常少,跨境支付体系的短板暂时难以满足跨境交易的发展需求。

以平潭为例,平潭片区的跨境电商采用大陆主流的支付宝等第三方支付平台,与台湾主流的通联支付等第三方支付平台不能对接,导致跨境通允许的支付方式在设置方面存在问题,不仅降低了交易的效率,也降低了电商进出口物品在品牌、质量、价格和时效方面的优势。

四、对策与建议

(一) 加强政策沟通与协调

目前,福建自贸试验区三个片区围绕跨境电商出台的政策缺乏信息共享和信息沟通,亟待在福建自贸试验区的统一领导下形成政策沟通和协调。福建自贸试验区可以设立类似福建跨境电商研究院这样的研究机构,负责自贸试验区三个片区发展跨境电商方面的信息沟通、政策协调和研究工作,围绕跨境电商发展的现状、遇到的问题,以及如何借鉴其他省市的优秀经验等进行相应的课题研究,全力推动福建省跨境电商产业的发展。

(二) 加大政策扶持力度

新政实际上是对跨境电商回归商业本质的一次矫正,相关企业在调整期会遭遇一定程度的阵痛,政府应该尽力帮助企业度过这样的阵痛期。一是完善财政、税收、金融等方面的扶持政策。二是鼓励地方政府和企业共同出资建立跨境电商园区,并低价出租给跨境电商企业;鼓励跨境电商企业海外建立保税仓储,并给予奖励,同时对跨境电商保税展示、体验店给予一定的补助;等等。三是引导区内的跨境电商企业充分利用国内外资源和资金为企业拓宽融资渠道,降低融资成本,加快跨境电商企业的兼并收购,将资源集中到优势平台上,做大做强。四是鼓励更多的支付机构参与跨境外汇支付试点,鼓励企业开发在线移动支付业务,提高交易限额,扩大跨境电商个人贸易项下收付汇资质,为包括个体工商户与自然人在内的跨境电商个人收付汇提供政策便利。四是通过主流媒体、新媒体等多种方式,加大政策宣传推介;协同福州、厦门和平潭海关,福建省检验检疫局、食品药品监管局等相关部门,利用跨境电商大会、培训、沙龙、座谈等方式,通报福州、厦门、平潭保税进口政策落地情况,介绍福建省相关支持政策及便利举措,鼓励企业加快开展跨境电商保税进口业务。

(三)引导跨境电商企业丰富商品种类

新政透露出一个重要信息,即国家希望跨境电商能够引进更多的长尾商品,让品类更丰富,而不仅仅局限于奶粉、纸尿裤这些所谓的"爆款"。引进不为消费者所知的优秀品牌,这些品牌拥有高质量的商品但是对于消费者来说相对比较陌生。

受到政策导向和消费者需求的影响,国内电商与跨境电商在商品销售分类上有较大区别。在新政实施之后,产品的偏好又会发生变化。在此背景下,福建跨境电商企业可以聚焦于产品品类创新,选择与消费者生活息息相关的科技类产品或者在国内存在产品质量问题的生活类产品,这些产品都预示着巨大的市场商机和更大的发展空间。

同时,在传统意义上的有形商品交易的基础上,电商也可拓展无形产品交易,让交易过程虚拟化,交易视频、音频、网络课程、计算机软件等商品,使得交易过程无须通过实体渠道便可实现,同时保证交易中特有的隐蔽性与匿名性。这些都是福建跨境电商平台可以发展的方向。值得借鉴的是又一猫与在线旅游平台OTA展开合作,找到了适合自己的定位,充分发挥了中小型跨境电商平台的优势。

(四)创新跨境电商监管模式

不同地区的发展侧重不同,遇到的问题也大相径庭,因此不能一概而论,应相对应地解决每个地区在发展中遇到的现实问题。近年来,跨境电商试点城市在监管实践中,基本摸索出了包括信息对接、事前备案、国际互认、入区抽样、全程监控、供应链可追溯等系列创新监管的办法。可以将跨境电商的创新监管运用到一般贸易上,促进一般贸易的进口。

理顺福建省自贸试验区海关、商检、边防、外汇管理监管体系,完善电子口岸平台,建设统一的自贸试验区公共服务平台,实现商务、报关、报检、结汇、退税一体化。完善自贸试验区跨境电商法律体系,从知识产权保护、税务管理、通关管理及外汇管理等方面加强立法,构建和优化与国际接轨的营商环境。加强政府服务功能,建设自贸试验区物流信息平台,实时连接海关管理平台,采用全新的"清单核放、汇总申报"模式,缩短跨境电商的业务流程。检验检疫方面逐步采信第三方认证机制。自贸试验区"一口受理"平台为区内新注册企业颁发统一的社会信用代码,应完善信用代码信息体系,建立自贸试验区企业信用档案,必要时也可邀请第三方来为产品做担保,建立集税收、进出口、外汇等于一体的社会信用体系。

(五) 拓展跨境电商物流通道

引进大型综合国际物流商,以此来整合链条上的资源,做大做强跨境物流,并推动地方政府建设"跨境电商综合服务平台"和"复合监管仓",为客户整合物流资源,提供运输、仓储、报关等服务。培育专门针对海外市场的现代物流公司,积极拓展海外市场,加快海外仓储建设,提升国际物流的市场份额,从而更好地服务于自贸试验区本地的国际物流快递业,实现物流的全过程安全把控,提高自贸试验区在国际物流快递业中的议价权,从而降低国际贸易成本。推进建设以海空联运为核心的两岸快速物流通道,重点推动利用厦门—台湾、福州—台湾、平潭—台湾海运快件开展全球跨境电商业务。针对海运快件经金门中转航线,推动相关企业在金门建设货物中转"海外仓",打造"厦门—金门—台湾"中转联运航线。同时,发挥福建省作为"一带一路"核心区的优势,努力推动跨境电商经香港转口东南亚市场。

(六) 加快引进和培养跨境电商人才

自贸试验区出台优惠政策,引进海外高端跨境电商物流团队和人才来闽创业,通过吸收国外先进的管理理念和技术,推动福建跨境电商在高起点上大发展。同时,建立一个电商企业培育中心,为本地电商中小企业的生成、培育和发展,提供低租金、零费率、一站式人性化服务的创业环境。充分发挥高校作用,加强政、校、企三方合作,不定期地邀请专家组织中小电商进行大规模系统化培训,加大对电商中层人才的培养。定期举办跨境电商交流会,加强在技术、咨询、服务等方面的支持,在集体人才招聘及培训、探索网货共享模式、学习分享成功经验、促进行业有序健康发展等方面,助推跨境电商的发展,不断提高产业水平和影响力。

（七）复制推广各地改革创新举措

在通关环节，上海海关推出"行邮税担保实时验放"模式，采用电子计征、担保验放、汇总征税的方式，实现逐票实时扣税，将跨境电商包裹的进口通关速度提至"读秒"时代。而在以往，跨境电商涉税包裹需集中扣税，并要在收到国库实收税款回执后才予以放行。海关指导电商企业采用"提前申报，货到验放"的通关模式，较好地避免了电商货物集中到港后因为货量过大而可能引发的申报迟滞问题，帮助电商企业节省口岸通关仓储时间及成本。海关根据电商企业的出货计划，及时调配监管资源，设立跨境电商专用通道，24小时不间断办理监管放行业务。实行商品自动备案模式，自动筛选和分流风险不同的商品，分别实施人工审核备案和系统自动备案，大幅提升了整体的备案实效。这些举措应尽快复制推广。

专题十八

海西区旅游产业集群研究

福建省政府于 2004 年提出海峡西岸经济区的战略构想,2006 年海峡西岸发展战略列入"十一五"规划。2009 年国务院发布的《国务院关于支持福建省加快建设海峡西岸经济区的若干意见》中首次明确海西区所包含的城市,分别为浙江省温州市、衢州市和丽水市,江西省鹰潭市、赣州市、抚州市、上饶市,福建省福州市、厦门市、莆田市、三明市、泉州市、漳州市、南平市、龙岩市和宁德市,广东省汕头市、梅州市、潮州市和揭阳市,并明确提出将海西区打造成为我国重要的自然和文化旅游中心。紧接着在"十二五"的旅游业发展规划纲要中,国家提出,要把海西旅游区建设成海峡两岸旅游合作发展试验区,使之成为我国旅游业发展的增长点和具有国际吸引力的旅游目的地。2015 年 3 月,国家发改委、外交部和商务部联合发布《推动共建丝绸之路经济带和 21 世纪海上丝绸之路的愿景与行动》(以下简称"愿景与行动"),海西区被赋予"21 世纪海上丝绸之路核心区"地位,文件中还提出要加强旅游合作,扩大旅游产业规模。从以上政策意见中可以看出中央以及地方对海西区经济发展特别是旅游经济发展的重视程度,随着"一带一路"战略的推进,其将成为海西区经济发展的新引擎。

旅游业作为一个交叉性行业,囊括了第三产业的方方面面,也涉及部分第二产业的内容,并且随着经济的发展和人民生活水平的提高,旅游和旅游业已经成为人民生活中不可或缺的一部分。旅游业作为世界上最年轻、发展最为迅猛的产业之一,它对就业的吸纳以及对经济的促进作用使得其本身的发展受到从中央到地方各级政府的重视。海西区旅游业在近十年也取得了很大的进步和发展,逐渐成为海西区经济发展的重要组成部分和新的经济增长点。2014年,海西区旅游收入占GDP的比重为15.48%,近三年来尽管GDP增速放缓,但是旅游经济仍保持着16%以上的增长速度,旅游人数也保持着18%以上的年增长率。作为经济新的增长点和拉动力的旅游业是各个城市更好、更快发展的共同选择。

从全国旅游发展的趋势上看,旅游业空间聚集以及产业联系的特征越来越明显,旅游业的竞争正从"小企业、单项产品"向"大集群、综合能力"转变,没有集群就没有规模,没有资源的整合也就没有竞争力。然而,旅游产业集群的形成不仅是旅游企业地理的聚集,更多的是与旅游产业相关的行业以及旅游产业内部的企业和组织建立起空间经济联系,形成一个有机的结合。这种结合可以打破行政区域的界限,也可以跨越地理界限而在一定的区间范围内存在,从而增强整个旅游集群的竞争力。由于旅游产业的发展以及旅游业本身呈现的空间集聚特征,各级政府也开始不断对旅游产业集聚区和旅游集群化发展进行积极探索。长三角地区以上海、杭州以及南京为中心,将这片地区的旅游产业有机结合,旅游产品以"一揽子旅游产品"的形式推出,增加了长三角地区旅游产品本身的吸引力。海西区也在建设"三轴八区"的旅游大格局,例如以厦门为中心联合厦门、漳州、泉州以及周边地区形成的沿海商贸旅游区,以南平、武夷山为中心的山林生态文化旅游区等建设旅游产业集群。但是,由于海西区大部分城市的旅游业建设相对于长三角地区各地的旅游产业发展得较为逊色,因此旅游产业集群的发展建设情况并不如长三角地区。所以,研究海西区旅游产业集群建设中存在的问题,以及量化分析各种要素对于旅游产业的发展促进作用是非常重要的。

目前学术界对旅游业及旅游产业集群的理论研究还相对落后,具体的案例分析和定量分析都较为缺乏。因此,以海西区作为案例进行分析既可以为海西区旅游业的发展以及旅游产业集群的建设提出相关意见,又可以为我国旅游产业集群的研究做出贡献。

一、海西区旅游产业集群的空间特征及分析

(一)基于旅游收入区位熵的海西区旅游产业集聚检验

旅游产业集群,本专题认为不仅仅是简单的旅游企业在一个地区的聚集,

而是围绕旅游核心吸引物,旅游企业以及旅游相关企业和辅助部门因内部联系和合作,出现空间溢出效应,从而形成产业集群竞争优势的现象和机制。因此,研究旅游业产业集群涉及旅游产业聚集程度的衡量、旅游相关部门的空间自相关性以及空间溢出效应的测量分析。

产业集聚程度的测量常见的有由 Krugman(1991)提出的局部基尼系数、赫芬达尔指数(Herfindahl Index,HHI)以及 Ellison 和 Glaeser(1997)为了解决基尼系数失真的问题结合 HHI 指数提出的产业集中指数。区位熵指数则是某地该产业占比与整个地区的平均占比相比较,它不仅能衡量地区内的产业聚集程度,还能衡量地方化经济及其结构。Holf 和 Chen(2006)发现大多数研究空间产业集群的文章都用区位熵(Location quotients,LQ)这个指标来量化产业的专业化(聚集)程度。Feser 和 Luger(2002)认为在确认产业集聚时最常用的三种方法是主成分分析法、专家意见法,以及 LQ 法。

本专题不采用主成分分析法和专家意见法,而是采用 LQ 指数来讨论海西区旅游业产业聚集情况,并结合后文中提及的空间计量方法综合测度海西区旅游业集群发展情况。

$$区位熵(LQ) = \frac{X_{ij}/X_j}{X_i/X}$$

其中,X_{ij} 表示第 j 个地区的旅游总收入,X_j 表示第 j 个地区的经济生产总值(本专题用 GDP 来衡量),X_i 表示海西区的旅游总收入,X 表示海西区的经济生产总值。该指标测算的是一个地区的产业集聚程度。

举例来说,如果一个地区旅游业收入占这个地区总收入的 20%,那么这个数据并没有太大的意义,然而当大家知道所有地区的旅游收入仅占整个地区总收入的 10% 的时候,这个数据相对来说就有意义了,因为根据与地区的比较,可以发现该地区的这个产业的聚集程度较高。因此,LQ 指数表明的是这个地区某产业的专业化程度相对于整个区域来说是否更集中。另外,某些城市例如鹰潭市等由于 GDP 较小,可能会导致 LQ 指数相对某些大城市来说更高,而像泉州市这样的城市由于 GDP 相对于旅游业高很多而导致其 LQ 指数过小,但这些并不会影响本专题的结论,因为本专题将会根据空间相关性和 LQ 指数等来综合衡量该地区旅游产业集群的发展情况。

图 1 分别为 2002 年和 2013 年海西区旅游产业 LQ 指数四分位图,从图例中可以发现,2002 年至 2013 年,LQ 指数变得更加分散化。在 2002 年,75% 的城市 LQ 指数小于 1,说明此时 75% 的地区旅游产业聚集程度低于整个海西区的平均水平,而剩余的 25% 的城市,旅游产业的聚集程度非常大。到 2013 年,

有40%的城市旅游产业聚集程度大于1,LQ指数也由原来最高的3.02(厦门市)变为2.19(丽水市),这一方面说明厦门等以旅游为主的城市经济逐渐向多元化发展,另一方面说明其他城市旅游业也在迎头赶上。

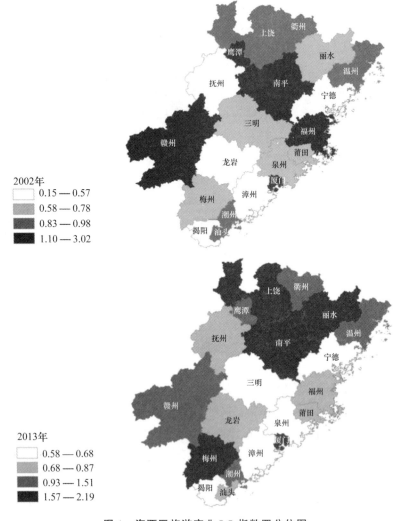

图1 海西区旅游产业LQ指数四分位图

资料来源:运用Arcgis制作。

2002年海西区LQ指数四分位图并未展现出高专业化城市的集聚效应,即旅游产业高度聚集的城市周围的城市并非与自己一样也是高度聚集的城市,此时呈现出一种混乱的随机分布的态势。例如,厦门作为旅游专业化程度最高的城市,其周边的泉州和漳州的旅游业发展还相对落后,在南平和福州也出现了同样的情况。2013 年,海西区出现了旅游专业化聚集的情况,在闽北与江西和浙江交界处形成了一个旅游高专业化聚集区,而在闽中地区则是旅游业低专业化聚集区。

(二) 海西区旅游产业发展的空间自相关性分析

从空间的角度,Anselin(1995,2010)提出采用空间自回归的方法如全局 Moran's I 和局部 Moran's I 以及 Moran 散点图来研究产业的空间自相关情况。Crroll 等(2008)则提出使用空间自回归与 LQ 这两个指标来综合描述地区产业集群的发展情况。前文已述,旅游产业集群是由聚集在一定地理区域空间内与旅游相关的部门组成的一个集合,对于产业集群的研究很有必要从空间计量的角度对其进行进一步的分析。大多数文章是采用 Moran's I 指数或者 G 统计量来反映空间中相邻或者相近区域之间相关联的程度。一般来说,测量空间自相关性 Moran 指数更常用,而且张松林(2007)通过统计分析,得出判断一个区域是否存在空间聚集,尤其是估计聚集区域位于区域的边缘时,采用 Moran 指数统计的结果更为可靠,要区分是高值聚集还是低值聚集,可通过属性值的相对大小直接判断。

全局 Moran's I 指数的定义为:

$$I = \frac{n}{\sum_{i=1}^{n}\sum_{j=1}^{n}W_{ij}} \frac{\sum_{i=1}^{n}\sum_{j=1}^{n}W_{ij}(x_i - \bar{x})(x_j - \bar{x})}{\sum_{i=1}^{n}(x_i - \bar{x})^2}, \tag{1}$$

局部 Moran's I 指数的定义为:

$$I_i = \frac{(x_i - \bar{x})}{\sum_{i=1}^{n}(x_i - \bar{x})^2} \sum_{j=1}^{n}W_{ij}(x_j - \bar{x}), \tag{2}$$

其中,x_i 表示空间单位的观测值,在本专题中即为每个城市的旅游总收入,W_{ij} 表示空间权重矩阵的各个元素。

空间权重矩阵 W 是构建空间模型最基础也是最关键的一步。一般来说,空间权重矩阵 W 是一个 $n \times n$ 维的包含了 n 个地理单位之间的空间连接、距离或者经济社会关联之间的信息的矩阵,而且空间权重矩阵是外生给定的而非模型内生估计的。空间权重矩阵 W 如下所示,w_{ij} 为矩阵 W 中的元素,其中,矩阵的对角线元素为 0(空间单元不把自己当作近邻)。

$$W = \begin{bmatrix} 0 & \cdots & w_{1n} \\ \vdots & \ddots & \vdots \\ w_{n1} & \cdots & 0 \end{bmatrix}$$

因此,在进行空间自相关分析之前,应建立一个合适的空间权重矩阵。在实证研究中,空间权重矩阵的建立方式一般分为两类:第一类是由地理位置指标确定的,包括 rook 和 queen 邻近矩阵、p 阶二值邻近矩阵、q 个最近的近邻矩阵、距离幂衰减矩阵、分块对角矩阵等;第二类是根据社会经济指标确定的。考虑到旅游的传播不仅与两个地方是否邻近有关,与距离的远近联系得更紧密,同时考虑到由于事实上相邻地区间的经济联系并非完全相同,因此,相对于旅游经济落后地区而言,旅游发达地区能够对周围落后地区产生更大的辐射力和吸引力,因此本专题采取二值邻近矩阵、q 个最近的近邻矩阵、距离幂衰减矩阵(阈值距离)以及经济权重矩阵四类空间权重矩阵来进行分析。

其中,经济权重矩阵设置如下:

$$W_e = W \times \mathrm{diag}\left[\frac{\bar{y}_1}{\bar{y}}, \frac{\bar{y}_2}{\bar{y}}, \cdots, \frac{\bar{y}_n}{\bar{y}}\right], \tag{3}$$

其中,$\bar{y}_t = \frac{1}{T}\sum_1^T y_{it}$ 即为第 i 个城市的年均旅游收入;$\bar{y} = \frac{1}{NT}\sum_1^T\sum_1^N y_{it}$ 为整个海西区 15 年的年均旅游收入。

Moran's I 指数介于[-1,1],越接近 1,正相关性越强;越接近-1,负相关性越强。全局 Moran's I 指数是检验整个区域是否具有空间自相关性的指标。对于如何选择权重矩阵,Moran's I 统计量假设当权重矩阵与变量在空间中的对应性最强时 Moran's I 值将会最显著。本专题用 Matlab 计算基于 rook、q4—q6、d^{-2} 以及相应的经济权重矩阵的 Moran's I 检验结果,得出:基于最近邻居 W_{q5} 的经济权重矩阵的海西区旅游业的 Moran's I 最大,而且最为显著。因此本专题选择 5 个最近的近邻矩阵 W_{q5} 的经济权重矩阵进行空间相关性分析。

表 1 全局 Moran's I 指数与 p 值

	2000	2001	2002	2003	2004	2005	2006	2007
Moran's I	0.16	0.18	0.20	0.28	0.25	0.20	0.26	0.30
z	1.66	1.79	1.93	2.55	2.35	1.92	2.45	2.70
p	0.10	0.07	0.05	0.01	0.02	0.06	0.01	0.01
	2008	2009	2010	2011	2012	2013	2014	
Moran's I	0.28	0.28	0.25	0.22	0.22	0.17	0.15	
z	2.56	2.56	2.37	2.08	2.09	1.70	1.57	
p	0.01	0.01	0.02	0.04	0.04	0.09	0.12	

资料来源:根据 Matlab 程序(编写者:James P. LeSage)制作。

从表 1 全局 Moran's I 值看出海西区的旅游业呈正相关关系,但是并不完全显著。2002年到2012年均在95%的水平上显著,2001年和2013年在90%的水平上可信,但2000年和2014年在90%的水平上不可信,这说明海西区旅游业的集聚效应发展具有波动性,旅游收入的相关性并没有一直在增强。通过几个矩阵的Moran值比较可以发现,经济权重矩阵均比原来的矩阵的Moran I 值更加显著,说明旅游经济发达地区相对于旅游经济落后地区会产生更大的辐射力和吸引力。

全局Moran's I仅能检验整个区域是否具有空间自相关性,而各个城市与周围城市之间呈何种相关状态并不能确定,因此用局部Moran's I来表示各个城市与周围城市之间的关系。下面本专题将用Moran散点图和局部聚集图来展现海西区各个城市之间的关联关系。

图2和图3分别为海西区旅游产业2002年和2013年的Moran散点图。图的右边为散点图,第一象限的城市处于高高聚集区域,即本地区的旅游产业较为发达,并且周边城市的旅游产业同样较为发达;第二象限为低高聚集区域,即本地区的旅游产业虽然并不发达,但是周边区域的旅游产业发达;第三象限为低低聚集区域,即本地区和周边区域的旅游产业均不发达;第四象限为高低聚集区域,即本地区的旅游业虽然较为发达,但是周边区域的旅游产业发展较为落后。图的左边为相应的城市地图。从两张图可以看出,2002年至2013年

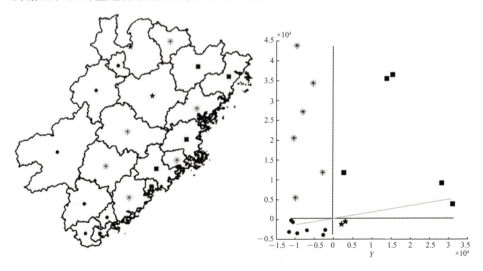

图2　2002年海西区旅游产业Moran散点图

资料来源:根据Matlab程序(编写者:Christine Thomas-Agnan, Anne Ruiz-Gazen, Julien Moutel)制作。

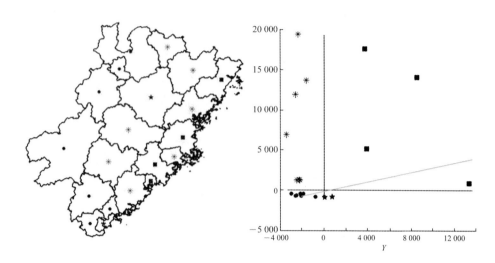

图 3　2013 年海西区旅游产业 Moran 散点图

资料来源：根据 Matlab 程序（编写者：Christine Thomas-Agnan，Anne Ruiz-Gazen，Julien Moutel）制作。

海西区区域聚集情况并没有发生显著的变化，海西区整个区域仅厦门、泉州和福州抱团成为高高聚集区，而这三个城市外圈为边缘区，即为低高聚集区域，它们并没有受到这三个城市的影响而成为旅游业发达的城市，说明这三大城市的带动扩散效应到目前为止并不明显，可以初步判定该区域仍属于点轴发展模式的初级阶段。南平市因为有武夷山 5A 级旅游景区在，其旅游业自然不差，但是由于周边城市旅游业发展相对较慢因此并未形成集聚效应。粤北的四个城市 2002 年旅游产业发展都很落后，2013 年汕头市旅游业开始有所发展，但是由于周边城市并未发展起来，因此也处于高低集聚区域。

因此，从局部散点图和全局 Moran's I 值可以看出，海西区旅游业存在空间自相关性，在厦门、泉州和福州出现高高聚集，这三个城市周边的城市属于低高过渡区，其余城市还处于低低聚集区域。接下来本专题将结合 LQ 指数与局部 Moran 指数进行进一步的分析。

从图 4 可以看出，仅厦门和温州两个城市旅游产业专业化程度高，且处于高高聚集区域，说明只有这两个城市存在旅游产业集聚效应。福州市和泉州市旅游产业相对整个区域来说较为发达，但这两个城市旅游专业化程度较低，并不能和周边旅游产业高聚集区形成联动效应带动周边城市发展，因此整个海西区旅游经济扩散效应并不明显。相较而言，闽北、赣西北和浙南地区旅游专业化程度较高，但是没有形成高高集聚效应，该区域可能是海西区和长三角的边缘区,分别远离两个增长极区,带动效应较弱。本专题将对沿海城市群进行旅游产业集聚效应的对比分析,进一步对海西区的旅游业产业聚集情况做出分析。

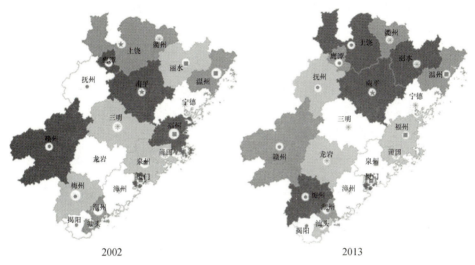

图 4　海西区局部 Moran 指数与 LQ 指数

资料来源:由图 1 和图 2 聚集图拼接而成。

(三) 沿海城市群旅游产业集群分析

本专题用 Matlab 计算基于 rook、q4—q7、d^{-2} 以及相应的经济权重矩阵计算相应的全局 Moran's I 指数,得出基于最近邻居 q4—q7 的经济权重矩阵的沿海城市群旅游业的 Moran's I 指数均非常大,而且都非常显著。因此同海西区的选择一样,这里选择 5 个最近的近邻矩阵 W_{q5} 的经济权重矩阵进行空间相关性分析。

表 2　沿海城市群全局 Moran's I 指数及 p 值

	2002	2003	2004	2005	2006	2007
Moran's I	0.25	0.26	0.27	0.30		
z	4.13	4.41	4.56	4.96	5.29	4.91
p	3.60E-05	1.05E-05	5.23E-06	7.11E-07	1.21E-07	9.08E-07
Moran's I	0.32	0.33	0.33	0.34	0.35	0.37
z	5.31	5.51	5.51	5.62	5.75	6.12
p	1.10E-07	3.59E-08	3.56E-08	1.95E-08	9.03E-09	9.08E-10

资料来源:根据 Matlab 程序(编写者:James P. LeSage)制作。

对比表2和表1的数据可知,沿海城市群旅游产业空间自相关性更强以及更显著,海西区Moran's I指数基本在5%左右显著,而沿海城市群Moran's I指数在1%以上显著。沿海城市群Moran's I指数值呈现出一种上升趋势,而且在2013年高达0.37,说明存在明显的空间自相关,空间集聚效应越来越显著;然而海西区的Moran's I指数在0.2左右波动,在2007年达到峰值,说明海西区旅游产业集聚效应并不稳定。与海西区结果显示得一样,经济权重矩阵的Moran's I值均比原来的矩阵的Moran's I值更加显著,再次证明旅游产业发达地区相对于旅游产业落后地区会产生更大的辐射力和吸引力。接下来本专题将对城市群的局部聚集情况进行分析。

图5、图6分别是2002年和2013年沿海城市旅游产业Moran散点图和局部聚集图。与海西区的Moran散点图、局部聚集图不同的是,上下两张图的变化非常明显,该变化主要集中在长三角地区。由图5可以看出,长三角地区旅游业相对于其他几大沿海城市群已经呈现出较强的集聚效应,但此时仅为上海、苏州、无锡、绍兴、宁波以及台州六个城市围绕着上海呈现出高高聚集,而周边的诸如湖州、嘉兴、南通等城市属于该旅游集群的边缘城市,杭州和南京等城市在高低聚集区域,并未与周边城市形成集聚效应。然而在2013年,长三角的

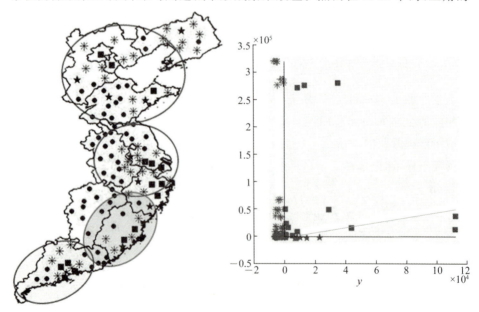

图5 2002年沿海城市群旅游收入Moran散点图

资料来源:根据Matlab程序(编写者:Christine Thomas-Agnan, Anne Ruiz-Gazen, Julien Moutel)制作。

旅游产业集群正式形成,以上海、杭州和南京为中心的周边 15 个城市形成高高聚集区,其再往外扩展为该旅游产业集群的边缘区(见图6)。之所以称长三角的旅游产业集群正式形成,是因为该地区不仅呈现高高聚集,而且以上海、杭州和南京为中心的长三角地区的旅游业已经从点轴发展模式发展成网络式空间结构,联动效应带动周边城市的发展,并且在不断地向外扩散,形成该地区的产业集群竞争优势。

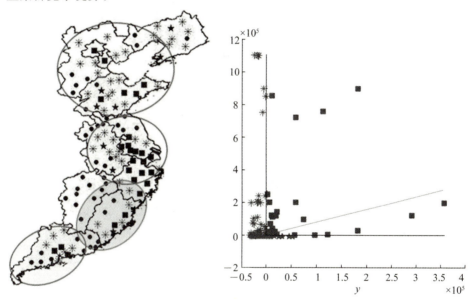

图6　2013 年沿海城市群旅游收入 Moran 散点图

资料来源:根据 Matlab 程序(编写者:Christine Thomas-Agnan, Anne Ruiz-Gazen, Julien Moutel)制作。

相应的沿海城市群中,珠三角、环渤海地区(特别是京津冀地区)以及海西区的局部聚集情况并没有太大改善。珠三角仍以广州、深圳和佛山三个城市为中心形成高高聚集,周边城市为该聚集区的边缘区,但是该旅游产业聚集区仍处于点轴发展的初级阶段,没有形成一个产业集群,对外扩散效应并不明显。京津冀地区仍以北京和天津两巨头带动周边旅游业发展,但是天津和北京周围地区仍然为边缘区,该区域的旅游产业集群并未形成;而环渤海地区以青岛为中心,包括潍坊、烟台和大连,正在形成一个新的旅游产业集群,脱离京津冀地区而存在。海西区则以厦门、泉州和福州为中心,仍处于点轴发展的初级阶段,也没有如长三角地区一样形成具有集群竞争优势并且其优势不断向外扩散的旅游产业集群。

四大城市群均是沿海城市群,旅游自然资源如沿海风光、绿林山野、文化遗址等都是十分丰富的,然而发展差异却如此之大,究其原因是因为旅游业归属于第三产业。根据配第-克拉克定律,产业结构的升级是从第一产业向第二产业再向第三产业演进,即只有第一产业的劳动生产率得到充分发展,第二产业的轻工业才能进一步发展,进而重工业开始迅速发展;第二产业发展成熟,第三产业才具有成熟的条件和坚实的基础。长三角地区作为全国的经济中心,经济总产值和三个产业的比例已在全国遥遥领先,整合、开发自然资源的能力相对于其他城市群更有优势。长三角地区将自己已有的自然资源整合起来、建设相应的配套设施,使长三角旅游5A级景区数量在全国遥遥领先,连成片的旅游资源和配套的旅游服务在影响力方面更具有优势。因此在此基础上,长三角地区的旅游业发展迅速,形成网络空间结构的旅游产业集群,旅游产业规模初步形成,竞争优势越发明显。

根据上文的对比分析可知,海西区旅游业的空间发展仍处于初级阶段,作为增长极的厦门、泉州以及福州带动落后地区发展的空间溢出效应和带动效应相对于江浙沪地区很小,海西区旅游业集聚效应较弱,旅游产业集群并未形成。本专题接下来将对海西区旅游业的溢出效应做进一步的定量分析,测定交通、旅游资源、旅游产业专业化程度对海西区旅游的影响,并且测量其旅游业的发展对周边城市的溢出效应。

二、海西区旅游产业集群的空间溢出效应研究

(一) 空间计量模型

根据地理学第一定律,每一个空间区位上的事物总是与它周围的事物存在或多或少的联系,越近的事物联系得会越紧密。OLS估计的传统计量模型隐含的假设是各个空间单元之间是相互独立的,然而现实情况往往是各个地区的观测值并不是独立存在而是相互影响着的,正如前文所述海西区各地的旅游业存在着空间的相关性。

一方面,作为一个交叉性行业,旅游业的空间聚集特征以及产业联系特征越来越明显;另一方面,目前中国大部分地区旅游业还属于发展期,旅游业的发展与地理位置和旅游资源等的关系仍较为密切,因此对于海西区旅游业产业集群的研究有必要采用定量研究的方法,使用空间计量模型检测各地旅游经济的

自相关性以及基础设施、旅游业的聚集情况等对旅游经济的溢出效应。

根据空间计量经济学,空间依赖性可以设置为两种模式的基本模型:空间滞后模型(SAR)和空间误差模型(SEM),其他各种模型都是两种模型的扩展形式。

1. 空间滞后模型

空间滞后模型(SAR)是空间计量模型中最为基础的模型之一,它是线性回归模型的空间延伸,表明一个地区的观测值与周边地区的观测值存在相关关系,表达式为:

$$y = \rho W y + \alpha l_n + X\beta + \varepsilon, \quad \varepsilon \sim N(0, \sigma^2 I_n) \tag{4}$$

式(4)中,y 为 $nt \times 1$ 的观测变量,也就是被解释变量;W 是 $nt \times nt$ 阶的空间权重矩阵,空间权重矩阵的设置问题前面已经讲过,不同之处在于由于面板数据的缘故将矩阵重复 t 次;Wy 是空间滞后项,代表了来自邻近地区观测值的线性组合,这种设定是源于空间外部性和时间依赖性;ρ 是空间自相关系数,表示相邻地区之间的依赖性,即影响程度。

2. 空间误差模型

空间误差模型(SEM)是另一个基础模型,当模型中被遗漏的解释变量是时空相关的或者不可观测的冲击,即误差是空间相关的,此时地区之间的相互联系是通过误差项来表示的,也即空间依赖的作用存在于扰动误差项当中。因此误差项的交互效应可以看作一种校正机制,其表达式如下:

$$y = \alpha l_n + X\beta + u, \quad u = \rho W u + \varepsilon, \quad \varepsilon \sim N(0, \sigma^2 I_n) \tag{5}$$

式(5)中,u 为扰动项,其中,扰动误差项 u 与解释变量 X 无关;Wu 是空间滞后项,它表示的是邻近地区误差项的线性组合;ρ 为空间自相关系数,衡量了相邻地区关于被解释变量的误差冲击对本地区观测值的影响程度。

3. 空间杜宾模型

当模型存在遗漏解释变量,即当随机效应向量不独立于解释变量时,将生成遗漏解释变量动因的空间杜宾模型(SDM),空间杜宾模型更加关注的是溢出效应。

$$y = X\beta + u, \quad u = \rho W u + X\gamma + \varepsilon$$

⇨ $$u = (I_n - \rho W)^{-1} X\gamma + (I_n - \rho W)^{-1} \varepsilon$$

⇨ $$y = \rho W y + X(\gamma + \beta) + W X(-\rho\beta) + \varepsilon$$

$$y = \delta W y + \alpha l_n + X\beta + W X\theta + \varepsilon, \quad \varepsilon \sim N(0, \sigma^2 I_n) \tag{6}$$

在空间杜宾模型中,$\delta W y$ 同空间滞后模型一样,表示相邻地区之间影响的程度,即相邻地区旅游经济之间相互影响的程度;WX是空间滞后解释变量,它代表了邻近地区的解释变量的线性组合,θ是其回归系数,衡量了邻近地区的解释变量变动对因变量的影响。

从上面两个推导可以看出,空间杜宾模型比空间滞后模型和空间误差模型的设定更为宽泛。一般来说,对被解释变量有重大影响的遗漏解释变量未包含在解释变量矩阵X时,将致使被解释变量偏离预测结果,因此此时被解释变量包含了遗漏变量的数据,临近地区的被解释变量对本地区被解释变量的预测就会很有用。由于本专题研究的是旅游产业集群对旅游经济的影响,因为统计数据的原因,模型的变量可能会相对较少,因此可能会导致模型遗漏解释变量,而且遗漏的该解释变量很可能与解释变量存在相关关系,所以预计空间杜宾模型的拟合效果会更好。

4. 模型的比较与选择

为了检验面板数据中存在空间的交互相关关系,Anselin et al.(2006)设定了传统的 LM 检验,随后 Elhorst(2010)证明了空间面板模型的 LM 检验的稳健模式。传统的和稳健的 LM 检验都是基于非空间计量模型的残差进行的,统计量均服从自由度为 1 的卡方分布。原假设为 $H_0:LM=0$,当相应的 LM 统计量超过临界值时,就得拒绝原假设,拒绝选用非空间面板数据模型,而应该选用相应的空间模型。稳健的 LM 检验和传统的 LM 检验相对于 Moran 指数来说,不仅能判断是否存在空间的交互效应,而且能识别出空间关系的类型,同时稳健的 LM 检验还能容许模型存在一定的设定误差,使该检验更具有实际价值。

对于选用哪个具体的空间模型,可以根据估算空间杜宾模型的参数进行 Wald 检验和 LR 检验。原假设分别为 $H_0:\theta=0$,$H_0:\theta+\delta\beta=0$(Burridge,1981;Elhorst,2014),第一个原假设用来检验空间杜宾模型是否能简化为空间滞后模型,第二个原假设检验空间杜宾模型是否能简化为空间误差模型。两个统计量均服从自由度为 K 的卡方分布。如果拒绝了两个原假设,则使用空间杜宾模型对数据进行空间拟合;如果拒绝第一个原假设且 LM 检验指向采用空间滞后模型,则使用空间滞后模型能更好地拟合数据;如果拒绝第二个原假设且 LM 检验指向采用空间误差模型,则使用空间误差模型能更好地拟合数据;如果 Wald 检验、LR 检验与 LM 检验的结果不一致,则应该采用空间杜宾模型,因为空间杜宾模型能够把空间滞后模型和空间误差模型一般化。

面板数据模型需要考虑固定效应和误差效应,一般来说固定效应模型比随机效应模型的应用更为广泛,但是最近一些论文采用了随机效应而非固定效应的设定。随机效应模型较固定效应模型来说是一个折中的方法,其中随机效应模型中的 φ 取值 $[0,1]$,衡量了估计数据中依附于截面要素的权重。但是使用随机效应模型必须验证随机效应 μ_i 与解释变量之间不相关,这可以使用霍斯曼检验来进行。霍斯曼检验的原假设为 $H_0: h=0$,其中 $h=d'[\text{var}(d)]^{-1}d$,$d=\hat{\beta}_{FE}-\hat{\beta}_{RE}$,$h$ 服从自由度为 $k+1$ 的卡方分布,如果拒绝原假设,即拒绝随机效应模型则应该选用固定效应模型。

5. 溢出效应

空间计量模型中由于解释变量和被解释变量滞后效应的存在,其解释变量的溢出效应不能再仅仅根据点估计来判定是否存在空间溢出效应。LeSage 和 Pace(2009)运用偏微分的方法解释不同模型中变量变化的影响,从而检验是否存在空间溢出效应。

一般空间嵌套模型可以写为 $Y=(1-\delta W)^{-1}(X\beta+WX\theta)+R$,其中 R 包括截距项和误差剩余项。这个模型是上面三个模型的一般形式。

$$V(W)=(I-\delta W)^{-1}=I_n+\delta W+\delta^2 W^2+\delta^3 W^3+\cdots$$
$$S_k(W)=V(W)(I_n\beta_k+W\theta_k) \tag{7}$$
$$Y=\sum_1^K S_k(W)x_k+V(W)R$$

对于第 k 个解释变量,从单位 1 到单位 N,对应的被解释变量 Y 的期望值的偏导数矩阵可以写为:

$$\left[\frac{\partial E(Y)}{\partial x_{1k}},\cdots,\frac{\partial E(Y)}{\partial x_{Nk}}\right]=\begin{bmatrix}\frac{\partial E(y_1)}{\partial x_{1k}} & \cdots & \frac{\partial E(y_1)}{\partial x_{Nk}} \\ \vdots & \ddots & \vdots \\ \frac{\partial E(y_N)}{\partial x_{1k}} & \cdots & \frac{\partial E(y_N)}{\partial x_{Nk}}\end{bmatrix}$$

$$=(I-\delta W)^{-1}\begin{bmatrix}\beta_k & w_{12}\theta_k & \cdots & w_{12}\theta_k \\ w_{21}\theta_k & \beta_k & \cdots & w_{2N}\theta_k \\ \vdots & \vdots & \ddots & \vdots \\ w_{N1}\theta_k & w_{N2}\theta_k & \cdots & \beta_k\end{bmatrix} \tag{8}$$

从上面分解的矩阵中可以看出,解释变量的变化不仅会导致相对应的被解释变量的变化即直接效应,同时还会导致其他单位的被解释变量的变化即间接效应。当 $\delta=0$ 且 $\theta=0$ 时，即 OLS 模型的情况下是不存在间接效应的，此时解释变量的系数即为溢出效应；当 $\delta\neq0$ 或 $\theta\neq0$ 时，存在间接效应；当 $\delta\neq0$ 时，发生的间接效应称为全局效应，因为当 $\delta\neq0$ 时，

$$V(W) = (I-\delta W)^{-1} = I_n + \delta W + \delta^2 W^2 + \delta^3 W^3 + \cdots$$

该矩阵中并不包含零元素；当 $\theta\neq0$ 时，发生的间接效应称为局部效应，因为此时仅当权重矩阵 W 中元素 $w_{ij}\neq0$，x_{jk} 对 y_i 才存在间接效应，即间接效应的产生仅为近邻对其的影响。

空间误差模型相对于 OLS 模型仅增加了一个空间自相关误差项，因此，它的间接效应和直接效应都保持不变；空间滞后模型中 $\theta=0$，所以其直接效应为 $(I-\delta W)^{-1}\beta_k$ 的对角线元素，间接效应为 $(I-\delta W)^{-1}\beta_k$ 的非对角线元素；空间杜宾模型中，$\delta\neq0$ 且 $\theta\neq0$，所以其直接效应为 $(I-\delta W)^{-1}(\beta_k-W\theta_k)$ 的对角线元素，间接效应为 $(I-\delta W)^{-1}(\beta_k-W\theta_k)$ 的非对角线元素。在空间滞后模型中，直接效应和间接效应的比率对于每个解释变量来说是相同的，因为 β_k 可以被约掉。而在空间杜宾模型中，这种情况由于 θ_k 的存在而变得不可能，因此对于实证研究溢出效应，空间杜宾模型更为合适。

(二) 变量选取和数据来源

由于要研究旅游产业集群的溢出效应，即旅游业经济增长的溢出效应，因此被解释变量设为旅游业经济总量。对于旅游业经济变量的衡量，本专题采用旅游总收入来替代，包含入境游和国内游。各地统计年鉴及 CEIC 数据库(内容取自《中国区域经济统计年鉴》)中的旅游收入为旅游六要素"食、住、行、游、购、娱"所产生的收入，能较好地反映旅游业的构成。Yang(2012)指出，由于中国没有 TSA(Tourism Satellite Accounting)数据，因此无法获得旅游业各个部门的具体数据，但是因为旅游业的定义主要还是在局域需求层面，因此旅游业经济总量可以游客支出来衡量，也就是以旅游收入来衡量。前文也是以旅游者的需求而非传统的产业定义的方式来定义旅游业的，因此以旅游总收入来衡量旅游业经济总量是合理的。本专题的被解释变量 $\ln t$ 设为海西区 20 个城市 2000—2014 年旅游总收入的对数，其中旅游收入根据当年零售价格指数调整，2000 年零售价格指数设为 100。

考虑到影响旅游产业发展和旅游产业集群的主要因素为经济发展程度、当地旅游产业的集聚程度、交通基础设施和区位、资源禀赋，本专题根据数据的可获得性选择相应的变量。$\ln y$ 为当地 GDP 对数，用来衡量当地经济发展程度。

旅游产业作为第三产业的一部分，只有当经济发展到一定高度时旅游经济才能更好地发展，因此将 GDP 作为变量，确定经济发展对旅游业的促进作用和溢出效应。LQ 为旅游产业区位熵，用来表示各个城市旅游产业的聚集程度，本专题已经在第三部分阐述过用旅游业区位熵表示海西区聚集程度的原因并对各个城市的聚集程度做过初步分析，在此处将其作为解释变量进一步对旅游产业集群发展做出解释说明。lnp 为各个城市公园绿地面积的对数，用来表示各个地区的旅游自然资源禀赋。Lnhighway 为各个城市公路里程的密度的对数，即各个城市的公路总长度除以该地区辖地面积，取对数之前的单位为百米/每平方公里。对交通基础设施的衡量主要用交通基础设施的投入以及交通基础设施存量这两个指标，但是由于交通基础设施的投入的衡量面临诸多问题，所以大多数文献采用交通基础存量即交通密度来衡量。由于本专题采用的是地市级数据，而我国并未统计地市级铁路总长度，考虑到本专题研究的是 2000—2014 年的数据，该时间段海西区公路客运量是铁路客运量的 10 倍以上，且海西区该时间范围内铁路密度较小，仍以公路作为主要交通方式，厦深高铁、温福高铁、甬台温高铁、福厦高铁、合福高铁、南福高铁、南昌经赣州到漳州的高铁近几年才开通，对本专题数据的影响较小，故仅采用公路密度对数作为交通基础设施的衡量变量。

本专题的数据为 2000—2014 年海西区 20 个城市共 300 个面板数据，大多数数据来自 CEIC 数据库中的 China Premium Database，缺失数据由各个城市统计年鉴以及 CNKI 统计数据库补全，剩下的缺失数据，若有增长率的，根据增长率计算补全，再剩下的由二次指数平滑方法补全，其中 $\alpha=0.6,\beta=0.4$。

（三）空间计量模型检验结果分析

在使用空间计量经济模型研究海西区旅游经济之前，我们必须验证海西区旅游产业具有空间效应。前文通过 Moran 指数证明海西区旅游业存在较强的正相关性，即呈现出集聚效应。接下来本部分将通过 LM 检验来验证是否应该使用空间计量模型对海西区旅游业进行进一步的分析。

从表 3 可知，使用传统 LM 检验和稳健 LM 检验时，面板数据模型在 1% 和 5% 的显著水平上分别拒绝了没有空间滞后被解释变量的原假设和空间误差项的原假设。因此通过上面的分析，本专题认为有必要使用空间计量模型来分析海西区旅游产业发展集聚等情况。

表 3 LM 检验结果

Dependent Variable	ln$t$		
R-squared	0.9493		
Rbar-squared	0.9486		
sigma^2	0.0615		
Durbin-Watson	1.5604		
loglikols	−4.8433		
Nobs	300	Nvars	5
T	15		
Variable	Coefficient	t-statistic	t-probability
intercept	−4.3249	−34.0303	0.0000
ln$y$	1.1046	36.1406	0.0000
LQ	0.8623	33.9797	0.0000
ln$p$	0.0044	0.1442	0.8854
lnhighway	0.1415	3.6913	0.0003
LM test no spatial lag	25.2252	probability	0.0000
robust LM test no spatial lag	10.7660	probability	0.0010
LM test no spatial error	50.2962	probability	0.0000
robust LM test no spatial erro	35.8369	probability	0.0000

资料来源:根据 Matlab 程序(编写者:J. Paul Elhorst)制作。

上述 LM 检验表明,空间滞后模型和空间误差模型都是可行的,对于具体选用哪种模型,本专题将继续进行 Wald 检验和 LR 检验,以此来验证是选择空间滞后模型还是空间误差模型,或者两者均不选而应该选择空间杜宾模型。

表 4 为估计空间杜宾模型($y=\delta Wy+\alpha l_n+X\beta+WX\theta+\varepsilon,\varepsilon \sim N(0,\sigma^2 I_n)$)所得的报告结果。其中,第 1 行为常数项,仅随机效应模型有共同的常数项,该值为模型中的 α;第 2 行到第 5 行为解释变量系数 β;第 6 行到第 9 行为解释变量滞后项的系数 θ,它代表着间接效应中的局部效应;第 10 行为被解释变量滞后项系数 δ,它代表着间接效应中的全局效应;第 11 行为 φ 值,仅随机效应模型中有,它衡量了随机效应模型中对截面数据的利用度;第 12 行至第 17 行是衡量模型拟合效果的参数,其中 R-squared 越大拟合效果越好,corr-R-squared 是实际值和拟合值之间相关系数的平方,该系数越大说明拟合值与真实值越接近,log-likelihood 是模型的似然值,该值越大说明模型的拟合越好,AIC 和 BIC 均是在似然值的基础上除去由于变量增加而损失数据信息的影响,该变量越小越好;第 18 行到第 25 行为 Wald 检验和 LR 检验及相应的 P 值;最后 1 行为霍

斯曼统计检验结果,用来验证空间杜宾模型是该选用固定效应模型还是随机效应模型。

表 4 空间模型的选择

变量	空间固定效应	空间随机效应	时空固定效应	空间随机时间固定
常数项		−3.9524***		
		(−7.7760)		
lny	1.1569***	1.0356***	1.0622***	0.9361***
	(10.8802)	(15.3776)	(10.8900)	(18.3668)
LQ	0.8101***	0.8032***	0.7933***	0.8075***
	(25.4102)	(26.6464)	(25.1275)	(30.1556)
ln$p$	0.1533***	0.1203***	0.1350***	0.1369***
	(3.5556)	(3.0925)	(3.3160)	(3.9751)
highway	−0.0643	−0.0193	−0.0588	−0.0573*
	(−1.0297)	(−0.3385)	(−0.9225)	(−1.1074)
W lny	−0.1903	−0.08941	−0.1792	−0.0999*
	(−1.1222)	(−0.7174)	(−0.8538)	(−1.006)
W LQ	−0.1628*	−0.2176***	0.1242	0.1039*
	(−1.8393)	(−2.9168)	(1.3985)	(1.9290)
W ln$p$	−0.0413	−0.1327*	−0.0556	0.0428
	(−0.3812)	(−1.7705)	(−0.4988)	(0.6696)
W highway	0.1501	0.1152	0.2209	−0.0953
	(1.5317)	(1.2760)	(1.3917)	(−0.9359)
W dep. var.	0.2058***	0.2838***	−0.3022***	−0.0412
	(2.7078)	(3.9814)	(−4.2853)	(−0.9553)
		0.2433***		0.3727***
		(4.5854)		(4.7337)
R-squared	0.9794	0.9778	0.9829	0.9628
corr-R-squared	0.9609	0.9506	0.7161	0.9472
sigma^2	0.0245	0.0265	0.0204	0.0232
log-likelihood	129.5489	88.7297	149.9284	118.9056
AIC	−201.1	−157.46	−215.86	−189.81
BIC	−93.69	−120.42	−60.3	−100.92
Wald 检验空间滞后	5.5151	10.4058	12.5096	7.0477
p 值	0.2384	0.0341	0.0139	0.1334
LR 检验空间滞后	5.8056	11.2053	0.2431	6.4494
p 值	0.2141	0.0244	0.9932	0.168

(续表)

变量	空间固定效应	空间随机效应	时空固定效应	空间随机时间固定
Wald 检验空间误差	4.0043	15.5776	7.7359	6.6729
p 值	0.4054	0.0036	0.1017	0.1542
LR 检验空间误差	4.0345	4.8944	−4.4604	−15.8172
p 值	0.4014	0.2983	1	1
霍斯曼检验	11.6058(p=0.2365)		38.0139(p=0.0000)	

注：*** 表示在1%的显著水平下显著，** 表示在5%的水平下显著，* 表示在10%的显著水平下显著。括号内为变量系数 t 值。

资料来源：根据 Matlab 程序（编写者：J. Paul Elhorst）并做相应修改而得。

在仅考虑空间固定效应和空间随机效应时，h=11.6058(0.2365)，因此此时并不能拒绝与解释变量之间不相关的原假设，并不能拒绝随机效应模型，另外 φ=0.2433(0.0000)，空间随机效应显著，所以此时应该选择空间随机效应模型。在考虑时间固定效应后，h=38.0139(0.0000)，此时要拒绝原假设，即拒绝空间随机时间固定效应模型。因此根据 R-squared、corr-R-squared、log-likelihood、AIC、BIC 以及变量的显著性这几个参数，综合考虑应选择空间随机模型。

空间随机效应的空间杜宾模型中，Wald 检验空间滞后的结果为 10.4058(p=0.0341)，LR 检验空间滞后的结果为 11.2053(p=0.0244)，说明必须拒绝空间杜宾模型可以转化为空间滞后模型的原假设。Wald 检验空间误差的结果为 15.5776(p=0.0036)，LR 检验空间误差的结果为 4.8944(p=0.2983)，根据 Wald 检验的结果应该拒绝空间杜宾模型转化为空间误差模型，根据 LR 检验的结果不应该拒绝空间杜宾模型转化为空间误差模型。考虑到空间杜宾模型为空间滞后模型和空间误差模型的一般形式，我们选择空间随机效应下的空间杜宾模型对海西区旅游产业进行进一步的说明。

（四）旅游产业空间溢出效应研究

表3为非空间面板模型的结果，其变量的系数即为被解释变量对解释变量的偏导数，4个解释变量除去 $\ln p$（公园绿地面积）这个变量不显著外，其余变量均显著且有预期的符号。然而正如前文一系列判断选择空间杜宾模型是最合适的模型设定一样，没有空间效应的模型结果弹性系数是有偏的。

非空间模型的参数可以代表各个解释变量的变动对旅游经济发展的边际效应，但是对于空间杜宾模型不再适用。在空间随机效应杜宾模型中，被解释变量滞后项的系数为 0.2838，且在1%的显著水平下显著，说明间接效应的全局效应为 0.2838,即周边城市旅游产业增长 1%,本地区的旅游产业将会增长 0.2838%,说明海西区旅游业存在显著的空间溢出效应。由于空间溢出效应的存在,一个变量对旅游经济的影响会通过空间滞后效应传递给邻近地区且把邻近地区的影响又传回到这个地区。

表 5 为空间杜宾模型的空间溢出效应,从中可以看出 GDP 变量的直接效应为 1.0432,且在 1% 的显著水平下显著,说明当地经济的发展对旅游产业的发展是至关重要的,经济每增长 1%,旅游产业将增长 1.0432%。前文通过对比沿海城市群的产业集群发展也发现,经济发展最为迅速的长三角地区的旅游产业集群也是迅猛发展,其集群竞争优势在不断加强。根据产业升级理论,旅游产业作为第三产业的一部分,必须依托于良好的经济基础才能更快更好地发展,空间计量结果也证明了该结论,即使没有产业集群、没有周边城市的溢出效应,良好的经济基础也可使得旅游业迅速发展。GDP 变量的间接效应是 0.2732,即周边城市经济增长 1%,会带动当地旅游业增长 0.2732%,这说明周边城市经济的发展会促进本地旅游经济的发展。因此,海西区的各个城市应该互相借力,充分利用周边城市的发展来促进当地旅游业的发展。

表 5 空间随机效应杜宾模型的空间溢出效应

直接效应	参数	t-统计量	p 值
ln$y$	1.0432	16.1410	0.0000
LQ	0.8040	27.0023	0.0000
ln$p$	0.1175	2.9040	0.0088
highway	−0.0142	−0.2534	0.8026
间接效应	参数	t-统计量	p 值
ln$y$	0.2732	2.3472	0.0293
LQ	0.0121	0.1752	0.8627
ln$p$	−0.1285	−1.1958	0.2458
highway	0.1472	1.3005	0.2082
总效应	参数	t-统计量	p 值
ln$y$	1.3164	11.3196	0.0000
LQ	0.8161	9.8827	0.0000
ln$p$	−0.0110	−0.0837	0.9341
highway	0.1330	1.2793	0.2154

资料来源:根据 Matlab 程序(编写者:J. Paul Elhorst)并做相应修改而得。

LQ 指数的直接效应为 0.8040,且在 1% 的显著水平下显著,说明当地旅游产业区位熵增加 1%,当地旅游产业经济增长 0.8040%,这说明城市内部旅游产业集聚对旅游产业的促进作用非常大。同时旅游产业区位熵的间接效应为 0.0121,该间接效应并不显著,说明从目前来看,海西区旅游业本地集聚对周边城市的影响较小,表明海西区的旅游产业集聚效应较弱,产业集群还未完全形成。这同本专题第三部分对海西区产业集群的发展分析以及与沿海城市群的对比分析得出的结论一样,海西区旅游业的空间发展仍处于初级阶段,作为增长极的厦门、泉州以及福州带动落后地区发展的空间溢出效应和带动效应相对于江浙沪地区很小,海西区旅游业的集聚效应较弱,旅游产业集群并未形成。

公园绿地面积的直接效应为 0.1175,且该效应在 1% 的显著水平下显著,说明自然资源对当地旅游业的发展起到一定的作用,但是相对于当地的经济发展水平以及旅游产业的集聚程度,作用相对较弱。公园绿地面积的间接效应为 -0.1285,但是该间接效应并不显著,一方面说明海西区各个城市的自然资源对周边城市旅游业发展的影响并不显著,另一方面该数值为负数也说明海西区的旅游业之间由于自然资源禀赋而存在一定的竞争效应。再一次证明,海西区旅游业产业集群并未形成。

公路密度变量的直接效应为 -0.0142,间接效应为 0.1427,总效应为 0.1330,三种效应均不显著。公路密度的直接效应为负数,且数值非常小,该结果与预期结果不符,可能的原因为:一方面,作为市级数据,公路里程密度主要衡量城市之间的交通基础设施,因此公路等交通基础设施对周边城市旅游产业的促进作用更大;另一方面,从表 5 可以看出,地区经济的发展对旅游业发展的促进作用是非常大的,大到其他变量的变化对旅游产业的影响已经不再重要了。表 5 的数据还说明,要发展旅游业,形成旅游产业集群,一定要先发展当地经济,不能一味地追求为发展旅游业而发展旅游业。

三、结论与政策启示

(一) 结论

1. 海西区旅游产业集聚效应不明显

本专题通过对海西区旅游产业区位熵的计算分析得出,2002 年海西区城市内旅游业的集聚效应并不明显,75% 的城市低于海西区平均集聚水平,并且城市间的集聚呈现出一种随机分布状态；2013年情况得到改善,大多数城市旅游业的快速发展使其旅游业的集聚程度提高,旅游业高集聚化城市开始呈现出一种城市间的集聚化发展状态。紧接着对海西区旅游业进行空间自相关分析,一方面得出海西区旅游业存在明显的空间自相关效应,即观测值由于某种空间作用在地理上呈现出集聚的态势,另一方面证明了海西区旅游经济发达的城市对周边地区的旅游业的影响会更大。结合空间集聚图和旅游产业区位熵分析海西区旅游产业城市内的集聚效应和城市间的集聚效应,本专题认为整个海西区旅游经济扩散效应并不明显,旅游产业集群仍处于初级阶段。同时对比海西区和沿海城市群的旅游产业 Moran's I 指数和聚集图发现,长三角地区旅游产业已从点轴发展模式转变成网络式空间结构,旅游产业集群已初步形成并且不断向外扩散,竞争优势明显,相较而言海西区旅游产业集群仍处于初级阶段,并没有明显的集群效应。

2. 经济增长是海西区旅游业发展最主要的因素

空间计量的定量分析表明,经济增长是旅游业快速发展最主要的因素,经济发展不仅对本地旅游业的发展有绝对的促进作用,对周边城市的旅游业发展同样具有决定性的作用,其作用大于周边城市自身的资源禀赋等所带来的旅游业的增长。旅游产业属于第三产业的范畴,必须建立在一定的基础之上才能发展成熟。同时,通过与沿海城市群旅游业的发展对比也发现,只有整个区域的经济发展起来,该区域才会逐渐形成旅游产业集群,仅有一两个城市独立支撑并不能形成旅游产业集群,因此也无法产生集群竞争优势。

(二) 政策启示

1. 发展经济是首要目标

前文通过与沿海城市群的对比分析以及空间计量分析得出经济发展是海西区旅游产业集群形成的重要影响因素和必要条件。旅游业作为第三产业的一部分,要想健康快速地发展必须建立在良好的基础之上,同时通过空间计量分析也证明本地经济的发展不仅能促进本地旅游业的快速发展,还能促进周边城市旅游业的快速发展。对于经济发展普遍较为落后的海西区而言,在发展旅游业的同时首先应该加快整体经济的发展,让旅游产业和整体经济呈现相辅相成的状态,切不可为了追求旅游产业的发展而放弃了其他产业的发展。

2. 充分利用周边城市的溢出效应,合作求发展

海西区旅游业存在显著的空间自相关效应,城市间已经出现旅游集聚效

应,因此当地政府应该积极借助周边城市的发展提高自身旅游业发展的水平,积极寻求与周边城市合作。单靠一两个城市的快速发展无法形成旅游产业集群,相应的竞争优势也无法体现,环渤海、珠三角以及海西区都是很好的证明,城市本身的旅游业要迅速发展,必须借力周边城市,与其形成战略联盟,实现旅游经济一体化,只有这样,旅游产业集群才能快速形成,才会有竞争力。

3. 化竞争为协作,增加自身旅游产品特色

从空间计量模型中可以看出,公园绿地面积的增加对当地旅游业具有促进作用,但是对周边旅游业的发展确实在反向促进。这说明目前海西区旅游业竞争现象大于协作现象,这是由旅游产品的同质化导致的。城市间的旅游产品存在同质性,周围城市的旅游资源不仅没有促进当地旅游业的发展,反而与当地旅游业形成相互竞争的态势,这是旅游产业集群难以形成的原因之一,也是产业集群仍未形成的表现之一。因此,各地要发展旅游业、产生集群效应必须在挖掘自身旅游业特色的基础上创造性地整合各地的旅游资源,使海西区旅游业形成具有代表性的区域旅游品牌。

专题十九

福建港口如何应对航运及港口联盟潮

2013年10月,习近平总书记出访东盟国家时提出建设"丝绸之路经济带"和"21世纪海上丝绸之路"(简称"一带一路")的重要倡议,获得国际社会的高度关注。2015年3月,国家发改委、外交部和商务部联合发布了《推动共建丝绸之路经济带和21世纪海上丝绸之路的愿景与行动》,标志着这一构想上升为国家战略。"一带一路"建设对于我们全面深化改革,加快转型升级,提高开放水平,参与国际竞争,推动全球发展,具有重大而深远的意义。

随着经济全球化和区域经济一体化进程的不断加快,生产经营活动和资源配置在全球范围内展开,港口在国民经济发展中的地位和作用不断提高。此外,我们也要看到,航运超级联盟时代的到来,给港口业带来巨大的生存压力,从而催生了港口联盟。当前,中国全方位开放的大格局已经形成,作为"21世纪海上丝绸之路"(以下简称"新海丝")核心区的战略枢纽,福建港口如何应对航运及港口联盟潮,充分利用中国全方位对外开放带来的发展机遇,把自己做大做强,早日跻身世界现代化大港行列,是值得研究的现实课题。

一、航运超级联盟的产生

（一）班轮公会的兴衰

早在19世纪末，国际航运的竞争就日趋激烈，为避免因争揽货源而竞相压低运价的恶性竞争，保护和协调彼此之间的权益，主要海运国家经营班轮运输的航运公司纷纷成立了班轮公会。最早的班轮公会是1875年英国7家航运公司组成的联合王国——加尔各答班轮公会，该公会通过协议方式规定各自的船舶发航艘次和最低运价。此后，班轮公会如雨后春笋般不断涌现，至20世纪70年代鼎盛时期，全球班轮公会曾达到375个（王彦，2001），遍布各主要航线。

不过，海运发达国家通过班轮公会垄断航运业务的做法，显然对发展中国家航运业的发展极为不利。在第三世界国家的抗争下，1974年联合国贸易和发展会议通过了《班轮公会行动守则公约》，规定了货运分配原则、入会条件和公会提高运价的期限，从而有效限制了发达国家对班轮航运的垄断。20世纪80年代后，随着航运生产技术、运输组织技术和航运竞争方式的变革与进步，特别是集装箱运输的蓬勃发展，班轮公会趋于解体，于20世纪末终结其历史使命，取而代之的是航运超级联盟。

（二）航运超级联盟的产生

航运超级联盟的产生有其特定的历史背景。进入20世纪90年代，国际航运供需矛盾开始变得尖锐起来，航运市场步入一个前所未有的困难时期。尽管各航运公司使出浑身解数，在航线配置、运价政策方面更加灵活，服务水平也不断提升，但还是无法摆脱"孤掌难鸣"的局面。于是，世界上的主要班轮公司不约而同地走上了大规模的合作化道路，缔结各种联盟，以期在运输服务领域实现航线和挂靠港口互补、船期协调、舱位互租，在运输辅助服务领域实现信息互享、共建共用码头和堆场、共用内陆物流体系等。20世纪90年代中期，四大航运超级联盟相继问世，包括新世界联盟（TNWA）、大联盟（GA）、联合联盟（UA）和CKYH联盟。其后，一些航运公司或被并购或撤出航运业，各联盟的成员也有进有出，但总体上比较稳定。

2008年以来，受国际金融危机冲击，全球经济持续低迷，航运市场再次跌入低谷，前景黯淡，各大航运公司均面临困局。为了"抱团取暖"，也为了更好地实现规模经济,航运公司掀起了新一轮的超级联盟潮,原有的联盟面临重新洗牌的局面,新的联盟又应运而生。2012年4月,新世界联盟与大联盟宣布合并,组成G6联盟,成员包括美国总统轮船(APL)、韩国现代商船(HMM)、日本商船三井(MOL)、德国赫伯罗特船公司(HPL)、日本邮船(NYK)和中国香港东方海外(OOCL)。2014年3月,由中国远洋运输(COSCO)、日本川崎汽船(KL)、中国台湾阳明海运(YMM)和韩国韩进海运(HS)组成的CKYH,吸收中国台湾长荣海运(EL)加盟,该联盟因此扩展为CKYHE。2014年7月,丹麦马士基航运(Maersk)宣布与瑞士地中海航运(MSC)签订共享协议,组成2M联盟。2014年9月,中海集运(CSCL)、法国达飞海运(CMA-CGM)和阿拉伯联合航运(UASC)组成"Ocean Three"即O3联盟。至此,新四大航运超级联盟已组合到位。

(三) 四大航运超级联盟的实力

迄今为止,全球排名前20位的航运公司,已有16个分属于四大航运超级联盟。如果我们把用集装箱标箱(TEU)数量衡量的运力称为硬实力的话,那么,四大联盟便是名副其实的巨无霸。根据法国航运咨询公司(Alphaliner)最新公布的数据(见表1),由排名第一、第二的两大航运巨头马士基航运与地中海航运组成的2M联盟,其运力占到全球的近三成,居四大航运超级联盟之首。列在第二和第三位的是G6和CKYHE,分别占17.7%和16.9%。O3占14.9%,与第二、第三位的差距其实也不是太大,更何况,O3正在加大亚洲—地中海航线运力的投入,其目标是把该航线的市场份额提到27%(Ascutia,2014)。四大航运超级联盟的运力总和占全球的78.3%,不难看出,国际航运市场已多少带有寡头垄断的倾向,虽然四大航运超级联盟并非实体性组织。全球排名前20位但尚未组成或加入上述联盟的航运公司为:以色列以星航运(ZIM)、德国汉堡南美航运(HSG)、新加坡太平船务(PIL)和中国台湾万海航运(WHL)。不过,这四家航运公司所占份额很小,其运力加起来只占全球的7.8%。

与寰宇一家、星空和天合三大联盟称霸世界航空市场类似,班轮行业四大超级联盟竞相角逐称霸海洋将成为主干航线上的新常态。

表 1 四大航运超级联盟运力比较

联盟名称	航运公司	份额(%)	联盟名称	航运公司	份额(%)
2M	马士基(Maersk)	15.4	CKYHE	中国远洋(COSCO)	4.3
	地中海(MSC)	13.4		川崎汽船(KL)	2.0
	合计	28.8		阳明(YMM)	2.7
G6	总统轮船(APL)	2.7		韩进(HS)	3.1
	现代商船(HMM)	1.9		长荣(EL)	4.8
	商船三井(MOL)	2.9		合计	16.9
	赫伯罗特(HPL)	4.7	O3	中海集运(CSCL)	3.5
	日本邮船(NYK)	2.5		达飞(CMA-CGM)	9.0
	东方海外(OOCL)	3.0		阿拉伯联合(UASC)	2.4
	合计	17.7		合计	14.9

资料来源：Alphaliner,"The Top 100 League", Sep. 6, 2015. http://www.alphaliner.com/top100/。

二、航运超级联盟给港口带来的影响

航运超级联盟给港口带来的影响可以说是全方位的,有的是倒逼港口提升能力与效率,有的则直接威胁其生存。以下列举四个方面的情况予以分析：

1. 迫使港口朝大型化和深水化发展

由于运价持续走低,航运公司只好采取"运力扩大化"策略,不断把船弄大,以降低船舶的单位购买成本以及运输集装箱的单箱成本,同时提高边际成本利用率,实现规模效益。船弄大后又无法满载,于是通过联盟实行联运,而联运的结果又加大了对超大型船舶的依赖。可以说,航运超级联盟的形成,宣告了大船时代的到来。例如,2014年9月,东方海外和商船三井订造了12艘1.8万—2万标箱的超大型集装箱船,同年年底,马士基也订造了6艘1.9万标箱的超大型集装箱船。业界人士预测,1.8万标箱将很快成为每一家全球性航运公司的"标配"。超大型船舶对枢纽港的自然条件、基础设施、集疏运条件及作业效率等都提出更高的要求,只有具备与之相匹配的接驳能力和效率水平的港口,才有可能被航运超级联盟选中作为挂靠港。

2. 导致码头公司在谈判时处于劣势

我们知道,市场主体所占市场份额越大,拥有的谈判实力就越强,也就越容易形成市场垄断。航运公司的超级联盟,以马士基与地中海航运组成的2M联盟为例,2014年其有效运力在亚洲—北欧航线占32%的市场份额,在亚洲—地中海航线占42%的市场份额。由于占有的市场份额非常可观,与码头公司进行合同谈判时,2M将明显居于非常强势的地位,相反,码头公司将处于劣势。

3. 减少港口挂靠频率和数量

出于优化航线和提高运营效率的考虑,航运超级联盟将尽量减少港口挂靠的频率和挂靠数量。船型变大、艘数和艘次减少,将成为航运变革的新常态。建立联盟的主要目的是降低成本、提高效率,联盟的成员公司都不希望一个单一的业务单元由于分散在不同的码头作业而导致效率低下,如果选中一个枢纽港作为挂靠港,把原来分散在不同码头的业务集中在一个较大的码头上进行作业,就可以削减相当大的成本。但对港口来说,这无疑是一种挑战,因为这样一来,港口将面临两极分化:被航运超级联盟选中的港口,将赢得发展先机,而未被选中的港口,则有可能被边缘化甚至淘汰出局。

4. 对港口之间的协作提出新要求

由于大型集装箱船承接的基本上是集拼业务,其中有相当一部分是中转物流,因此航运联盟倾向于支线运营的协调化,尤其是因为吨位中心可以通过合理安排连接到母船的船舶数量来精确地控制靠泊码头和支线码头。比如,当马士基的超大型集装箱船在枢纽港A挂靠后,一部分货物要在A港直接卸下,再化整为零运达目的地,另一部分货物却须由运力较小的船舶转送到支线港B。为了满足超大型集装箱船高效作业的要求,码头营运商需要在A港迅速进行分拨、中转,然后在B港码头顺利完成中转物流装卸。于是,A港与B港之间的分工协作就变得异常重要,不管两港的码头运营商是不是同一个。

航运超级联盟带来的影响有的是正面的,有的则是负面的,不管怎么说,港口之间加强合作都显得十分必要。从某种意义上说,正是航运超级联盟催生了港口联盟。

三、国内外港口掀起联盟潮

我们知道,港口业是一个资本密集型产业,规模效益显著,港口联盟的出现是一种必然趋势。当然,面对来势凶猛的航运超级联盟,港口绝不能无动于衷。为了应对航运超级联盟的挑战,国内外港口纷纷掀起了联盟潮。

(一) 国外的港口联盟

港口联盟在国外起步较早,其历史可追溯到14世纪波罗的海地区贸易兴盛时期。德国是欧洲北海沿岸最早重视建设港口战略联盟的国家,历史上著名的汉萨同盟就是由吕贝克港与汉堡港等港口城市缔结贸易协定而产生的。目前,德国港口战略联盟在形式上不仅有港口与港口之间相互投资合营的"港港联盟",而且有港口与铁路的"港铁联盟"、港口与航运公司的"港航联盟"等模式(王任祥、赵亚鹏,2010)。

2011年5月,同属大巴黎地区的勒阿弗尔港、鲁昂港和巴黎港通过资源、设备和服务整合,组成"塞纳河流域大巴黎港口联盟"(HAROPA)。HAROPA是法国最大的贸易港联盟,同时也是一个高竞争力、可持续发展的物流系统,它把三个港口的发展策略、全球网络、市场营销和传播部门结合在一起,形成强有力的市场主体。三个港口通过货物信息的共享、海关操作系统的连接,大大降低了成本,提高了效率。联盟成立的次年,其优势和活力便凸显出来了。

2013年6月18日,马士基、地中海航运和达飞海运宣布组建P3长期营运联盟。不过,P3联盟虽获美国和欧洲等国放行,但却遭到中国商务部反垄断否决,马士基只好放弃达飞海运,选择与地中海航运结成2M,而达飞转头与中海集运和阿拉伯联合联盟组成O3。为应对P3联盟,2013年12月,美国南卡罗来纳州港务局总裁兼首席执行官吉姆·纽萨姆(Jim Newsome)建议美国港口通过与美国联邦海事委员会(FMC)签署合作协议的方式形成更好的合作关系,以创建一个合理的抗衡力量(Dupin,2014)。这一建议很快就在次年1月兑现:美国西雅图港和塔科马港通过FMC签署合作协议,正式确立联盟关系。从历史上看,这两个港口之间一直存在竞争且竞争不断加剧,此外还要共同面对加拿大温哥华港以及奥克兰港、洛杉矶—长滩港等本土港口的竞争。为了增强本地区的港口整体竞争力,实现双赢,两港最终采取竞争与合作的联盟战略。另外,同处于美国湾的休斯敦港、莫比尔港和坦帕港也签署了一份不需要FMC背书的合作协议。

(二) 国内的港口联盟

早在2001年,上海港就开始实施"长江战略"。此后两年,上海港先后与宁波港、南通港、武汉港、重庆港建立了战略联盟。北方港口也应势而动,大连港和天津港也先后组建了港口联盟,不过其联盟的成员都不超过3个。港口大联盟形式始于西江港口联盟。

2009年12月,珠江水系的西江港口联盟宣告成立。沿江的南宁市、柳州市、肇庆市、佛山市、中山市、珠海市等11个主要城市的港航企业在联盟成立大会上签订了《珠江水系西江港口企业联盟章程》。2014年西江港口联盟成立5周年时,成员企业已增至21家。

2011年下半年,长江下游的南京、镇江、扬州、泰州、江阴、张家港、南通的7个港口集团自发成立了"下游七港联席会",建立了高层领导定期会晤机制,走上了互动合作的道路。2014年12月底,由南京港牵头发起,宜宾、泸州、重庆、宜昌等16个长江沿线城市港口及相关企业在南京市召开"长江经济带港口物流区域合作联席会"第一次会议,此举被媒体誉为长江中上游港口"战略联盟"(赵虎,2015)。

而最值得关注的也许是"新海丝港口联盟"。2014年7月底,广州市对外宣布,计划发起成立"新海丝"沿线国家的港口联盟,并研究出台"新海丝航运指数"。新海丝港口联盟的成员来自"新海丝"沿线在广州设有总领馆的国家、广州市友好城市中的港口城市和广州港航线开达的国家和港口,初步估计有21个港口可以纳入。如果这个联盟成功缔结的话,那么它将是有史以来最大的港口超级联盟。

总的说来,国内外港口已掀起一波接一波的联盟潮,超级联盟也乍现潮头,这是在航运超级联盟"大军压境"下,寻求最佳应对策略的必然逻辑。

四、福建港口应对航运及港口联盟潮的策略

(一) 福建港口合作联盟现状

进入21世纪以来,福建三大港口厦门港、福州港和泉州港陆续与国外一些港口建立合作关系,主要通过缔结"友好港"的形式,而且一般都签署了合作协议,虽未冠以"联盟"名称,但实质内容是一样的,其中以厦门港缔结的数量为最。截止到2015年9月,厦门港已先后与美国的巴尔的摩港、德国的杜伊斯堡港、荷兰的阿姆斯特丹港、新西兰的惠灵顿港、韩国的光阳港等13个国家的20个港口结为友好港。福州港则与美国的塔克玛港、西班牙的桑坦德港、马来西亚的巴生港结为友好港。泉州港已与沙特阿拉伯的达曼港达成缔结友好港口意向,接下来拟与柬埔寨的西哈努克港、印度尼西亚的比通港、缅甸的皎漂港、巴基斯坦的瓜达尔港、马来西亚的关丹岛等十多个"新海丝"沿线港口缔结友好

港。近年来,福建港口也同省外邻近的兄弟港口建立了合作关系,如厦门、潮州两港携手,共建潮州三百门新港区。

从上述港口结盟的情况我们不难发现以下一些特点:第一,福建港口结盟的对象主要是国外港口,同省外兄弟港口结盟的数量屈指可数,而福建省三大港口群之间压根就不存在战略联盟;第二,福建港口同国外港口缔结友好港时,基本上是一对一,很少出现与两个以上港口同时结盟的情况;第三,福建港口已有的联盟显得较为零散、松弛,缺乏全局性、结构性和层次性,严格说来根本不成体系。在航运超级联盟和港口联盟潮风起云涌的现状下,福建港口肯定不能置身事外,要么组建自己的大联盟,要么被其他大联盟吸收,舍此别无他途。

(二) 构建港口战略联盟对福建港口为何重要

从战略角度说,福建港口有构建体系性的战略联盟之必要,这也是应对当前航运及港口联盟的理性选择。

首先,从港口联盟形成的格局看,与福建毗邻的长三角水系和珠三角水系遍布着许多港口,且与福建港口存在竞争关系。上海港主导的战略联盟和南京港主导的港口大联盟,已把长江流域沿海、沿江的港口纳入其联盟体系中。珠海港主导的西江港口联盟则把珠江流域沿海、沿江的港口纳入其联盟体系中。而广州港主导的"新海丝港口联盟"将尽可能把"新海丝"沿线的港口纳入其联盟体系中,比起前三者,这个超级联盟对福建港口来说影响更大,因为在"新海丝"路线上,不管是西线还是南线,闽粤两省的港口都存在很大部分的交叠。在"一带一路"框架下,福州、厦门、泉州与上海、南京、广州同属战略支点城市,然而后三者在港口联盟方面已抢占先机,差不多把势力范围圈好了。如果福建港口再不积极主动应对,就有可能面临被边缘化的局面。

其次,从应对航运超级联盟的挑战看,四大航运超级联盟已组建完毕,意味着80%左右的航运市场将被它们瓜分,航运市场不可避免地形成寡头垄断的局面,港口将承受更大的竞争压力。除非港口自身足够强大,强大到足以让航运超级联盟不得不刮目相看,否则单个港口很难与航运超级联盟相抗衡。而从目前福建港口发展的总体情况看,还没有一个港口强大到这种程度。如果不是以势均力敌的大联盟形式同后者进行讨价还价,港口的命运很可能是被拥有更大市场势力的谈判对手所掌控,在市场竞争中处于不利地位。

最后,从港口自身生存与发展的角度看,同一港口在不同的发展阶段,不同港口在同一历史时期,总会面临这样那样的问题,有的是货源不足,有的是资金不足,有的是物流体系不畅,有的是经营效率不高,等等。福建港口也不同程度地存在这些问题,并且正在努力寻求解决这些问题的途径。显然,如果仅仅依靠某个港口自己解决,其局限性是不言而喻的。而通过合作方式,将有利于整合港口资源,实现资源的优化配置,从而提高市场生存力和整体竞争力。在一个大联盟体系里,成员港口还可以从专业化的分工协作中获得好处,特别是在提高效率方面。如果港口大联盟成功运作,就可以同时实现优势互补、互利共赢、共同推进、同步发展。

(三) 福建港口应对航运及港口联盟潮的对策

第一,应练好"内功"。俗话说,"打铁还须自身硬",在船舶大型化趋势和港口业竞争日益激烈的大背景下,福建港口要有建设深水大港的意识,"软""硬"兼施。硬件方面,要加大基础设施特别是大型深水航道、高等级码头泊位的建设力度,进一步完善集疏运体系及公共配套设施。软件方面,以信息化、智能化为导向,加强综合信息服务平台建设,大力提升管理和服务效率及水平。这两方面既是赢得航运超级联盟青睐、被选中作为挂靠港的筹码,也是同外部港口进行合作的"资本"。

第二,加快港口的升级换代。目前厦门港正处于由第三代港口向第四代港口迈进的阶段,而福州港和泉州港尚介于第二代港口与第三代港口之间。港口的代际差异,实际上就是发展程度的差异,而这些差异明显地体现在港口功能上。加快港口的升级换代,不断拓展港口的新功能,才有望跻身世界现代化大港行列,在全球资源配置中占据高地。"居高声自远",有实力,才不会在航运及港口联盟潮中被边缘化。

第三,构筑经济腹地纵深。从地理空间看,福建港口正处于"陆上丝绸之路"南线以及"新海丝"西线和南线的交汇点,为承接"一带一路"战略,可同时从陆向和海向两个维度拓展,陆向要向中西部内陆纵深推进,海向要同南北两翼的港口城市对接,并沿"新海丝"路线,打开与东亚、东南亚、南亚、中亚、西亚以及欧非连接的海上经济大通道和商贸物流大通道,以此构筑自己的经济腹地纵深。有了经济腹地纵深,就有了充足的货源支撑,相当于手中握有"王牌",在竞争中的底气就足。

第四,继续推进三大港口群的整合工作。从 2006 年开始,福建省三大港口群进入实质性的整合阶段。总体上看,福建港口整合还有待于进一步加强,特别值得一提的是,三大港口群要有"一盘棋"的意识,理性看待竞争与合作关系。针对港口群之间的沟通合作与协同发展问题,有必要创新现有的体制机制,打破行政区划界限和壁垒,加强三大港口群的规划统筹和衔接,形成市场体系一开放、基础设施共建共享、生态环境联防联治、流域管理统筹协调等"一体化"的区域协调发展新机制。福建港口内部的问题解决了,才能共同应对来自外部的竞争。

第五,构建自己的战略大联盟。应充分利用"一带一路"赋予的发展机遇,着力加强内引外联,构建多层次、宽区域的港口大联盟:一是与国内其他港口结盟,特别是主动对接长三角、珠三角,与这两大地区的兄弟港口结盟,促进区域联动发展;二是进一步发挥对台优势,打好"对台牌",率先构建两岸港口合作联盟;三是放眼"新海丝"沿线的东南亚地区,与东盟国家的相关港口组成联盟,争取向范围更广的国际港口联盟拓展,可以以投资合作、业务拓展、互相参股、园区共建等多种方式,在港口、航运、物流、船舶修造、信息服务等领域与各联盟内的港口建立全面战略合作伙伴关系。

专题二十

"一带一路"背景下海西区对外文化贸易的现状与问题

一、引言

2015年4月,国务院印发了《中国(福建)自由贸易试验区总体方案》,提出"福建自贸区平潭片区将重点建设两岸共同家园和国际旅游岛,在投资贸易和资金人员往来方面实施更加自由便利的措施;厦门片区重点建设两岸新兴产业和现代服务业合作示范区、东南国际航运中心、两岸区域性金融服务中心和两岸贸易中心;福州片区重点建设先进制造业基地、21世纪海上丝绸之路沿线国家和地区交流合作的重要平台",加快形成更高水平的对外开放新格局,拓展与"21世纪海上丝绸之路"沿线国家和地区交流合作的深度和广度。继2014年3月国务院出台《关于加快发展对外文化贸易的意见》(国发〔2014〕13号)之后,福建省也出台了《关于加快发展对外文化贸易的实施意见》(闽发〔2014〕55号),由此可以看出,海西区经济社会发展能够顺应新的国际化大潮,而其中加快发展对外文化贸易已经被提到日程上来。

通过分析海西区对外文化贸易过程中存在的问题,并以福建省为代表分析其对外文化贸易的情况对我国对外贸易的发展有着至关重要的作用。

二、"一带一路"范围内的文化贸易

国家统计局发布的数据显示,2003—2013 年,我国文化产品进出口从 60.9 亿美元攀升至 274.1 亿美元,年均增长 16.2%;根据商务部发布的数据,1997—2013 年,我国文化类服务贸易进出口总额从 5.3 亿美元增至 89.7 亿美元。2014 年我国文化产业核心文化产品进出口总额为 243.2 亿美元,其中一般贸易 129.8 亿美元,加工贸易 78.0 亿美元,其他贸易方式 35.4 亿美元。不过,尽管 2005 年以来,我国核心文化产品对外贸易总体上呈快速增长趋势[①],但是近两年进出口增长率却不稳定,波动之大堪比 2008 年金融危机之后,这一方面表明我国文化贸易的体量太小,另一方面说明我国文化贸易抗环境影响能力还很低。

此外,我国文化贸易在我国对外贸易总体结构调整上还未发挥作用。2014 年我国货物贸易总额约为 26.4 万亿元人民币,而同期核心文化产品的进出口与其之比约为 0.057%(按 2014 年年末汇率粗算),与我国文化产业在国民经济中的地位极不相称。从产品分类上,核心文化产品中的影视、报纸期刊、文化遗产等常年处于贸易逆差,文化服务出口比例较低。

具体到"一带一路"范围看,《2015 文化及相关产业统计概览》列出了 2008—2014 年我国核心文化产品最主要的进出口国(地区)的前十五位,其中 2014 年前十五位出口市场为:美国、中国香港、英国、日本、荷兰、德国、阿联酋、澳大利亚、俄罗斯、新加坡、韩国、马来西亚、印度、法国、巴西;2014 年前十五位进口市场为:美国、泰国、中国香港、日本、英国、德国、中国台湾、印度尼西亚、韩国、法国、新加坡、意大利、荷兰、印度、加拿大。

将以上数据和官方公布的其他数据进行整合、对照和分析,可以得出的一些印象是:第一,总体上,与中国开展文化贸易的国家(地区)相对集中于发达国家(地区)和文化同源国家(地区);第二,中国对当前"一带一路"沿线主要文化贸易国家(地区)的增长趋势看好;第三,与"21 世纪海上丝绸之路经济带"沿线国家(地区)开展文化贸易的情况好于"丝绸之路经济带"沿线国家(地区);第四,一些比较具有文化地域代表性的文化贸易区域,如阿联酋、印度和泰国等,具有较大的发展潜力;第五,另一些传统上认为在"一带一路"沿线比较重要的

---

① 《2015 文化及相关产业统计概览》。

国家(地区),相互间的文化贸易比重相对较低。

三、有关海西区对外文化贸易的描述性统计分析

(一) 海西区文化现状

目前商务部统计的文化贸易有十大类:表演艺术及相关服务(包括艺术创作活动和艺术表演活动)、视觉艺术及手工艺品(包括视觉艺术创作活动及绘画、雕塑品、装饰品等)、新闻出版服务(包括图书、报纸和期刊、声像制品、电子出版物、数字出版物及版权贸易等服务)、动漫和游戏服务(包括动漫和游戏产品和制作、供应和发行服务)、广播影视服务(包括广播影视的版权贸易和制作服务)、网络文化服务、文化相关会展、设计服务、其他相关文化服务(包括专业文化产品和设备,文化产品数字制作、服务及文化休闲娱乐服务),以及境外中国文化分支机构的新设、并购和合作情况。

由于2011年与2012年文化贸易的月度数据较难获取,因此图1仅为2013年1月至2016年5月福建省文化产品出口情况,但本专题会对2011年到2015年的情况做出总量分析。

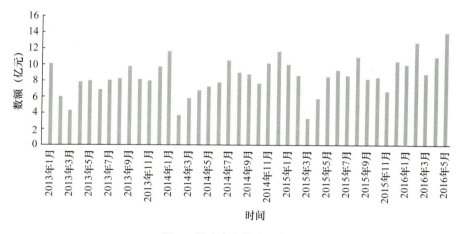

图1 福建省文化产品出口

资料来源:2013—2014年月度数据来源于前瞻产业研究院的整理,2015—2016年月度数据来源于福建省商务厅。

据商务部统计,2011年,福建省文化产品进出口额为20.42亿美元,其中出

口额为 20.28 亿美元;2012 年 1—7 月,福建省文化产品进出口额为 7.9 亿美元,其中出口额为 7.85 亿美元;2013 年,福建省文化产品和服务出口额在全国排名第四位,全年出口额达到 92.5 亿元;2014 年,福建省文化产品出口额继续攀升,达到 100.65 亿元;2015 年,福建省文化产品出口额略微下降,为 99 亿元。

据统计分析,福建省文化产品出口具有以下几个特点:

1. 一般贸易占主导地位

2011 年 1—10 月,福建省以一般贸易方式出口文化产品 14.1 亿美元,增长 69.8%,占同期福建省文化产品出口总值的 92.8%;同期,海关特殊监管区域出口 0.6 亿美元,增长 6.6%;加工贸易方式出口 0.4 亿美元,增长 11.6%。2014 年 1—10 月,福建省以一般贸易方式出口文化产品 11.92 亿美元,增长 2.1%,占同期福建省文化产品出口总值的 92.9%;同期,海关特殊监管方式出口 0.6 亿美元,增长 2.9%,占 4.7%;加工贸易方式出口 0.3 亿美元,增长 0.8%,占 2.4%。

2. 民营企业出口比例大且成倍增长

2011 年 1—10 月,福建省私营企业出口文化产品 10.1 亿美元,增长 1.1 倍,占文化产品出口总值的 66.4%;外商投资企业出口 3.8 亿美元,增长 2%;国有企业出口 1 亿美元,增长 8.7%。2012 年 1—10 月,福建省民营企业出口文化产品 12.3 亿美元,占文化产品出口总值的 71.9%。2014 年 1—10 月,福建省民营企业出口文化产品 8.97 亿美元,增长 7.6%,占同期福建省文化产品出口总值的 69.9%;同期,外商投资企业出口 2.85 亿美元,下降 15%,占 22.2%;国有企业出口 1.01 亿美元,增长 16%,占 7.9%。

3. 美国和欧盟为主要出口市场

2011 年 1—10 月,福建省对美国和欧盟各出口文化产品 5.5 亿美元,分别增长 65.7% 和 55.8%,二者合计占同期福建省文化产品出口总值的 72.4%。2013 年 1 月,福建省对美国出口文化产品 5713 万美元,增长 21.9%,占同期福建省文化产品出口总值的 35.9%;对欧盟出口文化产品 5573 万美元,增长 9%,占 35%。此外,福建省对东盟出口 400.5 万美元,增长 1.7 倍,占 2.5%;对台湾地区出口 360.3 万美元,增长 1.4 倍,占 2.3%。2014 年 1—10 月,福建省对美国出口文化产品 4.2 亿美元,下降 0.9%;对欧盟出口文化产品 12 亿美元,增长 13.3%,二者合计占同期福建省文化产品出口总值的 70.8%。

4. 视觉艺术品为主要出口商品

2011年1—10月,福建省出口视觉艺术品14.1亿美元,增长54.6%,占92.8%;出口各类印刷品0.5亿美元,增长93.3%;出口视听媒介0.2亿美元,增长25.9倍。2012年1—10月,福建省出口视觉艺术品16.1亿美元,占艺术品出口总值的94.2%。2016年1—10月,福建省出口视觉艺术品73.7亿元人民币,增长2.1%,占同期福建省文化产品出口总值的93.5%;同期,出口印刷品2.5亿元人民币,下降4.7%,占3.2%。

福建省文化产品出口增长的主要原因如下:

一是国家政策扶持力度大。2014年3月,国务院印发《关于加快发展对外文化贸易的意见》,从产业发展、税收优惠、金融支持、通关便利等方面提出了扶持对外文化贸易发展的政策措施,加快发展对外文化贸易,推动文化产品和服务出口。2014年3月,国务院印发《关于推进文化创意和设计服务与相关产业融合发展的若干意见》,为文化创意和设计服务产业提供系统性政策指导,文化部、人民银行、财政部联合印发《关于深入推进文化金融合作的意见》,明确对国家重点鼓励的文化产品和服务出口实行增值税零税率或免税,同时提出文化企业也可享受服务外包企业相关税收优惠。各项新政策为文化产品出口增添了新的动力,进一步降低了企业的出口压力,推动了福建省文化产品的出口。

二是地方政府推进措施多。福建省政府高度重视文化产业发展,为此采取了一系列措施鼓励和支持文化产品及服务出口。福建省2014年年初印发《关于推动福建对外文化贸易通关便利化的若干措施》,10月出台《福建省人民政府关于加快发展对外文化贸易的实施意见》,紧紧围绕"310行动计划",支持平潭综合实验区建设文化保税区,推进厦门自贸区建设,发挥厦门、平潭、福州等地对台优势,建设两岸文化产业交流合作先行区。同时,积极开展"福建省文化出口重点企业"的认定工作,2014—2015年度有27家企业被认定为福建省文化出口重点培育企业,获专项资金扶持。2014年10月举办厦门海峡两岸文博会,投资签约项目共140个,总签约额387.7亿元。多项有效举措将进一步推动福建省文化产业的发展,带动文化产品的出口。

(二) 与国内一些发达地区相比较

1. 与上海相比较

(1) 上海市文化贸易进出口额总体较福建省高。上海市文化产品和服务进出口总额从 2009 年的 132.77 亿美元增长到 2013 年的 159.60 亿美元,年均增长率约为 4.7%,总量基本保持稳定增长。2013 年,世界经济增速继续小幅回落,全球贸易温和复苏、低位增长,工业生产和货物贸易疲弱。受国际形势影响,2013 年上海市文化产品和服务进出口总额为 159.6 亿美元,比 2012 年的 168.79 亿美元略有下降。上海市文化核心产品和服务进出口总额为 33.64 亿美元,比 2012 年的 32.38 亿美元略有增加。上海市文化产品和服务进出口额的统计如图 2 所示。

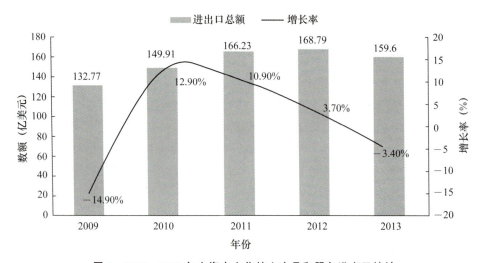

图 2　2009—2013 年上海市文化核心产品和服务进出口统计

（2）美国和日本为上海的主要贸易方。跟福建不同,2013 年与上海发生文化产品和服务进出口业务较多的国家（地区）为美国、日本、中国香港、新加坡、韩国、中国台湾、德国、法国、英国、澳大利亚等,占其进出口总额的 64.68%。其中,占较大份额的为美国和日本,占进出口总额的 29.24%;新加坡、法国、韩国、中国台湾、中国香港等进出口总额的绝对值及占比较 2012 年上升,其他国家（地区）都有不同程度的下降。

（3）产品结构不同。2013 年,上海市文化创意和设计服务的进出口总额为 26.44 亿美元,在文化核心产品进出口总额中所占比重最高,为 56.3%,且出口大于进口（见图 3）。这说明上海的文化创意和设计服务在国际市场上已具有一定的竞争力。在福建,视觉艺术品为其主要出口商品,而文化创意类产品一直是其比较欠缺的一部分。

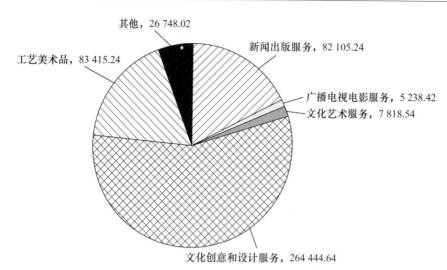

图 3　2013 年上海市文化核心产品进出口总额中各类别占比（单位：万美元）

2. 与北京相比较

（1）构成以核心文化服务为主。2006—2011 年北京市核心文化服务进出口累计 92.87 亿美元，占其文化贸易进出口总额的 77.59%；核心文化产品进出口累计 26.83 亿美元，占其文化贸易进出口总额的 22.41%。北京市广告宣传出口额全国排名第二，电影音像进出口额在全国占绝对优势，版权、著作权、稿费进出口增速迅猛。具体情况如表 1 所示。

表 1　北京核心文化服务企业（含机构）情况分析

年度	数量（家）	500 万美元以上的企业（含机构）							金额占比（%）
		数量（家）	进出口额（亿美元）						
2010 年	5 076	48	9.75						54.5
			广告宣传	占比（%）	电影音像	占比（%）	版权著作权稿费	占比（%）	
			6.51	66.7	2.88	29.6	0.36	3.7	
2011 年	5 626	74	13.73						59.7
			广告宣传	占比（%）	电影音像	占比（%）	版权著作权稿费	占比（%）	
			10.47	76.2	2.55	18.6	0.71	5.2	
2012 年上半年	4 077	41	6.35						52.0
			广告宣传	占比（%）	电影音像	占比（%）	版权著作权稿费	占比（%）	
			4.69	74.0	1.39	22.0	0.26	4.0	

资料来源：《2015 文化及相关产业统计概览》。

(2) 贸易伙伴集中在欧洲、亚洲和北美洲。目前,北京市核心文化产品进出口95%的份额来自欧洲、亚洲和北美洲市场,其中出口的86.6%、进口的99.6%来自上述市场。福建省与之相比缺少了亚洲这一出口地区。

(3) 民营、国有企业共同竞争。王文英、花建和叶中强(2001)指出北京市具有"民营、国有同台竞争"这一特色,最鲜明地体现在民营文化中介机构参与文化市场的竞争上。与我国许多城市的文化中介机构一般由政府文化部门统揽的做法不同,北京市既发展以政府为依托的文化中介公司,也激励民营资本参与文化中介服务,与国有文化中介机构形成了一种同台竞争、优势互补的态势。

3. 与深圳相比较

对于深圳市的文化产业研究多集中在文化创意产业上,并且其文化创意产业增长较快。据刘建党(2012)调查研究,自2003年提出"文化立市"战略以来,深圳市文化创意产业高速发展,文化创意产业的支柱地位不断巩固。2003年,深圳文化创意产业增加值为135亿元,占全市GDP的比重为4.73%;2005年产业增加值首次突破300亿元,占全市GDP的比重第一次超过5%,文化创意产业成为深圳四大支柱产业之一。2008年,在国际金融危机冲击下,深圳文化创意产业增长趋缓,但产业增加值稳步超过500亿元。2010年以来,借助国际文化创意产业中心的定位,深圳市文化创意产业整体保持持续快速发展,增长点丰富,增速稳定。2014年,深圳文化创意产业增加值达1553.64亿元,10年间增长了约10倍,占全市GDP的比重达9.7%,产业规模已位居信息技术、文化创意、互联网、生物、新能源、新材料六大战略性新兴产业的第二位。深圳作为我国首个"设计之都",其文化创意产业的发展现位居我国首位,由此可以看出,文化创意产业的发展是海西区值得借鉴之处,也是海西区现存的首要问题之一。

四、海西区文化产业的学术研究与现状分析

(一) 有关海西区文化产业的学术研究

自1986年以来,国内研究文化产业的34 744篇论文当中,仅有72篇是有关海西区(包括福建、温州、汕头等)文化产业研究的;在全国关于文化创意产业

的10 104篇研究论文当中,也仅有25篇是探讨海西区文化创意产业的。[①]

对于海西区文化方面的研究,可查资料表明,最早论及此问题的论文是孟柯发表于1989年第4期《柴达木开发研究》上的《做好民族语文工作 促进海西文化建设》,再者为王海宏发表在2004年第5期《柴达木开发研究》上的《对加快海西文化建设若干问题的思考》,此后相关研究也陆续出现,但与全国其他省市的研究成果相比,明显偏少;而且,到目前为止的研究基本上都为理论研究,运用定量方法对海西区文化方面的实证研究几乎没有,因此在这一方面亟须补足。

自2004年1月福建省十届人大二次会议上,时任省长卢展工在《政府工作报告》中提出"建设全面繁荣、协调发展、对外开放的海峡西岸经济区"的战略构想,至今已有十多年的时间,海西区的文化贸易也越发受到重视。为了探讨海西区文化产业研究状况,这里我们把海西区文化产业、文化创意产业、文化产业人才和文化产业建设方面的研究成果一一列出来以便进一步分析(见表2至表5)。

表2 以"海西文化产业"为研究对象的论文统计(20篇)

序号	题名	刊名	年份
1	试论海峡西岸经济区文化产业发展	台湾农业探索	2012
2	海西文化产业发展研究	青海社会科学	2012
3	海峡西岸经济区文化产业竞争力评价模型研究	物流工程与管理	2012
4	海西出版业走出海西的历史与现实启示	东南传播	2012
5	浅析海西文化产业人才集聚机制	辽宁行政学院学报	2012
6	福建精神与海西文化产业发展的哲学思考	山西农业大学学报(社会科学版)	2012
7	海西文化产业原真性保持与价值传承	集美大学学报(哲学社会科学版)	2013
8	海西文化产业发展现状与建议	盐城师范学院学报(人文社会科学版)	2016
9	海西文化产业探讨	福建广播电视大学学报	2008
10	打造并完善文化产业链——关于加快海西文化产业发展的思考	人民论坛	2008
11	海西文化产业知识产权保护方法研究	闽江学院学报	2015
12	推动厦门与台湾油画交流与发展的总体构想	集美大学学报(哲学社会科学版)	2011
13	闽南春仔花的传承与开发研究	东华大学学报(社会科学版)	2011
14	海西文化产业发展优势及核心动力	东南传播	2011
15	努力促进海西文化产业快速发展	福建理论学习	2006
16	提升海峡西岸经济区文化软实力研究	集美大学学报(哲学社会科学版)	2009

---

① 作者就检索结果统计所得。

(续表)

序号	题名	刊名	年份
17	厦门漆线雕产业发展研究	装饰	2009
18	海西：在那遥远的地方——文化产业打造海西新名片	中国商界（上半月）	2009
19	刀法从容 金石为开——七彩仙石雕刻细工工艺研究	美术教育研究	2014
20	回眸"十二五"海西文化产业稳步发展	柴达木开发研究	2015

表3　以"海西文化创意产业"为研究对象的论文统计（4篇）

序号	题名	刊名	年份
1	海西文化创意产业集群的集聚模式与发展策略	厦门理工学院学报	2011
2	海西文化创意产业知识产权保护的问题与对策	厦门理工学院学报	2012
3	海西文化创意产业的挑战与机遇	厦门理工学院学报	2012
4	对发展海西文化旅游的思考	柴达木开发研究	2012

表4　以"海西文化产业人才"为研究对象的论文统计（2篇）

序号	题名	刊名	年份
1	借鉴台湾文化产业人才培养优势 培育福建文化产业人才	长沙大学学报	2012
2	浅析海西文化产业人才集聚机制	辽宁行政学院学报	2012

表5　以"海西文化产业建设"为研究对象的论文统计（10篇）

序号	题名	刊名	年
1	加强海西文化建设，促进两岸文化认同	石家庄经济学院学报	2011
2	海西文化建设	思想政治工作研究	2009
3	博物馆视觉下的海西文化建设——以福建博物院为例	福建文博	2009
4	以文物为纽带推动对台文化交流——谈晋江博物馆群在海西文化建设中的作用	福建文博	2009
5	厦航与爱乐乐团携手合作，奏响海西文化建设强音	空运商务	2012
6	高校档案管理服务海西文化建设的思考	泉州师范学院学报	2013
7	对加快海西文化建设若干问题的思考	柴达木开发研究	2004
8	福建宗教对海西文化建设的影响	佳木斯教育学院学报	2010
9	做好民族语文工作　促进海西文化建设	柴达木开发研究	1989
10	加强规划　增加投入　促进福建文化建设	开放潮	2006

我们将表 2 至表 5 的研究成果分为四大类:理论性研究(6 篇)、产业宏观层面研究(19 篇)、案例研究(6 篇)和其他类型的相关研究(4 篇)。可以看出,对于海西区文化的案例研究和导论型的论文数量最多,文化产业建设和文化创新方面的研究次之,再者是人才发展方面的研究,而对于文化的知识产权方面的研究和实证研究比较少。

(二) 海西区文化的现状分析

我们对上文所检索到的海西区文化方面十多年的研究成果进行归纳总结,大多数学者的观点可以归纳为以下四个方面:

1. 文化产业缺乏创意

虽然海西区有着其独特的文化优势,但是在文化创意的发展上面临较大的挑战,这很大程度上制约了对外文化贸易的发展。曾倩琳、安增军(2010)提出福建省的文化底蕴深厚,传统文化与现代文化兼收并蓄的八闽文化使得其拥有独特的文化魅力。福建与浙江省毗邻,西北与江西省交界,西南与广东省相连,不仅连接长三角和珠三角,还与台湾隔海相望,具有极其独特的区位地理优势并且产业基础稳固,文化产业已初具雏形。而尚光一(2012)提出海西区濒临台湾海峡有利有弊,由于两岸文化之间还存在很多差异,使得难以创造稳定平和的文化创意氛围,牵制着文化创意产业的发展。他还提出海西区缺少稳定的产业链基础和高素质创意人才,在一定程度上还与青年新锐群体相脱离。

李艳波、郭肖华(2011)提出走集群化道路是使文化创意产业快速发展的途径之一,目前海西区文化创意企业规模小、布局散、竞争弱,同时福建省大多数园区投入与产出效益比较低,还未形成规模效应,因此要加强创意产品的市场化和产业化。陈玉芳(2012)讨论了知识产权保护问题,自 2009 年起每年举行的海峡论坛中都设立了文化创意知识产权保护子论坛,海西区也因此在这方面有了提高,但是消费者和单位的知识产权保护意识仍然薄弱,知识产权行政管理职能不够清晰,执法力度不足。陈文远、陈俊钦和李风雷(2010)分析了海西区(以江西抚州为例)体育旅游的发展现状,文章指出海西区旅游景点资源十分丰富,但是体育旅游所占比例较小,而且体育旅游的设施不完善,服务质量也有待提高,这些都阻碍了体育旅游这一新兴文化产业的发展。

2. 相关人才缺乏

长期以来,海西区文化产业从业人员主要集中于制造流通领域,文化产业生产创作和经营管理人才较为缺乏。吴德贵、岳颖(2010)分析了作为海西区主体的福建省人才发展存在的四大问题：人才总量严重不足、人才结构不尽合理、科技人才创新力比较低下和人才环境不够优化。唐晶莹(2012)指出海西区的文化产业总体上还处于产业发展的初级阶段，科技创新人才不足，复合型经营管理人才缺乏制约了其发展水平，建立海西区文化产业集群的核心是产业人才的集聚问题。

杨志鸿(2011)提出目前传统的人才培养模式已经滞后于海西区的发展要求，培养有特色、高质量、多元化的外语专业型人才才是建设海西经济区的必经之路。包文馨(2015)指出虽然我国对外文化贸易份额不断增长，市场前景越来越被看好，但是相关商务英语人才却十分缺乏，主要包括没有设置专门的商务英语人才，对中西方文化差异和文化传播规律的研究不够深入以及缺乏文化贸易方面的实践。

3. 文化资源挖掘不足

《福建省文化出口贸易报告》指出，在文化资源方面，以福建为主体的海西区有许多优势，如具有海洋文化、客家文化、妈祖文化、朱子文化等底蕴深厚、特色鲜明的传统文化资源。但是，目前福建对传统文化资源的开发，特别是全面系统的开发还远远不够，传统文化主要以片面化、零碎化的方式走出国门，难以体现福建文化的真正价值与精神。有时不同地区在同一文化"走出去"的过程中还存在竞争，让外人难以理解，无所适从。在当代文化方面，福建的文化优势很弱，文化精神总结与文化产品创新都不足，缺乏经典的文化作品，"走出去"的文化作品在内容、制作等方面都与国际市场要求存在很大的差距，导致文化产品可看性较差，文化影响力不强。

4. 文化产业发展仍存在其他很多问题

陈震(2016)指出海西文化产业发展存在以下问题：文化产业发展结构性失衡，区域产业发展不平衡；文化产业的发展仍然主要依靠投资推动，以消费拉动为主的发展方式还未确立；文化产业还未形成国际竞争力；文化企业融资困难。

(三)国内外学者对文化贸易的实证研究举例

1. 国外学者研究

外国学者主要从语言和距离两个方面来实证研究文化贸易：一方面，Jan和Jarko(2016)通过把传统重力模型与欧盟和候选国家中使用的主要语言数据相结合的方法，表明广泛的语言知识是对外贸易的一个重要决定因素，英语发挥着特别重要的作用。其研究结果的稳健性证实了分位数回归。另一方面，Maureen(2011)实证研究了不同的距离对出口和外商直接投资的选择的影响,发现不同的距离使得出口和外商直接投资有所不同。以临近关系权衡的地理条件表明:外商直接投资的销售总额与地理上的距离增加了外商销售的份额。进口关税和外商直接投资强度之间的正相关关系为贸易成本的一个权衡提供了进一步的证据。

2. 国内学者研究

王巍(2008)从经济学的角度对中、日、韩三国的文化商品贸易进行分析,通过分析中国对韩国和日本的文化产品进出口贸易趋势、贸易特化指数以及贸易强度指数等,指出中国对韩国在电影和图片、游戏和体育产品上的贸易紧密度还不高,对日本在视觉艺术、游戏和体育产品上还有继续发展的空间。汤增强、段元萍(2012)根据 HS07 分类法对主要文化产品的国际贸易内容进行划分,通过贸易竞争指数、对称性显示比较优势指数及出口市场占有率指数的数据统计和计算,认为我国文化产品贸易在波动中发展、总体竞争力差、文化服务贸易少、文化产品贸易逆差现象并不明显,并提出我国文化产品的出口在创新上有很大的欠缺。

涂远芬(2014)利用引力模型实证研究了中国文化产品贸易流量的影响因素及出口潜力。其研究结果表明,中国的经济规模、进口国的经济规模、人均GDP、贸易开放度以及优惠贸易安排对中国文化产品的出口有明显的促进作用;空间距离、文化距离与中国文化产品的出口规模负相关。姜潇潇(2015)通过对已有的引力模型的分析,选取了 GDP 以及两国之间的地理距离、文化距离、贸易条件和科技应用水平,对中国文化产品贸易中的影响因素进行了分析,认为经济增长与文化出口之间并没有一定的关联性,科学地调整产业结构才能有效地提升中国文化产品的水平。

五、当前海西区对外文化贸易的现存问题

早在"十一五"期间,福建省就提出文化强省战略,政府也加强了对文化贸易的政策支持,近年来当地政府的推进措施更是日益增加,为海西区的文化贸易发展奠定了很好的基础。但是纵观全局,海西区在文化贸易方面还是存在以下问题:

1. 对外文化贸易还处于起步阶段

从总体来看,我国文化进出口贸易增长十分迅速,但是跟美国等一些文化

贸易发展成熟的发达国家相比,我国文化贸易在全球贸易中所占的比重微不足道,仍处于起步阶段,并且贸易逆差严重是我国文化产品贸易的一大现状。较我国其他发达地区,海西区文化贸易起步较晚,由于许多政策措施近几年才开始实施,目前鲜有成效,再加上文化产业结构不完善等原因,在文化产品出口方面缺乏一定的经验。

2. 文化出口商品缺乏创意且地方特色不明显

纵观福建省文化贸易情况,文化产品出口占其文化贸易的绝大部分,出口的文化产品基本为影视、绘画、雕塑、建筑艺术、实用装饰艺术和工艺品等视觉艺术品,而文化服务和文化软件贸易等是其薄弱环节。同时,出口的这些视觉类文化产品也内容平淡,缺乏一定的创意。海西区拥有深厚的文化积淀与传承,如昙石山文化、闽南文化、客家文化等,但这些经典的文化并没有很好地融入文化产品中,使得文化产品缺乏地方特色。

3. 文化经营主体总体实力较弱,盈利模式不够成熟

根据湖北大学和社科文献出版社发布的文化建设蓝皮书《中国文化发展报告》,我们可以发现,包含高新技术、数字内容、自主知识产权的新兴产业是文化贸易的发展趋势,而海西区的文化产品结构相对传统、单一,无法形成成熟的产业链。海西区文化产品多局限于商品本身而忽略了延伸至相关产业,如特色旅游业等在海西区发展甚少,使得其利润率低、发展缓慢。海西区许多民营企业规模不大,开发成本不高,很难在文化产品上有很大的创新,同时受到境外法律政策的限制和缺乏对境外信息的了解,再加上企业自身缺乏一定的经验,使得文化产品出口不够顺畅。

4. 文化产品出口地区集中

目前,福建省文化产品出口地区主要集中在美国和欧盟,存在文化产品过于集中的问题。美国与中国的文化亲近度虽然较低,但是很多华人聚居在美国,他们对中国文化产品有着强烈的需求,美国因此就成了福建省文化产品的主要输出地之一。西方发达国家文化产品与服务的输出地几乎遍布全球,能够更好地在全球范围内传播其特有的文化,同时也促进了其经济的发展。相较之下,海西区文化产品出口流向单一,情况不容乐观。

六、对促进海西区对外文化贸易发展的政策建议

（一）加强文化相关产业的纵横延伸

首先，从特色文化旅游入手，培育旅游新业态，加快海西区旅游产业转型升级和科学发展，全面推进旅游与文化产业的融合，拓展旅游产业发展空间，增强旅游产业辐射拉动力，建设国际休闲度假区，吸引国外游客入境旅游，这有利于文化交流，拉近文化距离。其次，旅游产品体系建设需要进一步完善，省旅游局应坚持项目带动，突出工作重点，有序推进旅游文化产品体系建设。同时，提高文化产品创新力和服务水平，从而能够更好地满足国际上的文化产品需求。

（二）加强对外文化交流，合理利用海外资源

我们既要热情地欢迎世界各地的优秀文化在中国传播，吸收各国优秀文明成果，借鉴发达国家发展文化贸易的经验，又要更加主动地推动中国文化走向世界，增强中华文化的国际影响力。如今，海外有许多华侨同胞，利用海外资源是发展海西区文化贸易的一个重要途径。丰富的海外资源对开拓海外市场提供了帮助，能够吸引外资，增加对外交流。政府也可以制定有利于华侨同胞投资的优惠政策，加强文化宣传力度，增强海西区文化与世界的交流，改善海西区文化出口地区单一的问题。

（三）增强文化产品创新力，培养相关人才

现如今，传统产业并不缺乏人才，但是政府中能规划、指导和管理文化的人才甚少，文化创新人才更是严重缺乏，因此培养文化创新型人才是目前的重要环节。应摒弃原有的教育机制，创造新的人才培训体系，借鉴国外成功的人才培养经验，加快国内创意人才的培养，吸引海外文化创新人才尤其是对中华文化有着深厚情结的海归华侨。同时，对现有的文化创新岗位职员采取激励机制，如提高薪资、增加福利等，以吸引更多人才加入到文化创新中来。政府还应加强知识产权保护，增强人们对知识产权的认识，加大执法力度，建设知识产权平台、人才培训平台，为创意企业提供多方面的支持。

(四) 改革完善文化管理体制

应推进文化管理方式变革,改变多头管理、职能交叉、条块分割的局面,协调有关部门共同研拟文化领域的对外开放综合战略,理顺相关管理体制机制。实现政府文化职能由直接控制向提供服务转变,放宽市场准入与涉外经营条件,支持、鼓励各种所有制的文化企业参与和从事文化产品与服务的贸易投资活动,积极营造宽松和谐的文化发展环境。简化文化出口审批程序,对于现有的审批程序,努力实现"一站式"文化出口审批服务。对从事文化产品与服务出口的文化从业人员和演艺人员,要简化因公出国或出境审批手续,工商、文化、海关、外办等有关部门对各类文化"走出去"活动在项目审批、出入境管理等方面要给予支持。为此,在对台文化交流上,建议中央进一步给予福建更优惠的政策,如进一步简化闽台文化交流审批程序、下放文化交流审批权,海关对相关文化产品和服务进出口提供通关便利,做到简捷、便利、高效。

专题二十一

"一带一路"战略下海西区综合发展
指数与策略研究

2010年以来,海西区在经济、资源、社会和环境方面都获得了不同程度的发展,综合实力得到较为明显的提升。"一带一路"发展战略的提出,为海西区的发展提供了机遇,同时也带来挑战。因此,本专题运用综合评价的思想,通过构建综合评价模型,考察海西区各城市的综合发展指数,从静态和动态两个方面考察海西区各城市的综合实力和竞争力,以科学、系统地评估海西区的发展情况,为海西区在"一带一路"战略中全面发展提供一个参照视角,并使其能够在"一带一路"建设中发挥重要作用。

一、"一带一路"战略下海西区经济社会综合发展指数

(一)指标选取

根据指标体系和数据的可获得性,我们以指标体系一级指标分类为标准,以2011—2015年海西区各城市的数据构成样本,数据来自海西区各城市2010—2014年统计年鉴。选择的四个一级指标下的50个客观指标分别为:

1. 经济和生产要素选取20个指标

分别为：X_{111}——人均国内生产总值（元）、X_{112}——人均财政收入（元）、X_{113}——人均储蓄存款（元）、X_{114}——人均固定资产投资（元）、X_{115}——人均消费品零售额（元）、X_{121}——GDP增长率（%）、X_{122}——全员劳动生产率（元/人）、X_{131}——第一产业占比（%）、X_{132}——第二产业占比（%）、X_{133}——第三产业占比（%）、X_{141}——城镇居民人均可支配收入（元）、X_{142}——城镇人均住宅面积（平方米）、X_{143}——人均消费支出（元）、X_{144}——恩格尔系数（%）、X_{145}——CPI（%）、X_{151}——出口额（百万美元）、X_{152}——对外贸易差额（百万美元）、X_{153}——对外贸易依存度、X_{154}——对外直接投资额（百万美元）、X_{155}——入境旅游人数（千人）。

2. 资源要素选取10个指标

分别为：X_{211}——园林绿地面积（公顷）、X_{212}——行政区域土地面积（平方公里）、X_{213}——森林覆盖率（%）、X_{221}——普通高等学校在校生数（千人）、X_{222}——用于教育的财政支出（百万元）、X_{231}——人均贷款（元）、X_{232}——贷款增长率（%）、X_{233}——存贷比（%）、X_{241}——年专利授权数（份）、X_{242}——用于科学的财政支出（百万元）。

3. 社会要素选取12个指标

分别为：X_{311}——人均绿地面积（平方米）、X_{312}——供水量（百万立方米）、X_{313}——公路里程数（公里）、X_{314}——宽带接入用户数（千户）、X_{315}——液化石油气供应量（吨）、X_{316}——电力消费（十亿千瓦时）、X_{317}——移动电话用户数（千户）、X_{318}——道路面积（百万平方米）、X_{321}——失业率（%）、X_{331}——医院卫生院床位数（张）、X_{332}——社会保障支出（百万元）、X_{333}——年末全市参加城镇基本养老保险人数（万人）。

4. 人口与环境要素选取8个指标

分别为：X_{411}——工业固体废物综合利用率（%）、X_{412}——工业废气排放量（千吨）、X_{413}——生活垃圾无害化处理率（%）、X_{414}——生活污水处理率（%）、X_{415}——单位国内生产总值能耗（瓦时/元）、X_{416}——废水排放达标率（%）、X_{421}——人口自然增长率（‰）、X_{422}——城镇化率（%）。

(二) 方法及数据处理

本专题采用主成分分析方法。主成分分析是数学上用来降维的一种方法，通过正交变换将一组可能存在相关性的变量转换为一组线性不相关的变量,转换后的这组变量叫主成分。根据综合评价的思想,结合主成分分析的结果,本专题认为首先须对原指标的正负性进行判断,然后对处理后的指标赋予正权重,才能进行综合评价分析。因此,本专题首先对选取的 50 个指标进行正负指标判断,将负指标转化为正指标(如失业率、工业废气排放量、单位国内生产总值能耗等指标)。具体步骤如下:

第一,对原始数据进行标准化。本专题所建立的海西区综合评价模型还将考察海西区建设在时间跨度上的发展,由于主成分分析结果的综合得分默认为采用处理后的指标(以均值进行无量纲化)计算,将会出现许多负的得分,不利于对发展程度做出评价,因此,本专题在均值化处理方法的基础上,对每个指标按公式 $Z_{ij} = \dfrac{X_{ij} - \min(X_i)}{\max(X_i) - \min(X_i)}$ 进行标准化处理,再对处理后的指标进行综合评价。

第二,计算样本标准化后的协方差矩阵,求该矩阵的特征根和特征向量,求得各个指标的主成分,并计算各成分的载荷矩阵,寻求各主成分的线性模型。运用 STATA 软件对处理后的指标进行主成分分析,求使累积贡献率达到设定标准的主成分个数,分别记为 $Z_1 - Z_p$;并将特征向量单位化、正则化,转换为各主成分的载荷矩阵,建立主成分线性模型,表达式如下:

$$\begin{cases} Z_1 = a_{1,1}x_{111} + a_{1,2}x_{112} + \cdots + a_{1,20}x_{155} + \cdots + a_{1,50}x_{422} \\ Z_2 = a_{2,1}x_{111} + a_{2,2}x_{112} + \cdots + a_{2,20}x_{155} + \cdots + a_{2,50}x_{422} \\ \quad \vdots \\ Z_{10} = a_{10,1}x_{111} + a_{10,2}x_{112} + \cdots + a_{10,20}x_{155} + \cdots + a_{10,50}x_{422} \end{cases}$$

其中,$Z_p(p=1,2,\cdots,10)$ 为主成分;$a_{p,n}$ 为载荷矩阵系数(n 表示行,p 表示列);X_{ijk} 为选取的初始指标。

第三,确定评价指标权重,建立综合评价模型,计算各城市综合得分。本专题对得到的载荷系数进行正则化处理,才能用于确定子成分中对各指标的权重。正则化处理通常采用取绝对值、开平方等方式,由于每个主成分的载荷系数满足 $\sum_j a_{ij}^2 = 1$,因此本专题将权重调整为 $w_{ij} = a_{ij}^2$。

当权重确定后,可根据以下步骤建立综合评价模型:

(1)根据权数,计算各个主成分综合评价指标的子成分。计算公式为:

$$Z_i = \sum_j w_{ij} Z_{ij}$$

(2)对我们重新计算得到的每个子成分按主成分分析结果贡献度或者特征

值进行加权平均,得到综合评价模型为:

$$Z = \sum_i \frac{\lambda_1}{\sum \lambda} \times Z_i$$

本专题选用第一主成分的综合评价模型对海西区 20 个城市进行综合评价,在进行海西区经济社会综合发展分析时,也将计算 10 个主成分年的综合评价结果,将其用于参照,通过权重结构差异探讨各地区在不同方面的优势和不足之处,为海西区的建设提供更为全面的发展建议。

二、实证结果及分析

(一) 实证结果

运用 STATA 软件对处理后的指标进行主成分分析,分析结果显示前 10 个主成分的累积贡献率大于 85%,且前 9 个特征根都大于 1(第 10 个成分的特征根也接近 1),符合一般主成分选取标准。因此,我们选取主成分分析结果中的前 10 个主成分作为降维结果,分别记为 $Z_1 - Z_{10}$ (见表 1)。各成分的载荷矩阵见表 2。

表 1 相关系数矩阵的特征值及贡献率

主成分	特征根	累积贡献率
Z_1	19.1272	0.3825
Z_2	6.7171	0.5169
Z_3	4.6931	0.6107
Z_4	3.0692	0.6721
Z_5	2.1665	0.7155
Z_6	2.0038	0.7555
Z_7	1.7609	0.7908
Z_8	1.4162	0.8191
Z_9	1.1685	0.8425
Z_{10}	0.9806	0.8621

表 2 各成分的载荷矩阵

	主成分									
	Z_1	Z_2	Z_3	Z_4	Z_5	Z_6	Z_7	Z_8	Z_9	Z_{10}
X_{111}	0.1715	0.0491	0.2633	0.0172	0.0305	−0.0239	0.0136	0.0717	−0.0983	−0.0661
X_{112}	0.1747	0.0153	0.2139	0.1906	0.1128	0.0268	0.0653	−0.0160	0.0575	−0.0233
X_{113}	0.2015	−0.0291	0.1033	−0.0086	0.1007	0.0203	−0.0759	−0.0090	−0.0813	−0.0895
X_{114}	0.1051	0.1399	0.2681	−0.0847	0.1556	−0.1258	0.0933	0.2029	−0.1075	−0.0230
X_{115}	0.2017	−0.0097	0.0964	−0.0871	0.0659	−0.0783	−0.0509	0.1533	−0.1944	−0.1027
X_{121}	−0.0742	−0.0139	0.0637	0.3167	−0.2639	−0.1882	−0.2539	0.0810	0.0237	−0.2458
X_{122}	−0.0356	0.2414	0.2405	−0.0070	0.0617	−0.2501	−0.1178	−0.0283	0.0171	0.0925
X_{131}	−0.1603	0.1380	−0.0681	0.1034	0.2685	0.0311	−0.0230	0.1101	−0.0226	0.0518
X_{132}	−0.0137	−0.0976	0.1565	−0.1161	−0.4790	−0.1478	0.2387	−0.1035	0.0569	−0.0221
X_{133}	0.1751	−0.0362	−0.0955	0.0179	0.2321	0.1234	−0.2267	−0.0021	−0.0369	−0.0287
X_{141}	0.1893	0.1110	0.1021	−0.1772	0.0154	0.0297	−0.0591	−0.1364	0.1048	0.0122
X_{142}	−0.0061	0.2344	0.0428	−0.2664	−0.1395	−0.0325	0.0888	−0.0782	0.2129	−0.1031
X_{143}	0.1954	0.0251	0.0639	−0.2147	0.0314	0.0489	−0.0758	−0.0574	0.0854	−0.0375
X_{144}	−0.0328	−0.0676	−0.0255	0.1011	−0.0626	0.0450	−0.2174	−0.5613	−0.1087	0.4042
X_{145}	0.0440	0.0431	−0.0004	−0.2165	0.2154	0.1995	0.4218	0.0572	−0.0169	0.4091
X_{151}	0.2122	−0.0115	0.0389	0.1572	0.0187	0.0439	−0.0215	−0.0493	0.1258	0.0197
X_{152}	0.2000	−0.0041	−0.0538	0.0535	0.0600	0.0217	−0.1317	−0.0932	0.1948	0.0227
X_{153}	0.1706	−0.1024	0.1448	0.2549	0.0235	0.0573	0.0638	−0.0599	0.1120	0.0028

（续表）

	主成分									
	Z_1	Z_2	Z_3	Z_4	Z_5	Z_6	Z_7	Z_8	Z_9	Z_{10}
X_{154}	0.1734	0.1213	−0.0523	0.2128	−0.1138	0.0045	0.1520	0.0065	−0.0897	0.0570
X_{155}	0.1997	0.0098	0.0386	0.1189	−0.0497	0.1067	0.0520	−0.1032	0.1068	−0.0116
X_{211}	0.2093	−0.0646	−0.0366	0.1541	0.0247	−0.0389	0.0512	0.0186	0.0149	0.062
X_{212}	−0.0795	0.2821	−0.1695	0.0768	0.2017	0.0012	−0.0553	0.0128	0.0149	−0.0857
X_{213}	−0.1093	0.2379	0.0642	−0.0691	0.0947	0.2788	−0.2356	0.0139	−0.0216	−0.1432
X_{221}	0.1656	0.1222	−0.0775	0.1112	−0.0511	−0.0446	−0.0587	0.2073	−0.2643	0.0159
X_{222}	0.1587	0.1615	−0.2153	−0.0992	−0.0184	−0.0419	0.0684	−0.0926	0.0534	0.0303
X_{231}	0.1981	0.0395	0.1596	0.0966	0.1144	0.0127	−0.0959	0.0326	0.0001	−0.0639
X_{232}	−0.0624	0.0762	−0.0430	0.2932	−0.1732	0.0570	−0.0274	0.1211	−0.0753	0.4425
X_{233}	0.0659	0.1896	0.1995	−0.1440	0.1004	−0.1448	−0.2105	−0.0353	0.0944	0.2199
X_{241}	0.1948	−0.0051	−0.1130	−0.1576	−0.1141	−0.0684	0.1307	−0.0061	0.0244	−0.0391
X_{242}	0.2118	0.0758	0.0343	0.0027	0.0073	0.0791	−0.0285	0.0957	0.1473	−0.0062
X_{311}	0.1197	0.0598	0.0122	0.2885	−0.0622	0.2926	0.2299	−0.1453	−0.0938	−0.1989
X_{312}	0.2038	−0.0955	−0.0775	0.0460	0.0441	−0.1299	−0.0610	0.0720	−0.0116	0.0463
X_{313}	−0.0591	0.2895	−0.2401	0.0179	0.0783	0.0629	−0.0071	−0.0659	−0.0282	−0.0983
X_{314}	0.1318	0.0744	−0.0980	−0.0096	−0.1436	−0.0937	−0.0410	0.0984	−0.1705	0.2691
X_{315}	0.0767	−0.2800	−0.1631	−0.0631	0.0565	−0.1765	0.0465	0.0356	−0.0213	0.0144

(续表)

	主成分									
	Z_1	Z_2	Z_3	Z_4	Z_5	Z_6	Z_7	Z_8	Z_9	Z_{10}
X_{316}	0.1719	−0.1736	−0.0866	−0.0792	0.0115	0.0569	−0.0694	0.0053	0.0852	−0.0379
X_{317}	0.1700	0.0579	−0.2145	−0.1325	−0.1629	−0.1009	−0.0778	−0.0073	−0.0204	−0.0212
X_{318}	0.2071	−0.0615	−0.1090	0.0623	0.0149	−0.1042	−0.0252	−0.0181	0.0370	0.0721
X_{321}	0.0912	−0.1591	−0.0782	−0.2413	−0.0573	0.2369	−0.0471	0.0023	−0.2187	−0.0026
X_{331}	0.1179	0.2090	−0.2635	−0.1035	−0.0374	−0.1111	0.0301	0.0006	−0.0797	−0.0128
X_{332}	0.0955	0.1898	−0.2610	0.1228	0.0999	0.0295	0.1854	−0.0109	0.0389	0.0251
X_{333}	0.185	0.0498	−0.1008	−0.0581	−0.1288	0.0518	−0.0031	−0.1203	0.1309	−0.0484
X_{411}	0.0517	−0.1282	0.0786	−0.1676	−0.1379	0.2586	−0.2349	0.3826	−0.0041	0.2319
X_{412}	−0.0878	−0.1759	0.1361	0.0301	0.2291	0.0661	0.0726	−0.0574	0.4184	0.1104
X_{413}	0.0356	0.0642	0.1761	−0.0763	−0.0727	0.2638	0.2369	−0.1759	−0.3863	−0.1546
X_{414}	0.0723	0.0114	0.1985	−0.1011	0.0969	−0.3168	0.1879	−0.1588	−0.1456	0.0287
X_{415}	−0.0297	0.3172	0.0825	0.0625	−0.0869	−0.2277	0.0541	−0.0433	0.0518	0.1279
X_{416}	0.0596	0.1822	0.2143	0.0738	−0.2197	0.2326	−0.0702	0.1777	−0.0129	0.1732
X_{421}	0.0637	0.0896	−0.0806	0.016	−0.1573	0.0595	0.2454	0.3683	0.4033	−0.0325
X_{422}	0.0577	−0.1991	−0.0719	0.0956	0.2184	−0.2558	0.1742	0.1338	−0.1452	0.0276

根据第一主成分的综合评价模型,计算综合发展指数,得到海西区各地综合评价结果(见表3)。

表3　海西区2010—2014年综合发展指数及排名

城市	综合指数(Z值得分)					年度排名					省份
	2010	2011	2012	2013	2014	2010	2011	2012	2013	2014	
厦门	0.637	0.701	0.657	0.711	0.755	1	1	1	1	1	福建
福州	0.435	0.487	0.519	0.552	0.588	2	2	2	2	2	福建
温州	0.391	0.437	0.474	0.532	0.534	3	3	3	3	3	浙江
泉州	0.343	0.372	0.393	0.433	0.510	4	4	4	4	4	福建
汕头	0.239	0.275	0.295	0.314	0.329	5	5	5	5	5	广东
赣州	0.180	0.198	0.234	0.265	0.293	9	9	7	7	6	江西
漳州	0.202	0.226	0.251	0.273	0.291	6	6	6	6	7	福建
衢州	0.181	0.199	0.214	0.232	0.278	8	8	9	9	8	浙江
丽水	0.184	0.204	0.229	0.242	0.262	7	7	8	8	9	浙江
龙岩	0.158	0.183	0.213	0.232	0.251	10	10	10	10	10	福建
莆田	0.154	0.171	0.205	0.227	0.248	12	13	12	11	11	福建
上饶	0.138	0.162	0.185	0.208	0.235	17	14	15	13	12	江西
三明	0.157	0.178	0.208	0.215	0.229	11	11	11	12	13	福建
梅州	0.153	0.174	0.187	0.199	0.217	13	12	13	15	14	广东
南平	0.145	0.162	0.187	0.201	0.216	14	15	14	14	15	福建
宁德	0.132	0.143	0.171	0.187	0.200	18	18	18	17	16	福建
揭阳	0.143	0.161	0.177	0.191	0.197	15	16	16	16	17	广东
抚州	0.121	0.132	0.157	0.179	0.190	19	19	19	18	18	江西
潮州	0.139	0.158	0.172	0.178	0.185	16	17	17	19	19	广东
鹰潭	0.104	0.113	0.133	0.147	0.170	20	20	20	20	20	江西

注:各年发展报告中的发展指数数值不具有可比性(各年计算中的权重不同),同一年的数值可比。

可以看出,2010—2014年海西区各地区发展指数均有所增长,综合指数得分增加,但排序有所变动。具体来说,厦门、福州、温州、泉州和汕头,自2010年以来,一直稳居前五;赣州、上饶和宁德发展较为迅速,综合指数排名上升;漳州、丽水、三明和潮州,发展相对趋缓,综合指数排名略有下降;梅州、南平和揭阳综合指数排名波动中略有提升;抚州、莆田、衢州综合指数排名波动中略有下降;龙岩和鹰潭综合指数总体提升迅速,但近两年趋缓,排名没有变动。

(二)实证结果分析

2010年以来,海西区以较快的速度发展,综合实力得到较为明显的提升。

不仅经济保持较快增长,收入增长显著,地区产业结构也都有不同程度的调整和优化,而且在社会、文化科技和生态环境方面,经过近年来的不断改进,也取得了不同程度的进步。

三、自贸区下的海西区各城市经济社会综合发展分析

2010年以来,海西区在经济、资源、社会和环境方面都取得了不同程度的发展,综合实力得到较为明显的提升。尤其是在经济方面发展最为迅速,无论是生产能力、收入水平还是消费水平和消费结构、对外贸易等都增长较快,规模和总量都得到明显提升。具体表现在:

1. 海西区各城市增长较为迅速,综合发展指数不断增大,综合实力明显提升

2010—2014年,海西区各城市的综合指数均有不同程度的提高。从排名第一的厦门到排名最后的鹰潭,其发展指数均在增长。以厦门为例,2010年发展指数为0.637,2014年增长到0.755;鹰潭的发展指数也从2010年的0.104增长到2014年的0.170。

图1是海西区各城市2010年、2012年和2014年综合发展指数趋势图。从图中可以看出,2010年,各城市发展指数相对较低,除厦门外,其他城市的得分均在0.5以下;2014年,厦门、福州、温州和泉州的指数得分均超过0.5,其他城市的得分虽然在0.5以下,但相对于2010年均有所提升。综合评价指标值上升均较为显著,说明经济基础水平和综合实力均得到提升。

分城市来看,2010—2014年,厦门、福州、温州和泉州的综合发展指数提升较为迅速,尤其是泉州,增加了0.17,在所有城市中提升最快。这六个城市在总体发展水平上一直处于海西区领先水平。通过对一级指标分类内的指标的进一步研究发现,前六名的排名与一级指标下的经济与生产指标相关度较高,这也和其经济与生产指标的权重相呼应。上饶、赣州、鹰潭和莆田的发展较为迅速,综合指数虽然不高,但上升较为迅速,综合指数增长率达到60%。这些城市虽然2010年综合指数值较低,但近年来,总体发展较快,特别是经济增长较为迅速,使得其综合指数得到较大提升。其余城市各有不同程度的发展。

可以说,近年来海西区在经济、资源、社会和环境方面都得到了不同程度的发展,综合指数逐年递增,综合实力不断加强。

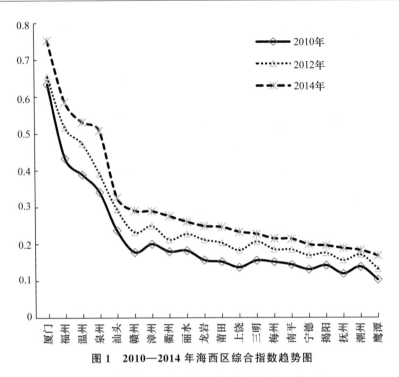

图 1　2010—2014 年海西区综合指数趋势图

2. 海西区各地区发展差距较为明显,发展速度各不相同

(1) 海西区各地区发展差距明显,区域经济一体化进程略显不足

从综合评价结果来看,海西区各地区的发展程度各不相同。厦门、福州、温

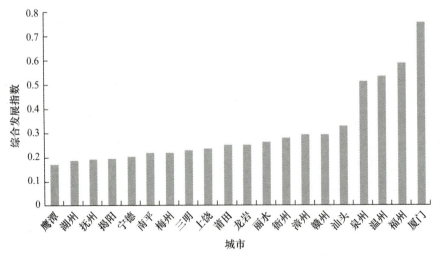

图 2　2014 年海西区各城市综合发展指数

州、泉州发展得较好,综合发展指数遥遥领先于其他城市。以 2014 年为例,厦门市综合指数最高,达到 0.75,是鹰潭的 4.4 倍,也比福州、温州和泉州至少高了 0.2(详见图 2)。在排名前四的城市中,厦门的 GDP 总量虽然低于泉州、福州和温州,但其人均 GDP 远远高于这三个城市,其他指标也较好。

从图 2 可以看出,2014 年,鹰潭、潮州、抚州和揭阳的综合指数均低于 0.2,远远低于厦门等城市。考察上述城市的经济可以发现,上述四个城市的 GDP 总量较小。2014 年,鹰潭 GDP 总量在海西区中最低,仅有 60.7 亿元,仅为海西区 GDP 总量最多的泉州 GDP 的 10.6%(2014 年泉州 GDP 总量为 573.4 亿元)。潮州、揭阳和抚州的人均 GDP 也相对较低,2014 年人均 GDP 分别为 3.1 万元、3 万元和 2.6 万元,远低于厦门人均 GDP 8.6 万元的水平。

此外,2010—2014 年,海西区各城市的发展和增长速度也不相同。从速度指标来看,部分得分排名在中下游的城市近年来获得了较大的发展,这些城市在经济、社会、环境等方面发展速度较快,但由于其经济发展起点相对较低,综合发展水平还比较低。例如,赣州的综合实力增长要比汕头强劲,汕头在前 6 个城市中增长较为缓慢,但由于其经济发展的初始水平相对较高,使得其排名仍然处于前列。

可以说,海西区各城市综合水平的起点参差不齐,有地缘因素的影响,也有资源因素的影响。大部分综合水平起点较高的城市,在后续发展中都表现出一定的优越性。同时,这一评价结果也反映了海西区的发展水平——海西区各地区综合发展差距还比较大,区域经济一体化仍需进一步加强。

(2) 海西区各城市在发展优势上各不相同,区域合作有上升空间

海西区各城市的发展水平和发展速度各有不同,从而使得各城市发展程度高低不同,差距较明显。本专题用相同的方法进行了分模块评价。从分模块评价的结果来看,各城市的发展优势则更明显。

从第一模块来看,第一主成分主要反映的是各城市的综合经济实力。排名在前的厦门、福州、温州和泉州的经济生产优势明显,其生产规模、经济、外贸和收入水平(无论人均 GDP 还是人均可支配收入等)都远远高于其他城市,抚州、揭阳、梅州和赣州排在最后几位,也是因为其经济发展总量水平较低。但是从这一模块第三成分(主要反映经济增长速度)的排名来看,鹰潭、泉州、莆田、三明和揭阳等城市得分较高,这完全是经济增长率较高的缘故;而梅州、温州等地的得分反而相对靠后;第二成分(反映投资方面)中,厦门、梅州、汕头和潮州排名落后,龙岩、三明和福州的排名则较为靠前,说明投资增长较快。

从第二模块来看,厦门、福州、温州和泉州的资源优势较明显;鹰潭、南平、

梅州等城市的资源要素相对较差。这些资源优势主要体现在环境相对较好,科技和教育投入较多,有相对宽松的金融环境。

在第三模块的社会要素得分上,厦门、温州、福州、泉州、汕头和赣州优势明显;鹰潭、南平、宁德、三明、抚州、丽水则相对处于劣势,这些城市在能源消费、通信、交通、环境、医疗等设施及社会保障支出等社会发展指标上相差较大。

从第四模块来看,泉州、漳州、龙岩等城市在环境、城镇化率和人口方面有其发展优势;汕头、揭阳、潮州等城市的能耗、废水排放达标率较差。其中,泉州、漳州的生活垃圾无害化处理率较高,衢州的人口自然增长率较低,漳州的工业固体废物综合利用率和废水排放状况较好、生活无害化处理率和污水处理率也较高,上饶的工业固体废物综合利用率相对较低;城镇化率方面,厦门、汕头、福州、温州的城镇化率较高,抚州、赣州和上饶的城镇化率较低;宁德、南平和汕头在环境治理方面稍有欠缺,泉州、三明和福州的工业废气排放量居于前列,潮州、莆田和厦门的工业废气排放量较少,不超过20千吨。

综合各模块分析结果,海西区各城市在经济方面发展最为迅速,在基础设施、信息化水平和金融资源等资源方面以及环境方面,也都增长较快。但是在社会保障和社会救济覆盖的广度、深度及医疗卫生水平等社会方面,以及人力资源、教育科技投入等方面还有所不足,应该更进一步提高。

四、"一带一路"战略下海西区各城市综合发展策略研究

"一带一路"是一个宏伟的战略构想,需要兼顾内外统筹和海陆统筹,需要各方通力合作、携手同行。2014年12月,福建省申请自由贸易试验区。2015年3月,中共中央政治局审议通过广东、天津和福建自由贸易试验区的总体方案。福建、广东自由贸易试验区的设立,给海西区注入新的内容、带来新的机遇,同时也为海西区融入"一带一路"发展战略带来了创新的活力和机遇。

1. 福建省综合发展策略分析

通过前面的分析可以看出,福建省各城市在海西区发展中有较大的优势。福州、厦门、泉州在福建省乃至整个海西区都处于领先的地位。在自贸区发展和"一带一路"战略中,它们更应该发挥核心城市的带动作用,利用对台优势,通过加大对台经济、贸易、投资、金融合作,利用其环境和资源优势,带动旅游业的发展,以促进福建省及海西区的发展。大力发展港口经济,以福州和厦门为主要港口,辐射泉州、莆田、漳州和宁德等地区性港口,实现海陆对接。同时,以福

州、厦门、泉州为核心城市,大力推进文化旅游和生态旅游;进一步利用其科技人才优势,实现有效投资和技术改造升级,发展创新产业园。

值得一提的是,福建省各城市在发展中各有不足。以厦门为例,尽管厦门优势明显,但近两年,其经济增长速度明显趋缓,投资对经济的拉动作用减弱,固定资产投资增速放缓,生产中 GDP 能耗相对较高,等等。福建省各城市应该在发展优势的同时,注意改进其不足的地方,实现城市的综合发展。

2. 广东汕头、潮州、揭阳和梅州综合发展策略

广东自贸区立足于内地,与港澳经济深度融合,以制度创新促发展为核心,以深化粤港澳合作为重点,从而成为"21世纪海上丝绸之路"的重要枢纽和全国新一轮改革开放的先行地,也为汕头、潮州、揭阳和梅州四市的发展迎来新的机遇。

从前述分析可以看出,汕头是四个城市中发展指数较高的城市,其经济发展基础较好,但是近年来,经济增长速度下滑,人均 GDP 也较低,尤其是金融资产相对弱势。因此,汕头应该在"一带一路"战略下,改进其生态环境,促进其金融和外贸的发展与转型,以此作为其综合发展的重要推动力量,尤其是探索金融合作的新模式;借助广东自贸区的辐射作用,加强与深圳、香港及东南亚的贸易往来,借助福建自贸区和海西区发展战略,促进与台湾产业的合作交流,以实现经济的第二次发展。

相对而言,潮州、揭阳和梅州由于生产规模、经济、自然资源等总量较少,在综合分析中并不占优势。但是,近几年这些城市的增长速度较快,如果能够把握"一带一路"的战略机遇,促进产业升级,加大科技和教育的投资,提高劳动生产率,就能够实现经济社会的快速发展。

总的来说,广东省的这四个城市在经济和社会的发展上都有较大的提升空间,应该充分发挥自身的特点和优势,以创新机制体制为前提,制定有针对性的措施和策略,主动承接两大自贸区的辐射,实现经济和社会的全面发展。

3. 浙江温州、丽水和衢州综合发展策略

温州的经济总量居于海西区首位。总体上,相比其他省份,应该说浙江省这三个城市的经济发展水平处于中等,人均 GDP 相对较高,信贷规模都比较大,贷款环境相对宽松。但是近年来,包括温州在内,产业转型力度不够,第三产业发展略显不足。因此,温州、丽水和衢州可以借助福建和上海自贸区的辐射作用,继续发挥其优势,在促进经济增长的基础上,改进金融制度,控制金融风险,进一步提升对外开放的水平,将中国的生产要素,尤其是优质的过剩产能

输送出去,让沿"带"沿"路"的发展中国家和地区共享中国发展的成果。

4. 江西赣州、上饶、抚州和鹰潭综合发展策略

江西是全国唯一毗邻长三角、珠三角和海西区的省份,具有承东启西、连接南北的独特区位优势。尽管经济发展水平相对较低,但在国家自贸区发展战略、"一带一路"战略的背景下,江西有其新的发展机遇,江西各城市应该寻求合适的发展战略,积极参与相关建设,以谋求新的发展。

具体来说,赣州的经济社会综合发展水平较高,上饶次之,鹰潭和抚州则相对处于劣势。这四个城市的经济和物质生产发展水平起点相对较低,人均GDP仍处于较低水平,劳动生产率也较低,三次产业结构不尽合理。但是近年来,四个城市的经济增长速度相对较高,尤其是鹰潭。因此,这四个城市在海西区经济发展中,应该更加注重经济的增长,不断优化产业结果,加强与福建、广东和浙江等省市的亲密合作,完善社会与法制建设,开放金融体制,使其贸易和投资更加开放、自由。

此外,这四个城市在海西区内属于资源相对匮乏的城市。尽管鹰潭总体的资源要素不高,但其在教育和技术要素上的得分并不低。相较而言,抚州则在资源要素上都较弱;在第三模块排名中,鹰潭处于最后一名,赣州和上饶处在相对中间的位置。因此,在自贸区背景下,江西省的这四个城市应该继续加强交通设施建设、提升城乡便利设施水平,不断增加教育科技投入,降低能耗水平,增强自身的综合实力。

总之,"一带一路"建设,是构建中国全方位开放新格局的必然要求。海西区有着得天独厚的地理优势,应该扬长避短,为"一带一路"建设贡献力量。与此同时,借助"一带一路"战略与中国自贸区战略,注重产业创新、金融创新,在加快基础建设的同时,完善法律和监管,以扩大开放倒逼深层次改革,创新开放型经济体制机制,加大科技创新力度,形成参与和引领国际合作竞争的新优势,成为"一带一路"特别是"21世纪海上丝绸之路"建设的排头兵和主力军。

参 考 文 献

专题一　台湾花卉产业集群研究

[1] 郭能祯.当公路花园不再传统——转型中的花卉园艺产业[J].台湾花卉园艺月刊,2004(198).
[2] 林德福,刘昭吟.越界产销网络中农业区域的新挑战——以台湾花卉产业发展为例[J].台湾大学建筑与城乡研究学报,2004(3).
[3] 台湾"农产统计要览".http://stat.coa.gov.tw/
[4] 台湾"财政部"关税总局资料.http://web.customs.gov.tw/mp.asp?mp＝1
[5] 台湾"行政院农委会"2009年统计年报.http://www.coa.gov.tw/agriculture_file/info_agri.htm#
[6] 陈文德.台湾花卉产业之发展与走向[C]."行政院农委会农粮署"2009年花卉健康管理研讨会.
[7] 台湾花卉发展协会主页.http://www.tfda.org.tw/ http://www.tfda.org.tw/
[8] 台湾花卉输出同业公会主页.http://tfea-cn.tfea.org.tw/front/bin/home.phtml
[9] 台湾花卉运销合作社主页.http://www.tfmc.com.tw/aboutme.php
[10] 刘金清.15亿元国际兰展接单创新高[N].联合报,2007-03-21.
[11] 钟国成.台湾花卉产业发展现况与趋势[J].农业生技产业季刊,2006(5).

专题二　厦门小微文化企业发展的若干思考

[1] 陈少峰,张立波,王建平.中国文化企业报告[M].清华大学出版社,2015.

[2] 许晓昱.小微企业融资困境与对策研究[D].武汉工程大学硕士论文,2013.

[3] 阮东阳.厦门中小微企业人力资源管理现状和对策[J].经管视线,2013(17).

专题三 "一带一路"下福建自贸区跨境电商供应链的发展探析

[1] 2015—2016 京东全球购消费白皮书[EB/OL].2016.

[2] 叶春明,马慧民,李丹,柳毅.BP 神经网络在供应链绩效评价中的应用研究[J].工业工程与管理.2005(5).

[3] 薛薇.基于 SPSS 的数据分析(第三版)[M].中国人民大学出版社,2014.

[4] http://www.chinadaily.com.cn/hqcj/zxqxb/2015-09-01/content_14154398.html

[5] http://www.fujian.gov.cn/zc/zwgk/zxwj/szfwj/201508/t20150827_1057039.htm

[6] 林晓伟,李非.福建自贸区建设现状及战略思考[J].国际经贸,2015(11).

[7] 吴振坤,张毅,李栋文.我国自贸区发展策略选择与税收政策构想——兼论福建自贸区发展策略[J].人文社会科学版,2015(1).

[8] http://baike.baidu.com/link?url=dXEy7ujAOH4nHDZG1ZqSY6LhxAGkmj1IjJ5Ni37-X6qQEZc-K0zvY3--LrcMzQBV9Fy_52yVdv7em256ySxflK

[9] http://www.fiet.gov.cn/xxgk/swdt/syww/snyw/201509/t20150909_155079.htm

[10] http://www.china-fjftz.gov.cn/article/index/aid/4153.html

[11] http://csl.chinawuliu.com.cn/html/19888412.html

[12] http://news.xinhuanet.com/yzyd/local/20141106/c_1113143392.htm

专题四 厦门服务贸易发展现状与政策举措的研究

[1] 孙鹏.两岸服务贸易协议对两岸服务贸易的发展和促进作用[J].亚太经济,2015(1).

[2] 谢国娥.台湾地区服务贸易竞争力影响因素及其对策研究[J].世界经济研究,2016(2).

[3] 黄书炽.厦门软件产业发展的现状分析及建议[J].厦门科技,2004(4).

[4] 刘冬林.厦门软件和信息服务业的现状与发展思考[J].厦门特区党校学报,2004(3).

[5] 林坚.海峡西岸经济区承接台湾科技产业研究[C].厦门大学,2009.

[6] 李穆南.北京软件和信息服务业发展模式研究[C].首都经济贸易大学,2012.

[7] 尚玉英.上海服务贸易继续保持平稳增长势头[R].上海商务年鉴,2015.

[8] 王文佳.美国服务贸易发展对我国的启示[J].对外经贸,2014(2).

[9] 张敏,曾路.会展发展战略中的定位问题探讨——以厦门会展业为例[J].市场营销导刊,2007(2).

[10] 陈燕婷.服务业与旅游业的整合发展[J].地方经济,2015(2).

[11] 尚玉英.上海服务贸易继续保持平稳增长势头[R].上海商务年鉴,2015.

[12] 宋加强,王强.现代服务贸易国际竞争力影响因素研究——基于跨国面板数据[J].国际贸易问题,2014(2).

[13] 何伟,何忠伟.我国运输服务贸易逆差及其国际竞争力[J].国际贸易问题,2008(11).

[14] 商务部.国际服务贸易统计制度[D].2012-08-20.
[15] 朱超才.互联网背景下跨境电商人才培养策略[J].通化师范学院学报,2016,37(1).
[16] 龚红,许长江.基于两岸海运快件物流通路建设厦门跨境电子商务产业平台的研究[J].物流技术,2016,35(1).
[17] 李金龙.义乌跨境电商保税物流平台的探索[J].中国流通经济,2015(7).
[18] 许林.厦门市服务外包业发展现状和对策研究[J].发展研究,2008(8).
[19] 赵楠.印度发展服务外包探索[J].当代亚太,2007(3).
[20] 温小郑.借鉴国外经验发展的大连服务外包模式[J].2013,13(8).
[21] 谭力文.美欧日跨国公司离岸服务外包模式的比较研究及启示[J].中国软科学,2006(5).
[22] 徐婷.天津服务贸易发展特点及对策研究[J].天津商务学院学报,2015,3(3).
[23] 李津.促进天津服务贸易发展的政策建议[J].经济论坛,2014(3).
[24] 田欣.加快天津服务贸易发展[J].天津经济,2007(3).
[25] 郑雪春.关于加快杭州市现代服务业发展的思考[J].黑龙江对外经贸,2010(7).
[26] 朱超才.互联网背景下跨境电商人才培养策略[J].通化师范学院学报,2016,37(1).
[27] 联合国贸易与发展数据库.http://comtrade.un.org/
[28] 厦门市会展业公共信息服务平台.http://www.xmce.org/fzgk.asp
[29] 中国服务贸易指南网.http://tradeinservices.mofcom.gov.cn/
[30] 美国经济分析局.http://www.bea.gov/
[31] 新加坡统计局.http://www.singstat.gov.sg/
[32] 上海服务贸易网.http://www.sh-services.gov.cn/
[33] 深圳市服务贸易协会.http://www.szats.org.cn/

专题五　产业集聚对劳动生产率的影响——基于海西经济区的动态面板数据分析

[1] 陈燕武,楼燕妮.海西经济区产业结构和经济增长关系的面板数据模型研究[J].华侨大学学报(哲学社会科学版),2011(4).
[2] 陈燕武,周军,许丽忆.海西经济区市域城市化影响因素的空间效应研究[J].华侨大学学报(哲学社会科学版),2014(4).
[3] 程中华,张立柱.产业集聚与城市全要素生产率[J].中国科技论坛,2015(3).
[4] 范剑勇.产业集聚与地区间劳动生产率差异[J].经济研究,2006(11).
[5] 范剑勇,冯猛,李方文.产业集聚与企业全要素生产率[J].世界经济,2014(5).
[6] 胡埔赛.海西经济区产业结构研究[D].厦门大学,2014.
[7] 黄斯婕,张苹.生产性服务业集聚对城市生产率的影响:基于行业异质性视角[J].城市发展研究,2016(3).
[8] 金春雨,程浩.我国制造业空间集聚与制造业劳动生产率互动关系研究[J].经济纵横,2015(3).

[9] 柯善咨,姚德龙. 工业集聚与城市劳动生产率的因果关系和决定因素——中国城市的空间计量经济联立方程分析[J]. 数量经济技术经济研究,2008(12).

[10] 李慧敏. 空间集聚与全要素生产率增长:基于我国东部省份制造业数据的实证研究[J]. 时代金融,2014,4(下).

[11] 刘修岩. 集聚经济与劳动生产率:基于中国城市面板数据的实证研究[J]. 数量经济技术经济研究,2009(7).

[12] 刘修岩. 集聚经济、公共基础设施与劳动生产率——来自中国城市动态面板数据的证据[J]. 财经研究,2010(5).

[13] 孙浦阳,韩帅,许启钦. 产业集聚对劳动生产率的动态影响[J]. 世界经济,2013(3).

[14] 孙晓华,郭玉娇. 产业集聚提高了城市生产率吗?——城市规模视角下的门限回归分析[J]. 财经研究,2013(2).

[15] 童馨乐,杨向阳,陈媛. 中国服务业集聚的经济效应分析:基于劳动生产率视角[J]. 产业经济研究,2009(6).

[16] 王良举,陈甬军. 集聚的生产率效应——来自中国制定企业的经验证据[J]. 财经研究,2013(1).

[17] 杨丽,冯晓玮. 城市经济集聚对非农劳动生产率的影响——基于江苏省动态面板数据的分析[J]. 北方经贸,2015(10).

[18] Anselin, L. et al. Advances in Spatial Econometrics: Methodology, Tools and Applications [M]. Berlin, 2004.

[19] Arellano, M. and Bover, O. Another look at instrument variable estimation of error-components models[J]. Journal of Economics, 1995, 68(1).

[20] Baldwin, R. E. and Okubo, T. Heterogeneous firms, agglomeration and economic geography: Spatial selection and sorting[J]. Journal of Economic Geography, 2006, 6(3).

[21] Beaudry, C. and Schiffauerova, A. Who's right, Marshall or Jacobs? The localization versus urbanization debate[J]. Research Policy, 2008, 38(2).

[22] Brulhart, M. and Mathys, N. A. Sectoral agglomeration economics in a panel of european regions[J]. Regional Science and Urban Economics, 2008, 38(4).

[23] Christallwe, W. Die Zentralen Orte in Süddeutschland [M]. Jena, 1933.

[24] Ciccone, A. and R. E. Hall. Productivity and density of economic activity [J]. American Economic Review, 1996, 86(1).

[25] Ciccone, A. Agglomeration-effects in europe [J]. European Economic Review, 2002(46).

[26] Duranton, G. and D. Puga. Micro-Foundations of Urban Agglomeration Economies [M]. Handbook of Regional and Urban Economics, 2003.

[27] Fujita M., Krugman P. and Venables A. J. The Spatial Economy: Cities, Regions and International Trade[M]. MIT Press, 1999.

[28] Fujita, M. and Thisse, J. F. Economics of agglomeration [J]. Journal of Japanese and International Economics, 1996(10).

[29] Glaeser, E. L. Are cities dying? [J]. Journal of Economic Perspectives, 1999, 12(2).

[30] Henderson, V. J. Marshall's scale economics[J]. Journal of Urban Economics, 2003, 53(1).

[31] Sard, W. Location and Space Economy[M]. Technology Press and John Wiley, 1956.

[32] Johan Heinrich von Thuinen's. The Isolated State[M]. New York, Pergam on Press, 1966.

[33] Krugman, P. Increasing returns and economic geography [J]. Journal of Political Economy, 1991, 99(3).

[34] Losch, A. The nature of economic regions[J]. Southern Economic Journal (Pre-1986), 1938, 5(1).

[35] Marshall, A. Principles of Economics[M]. Napu Press, 1891.

[36] Sveikauskas, L. A. The productivities of cities[J]. Quarterly Journal of Economics, 1975(89).

[37] Weber, A. über den Standort der Industrien [M]. Tübingen, 1909.

专题六 海西自贸区之基础设施：现状、问题及对策

[1] 周雅珍,伍世代,付佳. 福建省高速公路网合理布局研究[J]. 吉林师范大学学报(自然科学版),2012(1).

[2] 郭光照,孙章. 海峡西岸经济区城市带轨道交通规划方案研究[J]. 城市轨道交通研究,2006(11).

[3] 张志南,李国榕. 海峡西岸经济区发展报告(2007)[M]. 社科文献出版社,2007.

[4] 林学斌,黄垠瑜,陈明. 福建铁路网建设进展报告[J]. 海峡科学,2007(1).

[5] 陈诚. 福建港口发展趋势与前景[J]. 港口经济,2014(10).

[6] 伍长南,黄继炜. 转变经济发展方式研究——以福建省为例[M]. 中国经济出版社,2010.

[7] 庄庆祥. 福建地热资源勘查研究[J]. 能源与环境,2015(1).

[8] 林国庆,林馨. 福建能源状况与电能产业发展战略探讨[J]. 福建电力与电工,2010(9).

[9] 韩晔. 潮汐能发电在福建电网的应用前景[J]. 湖南水利水电,2013(6).

[10] 福建省信息协会. 福建省信息化科学发展报告[J]. 海峡科学,2015(1).

专题七 福建省城市规模研究

[1] (英)霍华德著,金经元译. 明日的田园城市[M]. 商务印书馆,2010.

[2] Evans, A. W. A pure theory of city size in a industrial economy[J]. Urban Studies, 1972(9).

[3] Behrens, K., Y. Murata. City size and the Henry George Theorem under monopolistic competition[J]. Journal of Urban Economics,2009,65(2).

[4] Alonso, W. The economics of urban size[D]. Papers of the Regional Science Association,1971(26).

[5] Richaderson, H. W. Optimality in city size, systems of cities and urban policy: A sceptic's view[J]. Urban Studies,1972(9).

[6] Tolley,G. S. The well fare economics of city bigness[J]. Journal of Economic Theory,1974(3).

[7] Arnott, R. J. Optimal city size in a spatial economy[J]. Journal of Urban Economics,1980(6).

[8] Xiao-Ping Zheng. Measurement of optimal city sizes in Japan: A surplus function approach [J]. Urban Studies,2007(44).

[9] Yang,X., Hogbin,G. The optimal hierarchy[J]. China Economic Review,1990(2).

[10] Krugman,P. On the number and location of cities[J]. European Economic Review,1993(37).

[11] Capello Roberta,Camagni Roberto. Beyond optimal city size:An evaluation of alternative urban growth patterns[J]. Urban Studies,2000(9).

[12] 王小鲁,夏小林.优化城市规模推动经济增长[J].经济研究,1999(9).

[13] 茅于轼.城市规模的经济学[J].经济纵横,2000(12).

[14] 姚士谋,朱振国,Kamking.城市规模不能盲目求大[J].中国土地,2001(3).

[15] 金相郁.最优城市规模理论与实证分析:以中国三大直辖市为例[J].上海经济研究,2004(7).

[16] 张忠国,吕斌.市场经济条件下用经济分析的观点优化城市规模[J].经济地理,2005,25(2).

[17] 许抄军.基于可持续城市化的我国城市规模、体系及实现机制研究[D].湖南大学,2008.

[18] 谭锐.住房投资性需求与中国城市规模扩张——基于空间均衡模型的分析[J].经济评论,2013(5).

[19] 黄纯纯,张捷.城市基础设施建设对城市规模扩张的影响——基于城市化视角的实证研究[J].价格理论与实践,2014(9).

[20] 孙久文,张超磊,闫昊生.中国的城市规模过大吗——基于273个城市的实证分析[J].财经科学,2015(9).

专题八 福建省对外直接投资现状及发展趋势研究

[1] Dunning, J. H. Reappraising the eclectic paradigm in an age of alliance capitalism [J]. Journal of International Business Studies, 1995, 26(3).

[2] 李文溥,张明志.福建发展对外直接投资的基础条件分析[J].厦门大学学报,2001(3).

[3] 李鸿阶,苟茂兰.福建省对外直接投资发展及其政策选择[J].亚太经济,2014(6).

[4] 福建省人民政府门户网.福建省人民政府关于印发中国(福建)自由贸易试验区产业发展规划(2015—2019年)的通知[EB/OL]. http://www.fujian.gov.cn/zc/zwgk/ghxx/zxgh/201508/t20150827_1057136

专题九 "一带一路"战略下福建省的对外投资选择

[1] 李鸿阶,苟茂兰,张旭华.福建省对外直接投资发展及其政策选择[J].亚太经济,2014(6).

[2] 黄端.福建参与"一带一路"建设的地位、作用及相关建议[J].福建理论学习,2014(8).

[3] 黄继炜.发挥福建优势,融入"一带一路"建设[J].福建论坛(人文社会科学版),2015(5).

[4] 福建省人民政府发展研究中心课题组林文生,黄端,林坚强,陈俊艺.福建建设21世纪海上丝绸之路核心区的研究报告[J].发展研究,2015(6).

[5] 黄安.福建融入海上丝绸之路建设的思考[J].亚太经济,2014(5).

专题十一 基于Metafrontier-SFA模型的股票市场效率比较研究:来自海峡两岸股市数据的实证分析

[1] 蔡芳梅.东亚地区商业银行之经营效率——三阶段DEA及Metafrontier模型之应用[D].南华大学,2008.

[2] 陈谷劦,杨浩彦.共同边界Malmquist生产力指数的延伸:跨国总体资料的实证分析[M].台湾大学出版社,2008.

[3] 陈旭,卢鸿.中国B股市场效率:理论、经验分析与成因解说[J].世界经济,2001(3).

[4] 戴淑庚,廖家玲.海峡两岸银行业效率比较研究[J].国际金融研究,2012(10).

[5] 邓兆明,范伟.我国证券市场融资效率实证研究[J].国际金融研究,2001(10).

[6] 范学俊.金融政策与资本配置效率——1992—2005年中国的实证[J].数量经济技术经济研究,2008(2).

[7] 郭显光,易晓文.中国股票市场的效率性分析[J].数量经济技术经济研究,1999(8).

[8] 韩立岩,蔡红艳.我国资本配置效率及其与金融市场关系评价研究[J].管理世界,2002(1).

[9] 何枫,陈荣.基于SFA测度的企业效率对企业绩效与企业价值的影响[J].金融研究,2008(9).

[10] 靳云汇,李学.中国证券市场半强式有效性检验——买壳上市分析[J].金融研究,2000(1).

[11] 李兰冰,胡均立,黄国彰.海峡两岸证券业经营效率比较研究:基于Metafrontier方法[J].当代经济科学,2011(33).

[12] 刘占涛.中国证券市场低效率的原因及对策研究[J].兰州大学学报(社会科学版),1999(27).

[13] 欧吉虎,林坦.海峡两岸通信产业经营效率比较研究——基于Metafrontier与DEA模

型[J].中国城市经济,2011(12).

[14] 宋文兵.关于融资方式需要澄清的几个问题[J].金融研究,1998(1).

[15] 宋增基,张宗益.上市公司融资效率实证分析[J].商业研究,2003(5).

[16] 唐齐鸣,叶俊.中国证券市场内在效率的测定及实证分析[J].经济管理,2002(12).

[17] 魏开文.中小企业融资效率模糊分析[J].金融研究,2001(6).

[18] 魏煜,王丽.中国商业银行效率研究——一种非参数的分析[J].金融研究,2000(3).

[19] 解保华,马征,高荣兴.中国股票市场有效性实证检验[J].数量经济技术经济研究,2002(8).

[20] 颜晁平,张静文.银行业成本效率之研究——共同边界函数应用[D].玄奘大学,2009.

[21] 易荣华,达庆利.市场效率计量方法及我国证券市场效率实证研究[J].中国软科学,2004(3).

[22] 曾康霖.怎样看待直接融资与间接融资[J].金融研究,1993(5).

[23] 张健华.我国商业银行效率研究的DEA方法及1997—2001年效率的实证分析[J].金融研究,2003(3).

[24] 左正强,张永任.我国A股市场资源配置效率分析[J].山西财经大学学报,2011(33).

[25] Brian, A. D. The economics of financial system[J]. New Zealand Economic Papers, 1982(16).

[26] Aigner, D. J. and Loverll, C. A. K., Schmidt, P. Formulation and estimation of stochastic frontier production function models[J]. Journal of Econometrics, 1977(6).

[27] Andrew Bynum, Managerial discretion and optional financing policies[J]. Journal of Financial Economics, 1990(8).

[28] Chan, K. C., B. E. Gup and Ming-Shiun Pan, An empirical analysis of stock prices in major Asian markets and the United States[J]. The Financial Review, 1992(27).

[29] Christopher, J. O'Donnell, D. S. Prasada Rao and George E. Battese, Metafrontier frameworks for the study of firm-level efficiencies and technology ratios[J]. Empirical Economics, 2007(34).

[30] Coelli and T. J. A guide to FRONTIER Version 4.1:A computer program for stochastic frontier production and cost function estimation[D]. CEPA Working Paper, 1996(7).

[31] Coelli and T. J. A guide to DEAP version 2.1:A data envelopment analysit (Computer Program)[D]. CEPA Working Paper, 1996(8).

[32] D. S. Prasada Rao, Christopher J. O'Donnell and George E. Battese, Metafrontier functions for the study of interregional productivity differences[D]. CEPA Working Paper Series, 2003(33).

[33] Fama, E. F. Efficient capital markets:A review of theory and empirical work[J]. Journal of Finance, 1970(25).

[34] Fare, R. and D. Primont. Multi-Output, Production and Duality: Theory and Application

[M]. Kluwer Academic Publishers, 1995.

[35] G. E. Battese and G. S. Corra. Estimation of a production frontier model: With application to the pastoral zone of eastern Australia[J]. Australian Journal of Agricultural Economics, 1977(3).

[36] G. E. Battese, T. J. Coelli and T. C. Colby. Estimation of frontier production functions and the efficiencies of Indian farms using panel data from ICRISAT's village level studies [J]. Journal of Quantitative Economics, 1989(33).

[37] G. E. Battese and T. J. Coelli, Frontier production functions, technical efficiency and panel data: With application to paddy farmers in India[J]. Journal of Productivity Analysis, 1992(3).

[38] G. E. Battese and T. J. Coelli. A Model for technical inefficiency effects in a stochastic frontier production function for panel data[J]. Empirical Economics, 1995(20).

[39] George E. Battese and D. S. Prasada Rao. Technology gap, efficiency, and a stochastic metafrontier function[J]. International Journal of Business and Economics, 2002(1).

[40] George E. Battese, D. S. Prasada Rao and Christopher J. O'Donnell. A metafrontier production function for estimation of technical efficiencies and technology gaps for firms operating under different technologies[J]. Journal of Productivity Analysis, 2004(21).

[41] Groenewold, N. and M. Ariff. The effects of de-regulation on share-market efficiency in the Asia-Pacific[J]. International Economic Journal, 1998(12).

[42] Hayami, Y. Sources of agricultural productivity gap among selected countries[J]. American Jouranl of Agricultural Economics, 1969(51).

[43] Hayami, Y. and V. W. Ruttan. Agricultural productivity differences among countries [J]. American Economic Review, 1970(60).

[44] Jeffery Wurgler. Financial markets and allocation of capital[J]. American Economic Review, 2000(58).

[45] Lau, L. J. and P. A. Yotopoulos. The meta-production function approach to technological change in world agriculture[J]. Journal of Development Economics, 1989(31).

[46] Louis Bachelier. The Theory of Speculation[M]. University of Paris, 1900.

[47] Lung-fei Lee. Asymptotic distribution of the maxmum likelihood estimator for a stochastic frontier function model with a singular information matrix[D]. CREST Working Paper, 1992(1).

[48] Meeusen, W. and Van Den Broeck, J. Efficiency estimation from Cobb-Douglas production functions with composed error[J]. International Economic Review, 1977(18).

[49] M. F. M. Osborne. Brownian motion in the stock market[J]. Operations Research, 1958 (3).

[50] Mundlak, Y. and R. Hellinghausen. The intercountry agricultural production function:

Another view[J]. American Journal of Agricultural Economics, 1982(64).

[51] Olowe, R. A. Weak form efficiency of the Nigerian stock market: Further evidence[J]. African Development Review, 1999(1).

[52] Philippe Aghion and Patrick Bolton. An incomplete contracts approach to financial contracting[J]. The Review of Economic Studies, 1992(3).

[53] Richard R. West. On the difference between internal and external market efficiency[J]. Financial Analysts Journal, 1975(31).

[54] R. I. Robinson and D. Whiteman. Financial Market: The Accumulation and Aollocation of Wealth[M]. Iwill Publisher, 1974.

[55] Rodolfo Q. Aquino. Allocative efficiency of the Phillippine stock market[D]. Working Paper, 2006(6).

[56] Sayuri Shirai. Testing the three roles of equity markets in developing countries: The case of China[J]. World Development, 2004(32).

[57] Tim Coelli. Finite sample properties of stochastic frontier estimators and associated test statistics[D]. Working Paper, 1993(70).

[58] Tobin, James. A general equilibrium approach to monetary theory[J]. Journal of Money, Credit, and Banking, 1969(11).

[59] Wilton Norman Chamberlain. Conflict management in the entrepreneur-venture capitalist relationship: An international comparative study[D]. Working Paper, 2000(5).

专题十二 厦门自贸片区境外股权投资及离岸金融业务税收政策研究

[1] 国务院.中国（福建）自由贸易试验区总体方案[D].2015.

[2] 财政部,国家税务总局,商务部.关于示范城市离岸服务外包业务免征营业税的通知[D].2010.

[3] 贺伟跃,刘芳雄.促进上海自贸区离岸金融业务发展的税收优惠政策刍议[J].税务研究,2015（8）.

[4] 贺伟跃,陈虎.上海自贸区离岸金融业务税收政策初探[J].税务研究,2014（9）.

[5] 户晗.关于我国（上海）自贸区税收政策的探究[J].新经济,2015（7）.

[6] 余茜文.上海自贸区离岸金融市场税收政策研究[J].中国市场,2014（18）.

[7] 陈静.打造自贸区离岸金融中心[J].金融博览,2014（3）.

[8] 辛浩,王韬,冯鹏熙.商业银行税制影响的国际比较和实证研究[J].国际金融研究,2007（12）.

[9] 中国人民银行.离岸银行业务管理办法[D].1997.

[10] 国家外汇管理局.离岸银行业务管理办法实施细则[D].1998.

[11] 许静.上海自由贸易区促进投资的税收政策研究[D].西南财经大学,2014.

专题十三 福建省工业园区发展研究

[1] 何寿奎,贺勇,吕俊娜.工业园区融资瓶颈破解途径与治理——以重庆市为例[J].企业经

济,2016(6).
[2] 黄岚.福建工业园区发展情况调查[J].中国国情国力,2015(3).
[3] 邱伟杰.工业服务中心布局研究——以厦门火炬(翔安)产业区为例[J].福建建材,2014(11).
[4] 石进平.台湾科技园区管理模式分析及对厦门火炬高新区的借鉴意义[J].现代营销(下旬刊),2015(6).
[5] 吴子东,潘力方,温金辉,等.龙头企业推动厦门经济转型升级的分析与思考[J].厦门特区党校学报,2015(2).
[6] 徐家洪.承接产业转移园区产业链培育研究[J].区域经济评论,2014(5).
[7] 厦门海沧台商投资区. http://fj. zhaoshang. net/yuanqu/detail/2322/intro,2015年8月5日.
[8] 河北省人民政府.河北省人民政府关于大力推进开发区节约集约用地提高土地利用效率的意见. http://www. hebei. gov. cn/hebei/12586337/12586698/12848241/index. html,2015年8月5日.

专题十四　闽台合作黄金市场的模式研究

[1] World Gold Council. Gold Demand Trends Q2 2016[D].
[2] World Gold Council. The Ups and Downs of Gold Recycling[D].
[3] World Gold Council. China's Gold Market: Progress and Prospects[D].
[4] 上海黄金交易所.上海黄金交易所上海金集中定价交易业务规则[D].2016.
[5] 上海黄金交易所.上海黄金交易所现货交易规则[D].2014.
[6] 上海黄金交易所.上海黄金交易所保管库管理办法[D].2014.
[7] 台湾银行2015年年报.

专题十五　自贸区和"一带一路"背景下两岸金融服务贸易自由化问题研究

[1] 胡文骏.后ECFA时代两岸金融与两岸贸易投资的关系——基于VAR-VEC模型的实证分析[J].台湾研究集刊,2015(2).
[2] 叶木凯,王应涛.海峡两岸市场准入和行为规范比较研究[J].中国工商管理研究,2015(4).
[3] 周晓田,刘峥,巩伟.金融服务国际贸易壁垒对中国金融服务国际贸易的影响[J].财经界,2015(23).
[4] 吴湧超.探讨海峡两岸货币流通趋势与合作思路[J].海南金融,2009(10).
[5] 王德发,刘畅.海峡两岸中小企业融资体系比较与借鉴[J].财会通讯:综合(中),2015(4).
[6] 王郁.中国—东盟自由贸易区金融服务贸易自由初探[J].企业技术开发(中旬刊),2013,32(11).
[7] 陈秋荣.海峡两岸金融服务贸易自由化展望及法律规制之调整[J].海峡法学,2011(2).
[8] 连有.关于我国金融服务贸易自由化的问题研究[J].商场现代化,2012(21).

［9］王青青,段元萍.我国金融服务贸易自由化与经济增长的关系研究[J].改革与开放,2014 (22).

［10］吴涌超.海峡两岸金融服务贸易比较研究[J].福建金融,2009(10).

专题十六　自贸区背景下厦门离岸金融模式选择及对策建议

［1］巴曙松,郭云钊.离岸金融市场发展研究——国际趋势与中国路径[M].北京大学出版社,2006.

［2］廖昌开.离岸金融业务[M].中国金融出版社,1998.

［3］连平.离岸金融研究[M].中国金融出版社,2002.

［4］周鑫,杨秋媛,蔡舒娴,李哲伟.厦门市海西离岸金融中心的构建研究[J].时代金融,2013 (11).

［5］国家外汇管理局厦门市分局课题组.厦门建设对台离岸金融市场之可行性及安排[J].福建金融,2012(9).

［6］管涛.自贸区红利:金融开放试点的意义与影响[J].新金融,2014(2).

［7］汪川,刘佳骏.借鉴国际银行设施(IBF)模式建设上海自贸区离岸金融中心[J].上海金融,2014(6).

［8］王建文.发展对台离岸金融构建两岸区域性金融服务中心[J].金融经济,2012(2).

［9］鲁国强.国际离岸金融市场的监管研究[J].首都经济贸易大学学报,2008(3).

［10］高宇,董静,高进辉.构建天津滨海新区离岸金融市场的模式选择[J].哈尔滨金融高等专科学校学报,2009(2).

［11］杨秀梅.论我国离岸金融市场的法律监管[J].法制与社会,2014(1).

［12］杨承亮.日本离岸金融市场发展对上海自贸区的启示[J].中国外汇,2013(8).

专题十七　新政对福建省跨境电商的影响及政策建议

［1］程宇,陈明森.福建跨境电子商务发展机遇与对策[J].亚太经济,2014(5).

［2］李孟哲.跨境电商税收新政影响及对策分析[J].税务管理,2016(5).

［3］王外连,王明宇,刘淑贞.中国跨境电子商务的现状分析及建议[J].观察,2013(9).

［4］林霞.平潭正式获批跨境电商保税进口试点城市[EB/OL].http://www.pingtan.gov.cn/,2016-01-22.

［5］王建文.推进福建自贸试验区跨境电商发展[N].福建日报,2016-07-25.

［6］陈定.上海跨境电商高速发展销售额同比激增 10.2 倍[N].经济参考报.http://www.fj.xinhuanet.com/2016-02/03/c_1117985581.htm

［7］跨境电商再获政策助力 B2B 或成主流[N].中国新闻网.http://www.fj.xinhuanet.com/2016-01/08/c_1117985461.htm

［8］跨境电商的现状与未来［N］. http://www.fj.xinhuanet.com/2016-02/04/c_1117996205.htm

[9] "新政"下的跨境电商:痛并快乐着?[N].中工网—工人日报.http://www.ebrun.com/20160615/179613.shtml? eb=com_dtl_lcol_xgyd

专题十八　海西区旅游产业集群研究

[1] 谭乐宁.桂林旅游产业集群化发展研究[D].广西师范大学,2008.

[2] Majewska, J. Inter-regional agglomeration effects in tourism in Poland[J]. Tourism Geographies,2015,17(3).

[3] Yang, Y., Fik, T. Spatial effects in regional tourism growth[J]. Annals of Tourism Research,2014.

[4] 李光坚.旅游概论[M].高等教育出版社,1997.

[5] 宋振春,陈方英,李瑞芬.对旅游业的再认识——兼与张涛先生商榷[J].旅游学刊,2004,19(2).

[6] 尹贻梅,刘志高.旅游产业集群存在的条件及效应探讨[J].地理与地理信息科学,2006(6).

[7] 邓冰,俞曦,吴必虎.旅游产业的集聚及其影响因素初探[J].桂林旅游高等专科学校学报,2004(6).

[8] 李娜.旅游产业集群模式与发展研究——以陕西省旅游产业集群发展为例[D].陕西师范大学,2007.

[9] 庄军.旅游产业集群研究[D].华中师范大学,2005.

[10] 杜宇.基于产业集群理论的山西省旅游产业发展研究[D].山西大学,2006.

[11] 刘佳,赵金金,张广海.中国旅游产业集聚与旅游经济增长关系的空间计量分析[J].经济地理,2013(4).

[12] 赵金金.中国沿海地区旅游产业结构与产业集聚的空间关联与协调发展研究[D].中国海洋大学,2014.

[13] 崔蓉,刘华军.中国旅游产业集聚的空间计量分析——基于2000—2013年中国省际数据的实证研究[J].经济与管理评论,2015(5).

[14] 李斌.论海峡西岸经济区文化旅游产业的发展[D].福建师范大学,2008.

[15] 吴晓玲,林升梁.海西经济区红色旅游品牌传播研究[J].东南传播,2012(3).

[16] 沈文馥.面向海西旅游产业发展的高职教育研究[D].天津大学,2009.

[17] 李艺玲.海峡西岸经济区旅游产业竞争力提升研究[J].长江大学学报(社会科学版),2013(8).

[18] 郑伟民,魏和清.基于海西旅游区的福建土楼旅游开发研究[J].泉州师范学院学报,2011(4).

[19] 梁东,汪朝阳.产业集群定量测度方法轨迹分析[J].科技进步与对策,2006(12).

[20] 张松林,张昆.全局空间自相关Moran指数和G系数对比研究[J].中山大学学报(自然科学版),2007(4).

[21] Anselin, L. Spatial Econometrics: Methods and Models[M]. Springer Netherlands, 1988.

[22] Anselin, L. Local indicators of spatial association—LISA[J]. Geographical Analysis, 1995,2(27).

[23] 宋慧林,宋海岩.中国旅游创新与旅游经济增长关系研究——基于空间面板数据模型[J].旅游科学,2011(2).

[24] Pace, R. K., LeSage, J. P. Introduction to Spatial Econometrics[M]. CRC Press, 2009.

[25] Elhorst, J. P. Spatial Econometrics[M]. Springer Berlin Heidelberg, 2014.

[26] Yang, Y. Agglomeration density and tourism development in China: An empirical research based on dynamic panel data model[J]. Tourism Management, 2012,33(6).

[27] 刘生龙,胡鞍钢.交通基础设施与中国区域经济一体化[J].经济研究,2011(3).

[28] Carroll, M. C., Reid, N., Smith, B. W. Location quotients versus spatial autocorrelation in identifying potential cluster regions[J]. The Annals of Regional Science, 2008, 42(2).

[29] Bouras, V. K. A method for the evaluation of project management efficiency in the case of industrial projects execution[J]. Procedia—Social and Behavioral Sciences, 2013 (74).

[30] Arsezen-Otamisa, P., Yuzbasioglu, N. Analysis of antalya tourism cluster perceived performance with structural equation model[J]. Procedia—Social and Behavioral Sciences, 2013(99).

[31] Yang, Y., Wong, K. K. F. A Spatial econometric approach to model spillover effects in tourism flows[J]. Journal of Travel Research, 2012,51(6).

[32] Morozov, B., Rudnitckii, S., Sabitov, R., et al. Adaptive control and operational management system of machine-tool fleet of the manufacturing enterprise[J]. IFAC-Papers OnLine, 2015,48(3).

[33] 何江,张馨之.中国区域经济增长及其收敛性:空间面板数据分析[J].南方经济,2006(5).

[34] 季民河,武占云,姜磊.空间面板数据模型设定问题分析[J].统计与信息论坛,2011(6).

[35] 王缉慈.地方产业群战略[J].中国工业经济,2002(3).

[36] 熊晓云.珠江三角洲产业集群的机制分析[J].中国软科学,2004(6).

[37] 麻学锋,吕白羽.武陵山区旅游产业集群发展的对策[J].沿海企业与科技,2005(9).

[38] 王缉慈.关于地方产业集群研究的几点建议[J].经济经纬,2004(2).

[39] 王小玉."核心—边缘"理论的国内外研究述评[J].湖北经济学院学报(人文社会科学版),2007(10).

[40] 王缉慈.我国制造业集群分布现状及其发展特征[J].地域研究与开发,2003(6).

[41] 谢雄军,何红渠.基于空间面板计量的产业集聚与省域经济增长关系研究[J].财经理论与实践,2014(2).

[42] 吴玉鸣.县域经济增长集聚与差异:空间计量经济实证分析[J].世界经济文汇,2007(2).

[43] 张松林,张昆.局部空间自相关指标对比研究[J].统计研究,2007(7).

[44] 陶长琪,杨海文.空间计量模型选择及其模拟分析[J].统计研究,2014(8).

[45] 刘生龙,胡鞍钢.基础设施的外部性在中国的检验:1988—2007[J].经济研究,2010(3).

[46] 龙小宁,朱艳丽,蔡伟贤,等.基于空间计量模型的中国县级政府间税收竞争的实证分析[J].经济研究,2014(8).

[47] 陈彦光.基于 Moran 统计量的空间自相关理论发展和方法改进[J].地理研究,2009(6).

[48] 钟章奇,李山,王铮,等.中国旅游业空间分异的 ABS 分析[J].地理研究,2014(8).

[49] 符淼.技术溢出的空间计量和阈值回归分析[D].华中科技大学,2008.

[50] 洪国志,胡华颖,李郇.中国区域经济发展收敛的空间计量分析[J].地理学报,2010,65(12).

[51] 黄益东.我国区域经济增长的空间计量实证分析[D].厦门大学,2009.

[52] 高远东.中国区域经济增长的空间计量研究[D].重庆大学,2010.

[53] 唐国新.我国区域金融差异及其空间计量分析[D].复旦大学,2011.

[54] 郭国强.空间计量模型的理论和应用研究[D].华中科技大学,2013.

[55] 李帅.中国地方政府财政支出与经济增长关系的空间计量分析[D].山东财经大学,2013.

[56] 谢花林,刘黎明,李波,等.土地利用变化的多尺度空间自相关分析——以内蒙古翁牛特旗为例[J].地理学报,2006(4).

[57] 孙久文,姚鹏.空间计量经济学的研究范式与最新进展[J].经济学家,2014(7).

[58] 吴玉鸣.旅游经济增长及其溢出效应的空间面板计量经济分析[J].旅游学刊,2014,29(2).

[59] Yang,Z.,Song,T.,Chahine,T. Spatial representations and policy implications of industrial co-agglomerations, a case study of Beijing[J]. Habitat International, 2016(55).

[60] Jackson, J., Murphy, P. Clusters in regional tourism an Australian case[J]. Annals of Tourism Research,2006,33(4).

[61] Gardiner, S., Scott, N. Successful tourism clusters: Passion in paradise[J]. Annals of Tourism Research,2014(46).

[62] 李林,丁艺,刘志华.金融集聚对区域经济增长溢出作用的空间计量分析[J].金融研究,2011(5).

专题十九　福建港口如何应对航运及港口联盟潮

[1] Ascutia, R. Ocean three's east-west network coverage to come second behind 2M. Port-Calls Asia, Sep. 15, 2014. http://www.portcalls.com/ocean-threes-east-west-network-coverage-to-come-second-behind-2m/#

[2] Dupin, C. All for one, one for all. American Shipper, Feb. 16, 2014. http://www.americanshipper.com/Main/News/All_for_one_one_for_all_56511.aspx

[3] 王彦.班轮公会的衰落及航运联盟的发展[J].世界海运,2001,24(6).

[4] 李平,陈耀,郭华巍.中国区域经济学前沿2009:区域经济与港口物流发展[M].经济管理出版社,2010.

[6] 赵虎.长江港口走向"大联盟时代"[N].中国水运报,2015-01-16.

专题二十　"一带一路"背景下海西区对外文化贸易的现状与问题

[1] 曾倩琳,安增军.文化创意产业助推海西城市发展[J].福建金融管理干部学院学报,2010(117).

[2] 尚光一.海西文化创意产业的挑战与机遇[J].厦门理工学院学报,2012(1).

[3] 李艳波,郭肖华.海西文化创意产业集群的集聚模式与发展策略[J].厦门理工学院学报,2011(2).

[4] 陈玉芳.海西文化创意产业知识产权保护的问题与对策[J].厦门理工学院学报,2012(1).

[5] 陈文远,陈俊钦,李风雷.体育旅游资源开发对地方经济促进作用研究[J].生产力研究,2010.

[6] 吴德贵,岳颖.海西经济区人才发展的突出问题与对策研究[D].海峡两岸与区域人才合作发展论坛,2010.

[7] 杨志鸿.培养复合型外语人才 助推海西经济区建设[J].教育理论与方法,2011(12).

[8] 唐晶莹.浅析海西文化产业人才集聚机制[J].辽宁行政学院学报,2012(11).

[9] 包文馨.论对外文化贸易商务英语的定位及其人才培养现状与路径[J].湖北经济学院学报,2015(12).

[10] 陈震.海西文化产业发展现状与建议[J].盐城师范学院学报,2016(2).

[11] Jan Fidrmuc, Jarko Fidrmuc. Foreign languages and trade: Evidence from a natural experiment[J]. Empirical Economics, 2016, 50(1).

[12] Lankhuizen Maureen. The trade-off between foreign direct investments and exports: The role of multiple dimensions of distance[J]. World Economy, 2011, 34(8).

[13] 王巍.中国与日韩文化商品贸易实证分析[J].经贸论坛,2008(6).

[14] 汤增强,段元萍.我国对外文化产品贸易发展现状实证分析[J].科技与管理,2012(5).

[15] 涂远芬.中国文化产品贸易流量及出口潜力测算——基于引力模型的实证分析[J].企业经济,2014(3).

[16] 姜潇潇. 中国文化产品贸易影响因素的实证研究[J]. 商,2015(29).
[17] 王文英,花建,叶中强. 北京、上海、广州、深圳文化产业可持续发展比较研究[J]. 广东艺术,2001(5).
[18] 2014年上海对外文化贸易发展报告. http://www.ce.cn/culture/gd/201501/30/t20150130_4474470.shtml
[19] 北京文化贸易发展情况报告. http://tradeinservices.mofcom.gov.cn/local/2012-12-03/223188.shtml
[20] 刘建党. 深圳市文化创意产业发展现状及对策研究[M]. 社会科学文献出版社,2012.

专题二十一 "一带一路"战略下海西区发展指数与策略研究

[1] 国家统计局. 中国统计年鉴[M]. 中国统计出版社,2005—2015.
[2] 张玉哲,郑正喜. 海西经济区经济社会发展评价指标体系的构建[J]. 厦门大学学报(哲学社会科学版),2013(6).
[3] 海西各地统计局. 海西各地区统计年鉴,2005—2015.
[4] 海西各地统计局. 海西各地区统计公报,2005—2015.
[5] 中国经济数据库. http://ceicdata.securities.com/cdmWeb/
[6] 阎慈琳. 关于用主成分分析做综合评价的若干问题[J].《数理统计与管理》,1998(2).
[7] 王会通等. 福建自贸区促进两岸经济发展的作用探究[J]. 经济研究导刊,2015(19).
[8] 张良强,李乃正. 福建自贸区背景下闽台产业合作策略探讨[J]. 海峡科学,2015(5).
[9] 周汉民. 我国四大自贸区的共性分析、战略定位和政策建议[J]. 国际商务研究,2015(7).
[10] 何晓群等. 应用多元统计分析[M]. 中国统计出版社,2010.
[11] 苏为华. 我国多指标综合评价技术与应用研究的回顾与认识[J]. 统计研究,2012(8).
[12] 林海明,杜子芳. 主成分分析综合评价应该注意的问题[J]. 统计研究,2013(8).

后 记

本课题是洪永淼教授主持的"中央高校基本科研业务费专项资金资助"(Supported by the Fundamental Research Funds for the Central Universities)(项目编号:20720161041)和教育部哲学社会科学发展报告资助项目(项目批准号:11JBGP006)"海峡西岸经济区发展研究报告"2016年的阶段性成果。2012年、2013年、2014年和2015年的阶段性成果《海峡西岸经济区发展研究报告2012》《海峡西岸经济区发展研究报告2013》《海峡西岸经济区发展研究报告2014》和《海峡西岸经济区发展研究报告2015——基于"一带一路"和自贸区的战略背景》已由北京大学出版社出版。

在研究过程中,本课题得到了厦门大学社科处的大力支持,王亚南经济研究院科研秘书许有淑,课题组秘书处秘书、研究助理张佳韬、莫小健也为本课题付出了辛勤的汗水,在此一并表示感谢。

本课题的最后统稿工作由刘晔、蔡伟毅负责。各章内容的撰写具体分工如下:

前 言(刘晔、蔡伟毅)

专题一:《台湾花卉产业集群研究》(丁长发)

专题二:《厦门小微文化企业发展的若干思考》(林细细)

专题三:《"一带一路"下福建自贸区跨境电商供应链的发展探析》(陈玲菊)

专题四:《厦门服务贸易发展现状与政策举措的研究》(郑鸣)

专题五:《产业集聚对劳动生产率的影响——基于海西经济区的动态面板数据分析》(黄立高、鲍慧琴、江永基)

专题六:《海西自贸区之基础设施:现状、问题及对策》(史铁、江永基)

专题七:《福建省城市规模研究》(丁长发、谢晓琼)

专题八:《福建省对外直接投资现状及发展趋势研究》(蔡伟毅、任晖)

专题九:《"一带一路"战略下福建省的对外投资选择》(陈焰、钟千红、王玉珊)

专题十:《福建自贸区金融改革的现状、比较与未来》(王艺明)

专题十一:《基于 Metafrontier-SFA 模型的股票市场效率比较研究:来自海峡两岸股市数据的实证分析》(戴淑庚、傅雅勤)

专题十二:《厦门自贸片区境外股权投资及离岸金融业务税收政策研究》(刘晔、夏欣郁、黄弘毅)

专题十三:《福建省工业园区发展研究》(任力、纪翔)

专题十四:《闽台合作黄金市场的模式研究》(谢沛霖)

专题十五:《自贸区和"一带一路"背景下两岸金融服务贸易自由化问题研究》(徐宝林、钱雪薇、訾雪菲)

专题十六:《自贸区背景下厦门离岸金融模式选择及对策建议》(徐宝林、林汉源)

专题十七:《新政对福建省跨境电商的影响及政策建议》(杨权、刘紫荷、鲍楠)

专题十八:《海西区旅游产业集群研究》(张传国、夏文婷)

专题十九:《福建港口如何应对航运及港口联盟潮》(彭山雨、张兴祥)

专题二十:《"一带一路"背景下海西区对外文化贸易的现状与问题》(赵建)

专题二十一:《"一带一路"战略下海西区综合发展指数与策略研究》(张玉哲)

后　记(刘晔、蔡伟毅)

课题组主要成员(以姓氏拼音为序):

蔡伟毅: 厦门大学经济学院金融系助理教授,经济学博士

陈玲菊: 闽江学院数学系副教授,厦门大学王亚南经济研究院访问学者

陈焰: 厦门大学经济学院国际经济与贸易系教授,经济学博士,现任厦门大学经济学院院长助理

戴淑庚: 厦门大学经济学院金融系教授、博士生导师,经济学博士,现任厦门大学经济学院金融系国际金融教研室主任,龙岩国家经济技术开发区管理委员会副主任

丁长发：厦门大学经济学院经济系副教授，经济学博士

洪永淼：美国康奈尔大学 Ernest S. Liu 经济学与国际研究讲席教授、首批中央"千人计划"入选者、首批人文社科教育部"长江学者"讲座教授、博士生导师，美国加州大学圣地亚哥校区经济学博士，现任厦门大学经济学院、王亚南经济研究院院长

黄娟娟：厦门大学经济学院金融系副教授，管理学博士

江永基：厦门大学经济学院经济系助理教授，经济学博士

赖小琼：厦门大学经济学院经济系教授、博士生导师，经济学博士，现任厦门大学王亚南经济研究院副院长

林细细：厦门大学经济学院财政系副教授，经济学博士

刘晔：厦门大学经济学院财政系教授，经济学博士，现任厦门大学经济学院财政系副系主任

任力：厦门大学经济学院经济系教授，经济学博士

孙传旺：厦门大学经济学院国际经济与贸易系副教授，经济学博士

王艺明：厦门大学经济学院财政系教授、博士生导师，经济学博士，现任厦门大学王亚南经济研究院副院长、经济学院财政系副系主任

文娟：厦门大学经济学院统计系助理教授，经济学博士

谢沛霖：厦门大学王亚南经济研究院助理教授，经济学博士

徐宝林：厦门大学经济学院金融系助理教授，经济学博士，现任厦门市商务局局长助理

许文彬：厦门大学经济学院金融系教授，经济学博士，现任厦门大学经济学院院长助理、金融系副系主任

杨权：厦门大学经济学院国际经济与贸易系教授，博士生导师，经济学博士

张传国：厦门大学经济学院经济系教授，博士生导师，经济学博士

张兴祥：厦门大学经济学院经济系副教授，经济学博士，现任厦门大学劳动经济研究中心副主任

张玉哲：厦门大学经济学院统计系助理教授，经济学博士

赵建：厦门大学经济学院经济系副教授，经济学博士，现任厦门大学经济学院经济系副主任

郑鸣：厦门大学经济学院金融系教授、博士生导师，经济学博士，现任厦门大学-新加坡管理大学中国资本市场研究中心副主任

郑若娟：厦门大学经济学院经济系教授，经济学博士，现任厦门大学企业社会责任与企业文化研究中心常务副主任